BETRIEBSPÄDAGOGIK
UND BERUFLICHE WEITERBILDUNG

BETRIEBSPÄDAGOGIK
UND BERUFLICHE WEITERBILDUNG

herausgegeben von

Bernd Dewe

2002

VERLAG JULIUS KLINKHARDT • BAD HEILBRUNN / OBB.

Die Deutsche Bibliothek – Cip-Einheitsaufnahme

Ein Titelsatz für diese Publikation ist bei
Der Deutschen Bibliothek
erhältlich

2002.2.ig. © by Julius Klinkhardt.
Das Werk ist einschließlich aller seiner Teile urheberrechtlich geschützt.
Jede Verwertung außerhalb der engen Grenzen des Urheberrechtsgesetzes ist ohne Zustimmung des Verlages unzulässig und strafbar. Das gilt insbesondere für Vervielfältigungen, Übersetzungen, Mikroverfilmungen und die Einspeicherung und Verarbeitung in elektronischen Systemen.
Druck und Bindung:
WB-Druck, Rieden
Printed in Germany 2002
Gedruckt auf chlorfrei gebleichtem alterungsbeständigem Papier
ISBN 3-7815-1200-2

I. Einleitung
von Bernd Dewe 11

II. Perspektiven interdisziplinärer Theoriebildung

Rainer Brödel
Interdisziplinarität im Kontext betrieblicher
Weiterbildung 23

Eckard König / Gerda Volmer
Was ist ein „Systemisches Menschenbild"? 37

Dieter Timmermann
Wieviel Management vertragen pädagogische
Organisationen? 49

Konrad Daumenlang / Wolfgang Obermair
Das Bild der Führungskraft in Nonprofit-Organisationen
oder Psychologie und Betriebspädagogik 65

Stefanie Krapp / Uwe Gohr
Gemeinschaft, soziale Gruppe, Team:
Plädoyer für eine interdisziplinäre Anwendung
in der Soziologie und Betriebspädagogik 77

Eckart Machwirth
Berufliche Sozialisation zwischen
Individuation und Integration 95

Bernd Dewe
Zur bildungstheoretischen Rekonstruktion didaktischer
Aufgaben in der Weiterbildung 107

Dieter-Jürgen Löwisch
Geisteshaltung durch Philosophieren
als Bildungsaufgabe zur Behebung
normativer Ratlosigkeit 125

Klaus Harney / Mechthild Hovemann / Rainer Hüls
Das Zahlungsbereitschaftspotential von
Weiterbildungsteilnehmern. Strategien der
Informationsbeschaffung und -aufbereitung
am Beispiel des beruflichen Verwertungsmotivs 135

Werner Herr
Friedrich Schleiermacher – Pädagogik in der klassisch
idealistischen Epoche als Grundlage
betriebspädagogischer Theoriebildung 155

III. Konzepte und Perspektiven betriebspädagogischer Praxis: Aufgaben und Innovationspotentiale

Antonius Lipsmeier
Der Betrieb als Lernort: Arbeiten und Lernen 173

Klaus-M. Baldin
Das unplanbare Planen –
Lernpfadorientiertes Wissensmanagement
als Aufgabe der Personalentwicklung 185

Richard Bessoth
Schlüsselqualifikationen und Handlungskompetenz:
Zentrale Elemente der Ausbildungsqualität 219

Joachim Münch
Lernen im Netz – Eine Problemskizze 237

Ralf Vollbrecht
Informations- und Kommunikationstechnologien
in der betriebspädagogischen Praxis 247

Erich Renner
Der asiatische Lerntyp:
Ein Plädoyer für die Bedeutung
biographischer Wissensbestände 261

Andre Lehnhoff / Jendrik Petersen
Dialogisches Management
als erwachsenenpädagogische Herausforderung............ 273

Sibylle Peters
Perspektiven der Weiterbildungspraxis zwischen
Netzwerkkooperationen und betrieblicher
Personalentwicklung... 301

IV. Das Weiterbildende Studium der Betriebspädagogik – Studienerfahrungen, biographische Wandlungsprozesse und Forschungsperspektiven

Alexander L. Heil
Vom Studienbaustein zur weltweiten Vernetzung
modularer Weiterbildung.. 315

Jendrik Petersen
Der Weiterbildende Studiengang Betriebspädagogik als
Reflexionsforum für Führungs(nachwuchs)kräfte
– Eine autobiographische Rückschau 323

Bernd Dewe / Thomas Kurtz
Studium zwischen Betrieb und Hochschule:
Der Fall des berufsbegleitenden weiterbildenden
Studiums der Betriebspädagogik –
ein Forschungsprogramm... 335

I. Einleitung

Bernd Dewe

Einleitung

An der Wende vom 20. zum 21. Jahrhundert ist die Weiterbildung der am stärksten expandierende Bereich des Bildungssystems. Er erscheint indes als ein unübersichtliches Feld, bei dem man auf den ersten Blick nicht mit Sicherheit sagen kann, was die vielfältigen öffentlich-rechtlichen und privatwirtschaftlichen Angebote der Weiterbildung in den unterschiedlichen gesellschaftlichen Kontexten miteinander verbindet und die Einheit der Weiterbildung symbolisiert. Die aktuellen Entwicklungen im Weiterbildungsbereich sind zudem gesamtgesellschaftlichen Wandlungsprozessen geschuldet, die unter geläufigen Gesellschaftscharakterisierungen wie „Risikogesellschaft" (Beck 1986), „Multioptionsgesellschaft" (Gross 1994) oder aber der der „Wissensgesellschaft" (Stehr 1994) diskutiert werden.

Der gesellschaftliche Wandel erscheint als derart fundamental, daß er in die Tiefenstrukturen der Reproduktion von Gesellschaft reicht. „Land, Kapital und industrielle Arbeit sind die Faktoren, welche die Arbeits- und Industriegesellschaft formen. Die Wissensgesellschaft dagegen beruht auf 'embedded intelligence' in dem Sinne, daß ihre Infrastrukturen (Telekommunikationssysteme, Telematik- und Verkehrssystemsteuerung, Energiesysteme) mit eingebauter, kontextsensitiver Expertise arbeiten, ihre Suprastrukturen (Institutionen, Regelsysteme, 'governance regimes') lernfähig organisiert sind und aktiv Wissensbasierung betreiben, und daß die Operationsweise ihrer Funktionssysteme Schritt für Schritt ihre Eigenlogik mit der neuen Metadifferenz von Expertise und Risiko koppeln"– so die momentane Analyse des Soziologen Willke (1998, S. 164). Wissen wird zu einer zunehmend bedeutenderen Produktivkraft und setzt sich mehr und mehr an die Stelle der traditionellen Produktivkräfte.

Obgleich die vom Deutschen Bildungsrat 1970 voller Optimismus und pädagogischem Schwung vorgetragene Forderung, die Weiterbildung solle zur „vierten Säule" des Bildungswesens, also zu einem gleichberechtigten Teil desselbigen werden, bis heute wegen der Indifferenzen und Ungleichzeitigkeiten der Entwicklungen in diesem Bereich eher politische Rhetorik als Realität ist, durchdringt die Weiterbildung seit Jahren in immer stärkerem Maße den gesellschaftlichen Alltag. Die fortwährende Bereitschaft zu institutionalisiertem Lernen und (Selbst-) Bildung wird heute in fast allen Bereichen der Arbeitswelt und des privaten Alltags vorausgesetzt und aus der Sicht der Individuen zu einem konstitutiven Bestandteil ihrer „alltäglichen Lebensführung" (Bolte 1993). Die ehemals randständige Position der Weiterbildung im Bildungssektor gehört in der Wissensgesellschaft der Vergangenheit an. Unter den Bedingungen des beobachtbaren technologischen und sozialen Wandels läßt sich eine Universalisierung des Lernens Erwachsener und eine Entgrenzung der Weiterbildung beobachten.

Definitionen bezüglich dessen, *was* Weiterbildung ist und *umfaßt*, sind an prominenter Stelle im Hochschulrahmengesetz (HRG) vom 26. Januar 1976 (BGBl. S. 185) in der Fassung der Bekanntmachung des Vierten Gesetzes zur Änderung des Hochschulrahmengesetzes vom 20. August 1998 (BGBl. S. 2190) und in den Hochschulgesetzen der Länder zu finden.

Zu den Aufgaben der Hochschulen gehören neben Forschung, Lehre und Studium auch die Weiterbildung (§ Abs. 1 HRG; § 3 Abs. 1 HSG).

Unter Weiterbildung wird im allgemeinen die Wiederaufnahme organisierten Lernens, in der Regel nach Erwerbs-, Berufs- oder ähnlicher Tätigkeit verstanden. Handelt es sich um *wissenschaftliche* Weiterbildung, so ist diese durch folgende Merkmale gekennzeichnet:

- wissenschaftlicher Standard der Erkenntnisgewinnung und Erkenntnisvermittlung auf der Grundlage aktueller Forschungsergebnisse und Methodenwissens
- Vermittlung von Problemlösekompetenzen und Nutzanwendungen für die Praxis
- Voraussetzungen sind fachliche Grundlagen der Teilnehmerinnen und Teilnehmer, ausschlaggebend ist als Grundlage die Erstausbildung.

In der Praxis hat sich in den letzten Jahren die folgende allgemeine Definition durchgesetzt: Wissenschaftliche Weiterbildung fungiert als Oberbegriff, der unter funktionalem Aspekt alle Lehrtätigkeiten an Hochschulen zusammenfaßt, die der Erneuerung, Erweiterung und Vertiefung des in einer Erstausbildung und im Rahmen beruflicher Erfahrung erworbenen Wissens dienen oder Erwachsene auf nebenberufliche Tätigkeiten oder für sie neue Aufgaben vorbereiten.

Die wissenschaftliche Weiterbildung hat es sich zur Aufgabe gemacht, die kommunikativen Austauschprozesse zwischen Wissenschaft und anderen gesellschaftlichen Berufs- und Tätigkeitsfeldern gewissermaßen als wechselseitigen Lehr- und Lernprozeß zu organisieren. Die wissenschaftliche Weiterbildung umfaßt somit nicht nur den Prozeß der gesellschaftlichen Aneignung von Wissenschaft, sondern stellt auch umgekehrt einen Weg zur Aneignung von gesellschaftlicher Praxis dar. Wissenschaftliche Weiterbildung ist folglich nicht zu verwechseln mit einem instrumentell-funktionalen Wissenstransfer. Wissenschaftliche Weiterbildung bedarf hingegen der Gestaltung eines Transformationsprozesses (z. B. zwischen betrieblicher Realität und wissenschaftlicher Rekonstruktion). Dies schließt nicht nur die Vermittlung von Inhalten, sondern auch die Diskussion von Methoden und Formen der Erkenntnisgewinnung ein. Nicht der einseitige, von politischen, ökonomischen und technischen Imperativen vorgegebene Transfer des Wissens, sondern die bei „Wissenschaftlern" und „Praktikern" durch differente Erkenntnisinteressen induzierte Transformation der jeweiligen Wissensstrukturen, Deutungsmuster und Handlungsprinzipien verdient erhöhte Aufmerksamkeit (vgl. Schaefer 1988).

Im Hochschulrahmengesetz werden Einzelregelungen für die wissenschaftliche Weiterbildung nicht vorgenommen, jedoch in den Hochschulgesetzen der Länder sind folgende Formulierungen zum Begriff des weiterbildenden Studiums zu finden:

(1) Die Hochschulen sollen Möglichkeiten der Weiterbildung entwickeln und anbieten. Das weiterbildende Studium steht Personen mit abgeschlossenem Hochschulstudium und solchen Personen offen, die die für eine Teilnahme erforderliche Eignung im Beruf oder auf andere Weise erworben haben. Die Veranstaltungen sollen nach Möglichkeit mit dem übrigen Lehrangebot abgestimmt werden und berufspraktische Erfahrungen für die Lehre nutzbar machen. Das Lehrangebot für das weiterbildende Studium soll aus in sich geschlossenen Abschnitten bestehen und die aus der beruflichen Praxis entstandenen Bedürfnisse der Teilnehmenden berücksichtigen.

(2) Das weiterbildende Studium kann in eigenen Studiengängen oder einzelnen Studieneinheiten angeboten werden. Weiterbildende Studiengänge von mindestens zwei Semestern Dauer können mit einem Zertifikat abgeschlossen werden (HSG, § 21).

Im Gegensatz zu einem Zusatz-, Ergänzungs- oder Aufbaustudium ist für die Teilnahme an einem weiterbildenden Studium ein abgeschlossenes Hochschulstudium *nicht* erforderlich, und die *Inhalte* sollen die aus der *beruflichen Praxis* entstandenen Bedürfnisse der Teilnehmerinnen und Teilnehmer explizit thematisieren. Ein weiterbildendes Studium kann nun in verschiedenen Formen angeboten werden, seien es etwa eigene Studiengänge oder einzelne Studieneinheiten. Die Studiengänge erfordern eine zeitliche Verbindlichkeit und ein eigenes Curriculum. Entsprechende Studienordnungen und Prüfungsordnungen zur Vergabe der Abschlüsse (Zertifikate) sind vorgeschrieben.

In der Empfehlung des Wissenschaftsrates zur berufsbezogenen wissenschaftlichen Weiterbildung (vgl. 1997) wird folglich die berufsbezogene wissenschaftliche Weiterbildung eindeutig von Zusatz-, Ergänzungs- und Aufbaustudien unterschieden. Sie ist durch die Voraussetzung *beruflicher Erfahrungen* und *beruflicher Tätigkeit* charakterisiert. Sie wendet sich sowohl an Hochschulabsolventen als auch an Qualifizierte aus dem Berufsleben, die über eine entsprechende Eignung verfügen. Die Inhalte sind in der Regel speziell auf eine bestimmte Fachrichtung orientiert und zielen auf die Vermittlung von Qualifikationen für berufliche Aufgaben. Die jüngsten Empfehlungen des Wissenschaftsrates bringen in ihren Leitlinien zum Ausdruck, daß diese Angebote zur Vermittlung wissenschaftlichen Wissens auch über den Kreis der Hochschulzugangsberechtigten hinaus zu öffnen sind, auf die individuellen Nutzer ausgerichtet sein sollten und *nicht* aus öffentlichen Mitteln finanziert, sondern die Kosten über *marktgerechte Entgelte* zu decken sind. Ferner empfiehlt der Wissenschaftsrat, in der beruflichen wissenschaftlichen Weiterbildung erbrachte Leistungsnachweise im Rahmen von Zulassungsverfahren zum Hochschulstudium ohne formale Hochschulzugangsberechtigung anzurechnen, um eine Öffnung des Hochschulstudiums für Berufstätige weiter zu fördern und damit dem Postulat der Gleichwertigkeit von beruflicher und akademischer Bildung näher zu kommen.

Unter den Formen der expandierenden wissenschaftlichen Weiterbildung finden sich nun solche, in denen wissenschaftliches Wissen *nicht* im Rahmen der üblichen zeitlichen und institutionellen Einbettung in eine wissenschaftliche Hochschulkultur vermittelt wird, sondern in einem auf regelmäßige Episoden bezogenen Vorgang *neben* der Berufstätigkeit, insbesondere der betrieblichen Bildungspraxis und Personalentwicklung. Solche Studiengänge, die mit einem akademischen Abschluß enden (können), beanspruchen wegen ihrer Parallelität zur beruflichen Tätigkeit von der propädeutischen, curricularen, didaktischen und organisatorischen Anlage her, die aktuellen beruflichen Anforderungen und betriebsbezogenen Wissensformen ihrer Teilnehmer systematisch zu berücksichtigen. Im Gegensatz zu regulär Studierenden begegnen die Teilnehmer des berufsbegleitenden, weiterbildenden Studiums der Betriebspädagogik als „Berufspraktiker" dem System der Wissenschaft auf besondere Art und Weise, bei der ihre betriebspraktischen und lebensgeschichtlichen Erfahrungen eine bestimmte Selektions- und Reflexionspraxis gegenüber den dargebotenen Lehrangeboten bedingen. Entgegen der sowohl im Alltagsgebrauch wie auch im Wissenschaftsbetrieb beobachtbaren Unterstellung einer inhaltlichen Übereinstimmung von *beruflicher* und *betrieblicher* Weiterbildung läßt sich systematisch differenzieren zwischen diesen beiden Formen der Weiterbildung (vgl. Kurtz 1999; Harney 1997). Während die berufliche Form der Weiterbildung in erster Linie der Karriere von Personen dient, versteht sich die betriebliche Weiterbildung primär als positiver Beitrag zur organisatorischen Reproduktion von Betrieben: „Während die berufliche Weiterbildung auf die Transformation von Personen in Experten und in gesellschaftlich anerkannte Kompetenzinhaber abstellt, stellt die betriebliche Weiterbildung auf die Transformation von Personen im Personal und damit auf die Betrachtung von Personen als betrieblichen Ressourcen ab. Erst die Erwartbarkeit einer derart gelingenden Transformation erzeugt Arbeitsmarkt- und Karrierechancen (Harney 1997, S. 17)." Der Fall der *wissenschaftlichen Weiterbildung von Berufspraktikern* schließt nun beide Formen der Weiterbildung auf eine spezifische Art und Weise ein: Auf der Basis der Unterscheidung zwischen beruflicher und betrieblicher Weiterbildung läßt sich das weiterbildende Studium der Betriebspädagogik an der Universität Koblenz-Landau als eine *Form* der *beruflichen* Weiterbildung *für die Absolventen* interpretieren. Für die weiterzubildenden Berufspraktiker ist das Studium eine Form der beruflichen Weiterbildung, die gegebenenfalls zu einem Diplomabschluß führt mit dem sie sich auch außerhalb ihres bisherigen Betriebes auf dem Arbeitsmarkt präsentieren können. Hingegen für die in den wissenschaftlichen Weiterbildungsprozeß involvierten Wirtschaftsbetriebe – etliche der Betriebe übernehmen die Studienkosten für ihre Mitarbeiter – ist das weiterbildende Studium der Betriebspädagogik als eine besondere *Form* einer aus dem Betrieb ausgelagerten *betrieblichen Weiterbildung* zu betrachten. Auf die historischen Entstehungsbedingungen der betrieblichen Weiterbildung in Deutschland sowie ihren spezifischen Charakter kann an dieser Stelle nicht eingegangen werden (vgl. Dieterle 1993; Harney 1998). Unstrittig ist jedoch, daß die betriebliche Weiterbildung als Organisationsstrategie für die Qualitätssicherung in Unternehmen von nicht zu unterschätzender Bedeutung ist. Verlaufsprozesse und Handlungslogik, auf die Betriebe zugreifen, wenn sie Weiterbildung betreiben bzw. finanzieren und durch die sich diese Art der Weiterbildung von anderen – vor allem öffentlichen – Trägerschaften und Kontexten unterscheidet, zeigen sich am Falle des weiterbildenden Studiums der Betriebspädagogik deutlich. Entscheidend für diesen Fall der gleichsam ausgelagerten betrieblichen Weiterbildung dürfte sein, daß die hieran beteiligten Betriebe für ihre Zahlungen als „Gegenleistung" verwertbares personales Wissen ihrer häufig in der Personal- und Organisationsentwicklung tätigen Mitarbeiter erwarten. Allerdings steckt in dieser Logik ein Problem: Zwar werden zum einen mit den besser ausgebildeten Berufspraktikern die Ressourcen der Einzelbetriebe größer, zum anderen aber, und das ist das strukturelle Problem, wird damit auch ein zusätzlicher Faktor von Unsicherheit „eingekauft". Denn gegenüber technischem Regelwissen hat es sozial- und erziehungswissenschaftliches Wissen in seiner Verwendung generell mit einer Form des „Umgangs mit Unsicherheit" (Evers / Nowotny 1989) zu tun, es kann z. B. im Interaktionskontext nicht kausaltechnologisch in der Art von Rezeptologien verwendet werden, sondern kann Probleme nur sinnadäquat bearbeiten und deuten. Das generelle Dilemma der betrieblichen Weiterbildung läßt sich dann in der Differenz von Unsicherheit / Sicherheit fassen, indem die betriebliche Weiterbildung in der Form ihres Umgangs mit Unsicherheit einen Beitrag zur Sicherung der Zahlungsfähigkeit des Betriebes leisten soll. Unsicherheit muß hier in einer auf Sicherheit bzw. Kalkulierbarkeit setzenden Organisation verwaltet werden, so daß die Anwendungsprobleme von Wissen unter den Prämissen monetärer Rationalität gegenüber denen in pädagogisch organisierten Kontexten weitere Brisanz erhalten.

Größere Unternehmen mit eigenen Personalentwicklungsabteilungen versuchen seit einiger Zeit mit differenzierten Strategien neue Wege mit dem Ziel effizienter Informationsbeschaffung und -verarbeitung sowie kontinuierlicher Lern- und rascher Entscheidungsprozesse zu finden, wobei die betriebliche Weiterbildung in unterschiedlichen Formen ein wichtiges Element darstellt. Entgegen der heute in Mode gekommenen Auffassung, daß betriebliche Qualitätssicherung durch schematische Rasterung in der Variante einer Abarbeitung von DIN-Normen erreicht werden kann (vgl. Stephan 1994), gehe ich davon aus, daß für Qualitätssicherung und Qualitätsmangement in betrieblichen Organisationen die pädagogische Professionalität der betrieblichen Weiterbildner eine signifikante Bedeutung erlangt (Dewe 1997).

In den vorliegenden Untersuchungen zur betrieblichen Weiterbildung wird die Qualifikationsstruktur der weiterbildenden Leistungsrollen selten explizit thematisiert. Ein Grund dafür ist sicherlich darin zu sehen, daß im Gegensatz zum Ausbildungspersonal an die Qualifikationen der betrieblichen Weiterbildner von staatlicher Seite keine normierenden Anforderungen gestellt werden. Die jeweiligen Anforderungen werden von den Einzelbetrieben selbst definiert. Aus diesem Grund hat z. B. Wittwer (1995) die unterschiedlichen Qualifikationsanforderungen an die betrieblichen Weiterbildner auf der Grundlage von ausgewerteten Stellenanzeigen aufgelistet. Neben den unterschiedlichsten Einzelanforderungen (bestimmte Fachrichtungen und deren Kombination, überberufliche Qualifikationen, Berufserfahrung) wird in den letzten Jahren eine wissenschaftliche (Vor-)Bildung im Rahmen eines Hochschulstudiums als nahezu unabdingbar vorausgesetzt. Vor diesem Hintergrund wird verständlich, daß etliche Betriebe dazu tendieren, ihren Fachkräften für Personal- und Organisationsentwicklung ein wissenschaftliches Weiterbildungsstudium, welches zu einem akademischen Zertifikat führt, zu finanzieren.

Die im WSB an der Universität Koblenz-Landau Studierenden sind oftmals schon mehrere Jahre in „ihren" Betrieben tätig, haben aber in der Regel noch keine akademische Ausbildung durchlaufen. Der weiterbildende Studiengang Betriebspädagogik (WSB) stellt in diesem Zusammemhang eine innovative Form der akademischen Weiterbildung dar, die die Möglichkeit des Studierens und des Erwerbs eines Universitätsabschlusses neben dem Beruf einschließt. Denn unter bestimmten Voraussetzungen können Studierende ohne Abitur zum Diplomstudium mit dem Abschluß „Diplom-Pädagoge", Studienrichtung Betriebspädagogik, zugelassen werden.

Dieses berufsbegleitende, weiterbildende Studium der Betriebspädagogik an der Universität Koblenz-Landau ist von Theo Hülshoff, der als Leiter des Studiengangs fungiert, eben für „Berufspraktiker" entwickelt worden. Insofern unterscheidet sich dieses Studium von „traditionellen" wissenschaftlichen Weiterbildungsangeboten anderer Universitäten und Hochschulen. Der hier angesprochene „Berufspraktiker" hat eine berufliche Ausbildung abgeschlossen und verfügt in der Regel über langjährige betriebspraktische und berufsbiografische Erfahrungen. Typischerweise hat er sich zuvor mit Aufgaben und Problemen der betriebspädagogischen Praxis vertraut gemacht.

Führungskräfte und Führungsnachwuchskräfte aus Unternehmen und Organisationen mit dem Tätigkeitsschwerpunkt Personal-, Organisations- und Unternehmensentwicklung, aber auch Verantwortliche aus Behörden und Schuladministrationen können sich auf einen akademischen Abschluß im Rahmen einer Serie von zweieinhalbtägigen Kompaktseminaren vorbereiten. Die Erfahrung von zwanzig Jahren, die im Kontext des WSB-Studiengangs gesammelt werden konnten, haben gezeigt, daß die hier entwickelten Rahmenbedingungen gute Voraussetzungen für erfolgreiche Lernprozesse schaffen. So entscheiden die Teilnehmer selbst, wie häufig sie Kompaktseminare besuchen und welche Seminarthemen sie aufgrund ihrer individuellen und beruflichen Situation auswählen. Je nach beruflicher Belastung entscheiden sich erfahrungsgemäß WSB-Studierende pro Jahr für 5-10 Kompaktseminare.

Im Mittelpunkt des Studiums, das in kleinen Gruppen in einer anregenden Lernumgebung durchgeführt wird, steht die Entwicklung und Förderung der individuellen Potentiale des betriebspädagogischen Handelns.

In den jeweils zweieinhalb Tagen eines Kompaktseminars entwickeln sich typischerweise über die Studienzeit hinweg existierende Gemeinschaften von Lehrenden und Lernenden, durch die der Einzelne entscheidende Impulse für seine Persönlichkeit erfährt. Es wird großen Wert auf gemeinsame Aktivitäten und Teamarbeit im Studium gelegt (vgl. Hülshoff 1991).

Professoren aus verschiedenen Universitäten und erfahrene Führungskräfte gestalten mit den Studierenden praxisorientierte Seminare. Im Mittelpunkt steht nicht allein die Vermittlung von wissenschaftlichem Fachwissen, sondern auch die Analyse konkreter Probleme und die Arbeit an unternehmens- und berufsspezifischen Fragen.

Auf diese Weise verbindet der von Theo Hülshoff maßgeblich entwickelte Studiengang Arbeiten und Lernen mit dem Ziel, die persönliche Handlungskompetenz seiner Adressaten zu fördern. „Abholen-Reflektieren-Transferieren", so werden hier die drei Phasen des praxis- und problemorientierten Studierens und Lehrens nach Maßgabe des jeweils gewählten Seminarthemas bezeichnet. Aus dieser durch Wissenstransformation und Praxisanalyse gekennzeichneten Vorgehensweise ergaben sich in den vergangenen Jahren viele Anregungen und Konzepte, die von den Studierenden zur kritschen Auseinandersetzung mit und zur Optimierung ihrer jeweiligen betrieblichen Tätigkeit erfolgreich genutzt werden konnten.

In den folgenden Beiträgen stellen Kolleginnen und Kollegen des Weiterbildenden Studienganges Betriebspädagogik sowie weitere Fachvertreter der beruflichen und betrieblichen Weiterbildung empirische Untersuchungsergebnisse, theoretische Positionen und weiterführende praktische Perspektiven einer modernen Weiterbildungskonzeption vor. Reflexionen auf den erfolgreichen wissenschaftlichen Weiterbildungsstudiengang an der Universität Koblenz-Landau schließen sich an.

Literatur:

Beck, U.: Risikogesellschaft. Auf dem Weg in eine andere Moderne. Frankfurt a. M 1986
Bolte, K.M.: Wertewandel, Lebensführung, Arbeitswelt. München 1993
Deutscher Bildungsrat: Strukturplan für das deutsche Bildungswesen. Stuttgart 1970
Dewe, B.: Wissensverwendung in der Weiterbildung. Zur Transformation wissenschaftlicher Informationen in Praxisdeutungen. Baden-Baden 1988
Dewe, B.: Lernen zwischen Vergewisserung und Ungewißheit. Reflexives Handeln in der Erwachsenenbildung. Opladen 1999
Dieterle, W.K.M.: Betriebliche Weiterbildung. Problemfelder und Konzeptionen. Göttingen 1993
Evers, A. / Nowotny, H.: Über den Umgang mit Unsicherheit. Anmerkungen zur Verwendung sozialwissenschaftlichen Wissens. In: Beck, U. / Bonß, W. (Hrsg.): Weder Sozialtechnologie noch Aufklärung? Analysen zur Verwendung sozialwissenschaftlichen Wissens. Frankfurt a. M 1989
Gross, P.: Die Multioptionsgesellschaft. Frankfurt a. M 1994
Harney, K.: Handlungslogik betrieblicher Weiterbildung. Stuttgart 1998
Harney, K.: Berufliche und betriebliche Weiterbildung. In: GdWZ, 10. Jg. H. 3 / 99
Hülshoff, Th.: Selbstgesteuertes Lernen und Persönlichkeitsentwicklung. In: Pädagogische Führung, Bd. 2, Heft 2 (1991)
Kurtz, Th.: Weiterbildung zwischen Beruf und Betrieb. Zum Verhältnis von Person, Organisation und Wissen. Typoskript. Bielefeld 1999
Schäfer, E.: Wissenschaftliche Weiterbildung als Transfomationsprozeß. Opladen 1988
Stehr, N.: Arbeit, Eigentum und Wissen. Zur Theorie von Wissensgesellschaften. Frankfurt a. M 1994
Stephan, P.: Positionen zum Qualitätsmangement in Weiterbildungseinrichtungen auf der Basis der DIN ISO 9000 ff. QUEM-report: Schriften zur beruflichen Weiterbildung, Heft 28 (1994)
Willke, H.: Organisierte Wissensarbeit. In: Zeitschrift für Soziologie 27. Jg. H. 3 / 98, S. 128-151
Wissenschaftsrat: Empfehlungen zur berufsbezogenen wissenschaftlichen Weiterbildung. Berlin 1977
Wittwer. W.: Die Aus- und Weiterbildner in außerschulischen Lernprozessen. In: Arnold, R. / Lipsmeier, A. (Hrsg.): Handbuch der Berufsbildung. Opladen 1995, S. 334-342.

II. Perspektiven interdisziplinärer Theoriebildung

Rainer Brödel

Interdisziplinarität im Kontext betrieblicher Weiterbildung

1. Wissensgesellschaftliche Ausgangsfragestellung

In der Debatte über die aufkommende Wissensgesellschaft (vgl. Brödel 1998a) wird auf die steigende Bedeutung des lebenslangen Lernens und von Wissen als ökonomische Ressource hingewiesen. Begriffe wie Wissensmanagement, Wissensarbeit oder Kompetenzentwicklung signalisieren in diesem Zusammenhang eine Relativierung des Wissenschaftssystems hinsichtlich seines einstigen Monopols auf Erzeugung und Verwaltung von Expertise und analytischem Wissen. Den kommenden Typus der Wissensgesellschaft kennzeichnet vielmehr, daß nicht ein Teilsystem dominant wird, sondern daß alle Funktionssysteme an ihrer elementaren Operationsweise an eine Wissensbasierung gebunden sind, die in die Konstitution der jeweiligen Elemente eingeht und darin die Qualität der Elemente von Systemoperationen verändert (vgl. Willke 1998 und 1999). Damit gewinnt die Weiterbildung und das arbeitsbezogene Erwachsenenlernen für den betrieblichen Handlungskontext weiter an Stellenwert; die betriebliche Weiterbildung avanciert zu einem Ort und Medium für funktions- und organisationsspezifische Wissensgenerierung.

Vor diesem Hintergrund wird die These grundgelegt, daß das Wissenschaftssystem und die unter seiner Obhut getätigte Erkenntnisproduktion gleichwohl auch zukünftig für die Betriebe und die betriebliche Weiterbildung von Interesse sein werden. Allerdings geht es dabei nicht (mehr) um einen planen Wissenschaftstransfer (vgl. Dewe 1989), sondern verstärkt um ein interdisziplinäres Wissen, indem sich dieses für die Problemdefinitionen der betrieblichen Akteure und Lerner / innen öffnen muß.

2. Interdisziplinarität betrieblicher Weiterbildung als Ressource für Kompetenzentwicklung

Die Forderung nach Interdisziplinarität in der betrieblichen Weiterbildung wie der wissenschaftsorientierten Weiterbildung überhaupt begründet sich aus den Defiziten, die das System der disziplinär verfaßten Wissenschaften erzeugt. Es sind – wie der Historiker Jürgen Kocka mit exemplarischem Bezug auf Erfahrungen bei der Bielefelder Hochschulreform bilanziert – die „Grenzen und Lücken ausschließlich disziplinär verfaßter Wissenschaft" (1987b, S. 8), die das Terrain bereiten, um Wissenschaft und Wissenschaftsvermittlung auch interdisziplinär zu betreiben. Denn Fakt heißt, daß sich die Spezialisierung der Wissenschaft in einer großen Zahl relativ unverbundener Disziplinen nicht ohne weiteres wieder rückgängig machen läßt. Dazu gegenläufig nehmen indes die gesellschaftlichen Erwartungen nach einer anwendungsorientierten und damit Fachgrenzen überschreitenden Wissenschaft zu (vgl. Plessner 1962 / 1971). Insofern besteht ein anhaltend starkes Interesse an Ergänzungen und Korrekturen gegenüber der historisch gewachsenen Arbeitsteilung universitärer Erkenntnisproduktion durch neue Formen interdisziplinärer Zusammenarbeit (vgl. Kocka 1987a).

Gerade angesichts der komplexen Natur gesellschaftlicher, ökologischer oder arbeitsweltlicher Problemlagen erscheint es Ende der 90er Jahre immer weniger akzeptabel, wenn die moderne Wissenschaft in der Strukturiertheit eines einzeldisziplinär „abgedunkelten" Erkenntnisinteresses verharrte (vgl. Picht 1953). Freilich ist die hier monierte perspektivische Gegenstandserschließung aus Gründen besseren Erkenntnisgewinns notwendig, insofern Interdisziplinarität auf das Fundament jeweils intakter Einzelwissenschaften angewiesen ist (vgl. Kaufmann 1987). Disziplinäre Spezialisierung erweist sich aber in dem Maße als kontraproduktiv, wie darunter „interdisziplinäre(n) Koordination und wechselseitige(n) Berücksichtigung der Ergebnisse für eine integrative theoretische Analyse" (vgl. Seiffert 1992, S. 28) leiden. Spätestens mit dem Verlust an Offenheit für eine ganzheitliche Problemlösung ist in den Hochschulen und Forschungsstätten „ein Umdenken in Richtung auf Inter- und Transdiziplinarität" (Felt / Nowotny / Taschwer 1995, S. 166) angesagt.

Wie wenig eine bloß in Fachgrenzen operierende Wissenschaft ökologischen oder globalen Risikolagen zu entsprechen vermag, zeigt auch der modernisierungstheoretische Diskurs auf. Folgt man hier Ulrich Beck (1986 u. 1993) beruht die Forderung nach Interdisziplinarität auf einem veränderten Verhältnis von Wissenschaft und Öffentlichkeit, welches sich im Zuge einer „reflexiven Verwissenschaftlichung" etwa ab den 70er Jahren herausbildet. Insbesondere erzwinge „die öffentliche Sensibilität gegenüber bestimmten problematischen Aspekten der Modernisierung" (Beck 1986, S. 262) auch innerwissenschaftlich neue Problemdefinitionen und fächerübergreifende Arbeitsansätze: Indem „Modernisierungsrisiken in einem spannungsreichen Zusammenspiel von Wissenschaft, Praxis und Öffentlichkeit sozial konstituiert und in die Wissenschaften zurückgespielt werden, (lösen diese, R.B.) hier 'Identitätskrisen', neue Organisations- und Arbeitsformen, neue Theoriegrundlagen, neue Methodologieentwicklungen" (ebd., S. 263) aus.

Auch aus dem Blickwinkel wissenschaftsorientierter betrieblicher Weiterbildung gibt es gute Gründe für die Unterstützung eines Fachgrenzen übergreifenden Ansatzes von Wissenschaft. Die vorherrschende monodisziplinäre Spezialisierung geht zweifellos zu Lasten der Ganzheitlichkeit von Lernprozessen, legt man als Bildungs- und Wissenserwerbsmotiv den Anspruch auf die Lösung praktischer Problem zugrunde. Insbesondere lehrt uns die Analyse didaktischer Transformationsprozesse (vgl. Weinberg 1975), daß die Erfahrungswelt des betrieblichen Alltags, in der Teilnehmer wissenschaftsorientierter Weiterbildungsangebote beruflich handeln, typischerweise nach anderen Relevanzkriterien als denjenigen des Wissenschaftssystems geordnet ist. Indem sich das berufliche Alltagswissen als biographisch und subkulturell bestimmte Interpretationsfähigkeit artikuliert (vgl. Schütz 1982), fungiert es als die kognitive Relevanzfolie, auf der die Angebote professioneller betrieblicher Weiterbildung von den Teilnehmersubjekten wahrgenommen und auf je spezifische Weise angeeignet werden können. Und aus der Differenz von einzeldisziplinärer Strukturiertheit wissenschaftlicher Erkenntnisbestände und der komplexen Dynamik berufspraktischer Kompetenzentwicklungsinteressen der Lerner im Betrieb resultiert eine Spannung, die einen wesentlichen Anknüpfungspunkt für interdisziplinäre Fragestellungen im Rahmen von Weiterbildungsprozessen abgibt.

3. Aneignung: Interdisziplinarität als synthetisierende Leistung des Teilnehmersubjekts

Aufgrund des Primats monodisziplinärer Strukturiertheit von Erkenntnisbeständen existieren in der betrieblichen Weiterbildung erhebliche Probleme, um ein interdisziplinäres Angebot etablieren zu können. Was die thematisch-stoffliche Organisation an fachlicher Verzahnung und Integration häufig nur unzureichend zu leisten vermag, müssen daher die Teilnehmenden für sich selbst regeln. Dabei werden im subjektiven Bildungsvorgang die disziplinären Erkenntnisgrenzen zur Disposition gestellt; im Prozeß der subjektiven Aneignung fachspezifischen wissenschaftlichen Wissens haben die Teilnehmenden Syntheseleistungen im Sinne der Kreierung einer Problemganzheit zu vollbringen.

Fachverbindende Syntheseleistungen als Teilnehmeranforderung gelten bis zu einem gewissen Grade auch für die berufliche Erstausbildung, in besonderem Maße jedoch für die wissenschaftsorientierte Weiterbildung. Denn organisiertes Erwachsenenlernen und Kompetenzentwicklung erfolgt in der Berufs- und Betriebspraxis vor dem Hintergrund zunehmender Biographieabhängigkeit. Professionelle Weiterbildung hat deshalb reflexiv auf die komplexe Alltagspraxis der Adressaten zu orientieren. Dabei ist davon auszugehen, daß das angebotene Bildungswissen auf Lernerseite nach den jeweiligen Bedingungen des eigenen Erfahrungshaushalts und lebenspraktischer Entscheidungsprobleme selektiv angeeignet wird (vgl. Dewe 1993). Um so nachhaltiger gilt für die Weiterbildung, daß nicht mehr die vorgegebenen Wissenschaften den Referenzrahmen bilden, sondern die naiven Theorien und Erfahrungshintergründe. Erst dadurch gewinnt wissenschaftliches Wissen seinen subjektiven Sinn und seine Bildungsrelevanz, daß es lernbiographischen Anschlußwert besitzt, vom Subjekt rekursiv vernetzt werden kann und mittels erweiterter Handlungskompetenz Nutzanwendungschancen eröffnet (vgl. Siebert 1999).

In diesem Diskussionszusammenhang über den Stellenwert alltags- und lebensweltlichen Vorwissens als Antezedenzbedingung für Angebote wissenschaftsorientierter betrieblicher Weiterbildung und für berufliche Kompetenzentwicklung ist allerdings noch zu berücksichtigen, daß das Alltags- und berufliche Erfahrungswissen heutzutage selbst in vielfältiger Weise durch wissenschaftliches Wissen mitgeprägt ist. Hinzu kommen diverse Umgangserfahrungen mit wissenschaftlichem Expertenwissen oder auch einer populärwissenschaftlichen Ratgeberliteratur (vgl. z.B. Oelkers 1995). Anders als noch im historischen Ansatz der Wissenschaftspopularisierung (vgl. Daum 1998, S. 27) unterliegt der heutige „Laie" den Einflüssen reflexiver Modernisierungs- und Verwissenschaftlichungsprozesse (vgl. Dewe 1999).

4. Vermittlung: Didaktische Wege interdisziplinärer betrieblicher Weiterbildung

Für die Vermittlung interdisziplinärer Inhalte in der betrieblichen Weiterbildung stellt sich das Problem, wie die Ausgangssituation einzeldisziplinärer Kanonisierung wissenschaftlichen Wissens durch eine geeignete Organisation des Lehr-Lernprozeß kompensiert oder zumindest entschärft werden kann. Zentrale Bedeutung gewinnt damit die Aufgabe didaktischer Transformation. Und hier darf ein gemeinsames Erkenntnisinteresse der didaktischen Theorie der Erwachsenenbildung und der professionellen Vermittlungspraxis betrieblicher Weiterbildung unterstellt werden. Insofern könnte es sich als fruchtbar erweisen, die didaktischen Traditionsbestände der Erziehungswissenschaft auf ihren Anregungsgehalt für ein interdisziplinäres Management betrieblicher Weiterbildung zu befragen.

Der Interdisziplinaritätsanspruch betrieblicher Weiterbildung impliziert eine gewisse Nähe zu dem bereits erwähnten Konzept der Wissenschaftspopularisierung. So gilt spätestens seit der Weimarer Epoche, „daß die Wissensaneignung des berufstätigen erwachsenen Menschen von dessen je eigenen Voraussetzungen und Erfahrungen auszugehen habe und daß jeder Lehrer, der Erwachsene unterrichtet, dies in erster Linie zu berücksichtigen hat" (Matzat 1964, S. 53). Damit verliert hinsichtlich der Stoffstrukturierung die Systematik der Disziplinen an Bedeutung gegenüber der Lebens- und Berufswelt der Adressaten.

Um heute die Weiterbildungsaufgaben der Betriebe unter Bezugnahme auf die Wissenschaften und deren Erkenntnisfortschritt realisieren zu können, müssen also wissenschaftsdidaktische Vorkehrungen getroffen werden. So bezieht sich die angesprochene Transformationsproblematik nicht bloß auf die stoffliche Ausgangssituation monodisziplinärer Strukturiertheit, daneben muß auch die Adressatensituation als Relevanzfilter einbezogen werden. Berücksichtigt werden müssen insbesondere die betrieblichen Verwendungssituationen der Adressaten / Zielgruppen und deren bildungsbiographisch begründeten Lernbedarfe hinsichtlich beruflicher Kompetenzentwicklung (vgl. Hölterhoff / Becker 1986, S. 80 ff.). Hier lehrt uns der in letzter Zeit intensiv geführte Diskurs über die pädagogische Nutzbarmachung des konstruktivistischen Paradigmas, daß vor allem solche didaktischen Prinzipien und Methoden für die professionelle betriebliche Weiterbildung von Interesse sind, die den kognitiven Eigensinn der Lernenden zum Zuge kommen lassen – insbesondere deren wissensbasierte Konstrukte und die Eigenaktivität als selbststeuernde Ressourcen im Bildungsvorgang (vgl. Siebert 1997 u. 1999).

Entsprechend verstehe ich auch die folgenden „Maßgaben", die Horst Siebert (1998, S. 92 f) aus konstruktivistischer Sicht im Hinblick auf Wissensvermittlung ausgearbeitet hat. Danach sollte Wissen

- anschlußfähig sein, d.h. sich mit vorhandenem Wissen verknüpfen lassen;
- neugierig machen, d.h. einen Neuigkeitswert haben und Aufmerksamkeit erregen;
- psychohygienisch zumutbar sein, d.h. ein Übermaß an Katastrophenwissen wird abgewehrt;
- viabel sein, d.h. einen Gebrauchswert haben und für Problemlösungen dienlich sein;
- aktiv angeeignet werden;
- möglichst auf mehreren „Kanälen" (kognitiv, emotional, ästhetisch, pragmatisch) gelernt werden können. (vgl. Siebert 1998, S. 92 f.)

Für die professionelle betriebliche Weiterbildung sind derartige Überlegungen aufschlußreich, da sie dem Entwicklungs- und Innovationsbedarf entgegenkommen, der gerade bei interdisziplinären Vermittlungsangeboten akut wird. Allerdings erscheinen rezeptologische Erwartungen unrealistisch. Entsprechen läßt sich vielmehr pädagogischen Reflexions- und Evaluationsbedürfnissen, welche etwa im Hinblick auf die Auswahl geeigneter Methoden oder den Zuschnitt von Lernarrangements entstehen. Aus den bisherigen Darlegungen begründet sich denn auch die folgende Diskussion einzelner Lehr-Lern-Methoden unter dem Aspekt ihrer Eignung für die interdisziplinäre betriebliche Weiterbildung.

4.1 Exemplarisches Prinzip

Innerhalb der didaktischen Theorie der Erziehungswissenschaft steht das exemplarische Prinzip vorwiegend für das Bemühen um Beschränkung bei der Stoffauswahl (vgl. Wagenschein 1968, S. 77). Unterricht exemplarisch auszulegen, heißt dann, mittels der Analyse eines Falls auf Stoffreduzierung hinzuwirken, ohne daß etwa eine „Vereinfachung oder gar Verniedlichung der Probleme" (Doerry 1959, S. 80) in Kauf genommen wird. Weitere wichtige Voraussetzung ist, daß sich anhand des gewählten Fallbeispiels allgemeine Strukturen verdeutlichen lassen.

Daneben liegt eine Stärke des exemplarischen Prinzips in der didaktischen Relationierung. So fungiert es als Brücke zwischen einerseits dem Lern-Gegenstand oder der einzelnen Fachwissenschaft und anderseits dem Bildungssubjekt (vgl. Siebert 1996, S. 131). Das exemplarische Prinzip bewirkt nicht lediglich eine beispielhafte oder genauer „stellvertretende" (vgl. Scheurl 1963, S. 53) Repräsentation von Stoff, sondern schließt darüber hinaus an die kognitiven Vorstrukturen und die lebensweltliche Frage der Bildungsteilnehmer an.

Als Plädoyer für eine exemplarische Bildungsarbeit verstehe ich in diesem Zusammenhang Oskar Negts aktuelle Warnung vor einer „erdrückenden Macht der Einzelinformationen, die technisch beliebig kombiniert werden können" (1994b, S. 282), dabei aber die Verarbeitungsfähigkeit des Subjekts und das zu fördernde Vermögen der qualifizierten Gewichtung, das aufklärerische Bemühen um Aufdeckung von Wissensbeständen in ihrer Kulturbedeutung oder im Hinblick auf den konkreten Zusammenhang für das eigene Leben unterlaufen.

Weit weniger bekannt als die Möglichkeit von Lehrinhaltsreduzierung ist die Eignung des exemplarischen Prinzips für die Vernetzung unterschiedlicher Fachperspektiven. Zum interdisziplinären Arbeiten in der betrieblichen Weiterbildung eignet sich das exemplarische Vorgehen gerade deshalb, weil mit Bezug auf einen Gegenstand die jeweiligen Fachperspektiven heuristisch stellvertretend eingebracht werden können. Gerade Themen aus der betrieblichen Handlungspraxis liegen häufig quer zu den Erkenntniszuschnitten der Einzelwissenschaften; sie lassen sich nicht fachdidaktisch isoliert, sondern nur interdisziplinär und integrativ behandeln. Der Alltags- und Anwendungsbezug dieser vielschichtigen Themen erfordert eine ganzheitliche Problembetrachtung, weshalb davon auszugehen ist, daß hier eine Reihe ganz unterschiedlicher Fachwissenschaften berücksichtigt werden müssen. Eine komplexe Gegenstandserschließung läßt sich vor allem im Wege der einzeldisziplinären Perspektivenverschränkung erreichen.

Schließlich eignet sich ein exemplarisches Vorgehen auch, um die Kluft zwischen einerseits Natur- und Technikwissenschaften und andererseits Kultur- und Sozialwissenschaften zu überwinden und um die Legitimität der Problemlösungsrelevanz beider Wissenschaftsgruppierungen für den betrieblichen Handlungskontext zur Geltung zu bringen.

4.2 Projektmethode

Bei ihr steht praktisches Problemlösen im Vordergrund (vgl. Frey 1984). Dazu bedarf es allerdings einer Projektaufgabe, die zuvor gefunden und ausformuliert werden muß (Nelson / Bossing 1931, S. 148 ff.). Abgestellt wird auf selbständiges Arbeiten und Lernen, so daß die rezeptive Lernhaltung eines stoffzentrierten Bildungscurriculums verlassen wird. Kennzeichnend für die Projektmethode ist nicht zuletzt die Verbindung der Theorie mit der Praxis. Lernen und Handeln sind aufeinander bezogen, was auch in einem abschließenden Schritt der Beurteilung des gesamten Projektablaufs zum Ausdruck kommt (Frey 1984, S. 7, 16 f.). So wird die Erfahrung der Beteiligten bereichert.

Da Alltagswissen und subjektive Handlungstheorien der betrieblichen Akteure nicht nach der historischen Zufälligkeit von Wissenschaftsdisziplinen strukturiert sind, impliziert die Berücksichtigung der Projektmethode im Rahmen wissenschaftlicher betrieblicher Weiterbildung von vornherein einen interdisziplinären Zugriff. Gerade die neueren Themen der betrieblichen Weiterbildung wie Ökologie, Gesundheit und Arbeitsschutz sind vieldimensional; sie haben auch unter dem pragmatisch-reflexiven Aspekt eigener Lebensführung Bedeutung, weshalb sie sich für einen projektorientierten Zugriff eignen (vgl. Beyersdorf / Michelsen / Siebert 1997; Michelsen 1997). Eine solche didaktische Orientierung der wissenschaftlichen betrieblichen Weiterbildung entspräche auch dem generellen Selbstverständnis heutiger Bildungsarbeit in bezug auf Ökologie und Gesundheit, wie sich exemplarisch belegen läßt:

„Gesundheitsbildung setzt bei den subjektiven Erfahrungen und Lerninteressen an, fördert ein Bewußtsein für die Mitwelt und regt zur Reflexion des bisherigen Lebensweges und der Lebensweisen unter gesundheitlichen Gesichtspunkten an" (BMFT 1997, S. 12).

4.3 Interdisziplinäres Teamteaching

Für die professionelle betriebliche Weiterbildung ist „Teamteaching" eine nahe liegende Form interdisziplinärer Vermittlung. Durch ein fachlich gemischtes Exper(innen)team lassen sich die unterschiedlichen Perspektiven und Problemlösungspotentiale einzelner Fächer und Sachgebiete authentisch einbringen. So eröffnet die Einführung oder Favorisierung von Teamteaching eine zentrale Möglichkeit der inneren Modernisierung der betrieblichen Weiterbildung unter den Bedingungen der Wissensgesellschaft. Und hinsichtlich der steigenden Legitimationsanforderungen professioneller betrieblicher Weiterbildung erschiene es gegenwärtig angesichts des Vordringens apersonaler Lernmedien wichtig, wenn hier erfolgreiche Modelle interdisziplinären Teamteachings vorgewiesen werden könnten.

4.4 Zukunftswerkstatt und Bildungsfreistellung

Hier ist es nicht möglich, das gesamte Spektrum an Veranstaltungsformen und Unterrichtswegen dahingehend durchzumustern, inwieweit dieses sich zur Einlösung des Interdisziplinaritätspostulats in der Didaktik betrieblicher Weiterbildung eignet. Angesprochen sei bloß noch der Bildungsurlaub (Bildungsfreistellung) und die Zukunftswerkstatt (vgl. Brödel 1992; Dauschner 1996), da beide sowohl in die allgemeine Erwachsenenbildung als auch in die betriebliche Weiterbildung Eingang gefunden haben. Für die Zukunftswerkstatt gilt, daß sie teils als eigenständige Veranstaltungsform und teils als methodisches Arrangement innerhalb eines größeren Veranstaltungsrahmens eingesetzt werden kann. Sowohl in der sozio-ökonomischen als auch in der betrieblichen Bildungsarbeit hat sich die Zukunftswerkstatt als eine Methode bewährt, über die Interdisziplinaritätsbezug mehrstufig herstellbar ist.

Bildungsurlaub gibt innerhalb der allgemeinen wie der betrieblichen Weiterbildung einen qualitativ wichtigen Arbeitsansatz ab. Vor allem in seiner Türöffner- und Motivationsfunktion für einzelne Zielgruppen erscheint dieser noch nicht hinreichend ausgeschöpft. Bildungsurlaubsangebote ermöglichen ein integratives und tendenziell ganzheitliches Lernen. Für sie sind „weniger ein bestimmtes Methodensetting ausschlaggebend, als das Herstellen neuer, gemeinsamer kultureller Kontexte für den biographischen Diskurs" (Gieseke / Siebers 1996, S. 212), zumal unter Modernisierungs- und Individualisierungsbedingungen kaum noch von gemeinsam geteilten Erfahrungswelten ausgegangen werden kann. Diese Problematik gilt zunehmend auch für die betriebliche Weiterbildung, zumal bei steigender Internationalisierung der Belegschaften.

Im Bildungsurlaub – gerade bei einer beruflich existenziellen Thematik – läßt sich „entdeckendes Lernen" vielfältig als Erkundung, Exkursion oder auch Experiment initiieren. Bewährt hat sich auch die Kombination von Zukunftswerkstatt und Bildungsurlaub, wenn etwa eine Bildungsurlaubsveranstaltung in Form einer Zukunftswerkstatt oder letztere als Element einer Bildungsurlaubswoche angewandt wird.

4.5 Zwischenbilanz

Die vorangegangene Diskussion zur Vermittlungsproblematik interdisziplinärer betrieblicher Weiterbildung resümierend sei festgehalten, daß die angeführten Methoden hinsichtlich ihrer Ermöglichung von Interdisziplinarität nicht unbedingt trennscharf sind oder sich gar überlappen können. So liegen beispielsweise die Fallmethode, das Experiment, das Planspiel oder auch der klassische Ansatz einer „Arbeitsschule" (Kerschensteiner), dessen Mittelpunkt im übrigen ein erwachsenenbildnerisch aufschlußreicher 'pädagogischer Arbeitsbegriff' ausmacht, in ihrer lernwissenschaftlichen Logik dicht beieinander. Dieser durchaus produktive Verschränkungszusammenhang kommt auch in der intensiv geführten Diskussion um einen handlungsorientierten Unterricht in Schule und Berufsschule zum Tragen. Dort geht es – ähnlich wie in unserer aktuellen Debatte um den Interdisziplinaritätsbezug in der professionellen betrieblichen Weiterbildung – um ein „neues Verhältnis von Lernen in Fächern und Fachgrenzen überschreitendem Lernen", kurz: um „Lernen über Grenzen" (Gudjons 1997).

5. Zukunft interdisziplinärer betrieblicher Weiterbildung in einer pluralen Lernkultur

Der Wissensbedarf entfalteter Ökonomien und moderner Arbeitsorganisationen entwickelt sich in Richtung auf grenzüberschreitende Fragen (vgl. auch DIE 1994). Die wichtigsten Probleme, die vor dem Hintergrund wirtschaftlicher und digitaler Globalisierung gelöst werden müssen und die dazu der wissenschaftlichen Aufklärung bedürfen, liegen zwischen den Disziplinen (vgl. etwa Daxner 1994, S. 270). Dadurch wird die noch überwiegend disziplinäre Strukturiertheit unseres Wissenschaftssystems weiter in Frage gestellt. Erst recht schwindet die exklusive Zuständigkeit bzw. die Legitimationskraft einzelner Wissenschaften außerhalb universitärer Anwendungskontexte, wie gerade in der betrieblichen Weiterbildung. An ihre Stelle treten plurale Wissensarrangements, wobei in Anlehnung an den Systemtheoretiker Helmut Willke (1998, S. 164) grundsätzlich davon auszugehen ist, daß geradezu alle gesellschaftlichen Funktionssysteme für ihre Reproduktion eigenständig Wissen erzeugen und nutzbar machen. Diese system- und wissenstheoretische „Autonomie"-These gilt insbesondere für das ökonomische System und die diversen betrieblichen Subsysteme. Insofern verliert das Wissenschaftssystem – und dies beinhaltet die implizierte These einer gegenwärtig laufenden Transformation von der Industriegesellschaft zur Wissensgesellschaft – seinen einst unangefochten Status als Wissensagentur. Eine Begleiterscheinung ist hierbei, daß Wissenschaft nunmehr mit weniger naiven Erwartungshaltungen von seiten der Öffentlichkeit konfrontiert wird und daß Wissenschaft mit kontextspezifischen Problemstellungen aus anderen gesellschaftlichen Systemen konfrontiert wird. Detailliert demonstrieren einen solchen relativen, aber nicht absoluten Bedeutungsverlust des Wissenschaftssystems etwa empirische Untersuchungen über den Umgang mit Expertenwissen in betrieblichen Handlungskontexten (vgl. z.B. Lullies / Bollinger / Weltz 1993, S. 238 f.). Ähnlich besteht heute in einer Vielzahl gesellschaftlicher Handlungsfelder ein steigender Bedarf an „neuen Formen der problembezogenen Kooperation von unterschiedlichen Wissensträgern mit bestimmten Gruppen von Betroffenen, Interessierten und Entscheidungsbefugten" (Saretzki 1997, S. 306). Um so deutlicher treten unter Anwendungsbezügen wissenschaftlichen Wissens die disziplinären Überschneidungsbereiche hervor. Deren Bedeutungszuwachs ist im übrigen als Ausdruck einer – eingangs schon angesprochenen – reflexiven Verwissenschaftlichung der modernen Gesellschaft zu interpretieren (vgl. Beck 1993, S. 243), welche unter dem Label „Interdisziplinarität" wiederum als Reformdruck auf die universitären Angebote von Erstausbildung und wissenschaftlicher Weiterbildung zurückwirkt (vgl. Brödel 1997, S. 37; Münch 1995, S. 145 f.).

Die interdisziplinäre betriebliche Weiterbildung, für die nach unserer Ergebnisthese ein nachhaltiger Bedeutungszuwachs ausgemacht werden kann, mündet in eine sich allmählich herausbildende, plurale Lernkultur ein. Geprägt ist diese durch vielfältige Mischformen und / oder Kombinationen zwischen einem alltagsimmanenten, arbeitsplatzbezogenem, autodidaktischen, selbstorganisierten und professionell abgestützten Lernen. Gerade die Neuen Medien (z.B. PC, Internet) stimulieren interdisziplinäres Lernen, indem durch die Vernetzung unternehmens- und weltweit verteilter Computer ein umfangreiches Angebot an Datenbanken, Informationssystemen und multidisziplinärem Expertenwissen zur Verfügung steht bzw. von den Nutzern angeeignet werden kann (vgl. Marotzki 1998). Dieses Potential zur unbegrenzten Information öffnet für die Weiterbildung im Betrieb eine völlig neue Dimension interdisziplinärer Arbeit (vgl. Gabriel 1997, S. 163 u. 194). Hier ließen sich also diverse Settings und Ansätze professioneller betrieblicher Weiterbildung explorativ erschließen, wie sie nicht zuletzt die Formel einer „selbstgesteuerten wissenschaftlichen Weiterbildung" anzudeuten vermag (vgl. Brödel 1998a, S. 21 ff.; Tippelt 1997).

Vor diesem – allmählich an Drift gewinnenden – Entwicklungshintergrund spricht Johannes Weinberg zurecht von einer „Pluralisierung des Lehrens und Lernens" (vgl. Nuissl / Schiersmann / Siebert 1997). Zu ihrer Ausgestaltung und Vitalisierung trägt das wissenschaftsdidaktische Innovationspotential professioneller betrieblicher Weiterbildung bei. Ihre Zukunft verweist mithin auf eine sich ausdifferenzierende Lehr-Lernkultur, die es heute und in den kommenden Jahren zu befördern und durch Bildungsforschung zu begleiten gilt (vgl. Arnold 1997; Brödel 1997).

Literatur

Arnold, R.: Entgrenzung und Entstrukturierung der Hochschulen durch Fernstudium. In: Grundlagen der Weiterbildung, 2 / 1997, S. 62-65
Beck, U.: Die Erfindung des Politischen. Frankfurt / Main 1993
Beck, U.: Risikogesellschaft. Frankfurt / Main 1986
Beyersdorf, M. / Michelsen, G. / Siebert, H. (Hrsg.): Umweltbildung. Theoretische Konzepte, empirische Erkenntnisse, praktische Erfahrungen. Neuwied 1998
Beyersdorf, M. / Michelsen, G. / Siebert, H. (Hrsg.): Umweltbildung zwischen Theorie und Praxis. Dokumentationen zur wissenschaftlichen Weiterbildung. Bd. 29. Zentrale Einrichtung für Weiterbildung der Universität Hannover 1997
Brödel, R. (Hrsg.): Lebenslanges Lernen – lebensbegleitende Bildung. Neuwied 1998a
Brödel, R.: Suche nach erwachsenenpädagogischen Arbeitshypothesen. In: QUEM- Report / Heft 52: Lernen im Chaos – Lernen für das Chaos. Berlin 1998b, S. 41-50
Brödel, R.: Einführung: Erwachsenenbildung in der gesellschaftlichen Moderne. In: Brödel, R. (Hrsg.): Erwachsenenbildung in der Moderne. Opladen 1997, S. 9-49
Brödel, R.: Stichwortartikel „Zukunftswerkstatt". In: Bauer, R. (Hrsg.): Lexikon des Sozial- und Gesundheitswesens. Bd. 3. München 1992, S. 2209
Bundesministerium für Bildung, Wissenschaft, Forschung und Technologie (BMFT): Gesundheit und allgemeine Weiterbildung. Beitrag zu einer neuen Perspektive der Gesundheitsförderung. Bonn 1997
Daschner, U.: Moderationsmethode und Zukunftswerkstatt. Neuwied 1996
Daum, A.: Wissenschaftspopularisierung im 19. Jahrhundert. München 1998
Daxner, M.: Wissenschaft und die Reform der Gesellschaft. In: Negt, O. (Hrsg.): Die zweite Gesellschaftsreform. Göttingen 1994, S. 266-275
Dewe, B.: Die Relationierung von Wirklichkeiten als Aufgabe moderner Erwachsenenbildung – wissenstheoretische und konstruktivistische Beobachtungen. In: Brödel, R. (Hrsg.): Erwachsenenbildung in der Moderne. Opladen 1997, S. 70-90
Dewe, B.: Grundlagen nachschulischer Pädagogik. Bad Heilbrunn 1993
Dewe, B.: Wissenssoziologische Betrachtungen zur Relevanz sozialer Deutungsmuster für eine erwachsenengerechte Didaktik der wissenschaftlichen Weiterbildung. In: Rebel, K.-H. (Hrsg.): Wissenschaftstransfer in der Weiterbildung. Weinheim 1989, S. 109-130
DIE-Zeitschrift: Interdisziplinarität. Themenheft 4 / 1994
Doerry, G.: Gedanken zum wissenschaftlichen Unterricht an der Volkshochschule. In: Berliner Arbeitsblätter für die Volkshochschule, Heft IX, 1959, S. 69-86

Felt, U. / Nowotny, H. / Taschwer, K.: Wissenschaftsforschung. Frankfurt / Main 1995
Frey, K.: Die Projektmethode im historischen und konzeptionellen Zusammenhang. In: Bildung und Erziehung, 1 / 1984, S. 3-28
Gabriel, N.: Kulturwissenschaften und neue Medien. Wissensvermittlung im digitalen Zeitalter. Darmstadt 1997
Gieseke, W. / Siebers, R.: Zur Relativität von Methoden in erfahrungsverarbeitenden Lernkontexten. In: Arnold, R. (Hrsg.): Lebendiges Lernen. Hohengehren 1996, S. 207-214
Gudjons, H.: Verbinden – Koordinieren – Übergreifen: Qualifizierter Fachunterricht oder Fächerübergreifendes Dilettieren? In: Pädagogik, 9 / 1997, S. 40-43
Haan, de, G. : Paradigmenwechsel – Von der schulischen Umwelterziehung zur Bildung für Nachhaltigkeit. In: Politische Ökologie, Heft 51, Mai / Juni 1997, S. 22-26
Hölterhoff, H. / Becker, M.: Aufgaben und Organisation der betrieblichen Weiterbildung. Handbuch der Weiterbildung für die Praxis in Wirtschaft und Verwaltung, Bd. 3. München 1986
Kaufmann, F.-X.: Interdisziplinäre Wissenschaftspraxis. Erfahrungen und Kriterien. In: Kocka, J. (Hrsg) 1987, S. 63-81
Knoll, J. H. (Hrsg.): Internationales Jahrbuch der Erwachsenenbildung, Bd. 24: Umweltbildung. Köln 1996
Kocka, J. (Hrsg.): Interdisziplinarität. Praxis – Herausforderung – Ideologie. Frankfurt / Main 1987a
Kocka, J.: Einleitung. In: Kocka, J. (Hrsg.) 1987b, S. 7-16
Lullies, V. / Bollinger, H. / Weltz, F.: Wissenslogistik. Über den betrieblichen Umgang mit Wissen bei Entwicklungsvorhaben. Frankfurt / Main 1993
Marotzki, W.: Zum Problem der Flexibilität im Hinblick auf virtuelle Lern- und Bildungsräume. In: Brödel, R. (Hrsg) 1998a, S. 110-123
Matzat, H. L.: Zur Idee und Geschichte der Erwachsenenbildung in Deutschland. Saarbrücken 1964
Münch, R.: Dynamik der Kommunikationsgesellschaft. Frankfurt / Main 1995
Negt, O. (Hrsg.): Die zweite Gesellschaftsreform. Göttingen 1994a
Negt, O.: Wir brauchen eine zweite, eine gesamtdeutsche Bildungsreform. In: Negt, O., (Hrsg.), 1994b, S. 276-290
Nelson, B. / Bossing, L.: Die Projekt-Methode. In: Nohl, H. / Weniger, E. / Geissler, G. (Hrsg.): Das Problem der Unterrichtsmethode. Reihe „Kleine pädagogische Texte", Heft 18. Weinheim o. J. (1931), S. 133-167
Nolda, S. (Hrsg.).: Erwachsenenbildung in der Wissensgesellschaft. Bad Heilbrunn 1996
Nuissl, E. / Schiersmann, C. / Siebert, H. (Hrsg.): Pluralisierung des Lehrens und Lernens. Festschrift für Johannes Weinberg. Bad Heilbrunn 1997
Oelkers, J.: Pädagogische Ratgeber. Erziehungswissen in populären Medien. Frankfurt / Main 1995
Picht, G.: Bildung und Naturwissenschaft. In: Münster, C. / Picht, G.: Naturwissenschaft und Bildung. Würzburg o. J. (1953), S. 33-116
Plessner, H.: Universität und Erwachsenenbildung. (zuerst 1962) In: Pöggeler, F. (Hrsg.): Erwachsenenbildung im Wandel der Gesellschaft. Frankfurt / Main 1971, S. 120-139
Saretzki, T.: Demokratisierung von Expertise? Zur politischen Dynamik der Wissensgesellschaft. In: Klein, A. / Schmalz-Bruns, R. (Hrsg.): Politische Beteiligung und Bürgerengagement in Deutschland. Baden-Baden 1997, S. 277-313
Scheuerl, H.: Zusammenfassende Orts- und Wesensbestimmung des Exemplarischen (zuerst 1958). In: Gerner, B. (Hrsg.): Das exemplarische Prinzip. Darmstadt 1972, S. 50-57
Schütz, A.: Das Problem der Relevanz. Frankfurt / Main 1982

Seiffert, H.: Einführung in die Wissenschaftstheorie, 3. Bd., 2. Aufl. München (1985) 1992
Siebert, H.: Pädagogischer Konstruktivismus. Eine Bilanz der Kunstruktivismusdiskussion für die Bildungspraxis. Neuwied 1999
Siebert, H.: Ökologisch denken lernen. In: Beyersdorf / Michelsen / Siebert (Hrsg.) 1998, S. 84-93
Siebert, H.: Konstruktivistische (Theorie)Ansichten der Erwachsenenbildung. In: Brödel, R. (Hrsg.): Erwachsenenbildung in der Moderne. Opladen 1997, S. 285-299
Siebert, H.: Didaktisches Handeln in der Erwachsenenbildung. Didaktik aus konstruktivistischer Sicht. Neuwied 1996
Siebert, H.: Ökopädagogik aus konstruktivistischer Sicht. In: Pädagogik und Schulalltag, 4 / 1995, S. 445-457
Tippelt, R.: Selbstgesteuertes wissenschaftliches Studium? Bericht aus einer Arbeitsgruppe. In: Dohmen, G.: Selbstgesteuertes lebenslanges Lernen? Ergebnisse der Fachtagung des Bundesministeriums für Bildung, Wissenschaft, Forschung und Technologie vom 6.-7.12.1996. Bonn 1997, S. 109-116
Wagenschein, M.: Verstehen lehren. Weinheim 1968
Weinberg, J.: Didaktische Reduktion und Rekonstruktion. In: Schulenberg, W. u.a.: Tranformationsprobleme der Weiterbildung. Braunschweig 1975, S. 115-145
Willke, H.: Die Wissensgesellschaft. Wissen ist der Schlüssel zur Gesellschaft. In: Pongs, A. (Hrsg.): In welcher Gesellschaft leben wir eigentlich? Bd. 1: Gesellschaftskonzepte im Vergleich. München 1999, S. 259-279
Willke, H.: Organisierte Wissensarbeit. In: Zeitschrift für Soziologie 1998, S. 161-177

Eckard König / Gerda Volmer

Was ist ein „Systemisches Menschenbild"?

1. Was sind Menschenbilder?

Der Begriff „Menschenbild" klingt sehr abstrakt. Man denkt dann vielleicht an das Menschenbild der griechischen Philosophie oder das Menschenbild der mittelalterlichen Kunst, an das christliche Menschenbild, an das Menschenbild des Sozialismus, der Psychoanalyse oder der modernen Biologie. „Menschenbild" ist also ein Begriff, der auf einen sehr breiten Bereich angewendet wird. Er zielt offenbar auf etwas, das hinter konkreten Konzepten liegt: Das Menschenbild der ägyptischen Kunst steht hinter einzelnen Kunstwerken und kann aus diesen erschlossen werden, das christliche Menschenbild ergibt sich aus überlieferten Texten, das der modernen Biologie steht hinter unterschiedlichen Versuchen zur Genforschung. Dabei bleibt aber der Begriff „Menschenbild" unscharf: Was ist das, das als Menschenbild hinter medizinischen Untersuchungen, hinter biologischer Forschung, aber auch hinter dem christlichen Glauben steht? Läßt sich „Menschenbild" genauer definieren?

Vielleicht fällt es leichter, wenn wir hier von konkreten Beispielen ausgehen: Wir sprechen von einem „christlichen Menschenbild", dem Menschenbild der Psychoanalyse, einem humanistischen Menschenbild. Doch was heißt das, daß jemand ein „christliches" Menschenbild besitzt?

In der Tradition der Sprachphilosophie haben wir gelernt, hier auf die Sprache zu achten: Auf der Basis des christlichen Menschenbildes (um dieses Beispiel aufzugreifen) wird in einer bestimmten Weise über Menschen geredet, wobei bestimmte Begriffe wie Gott, Gnade usw. auftreten. Auf der Basis dieser Begriffe werden dann bestimmte Sachverhalte erklärt: warum es Leid auf der Welt gibt, warum Menschen sterben müssen. Zugleich liefert das christliche Menschenbild bestimmte zentrale Normen und Werte (man denke an die zehn Gebote), die Grundlage für das praktische Handeln sind. Aus diesen grundlegenden Normen und Werten und dem begrifflichen

Rahmen der Rede über Gott ergeben sich schließlich konkrete Konsequenzen für das praktische Handeln.

Anhand dieses Beispiels läßt sich der Begriff „Menschenbild" genauer bestimmen:

- Das Menschenbild ist der begriffliche Rahmen, auf dessen Basis wir über Menschen reden.
- Auf der Basis dieses Rahmens werden Sachverhalte erklärt.
- Das Menschenbild enthält grundlegende Normen und Werte.
- Auf der Basis des begrifflichen Rahmens und der grundlegenden Wertvorstellungen ergeben sich Konsequenzen für das praktische Handeln.

2. Menschenbilder in den neuzeitlichen Sozialwissenschaften

Menschenbilder sind nicht nur Gegenstand der Philosophie, sondern auch die Sozialwissenschaften basieren letztlich auf einem Menschenbild. Dies läßt sich gut an zwei klassischen Menschenbildern der neuzeitlichen Sozialwissenschaft verdeutlichen, dem Behaviorismus und der Handlungstheorie (vgl. König / Zedler 1998; Petzold 1994): Jedesmal handelt es sich um unterschiedliche Begriffssysteme zur Beschreibung menschlichen Tuns, die im Kontext von Wertvorstellungen eingeführt werden, Erklärungen ermöglichen und Konsequenzen für praktisches Handeln haben:

- Im Behaviorismus ist „Verhalten" ein Grundbegriff, wobei Verhalten als Reaktion auf bestimmte Reize definiert wird. Im Zusammenhang dieses Reiz-Reaktions-Schemas werden dann weitere Begriffe wie „Verstärkung", „Löschung", „intermittierende Verstärkung" usw. eingeführt. Dieses Begriffssystem legt dann eine Perspektive fest, unter der wir menschliches Tun betrachten: Das geringere Interesse eines Mitarbeiters wird gedeutet als Reaktion auf bestimmte Reize. Engagement des Mitarbeiters wird nicht vom Vorgesetzten beachtet, wird, wie man in der Sprache der Verhaltenstheorie sagt, nicht verstärkt. Aus diesem begrifflichen Rahmen ergeben sich Konsequenzen für praktisches Handeln: Verstärkung, Bestrafung und Löschung kommen als grundsätzliche Vorgehensweisen zur Lösung konkreter Probleme in den Blick. Der Vorgesetzte sollte versuchen, positive Leistungen mehr zu verstärken. Hinter solchen konkreten Maßnahmen steht aber zugleich ein grundlegender Wert: Es ist legitim, andere Menschen von außen zu verändern.

- Das handlungstheoretische Modell, das im Anschluß an Dilthey Grundlage der Geisteswissenschaftlichen Pädagogik ist, sich in teilweise anderer Begrifflichkeit aber auch in der Humanistischen Psychologie z.B. bei Rogers findet, ist durch ein anderes Begriffssystem gekennzeichnet. Hier sind „Handlung", „Sinn", „Bedeutung", „Entwicklung" die zentralen Grundbegriffe. Auf der Basis dieses begrifflichen Rahmens wird das geringe Interesse des Mitarbeiters nicht als Reaktion auf Reize verstanden, sondern als eine Handlung, die eine Bedeutung besitzt, d.h. mit Gedanken und Empfindungen verbunden ist: Möglicherweise rechnet sich der betreffende Mitarbeiter keine Aufstiegschancen aus, fühlt sich überfordert oder von seinem Chef abgelehnt. Sein Tun (sein Handeln, wie man hier im Unterschied zur Verhaltenstheorie formuliert) ist somit abhängig von der Bedeutung, die der Betreffende der Situation gibt. Zugleich kann er sich aber entwickeln, d.h. der Situation eine andere Bedeutung geben. Und er wird auf der Basis einer veränderten Deutung der Situation anders handeln: Wenn er z.B. das Handeln des Vorgesetzten nicht als Ablehnung, sondern als Überlastung deutet, wird er sich nicht zurückziehen, sondern sich möglicherweise bemühen, den Vorgesetzten zu unterstützen. Der Entwicklungsbegriff ist in der Handlungstheorie zum einen grundlegendes Erklärungsmodell: Menschen, so hier die Hauptthese, haben die Fähigkeit, sich weiter zu entwickeln. Sie besitzen, wie Rogers es formuliert, eine „Selbstaktualisierungstendenz". Zugleich wird dieser Entwicklungsbegriff normativ gewendet: Menschen haben das Recht, sich weiter zu entwickeln. Aufgabe des Vorgesetzten (oder des Pädagogen) ist es, diese Entwicklung zu unterstützen. Die klientzentrierte Beratung ist ein deutliches Beispiel für die praktischen Konsequenzen, die sich aus diesem Menschenbild ergeben: Wenn Menschen der Welt eine Bedeutung geben und in der Lage sind, sich weiter zu entwickeln, indem sie die Bedeutung der Situation verändern, ist es pädagogische Aufgabe, sie bei dieser Entwicklung zu unterstützen. Die grundlegenden Therapeutenvariablen „Authentizität", „Akzeptanz" und „Empathie" (einfühlendes Verstehen) sind, so Rogers, die Faktoren, die diese Entwicklung entscheidend unterstützen. Das sog. „Aktive Zuhören", wie es Gordon für Familie, Schule oder betrieblichen Bereich vorschlägt (z.B. Gordon 1979), ist nichts anderes als ein Verfahren, das Empathie ermöglicht: Wenn ich einem Gesprächspartner seine Empfindungen in einer konkreten Situation wiederspiegele, so helfe ich ihm dabei, sich über die Bedeutung der Situation klar zu werden und gebe damit Anstöße zur Weiterentwicklung.

3. Systemtheoretische Richtungen und Menschenbild

Systemtheoretische Ansätze sind seit gut zwanzig Jahren in Ausbildung, Weiterbildung, Beratung und Organisationsentwicklung zunehmend aktuell geworden. Doch was ist Systemtheorie? Ist Systemtheorie lediglich eine Sammlung von Verfahren, die in unterschiedlichen Menschenbildern unterschiedlich verwendbar sind, oder liegt der Systemtheorie ein eigenes Menschenbild zugrunde?

Auf dem Hintergrund der im 1. Abschnitt eingeführten Definition „Menschenbild" läßt sich diese Frage präzisieren:

- Liefert die Systemtheorie einen eigenen begrifflichen Rahmen für die Rede über Menschen, auf dessen Basis sich konkrete Situationen erklären lassen?
- Liefert die Systemtheorie andererseits grundlegende Normen und Werte, auf deren Basis sich konkrete Vorgehensweisen über praktisches Handeln entwickeln lassen?

Die Frage nach Grundbegriffen scheint leicht beantwortbar: Ein System ist definiert durch eine Menge von Elementen, zwischen denen Relationen bestehen. Diese klassische Formulierung von Hall / Fagen definiert die Grundbegriffe, die bis heute zugrunde gelegt werden: „System", „Element", „Relation". Allerdings dürfte es problematisch sein, aufgrund dieser Begriffe von einem einheitlichen Menschenbild der Systemtheorie zu sprechen. Es gibt nämlich nicht die Systemtheorie schlechthin, sondern zumindest drei unterschiedliche Richtungen (vgl. König / Zedler 1998, S. 169ff.):

- Die Allgemeine Systemtheorie, wie sie im Anschluß an Hall / Fagen bis in die 60er Jahre betrieben wurde, trat mit dem Anspruch auf, eine Supertheorie darzustellen, mit der sich alle Bereiche von der Physik über Biologie bis zu Soziologie und Politik mit Hilfe systemtheoretischer Begrifflichkeit besser verstehen lassen. Sicher kann man diese Begriffe auch auf Menschen anwenden, ohne daß sich jedoch speziell daraus ein spezifisches systemtheoretisches Menschenbild ergibt.
- Die Soziologische Systemtheorie von Luhmann ist eine Theorie sozialer Systeme, wobei nicht Personen, sondern soziale Organisationen Gegenstand sind. Demzufolge werden einzelne Kommunikationsereignisse, aber nicht Personen als „Elemente" sozialer Systeme gesehen, Personen werden der Systemumwelt zugerechnet. Damit liefert Luhmanns Sy-

stemtheorie auch kein systemtheoretisches „Menschenbild", sondern eine systemtheoretische Theorie von Organisationen.
- Ein dritter systemtheoretischer Ansatz, der sich insbesondere in Beratung, Therapie und weiteren pädagogischen Handlungskontexten als wichtig erwiesen hat, ist die „Personale Systemtheorie" in der Tradition von Gregory Bateson (vgl. Marc / Picard 1991). Bateson hatte in den 50er Jahren die allgemeine Systemtheorie im Anschluß an Hall / Fagen im Blick auf eine Theorie sozialer Systeme weiterentwickelt (vgl. Marc / Picard 1991), wobei er Personen als „Elemente sozialer Systeme" ansieht. Bekannt geworden ist Batesons Systemtheorie insbesondere durch Paul Watzlawick: Watzlawicks „Menschliche Kommunikation" (Watzlawick u.a. 1969) ist der Versuch, die Systemtheorie in fünf Axiomen systematisch darzustellen. Weiterentwickelt wurde Batesons Ansatz für Beratung und Therapie dann insbesondere durch die Arbeiten der familientherapeutisch arbeitenden Mitarbeiterinnen in Batesons Forschungsgruppe wie Virginia Satir und Paul Haley. Batesons Systemtheorie stellt ein Begriffssystem dar, das der Rede von Menschen zugrundegelegt wird, liefert somit ein Menschenbild.

Ergebnis dieser Übersicht ist, daß man nicht nach dem Menschenbild der Systemtheorie schlechthin fragen kann, sondern deutlich zwischen verschiedenen systemtheoretischen Konzepten unterscheiden muß. Ein eigentliches Menschenbild hat somit nur die personale Systemtheorie im Anschluß an Bateson, die im folgenden näher dargestellt wird.

4. Das Menschenbild der Personalen Systemtheorie

In der Tradition von Bateson lassen sich verschiedene Merkmale sozialer Systeme unterscheiden. Dabei wird ein Begriffssystem eingeführt, das die Basis für eine systemtheoretische Rede über Menschen bietet (vgl. König / Volmer 1999, 23ff.):

- „Elemente" sozialer Systeme sind die jeweiligen Personen: Mitglieder einer Arbeitsgruppe, Vorgesetzte und Mitarbeiter, ein Projektteam. Dabei wird, abhängig von der Perspektive im Blick auf die konkrete Situation, das relevante soziale System mehr oder minder umfangreich sein: Zur Bearbeitung eines konkreten Konfliktes zwischen einem Mitarbeiter und seiner Vorgesetzten mag es genügen, sich auf dieses System zu beschränken. Möglicherweise spielen aber hier noch andere Personen eine

Rolle: eine Kollegin, mit der der betreffende Mitarbeiter zu konkurrieren versucht, ein weiterer Vorgesetzter.
- Jede Situation, jedes Verhalten, jeder Gegenstand besitzt für die betreffenden Personen des sozialen Systems eine Bedeutung. Watzlawick verdeutlicht dies im 1. Axiom seiner Kommunikationstheorie (Watzlawick u.a. 1969, 74f.): „Man kann nicht nicht kommunizieren"; jedes Verhalten in einem sozialen System wird von anderen als Mitteilung gedeutet. Wenn sich ein Flugpassagier nicht mit seinem Nachbarn unterhalten will, dann wird jedes Verhalten von ihm als Mitteilung gedeutet: Der Betreffende kann sich auf ein Gespräch einlassen und damit mit dem anderen kommunizieren, er kann dem anderen klar zu verstehen geben, daß er an einer Unterhaltung nicht interessiert ist, oder einfach nicht reagieren. Aber gleichgültig, was er tut: sein Verhalten wird von dem anderen als Mitteilung gedeutet.
- Das Verhalten eines sozialen Systems ist durch soziale Regeln bestimmt, d.h. allgemeine Vorschriften, die festlegen, was man in diesem sozialen System tun darf und was nicht. Dabei kann es sich um offizielle Regeln handeln wie z.B. Unterschriftenregelungen oder Arbeitsplatzbeschreibungen. Daneben gibt es aber noch eine Fülle von „inoffiziellen Regeln", die festlegen, wieweit man Kritik üben darf, wie der Umgang mit den Vorgesetzten zu gestalten ist: „Der Vorgesetzte hat immer Recht", „Wir sind ein Team", „Bei uns gibt es keine Konflikte". Solche Regeln sagen dem einzelnen, was sie tun und lassen dürfen. Zugleich geben sie für die Beteiligten Verhaltenssicherheit: Man weiß was man zu tun und zu erwarten hat.
- Aus subjektiven Deutungen und sozialen Regeln ergeben sich immer wiederkehrende Verhaltensmuster (Regelkreise): Immer wieder laufen Besprechungen nach demselben Schema ab, immer wieder kommt es zu einer Auseinandersetzung zwischen der Projektleiterin und einem Projektmitglied, immer wieder werden Konflikte unter den Teppich gekehrt.
- Soziale Systeme werden durch die Umwelt beeinflußt: Eine Umstrukturierung auf Konzernebene führt zu Problemen im Projekt, die familiären Probleme eines Mitarbeiters (die außerhalb des Projekts liegen) beeinflussen seine Arbeitsleistungen.
- Schließlich wird das soziale System durch seine Entwicklung beeinflußt: Frühere Erfahrungen im Projektverlauf bestimmen die Einschätzung der betreffenden Personen und damit auch Verhaltensmuster, die gegenwärtig ablaufen: Es gab in der Vergangenheit nicht bearbeitete Konflikte, die gegenwärtig zu stärkerer Abschottung führen.

- Zentrale Werte der Personalen Systemtheorie sind Entwicklung und Autonomie. Insbesondere bei Virginia Satir, in deren Systemtheorie der Entwicklungsbegriff eine zentrale Rolle spielt, wird deutlich, daß diese Systemtheorie zugleich grundlegende Werte festlegt. In Anlehnung an Rogers wird bei Satir Entwicklung normativ gewendet: Entwicklung wird verstanden als zunehmende Entwicklung von Autonomie, und Autonomie ist damit der zentrale Wert, der z.b. die familientherapeutische Arbeit von Virginia Satir kennzeichnet. Satir beschreibt „Autonomie" als fünf Freiheiten: „Die Freiheit zu sehen und zu hören, was ist, statt zu sehen und zu hören, was sein sollte oder einmal sein wird. Die Freiheit zu sagen, was du fühlst und denkst, statt zu sagen, was du darüber sagen solltest. Die Freiheit zu fühlen, was du fühlst, statt zu fühlen, was du fühlen solltest. Die Freiheit, um das zu bitten, was du möchtest, statt immer auf Erlaubnis dazu zu warten. Die Freiheit, um der eigenen Interessen willen Risiken einzugehen, statt sich dafür zu entscheiden, 'auf Nummer Sicher zu gehen' und 'das Boot nicht zum Kentern zu bringen'" (Satir u.a. 1995, S. 80) Aufgabe familientherapeutischer Arbeit in der Tradition von Satir ist es somit, die Entwicklung des einzelnen oder einer Familie in Richtung auf größere Autonomie zu unterstützen.

„Personen", „subjektive Deutungen", „soziale Regeln", „Verhaltensmuster", „Systemumwelt", „Entwicklung" und „Autonomie" sind somit in der Tradition von Bateson die systemtheoretischen Grundbegriffe, die der Rede über Menschen zugrunde gelegt werden. Und damit wird zugleich die Perspektive bestimmt, unter der soziale Situationen betrachtet werden: Wenn ich z.B. die geringe Motivation eines Mitarbeiters zu erklären suche, dann werde ich auf der Basis eines systemtheoretischen Menschenbildes in der Tradition von Bateson nicht nach auslösenden Reizen, aber auch nicht (allein) nach seinen Gedanken, Zielen und Absichten fragen, sondern werde die betreffende Situation im Zusammenhang des sozialen Systems, d.h. in dem Zusammenhang mit anderen Personen und ihren subjektiven Deutungen sehen, werde aber auch zu klären haben, wie weit die Situation durch soziale Regeln oder immer wiederkehrende Verhaltensstrukturen, die Systemumwelt oder die vorangegangene Entwicklung beeinflußt ist. Zugleich gibt die Systemtheorie Hinweise für praktisches Handeln: Aufgabe von Teamberatung ist es z.B., das Team dabei zu unterstützen, Regeln und Interaktionsstrukturen abzuändern, um sich selbst weiter entwickeln zu können.

5. Betriebspädagogisches Handeln auf der Basis des Systemischen Menschenbildes

Das hier angedeutete Beispiel von Teamberatung deutet schon darauf hin, daß sich das Menschenbild in der Tradition der Personalen Systemtheorie auf betriebspädagogisches Handeln übertragen läßt:

- Zentrale Werte sind Entwicklung und Autonomie: Betriebspädagogisches Handeln hat die Aufgabe, die Entwicklung von einzelnen oder Teams, Gruppen oder Unternehmen in Richtung größerer Autonomie zu unterstützen.
- Um Autonomie des einzelnen oder eines Teams zu unterstützen, reicht es nicht, die Aufmerksamkeit auf eine einzelne Person zu richten, sondern auf das soziale System. Hier gibt die Erläuterung des Systembegriffs mit den Merkmalen Personen, subjektive Deutungen, soziale Regeln, Verhaltensmuster, Systemumwelt und Entwicklung die Perspektive, unter der ich Situationen betrachte.
- Daraus ergeben sich dann ganz konkrete Interventionen, z.B. geheime Regeln in dem betreffenden sozialen System zu verändern, hinderliche Verhaltensmuster abzuändern.

Zur Verdeutlichung möchten wir im folgenden ein konkretes Beispiel aus einem Organisationsberatungsprozess in einer Beratungsstelle skizzieren (dieses Beispiel findet sich bereits bei König / Volmer 1998; zum Vorgehen ausführlicher König / Volmer 1999, S. 55ff.). Die Beratungsstelle war vor ca. 1 $^1/_2$ Jahren aus zwei ursprünglich selbständigen Einrichtungen zusammengelegt worden. Mittlerweile gibt es nur noch eine Leiterin, das Team ist aber weiterhin auf zwei Orte aufgeteilt. In der Vergangenheit hatte es mehrere Versuche gegeben, aus beiden Beratungsstellen ein Team zu machen. Aber nunmehr kommt das Thema nochmals auf.

Der Beratungsprozess verlief in folgenden Phasen:

5.1 Orientierungsphase

Diese Phase verlief recht kurz: In einem Rundgespräch wurde das Thema „Team" von mehreren Teilnehmern kurz angesprochen, es wurde gemeinsam beschlossen, das Thema zu bearbeiten.

5.2 Diagnosephase

Die Frage, die sich hier stellt, lautet: Wie ist die gegenwärtige Situation des Teams?

- In der konkreten Situation wurde dafür ein Verfahren der sog. „Systemvisualisierung" gewählt: Stühle werden als Symbole für die einzelnen Personen gewählt und ein Teilnehmer stellt die Stühle im Raum so auf, wie seinem Eindruck nach die Position der einzelnen Personen tatsächlich ist. Dabei ging es nicht um das Organigramm, sondern um Nähe und Distanz und Ausrichtung einzelner Personen: Nähe und Distanz von Stühlen bedeuten Nähe und Distanz der betreffenden Personen, Richtung des Stuhls bedeutet Hinwendung oder Abwendung. Dabei ergab sich deutlich das Bild von zwei Subsystemen, die durch zwei im Raum befindlichen Säulen getrennt waren, wobei einzelne Personen versuchten, den Kontakt zum anderen System herzustellen (die Leiterin A, die Mitarbeiterin B sowie der Mitarbeiter F aus dem zweiten Subsystem):

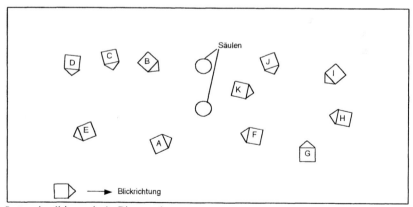

Systemvisualisierung in der Diagnosephase

Faktisch verlief der Prozeß dabei in folgenden Phasen:

- Der Vorschlag des Beraters, das System mit Stühlen zu visualisieren, wird akzeptiert.
- Ein Teilnehmer visualisiert aus seiner Sicht das System. Dabei ist wichtig, sich Zeit zu lassen (stellenweise wurden einzelne Positionen mehrmals korrigiert) und sich dann zugleich klar zu werden, was die Positionen im einzelnen bedeuten: Wohin ist der Blick gerichtet? Wie groß ist die Distanz? Wie geht es dieser Person in ihrer Position? Zu beachten ist, daß man hier nur die subjektive Sicht eines Teammitglieds erhält. Stattdessen könnte auch jedes Teammitglied selbst „seinen" Stuhl an die entsprechende Position stellen, was aber häufig ein relativ langwieriger Prozeß ist. Von daher wurde hier die Visualisierung durch einen Teilnehmer gewählt.
- In einem weiteren Schritt ist die subjektive Sicht dieses Teilnehmers mit den Auffassungen der anderen Personen abzugleichen. Dies wurde erreicht, indem die anderen Teilnehmer aus ihrer Sicht die Visualisierung kommentieren: Was sehen sie genauso oder ähnlich? Würden sie ihre eigene Position anders kennzeichnen? Dabei stellte sich in den Grundzügen deutlich Übereinstimmung heraus: Alle sahen das Team zweigeteilt, A, B und F erleben sich in einer Zwitterposition zwischen den Systemen.

5.3 Veränderungsphase

Was kann das System tun, um einen „besseren" Zustand zu erreichen?
Grundsätzlich bieten sich für das Vorgehen hier zwei Möglichkeiten: Der Berater kann als Experte Vorschläge machen, oder es werden die im System vorhandenen Ideen gesammelt. Ausgehend von dem Grundsatz des systemischen Menschenbildes, die Autonomie des sozialen Systems zu unterstützen, wurde hier der zweite Weg gewählt: Im Rahmen eines Rundgesprächs bringt jeder Teilnehmer seinen Vorschlag (oder seine Vorschläge) ein.
Was schließlich die Lösung ergab, war der Vorschlag der Teilnehmerin C: Sie nahm eine Stange, die zufällig im Raum stand und verband damit die Stühle A und F, ein Vorschlag, der dann bei den übrigen Beteiligten (insbesondere auch bei A, F und B) auf deutliche Zustimmung stieß.
An dieser Stelle wechselt der Berater von Prozeß- zu Expertenberatung mit dem Ziel, auf dem Hintergrund theoretischen Wissens über Systeme zu verdeutlichen, was dieser Vorschlag bedeutet: Bislang war der Blick auf zwei unterschiedliche Systeme gerichtet gewesen: Die beiden Subsysteme A bis E

und F bis K sowie ein Gesamtsystem A bis K, das immer wieder erfolglos versucht wurde, zu etablieren. Der Vorschlag der Teilnehmerin bedeutet demgegenüber die Bildung eines dritten Subsystems A + F: Beide Teilsysteme A bis E und F bis K werden als selbständige Systeme gesehen, A und F erhalten die Rolle der Sprecher und koordinieren untereinander, d.h. bilden gleichsam ein Steuerungssystem.

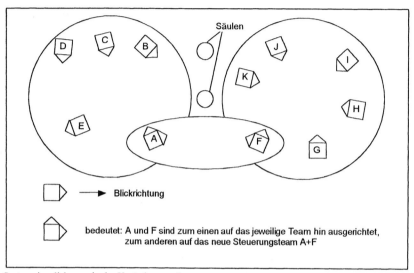

Systemvisualisierung in der Veränderungsphase

5.4 Abschlußphase

Ziel der Abschlußphase ist es, die nächsten Schritte festzulegen. Hauptthese des Beraters war hier, daß eine solche Systembildung durch neue Regeln zu etablieren ist: Wie sollen die Absprachen zwischen A und F verlaufen? Wie läßt sich der Informationsfluß in den beiden Teams regeln? Wie läßt sich für die Beratungsstelle insgesamt eine gemeinsame Linie sichern?

6. Fazit

Menschenbilder, so die Hauptthese dieses Aufsatzes, legen die Perspektive fest, unter der ich menschliches Tun betrachte und stehen zugleich im Zusammenhang mit Normen und Werten. Menschenbilder sind damit nicht etwas von der Wirklichkeit losgelöstes, sondern haben Konsequenzen für das praktische Tun:

- Als zentraler Wert in dem hier skizzierten Beispiel steht Autonomie der betreffenden Person des Teams: Es wird keine Lösung von außen vorgegeben, sondern das Team wird dabei unterstützt, selbst eine Lösung zu finden.
- Das Begriffssystem der Systemtheorie lenkt dann die Aufmerksamkeit auf mehrere Faktoren. In diesem Fall: insbesondere auf die beteiligten Personen, auf ihre subjektiven Deutungen und nicht zuletzt auf die Regeln, die in diesem sozialen System gelten bzw. verändert werden müssen.
- Ergänzt wird ein solches Menschenbild dann durch konkrete Verfahren, die die Möglichkeit bieten, die durch das Menschenbild festgelegte Perspektive konkret umzusetzen: In diesem Fall bestimmte Verfahren, mit deren Hilfe das Team unterstützt wird, die gegenwärtige Situation zu klären und konkrete neue Handlungsmöglichkeiten zu entwickeln.

Betriebspädagogisches Handeln, so läßt sich als Resümee formulieren, setzt grundsätzlich zweierlei voraus: ein Menschenbild, das grundlegende Perspektiven und Werte vorgibt, zugleich aber ein methodisches Instrumentarium, das uns hilft, dieses Menschenbild in der konkreten Praxis umzusetzen.

Literatur

Gordon, E.: Managerkonferenz. Hamburg 1979
König, E. / Volmer, G.: Systemische Organisationsberatung. Weinheim 1999.
König, E. / Zedler P.: Theorien der Erziehungswissenschaft. Weinheim 1998.
König, E. / Volmer, G.: Systemische Organisationsberatung: Was ist das? In: Themenzentriete Interaktion 12 / 1998, S. 48-56.
Marc, E. / Picard, D.: Bateson, Watzlawick und die Schule von Palo Alto. Frankfurt 1991
Petzold, H. (Hrsg.): Wege zum Menschen. Methoden der modernen Psychotherapie. Paderborn 1994, 2 Bde.
Satir, V. u.a.: Das Satir-Modell. Paderborn 1995.
Watzlawick, P. u.a.: Menschliche Kommunikation. Bern 1969.

Dieter Timmermann

Wieviel Management vertragen pädagogische Organisationen?

1. Einleitung

Ich möchte mit *drei Assoziationen* beginnen, die mich veranlassen, den Fokus dieses Beitrags zunächst auf Bildung zu richten in der Annahme, daß es Pädagogen und Pädagoginnen in letzer Instanz nicht um pädagogische Organisationen an sich, sondern immer um die Bildung der Menschen geht, die in und durch pädagogische Organisationen angeregt wird. Zugegebenermaßen fallen diese Assoziationen etwas grobschlächtig aus. *Erstens* impliziert das Thema ein Managementdefizit von und in pädagogischen Organisationen und damit indirekt auch von Bildung, was immer das im Zusammenhang mit dem Begriff „Bildung" heißen mag, und es suggeriert, daß pädagogische Organisationen und, wie ich hinzufügen möchte, auch Bildung mehr Management benötigen. Dies kann allerdings ein Doppeltes bedeuten, nämlich einmal ein Defizit an Managementfähigkeiten bzw. Managementhandeln und zum anderen einen Mangel an Managementwissen. *Zweitens* könnte man das Thema einfach umdrehen und fragen „Wieviel Bildung braucht bzw. verträgt Management?", eine sicherlich ebenfalls nicht uninteressante Fragestellung. *Drittens* ließe sich das Thema sinnvoll umwandeln in die Frage „*Welches* Management vertragen pädagogische Organisationen bzw. welches Management verträgt Bildung", womit nicht eine ohnehin nur schwer vorstellbare quantitative Dimension von Management sondern eine qualitative Ebene angeschnitten wäre.

In diesem Beitrag werde ich auf die erste und dritte Assoziation näher eingehen. Die erste Assoziation bzw. die Themenstellung wird genährt durch einen Befund, den wir an der erziehungswissenschaftlichen Fakultät in Bielefeld im Rahmen einer Absolventen- und Absolventinnenbefragung erhoben haben (Brinkmann et al. 1995). In einer Befragung aller Absolventen und Absolventinnen des Diplomstudiengangs Erziehungswissenschaft der Jahre 1991 bis 1995 (die Anzahl der Befragten lag bei knapp 150 Personen) zeigte sich ein doppeltes Managementdefizit: erstens wurden der Fakultät Managementschwächen insofern bescheinigt, als etwa 60% der Befragten „Orientierungsprobleme durch zu wenig Struktur, eine zu große Vielzahl der Möglichkeiten und Unübersichtlichkeit des Studiums", „inhaltliche Defizite im Bereich praktischer pädagogischer Fertigkeiten bzw. von Didaktik und Methodik", „unzureichende Qualität der Lehre" (d.h. unzureichende Seminarvorbereitung und Seminarstruktur, unbefriedigendes Engagement der Lehrenden), ein Defizit an bestimmten Theorieansätzen, eine „unzureichende Vorbereitung auf den Studienabschluß" und „fehlender Kontakt zwischen Lehrenden und Studierenden" beklagten. Es wurde aber zweitens ein Managementdefizit auch insofern angeprangert, als 18% der Absolventen und Absolventinnen „inhaltliche Defizite im Bereich Organisation, Verwaltung, Management und Betriebswirtschaftslehre" bemängelten. Über 40% der Befragten sahen ihren Weiterbildungsbedarf vorrangig „im Bereich der Verwaltungs-, Organisations- und Managementkenntnisse", wobei der Schwerpunkt auf Führungs- und Leitungsaufgaben gelegt wurde (ebenda, S. 65 bis 69). Die Absolventenstudie schließt dann auch mit folgendem Fazit: „Sucht man ... nach strukturellen Gemeinsamkeiten in den Aufgaben und Tätigkeitsschwerpunkten [von Diplompädagogen und Diplompädagoginnen, D.T.] über alle Berufsfelder hinweg, so fällt vor allem der Bereich der 'pädagogischen Managementaufgaben` ins Auge. Leitung von Einrichtungen und Vertretung nach außen, Mitarbeiterführung, Organisation, Planung, Ziel- und Konzeptentwicklung sind Funktionsbereiche, die bei einem gelungenen Übergang ins Berufsleben offenbar von vielen [Absolventen und Absolventinnen, D.T.] ausgefüllt werden" (ebenda, S. 70). „Im Rückblick auf das Studium erscheinen die Kompetenzbereiche eines 'pädagogischen Managements` jedoch nicht ausreichend angelegt zu sein und müssen durch Einarbeitung und Weiterqualifizierung entwickelt werden." (ebenda, S. 72). Diese zunächst auf Bielefelder Absolventen und Absolventinnen beschränkten Befunde, die vermutlich für Absolventen anderer Studienstandorte in gleicher Weise gelten dürften, lassen den Schluß zu, daß Bildung im oben genannten doppelten Sinn mehr Management nicht nur verträgt sondern geradezu nötig hat: zum einen verträgt die Fakultät als für die Lehre verantwortliche Einrichtung mehr und besseres „Lehr"-management, und zum anderen würden offensichtlich den Studierenden im Hinblick auf ihre spätere pädagogische Berufstätigkeit mehr Managementwissen und Managementfähigkeiten gut tun.

Allerdings mögen sich diese Managementbedarfe in den verschiedenen pädagogischen Handlungsfeldern (Kindergarten, Schule, Hochschule, Ausbildungsbetrieb, Weiterbildungseinrichtung, Institution der Sozialarbeit) unterschiedlich darstellen. Diese möglichen Differenzen können hier nicht ausgelotet werden. Daher verlangt die Generalität der Argumentation ein gewisses Abstraktionsniveau, das nur beispielhaft aus den Bereichen Schule, Sozialwesen und Hochschule konkretisiert wird.

2. Was heißt „pädagogische Organisationen und damit Bildung managen"?

Manchem Pädagogen mag die Vorstellung, daß Bildung „gemanaged" werden könnte, nicht geheuer sein, denn der Gedanke, daß Bildung als der Inbegriff der zweckfreien Entfaltung des Selbst etwas mit Management, einem modischen, das Bildungswesen kolonialisierenden Begriff aus dem Wirtschaftsleben in Verbindung gebracht wird, scheint in der Tat befremdlich, zumindest auf den ersten Blick. Ich will aber versuchen zu zeigen, daß sich ein Zusammenhang herstellen läßt, der nicht befremdlich bleiben muß. Um diesen Kontext ein wenig zu entfalten, greife ich zunächst auf die Charakterisierung von Bildung zurück, wie sie von Friedrich Kron (1991, S. 70-76) in Anlehnung an einige der großen Bildungstheoretiker entwickelt wird. Kron verweist auf den Bedeutungswandel des Bildungsbegriffs von einem religiösen zu einem weltlichen Begriff, der den Bezug des menschlichen Subjekts zu Gott ablöst durch den Bezug des autonomen Menschen zu seiner heteronomen natürlichen und gesellschaftlichen Umwelt. Bildung erhielt dadurch zugleich „den Sinngehalt der kritischen und emanzipatorischen Distanz" bzw. Bildung gewann „die Bedeutung der Aktualisierung der eigenen Kräfte in der Gestaltung der kulturellen und sozialen Welt" (S. 70). Mit Humboldt, dessen Gedankenführungen um den Primat des Individuums bzw. der individuellen Selbstgestaltung kreise, gesteht Kron dem Individuum eine Kraft zu, „die es erst in der Auseinandersetzung mit der Welt, also den kulturellen und sozialen Institutionen gewinnt" (S. 71) und vermittels derer es sich selbst bestimmt. Diese im Verhältnis zur Welt realisierte Selbstbestimmung bezeichnet Kron mit Selbst- und Weltreflexivität, durch die der einzelne Mensch seine Bildung hervorbringe und in verantwortetes gesellschaftliches Handeln umsetze (S. 72).

Nun besteht Einigkeit, daß die eigenen Kräfte, deren Aktualisierung der Selbstbestimmung und Selbstentfaltung dient, weder allein Ausdruck genetischen Erbes sind noch wie Manna vom Himmel fallen. Vielmehr – so neh-

men wir an – sind diese Kräfte auch Ergebnis von Lernprozessen. Mit Heinrich Roth (1962, S. 205) können wir Lernen folgendermaßen beschreiben:
„Pädagogisch gesehen bedeutet Lernen die Verbesserung oder den Neuerwerb von Verhaltens- und Leistungsformen und ihren Inhalten. Lernen meint aber meist noch mehr, nämlich die Änderung bzw. Verbesserung der diesen Verhaltens- und Leistungsformen *vorausgehenden* und sie *bestimmenden* seelischen Funktion des Wahrnehmens und Denkens, des Fühlens und Wertens, des Strebens und Wollens, also eine Veränderung der inneren Fähigkeiten und Kräfte, aber auch der durch diese Fähigkeiten und Kräfte aufgebauten inneren Wissens-, Gesinnungs- und Interessensbestände des Menschen. Die Verbesserung oder der Neuerwerb muß aufgrund von Erfahrungen, Probieren, Einsicht, Übung oder Lehre erfolgen und muß dem Lernenden den künftigen Umgang mit sich selbst oder der Welt erleichtern, erweitern oder vertiefen. Das Lernen muß ihm helfen, sich selbst besser zu verwirklichen, d.h. sich selbst besser in die Welt hineinzuleben, und das Lernen muß ihm auch helfen, die Inhalte und Forderungen der Welt besser zu verstehen und zu erfüllen, d.h. ihnen besser gewachsen zu sein. Wir hoffen nach einem gelungenen Abschluß eines Lernprozesses, daß wir gleiche, ähnliche und neue Aufgaben des Lebens besser lösen können. Lernen umfaßt auch den Abbau von Verhaltens- und Leistungsformen, die dem Lernenden den Umgang mit sich oder der Welt erschweren, beengen oder verflachen".

Kron zufolge wird der Lernprozeß zum Bildungsprozeß, wenn der Mensch sein Lernen reflexiv auf sich selbst rückbezieht und dadurch auf die reflexive Metaebene hebt (Kron 1991, S. 69). Wir können somit festhalten: Ein Bildungsprozeß ist ohne Lernprozeß nicht möglich, Bildung hat Lernen zu Voraussetzung. Nun ist *Lernen* als ein subjektiver, von außen nicht beobachtbarer Prozeß von Veränderungen beschreibbar, die nicht bloße Folge von biologischer Reifung sind, sondern durch Anregungen aus der Umwelt des Subjekts kommunikativ erzeugt werden. Freilich können sowohl die Anregungen selbst vielfältiger Art sein (z.B. visuelle, akustische, taktile Anregungen) als auch die Umwelten sich unterscheiden: Familien, Freunde, Cliquen, Kindergärten, Schulen, Straßen- und Stadträume, Kirchen, Sportclubs, Medien u.a. gehören dazu.

Hält also die Gesellschaft für ihre Mitglieder einerseits eine Vielzahl von *Lerngelegenheiten* bereit, so hat sie andererseits zugleich eine Reihe von Einrichtungen geschaffen, welche die genuine Aufgabe haben, Lernprozesse anzuregen und Lernräume bereitzustellen, die eine sachliche, soziale, zeitliche, strukturelle und örtliche Dimension haben und systematisch Lernprozesse erlauben, die ihrerseits in Bildungsprozesse münden können. Somit können wir aus der *Sicht der Lernenden* sagen, daß die Gesellschaft bestimmte sachlich, zeitlich, sozial und örtlich strukturierte Lernräume bereitstellt, die Lernen wie auch Bildung *ermöglichen und anregen* sollen. Ergänzen müssen wir diese Feststellung um die These, daß es in diesen Lernräumen Personen geben muß, welche die Lerngelegenheiten bzw. die Lernarchitekturen arrangieren und gestalten und die in differenter Abhängigkeit von der Art der Lernräume, von den Eigenschaften der Lernenden und von den erwarteten Arrangements und Lerninhalten für diese Tätigkeiten qualifiziert sein müssen. Aus der *Sicht der Arrangeure* nennen wir das Gesamt dieser Tätigkeiten *pädagogisches Handeln*, das in den Handlungsformen Informieren, Unterrichten, Beraten, Arrangieren, Animieren, Beurteilen, Erziehen, Prüfen, Evaluieren und möglicherweise auch Managen (früher sprach man von „verwalten") konkretisiert werden kann. Letzteres möchte ich für den Moment noch offen lassen.

Von Luhmann wissen wir, daß pädagogisches Handeln von eigens qualifizierten Personen, den sog. Professionellen, in den systematisierten Lernräumen im Hinblick auf die gewünschten Lern- und Bildungswirkungen eine notwendige, aber keine hinreichende Bedingung darstellt, somit kontingent ist. M.a.W.: ohne systematische Lernanregungen durch pädagogisches Handeln gibt es keine der erwünschten Lern- und Bildungswirkungen, mit systematischen Lernanregungen allenfalls die Möglichkeit oder Wahrscheinlichkeit von Lern- und Bildungswirkungen. Diese These verlangt eine Definition des pädagogischen Handelns. Versteht man mit Tausch / Tausch (1968) unter Verhalten eine beobachtbare Reaktion eines Individuums auf einen Stimulus, der von außen auf das Individuum einwirkt etwa durch die Aufforderung einer anderen Person, etwas zu tun oder zu unterlassen, so geht der Begriff des Handelns mit Max Weber darüber hinaus, indem er auf ein „Sich-Verhalten" in einer sozialen Situation, d.h. in einer Interaktionssituation zwischen Menschen symbolisch-interaktiv ausgeweitet wird. Dabei wird unterstellt, daß die Subjekte ihrem Tun eine Absicht unterlegen und daß sie sich dabei zu etwas verhalten, nämlich zur Intentionalität des Sich-Verhaltens der Interaktionspartner in einer sozialen Beziehung. Diese Rückbezüglichkeit des Sich-Verhaltens zu etwas verweist darauf, daß die sich gegenüber stehenden und verhaltenden Personen gegenseitig dem Sinn nach aneinander orientieren und ihr Tun interpretieren. Pädagogisches Handeln soll also mit Kron jene pädagogisch relevanten Prozesse beschreiben, „die als Interaktion begriffen werden und in denen den handelnden

Subjekten eine Sinnauslegung ihres Tuns unterstellt werden kann bzw. wird" (S. 78).

Auf dieser Definitionsbasis kann *pädagogisches Handeln* in Anlehnung an Bokelmann (1970) und Giesecke (1986) durch ein Handlungsmodell beschrieben werden, das sich durch neun Kontext- und Eigenschaftsmerkmale läßt (vgl. Timmermann 1996).

Da pädagogisches Handeln stets in einem *gesellschaftlichen Kontext* stattfindet, ist es *erstens* grundlegenden gesellschaftlichen *Normen bzw. Werten* verpflichtet, die jeweils konstitutiv für die Gesellschaft sind. Zugleich begründet *zweitens* die gesellschaftliche Eingebundenheit pädagogischen Handelns seine Zweckhaftigkeit bzw. seine *Funktionalität*: es soll dazu beitragen, das Überleben und die Evolution der Gesellschaft zu ermöglichen, indem es den nachwachsenden Generationen in den Lernräumen Lerngelegenheiten bereitstellt, die integrierende Lern- und Bildungsprozesse induzieren. *Drittens* geschieht pädagogisches Handeln *durch Menschen*, und es ist auf andere Menschen gerichtet, die zum Lernen angeregt werden sollen; insofern ist es Teil einer spezifischen *Kommunikation* zwischen Menschen, deren Spezifik darin liegt, daß sie *asymmetrisch und machthaltig* ist, insofern als die pädagogisch Handelnden über etwas verfügen (Informationen, Wissen, Fertigkeiten, Einstellungen), das die Adressaten noch nicht haben, das sie aber haben sollen, hoffentlich auch wollen und das ihnen vermittelt werden soll. Dieses pädagogische Verhältnis konkretisiert sich in vielen Unterscheidungen wie z.B. Erzieher / Zögling, Lehrer / SchülerIn, SozialarbeiterIn / KlientIn usw..

Viertens ist pädagogisches Handeln an bestimmten *Zielen* orientiert, wobei sowohl die Handelnden als auch die AdressatInnen je eigene, u.U. konfliktträchtige Ziele haben können. *Fünftens* ist davon auszugehen, daß Handelnde und AdressatInnen durch je spezifische *Motive* zur Teilnahme am Prozeß veranlaßt werden. *Sechstens* stehen den pädagogisch Handelnden, aber auch den AdressatInnen *Mittel und Ressourcen* zur Verfügung, die das Handeln bzw. den pädagogischen Prozeß erst ermöglichen. Hierbei ist zweckmäßigerweise zwischen Mitteln und Ressourcen zu unterscheiden: während Mittel auf pädagogische Handlungsingredienzen wie z.B. Didaktik und Methodik, Inhalte, Handlungs- und Lerntechnologien abstellt, ist mit Ressourcen der materielle Handlungsinput an Zeit (und zwar der Handelnden *und* der AdressatInnen) an Geld, und anderen materiellen Gütern gedacht. *Siebtens* ist das Handeln und Lernen in bestimmte *gesellschaftliche und organisatorische Rahmenbedingungen* eingebettet. Mit *gesellschaftlichen* Rahmenbedingungen sind z.B. die Wirtschaftsordnung, das politische

System, die Bildungs- und Sozialpolitik, das Rechtssystem u.a. makrogesellschaftliche Aspekte thematisiert. Die *organisatorischen Rahmenbedingungen* decken hingegen die Strukturen ab, die das pädagogische Handeln entlang der bisher genannten Merkmale auf der Meso- und Mikroebene prägen und ordnen. *Achtens* unterliegt pädagogisches Handeln *sachlich, zeitlich und räumlich konkreten situativen Bedingungen*, welche unmittelbar strukturierend auf den pädagogischen Prozeß, auf das Handeln der PädagogInnen einwirken und die Handlungswirkungen beeinflussen. Damit sind als *neuntes Merkmal* des pädagogischen Handlungsmodells die *Handlungswirkungen und* deren *Kontrolle bzw. Evaluation* benannt. Als Wirkungen können wir einmal *erwartete und tatsächliche* Wirkungen im Sinne von Zielerreichungsgraden bzw. Lerneffekten unterscheiden (wobei das Verhältnis von tatsächlichen zu erwarteten Wirkungen die Grundlage für das Urteil bildet, ob ein Handlungs- bzw. Lernerfolg oder -mißerfolg vorliegt). Zum anderen ist zu unterscheiden zwischen *pädagogischen Wirkungen* pädagogischer Prozesse und pädagogischen Handelns (*Output*) und den *nicht- bzw. außerpädagogischen Effekten* (*Outcome*), die zwar außerhalb pädagogischer Prozesse auftreten, aber an sie anschließen.

Die Merkmale drei bis neun verweisen auf Kontexte bzw. Eigenschaften des Handlungsmodells, die einen unmittelbaren Bezug herstellen zu der Beobachtung, daß das systematische pädagogische Handeln i.d.R. in besonderen Organisationen konzentriert ist. *Pädagogische Organisationen* stellen folglich den sozialen und strukturellen Raum dar, in welchem systematisches pädagogisches Handeln stattfinden kann. Sie existieren allerdings nicht per se, sondern sie müssen errichtet und strukturiert werden, damit sie die von der Gesellschaft zugedachten Aufgaben erfüllen können. Daher bedürfen sie eines Funktionsbereichs, dessen Aufgabe in der Gestaltung, Entwicklung, Führung und Steuerung *der* und Verantwortung *für* die Organisation liegt. Genau dies ist die Funktion des Managements einer Organisation. Gehen wir von einem ersten funktionsbezogenen Verständnis von Management als das Gesamt der Funktionen Planung, Organisation, Entscheidung, Führung und Kontrolle aus, so kann man diese Funktionen im Rahmen eines pädagogischen Prozesses doppelt definieren: einmal aus der Perspektive der pädagogischen Organisation und der pädagogisch Handelnden, zum anderen aus der Perspektive der Lernenden. Aus der *Perspektive der pädagogischen Organisation und der in ihr Handelnden* beziehen sich die Managementfunktionen auf die Planung, Entscheidung, Organisation und Kontrolle der Gestaltung der Lerngelegenheiten und auf die Führung der Organisationsmitglieder, welche die Entscheidungen auszuführen haben.

Aus der *Perspektive des oder der Lernenden als autopoietisches psychisches System* beziehen sich die Gestaltungs- bzw. Managementfunktionen (Planen, Organisieren, Entscheiden, Kontrollieren) auf die Gestaltung des eigenen Lern- und Bildungsprozesses, denn wie Ulrich Beck (1983) zurecht sagt: der oder die einzelne ist sein bzw. ihr eigenes Planungsbüro oder anders ausgedrückt: der oder die einzelne Lernende ist sein eigener Manager bzw. ihre eigene Managerin, er bzw. sie betreibt *Selbstmanagement*. Das bedeutet, daß das reflexive Lernverhalten der Lernenden einem Handeln entsprechen sollte, das durch das *Modell des intentional rationalen Handeln* beschrieben ist. Dieses Handlungsmodell geht davon aus, daß lern- und bildungswillige bzw. -motivierte Individuen sich Lern- und Bildungsziele setzen, daß sie ihre Mittel und Ressourcen auf die Chancen des Zielerreichungsgrades abschätzen, daß sie alternative Lernwege hinsichtlich des Zielerreichungsgrades abschätzen, daß sie dabei systematisch Informationen suchen, die ihre Entscheidung verbessern sollen, daß sie die unter den gegebenen Informations- und sonstigen Randbedingungen die subjektiv beste Alternative realisieren und daß sie die Ergebnisse kontrollieren oder evaluieren. Meine Antwort auf die Frage „Was heißt pädagogische Organisationen und damit *Bildung* managen?" lautet also: in und durch pädagogische Organisationen induzierte Bildung managen heißt zu versuchen, unter Bedingungen von Unsicherheit (und zwar über die Güte und den Wert von Informationen, über die eigene Informationsverarbeitungskapazität, über die möglichen Wirkungen von Alternativentscheidungen) den eigenen Bildungsprozeß so rational wie möglich zu gestalten.

3. Was heißt „Bildung in pädagogischen Organisationen managen"?

Hatten wir eben die Frage nach dem Zusammenhang von Bildung und Management mit der Betonung auf Bildung letztlich aus der Perspektive des oder der Lernenden bzw. des sich bildenden Subjekts beantwortet, so geht es nun mit der Betonung auf managen um die institutionelle Perspektive, d.h. um die Gestaltung der Lernräume und Lernarrangements in pädagogischen Organisationen. Erst seit relativ kurzer Zeit ist in diesem Zusammenhang von Management die Rede. In dieser Phase hat eine regelrechte Inflation des Managementsbegriffs bzw. seiner Benutzung stattgefunden. Eine Kostprobe der Nutzungsvielfalt bekommt man relativ schnell nach einem einwöchigen Studium größerer Tageszeitungen. Dort ist dann zu lesen von: natürlich

Lean Management, Produktions- und Leistungsmanagement, Umsatz- und Einkaufsmanagement, Kosten-, Anlagen- und Finanzmanagement, Ressourcen-, Zeit-, Informations- und Wissensmanagement, Selbst- und Qualitätsmanagement, Public Relations Management, um nur einige der geläufigen Konnotationen zu nennen. Viele Jahrzehnte war, wenn Bildungsorganisationen wie Schulen oder Organisationen der Sozialarbeit wie Jugendämter im Gespräch waren, von Verwaltungseinrichtungen und bürokratischen Organisationen die Rede. Unter Verwaltung verstand und versteht man auch heute noch eine Grundfunktion der Organisation einer Einrichtung. Diese Grundfunktion dient nur mittelbar den eigentlichen Zweckaufgaben und hat im Verhältnis dazu Hilfsprozeßcharakter, indem sie den reibungslosen Betriebsablauf und seiner Teile, d.h. die Hauptfunktionen der Einrichtung unterstützend zu gewährleisten hat, und zwar dadurch, daß sie Rechtsnormen vollzieht. Zu solchen Hilfsfunktionen gehören z.B. das Rechnungswesen, die Finanzwirtschaft, die Personalverwaltung, die Anlagen- und Materialverwaltung und die Organisationsabteilung einer Institution.

Ist mit der Bezeichnung *Verwaltung* einerseits eine institutionelle Teilfunktion beschrieben, so steht Verwaltung *andererseits* für den *bürokratischen Organisationstypus*. Dieser wurde lange Zeit in Anlehnung an Max Weber und häufig zugleich in Verkennung von Webers Intentionen nicht als *Idealtypus* sondern als *Realtypus empirisch vorfindlicher Organisationen bzw. Organisationsstrukturen* fehlgedeutet und ohne genaue empirische Organisationsanalyse unzulässigerweise auf die meisten zumindest *staatlichen* Bildungseinrichtungen übertragen, allen voran auf die Schulen, Universitäten und Einrichtungen im Sozialwesen. Dieses Mißverständnis und der Mißbrauch des Weberschen Bürokratiemodells konnten aufkommen, weil alle staatlichen pädagogischen Organisationen beobachtbare Merkmale aufwiesen und auch heute immer noch aufweisen, die Weber für seinen bürokratischen Idealtypus postuliert hat. Danach wird *Bürokratie* als ein geordnetes System von Regeln auf der Basis einer Satzung verstanden, welche die von der Organisation erwarteten oder zu erbringenden Leistungen in voneinander möglichst scharf und eindeutig abgegrenzte Aufgaben zerlegt und diesen Aufgaben Funktionen sowie Kompetenzen im Sinne von Befugnissen und Verantwortlichkeiten zuordnet.

Aus der Perspektive der Aufbauorganisation von Organisationen übersetzt sich dieses Aufgaben- und Funktionsgefüge in hierarchische Strukturen von Stellen und Instanzen, die durch konkrete Bündel von Arbeits- und formalen Qualifikationsanforderungen beschreibbar sind. Die Besetzung der

Stellen erfolgt im Idealfall durch die Auslese der Funktionsträger bzw. potentiellen Stelleninhaber nach formalen Qualifikationen, besetzte Stellen versprechen für ihre Inhaber langfristige Zukunftssicherung und vorgezeichnete Laufbahnen in ämterhierarchischen Strukturen, die entlang der vorgegebenen Linien die Dienstwegkommunikation vorsehen. Die schriftliche aktenförmige Erfassung und Dokumentation aller Vorgänge ist dabei nicht nur Ausdruck der Transparenz aller Vorgänge für die jeweilige Vorgesetztenebene, sondern zugleich auch Teil des bürokratischen Kontrollsystems. Aus diesen und weiteren hier nicht erwähnten Merkmalen bürokratischer Idealorganisationen leitete Weber die *Vorteile* der Objektivität, der Stetigkeit und Berechenbarkeit, der Planbarkeit und Zuverlässigkeit bürokratischen Handelns ab.

Für Weber war die bürokratische Organisation die reinste Form legaler Herrschaft und die höchste Stufe organisatorischer Rationalität, die sich durch Sachlichkeit, Unpersönlichkeit und Berechenbarkeit auszeichne (Kieser 1993, S. 45). Damit war Weber zufolge die bürokratische Organisation zugleich die Organisationsform, die allen anderen Formen der Verwaltung an Effizienz eindeutig überlegen sei (ebenda, S. 48). Aber schon Weber sah die problematischen Implikationen des Bürokratiemodells, soweit reale – private wie staatliche – Organisationen versuchten, das Bürokratiemodell umzusetzen. Ich zitiere Kieser (1993, S. 49): „Weber beklagt eindringlich, daß die Verfolgung des Prinzips der Rechenhaftigkeit in kapitalistischen Arbeitsorganisationen und in Bürokratien deren Entpersönlichung vorantreibt und damit ein selbstverantwortliches Handeln unmöglich macht". Diese und ähnliche Einsichten konnten sich jedoch zunächst nicht durchsetzen, da die bürokratisch-rationalistische Sichtweise durch Anleihen im Ansatz des Taylorismus (nach F.W. Taylor 1913) unterstützt wurde, der postulierte, daß die Effizienz, also die Leistungsfähigkeit von Organisationen erstens durch weitestgehende Arbeitsteilung vor allem auch zwischen Hand- und Kopfarbeit, oder wie wir heute mit dem Betriebswirt Erich Gutenberg sagen würden: zwischen dispositivem und ausführendem Faktor, zweitens durch die Ersetzung von Erfahrungswissen durch wissenschaftliche gewonnenes Wissen (Arbeitswissenschaften) und drittens durch die Ersetzung persönlicher Kontrolle und Steuerung durch unpersönliche Steuerung und Kontrolle in Form von Regeln und Verhaltensrichtlinien erhöht werde (vgl. Kieser 1993, S. 72 ff.).

Es scheint als habe der erziehungswissenschaftliche Mainstream pädagogische Institutionen lange Zeit als bürokratische Organisationen konstruiert und dadurch in einen unüberbrückbaren *Gegensatz* zum personalistischen

Verständnis pädagogischen Handelns gestellt. Das Ergebnis des Zusammenwirkens beider Konstruktionen war nach Terhart (1986, S. 206) „die Ausgrenzung der Organisationsproblematik aus dem Feld des 'eigentlich' Pädagogischen und die Konstruktion eines unüberbrückbaren Gegensatzes zwischen Organisation und pädagogischem Handeln". Terhart verweist 1986 u.a. auf die *Human-Relations-Bewegung* und die aus ihr entwickelte Organisationspsychologie, die mit dem Verweis auf die faktischen informellen sozialen Realitäten unterhalb der formalen Ordnungsstrukturen ein ganz anderes Verständnis von pädagogischen Organisationen zeichnet, dessen Botschaft lautet: jede pädagogische Organisation ist anders, hat Handlungsspielräume für alle Organisationsmitglieder, die sich erweitern und humanisieren lassen, hat ein besonderes Organisationsklima bzw. eine spezifische Organisationskultur, die durch die Persönlichkeiten der Organisationsmitglieder und deren situatives Verhalten geprägt wird (Kieser 1993, S. 95 ff.). In seiner modernen Variante entwickelte sich die Human-Relations-Bewegung zum *Ansatz der Organisations- und Personalentwicklung*, der das Problem aufgreift, daß in einer sich immer stärker individualisierenden und globalisierenden Gesellschaft (vgl. Flösser 1994, S. 8 ff.) bürokratische Organisationsstrukturen die *Anpassung* von Organisationen *an sich verändernde Umwelten* anscheinend immer schwerer bewältigen und zugleich die wachsenden Ansprüche der Mitglieder an die Leistungen der Organisation und an die Partizipation in der Organisation immer weniger befriedigen können. Organisationsentwicklung soll helfen, *einerseits* die Organisationsziele Effizienz, Flexibilität, Innovativität und *andererseits* die Ziele der Organisationsmitglieder gleichzeitig und gleichwertig verfolgen zu können. Sowohl die neuen Schulentwicklungsstrategien wie auch die Reformierung sozialer Dienste zu Kunden- und produktorientierten Dienstleistungsunternehmen (vgl. Banner 1991; Flösser 1994; Schaarschuch 1998) verdanken sich der Idee der Organisationsentwicklung, aber auch dem Konzept dezentraler Kontextsteuerung.

Der Zweifel an der Triftigkeit des bürokratischen Modells für pädagogische Organisationen wird organisationstheoretisch auch durch das *Konzept der lose gekoppelten organisationsinternen Systeme (loosely coupled systems)* von Weick (1976) genährt. In Anwendung auf pädagogische Organisationen stellt dieser Ansatz darauf ab, daß zwar die Leistungsbeziehungen zwischen den Instanzen, die im wesentlichen die äußere bzw. formale Organisationsstruktur determinieren, bürokratieartig festgeschrieben werden können, so z.B. die Rechte und Pflichten von Lehrern und Schulleitungen sowie der Schulaufsicht wie auch die Instanzenwege, die zwischen ihnen zurückzulegen sind, doch der Raum der pädagogischen Handlungen selbst, das Unterrichten in der Klasse, die Beratung des Klienten entzieht sich dieser formalen Struktur und der direkten Einwirkung „von oben". Wenn aber pädagogische Organisationen sich im Kern ihrer Aufgaben rationalistischer Steuerung durch die oberen Instanzen entziehen, dann scheint die *Verlagerung von Entscheidungskompetenzen* an die Basis, der Abbau von vertikaler Kontrolle zugunsten von Selbststeuerung und Selbstkontrolle sowie die stärkere Orientierung pädagogischen Handelns an den Wünschen der „Kunden" konsequent.

Beschreiben die Ansätze der Human-Relations-Bewegung, der Organisationsentwicklung und der lose gekoppelten Systeme sowie Willkes Modell der dezentralen Kontextsteuerung (vgl. dazu Eichmann 1989) die organisatorischen Bedingungen von pädagogischem Handeln und die Anforderungen an die Gestaltungsstrukturen pädagogischer Organisationen *angemessen*, so kann daraus die Schlußfolgerung gezogen werden, daß pädagogische Organisationen in der Tat erhebliche Handlungs- und Gestaltungsspielräume haben, die sie nutzen können und sollten. Dazu bedarf es in den Organisationen einer bestimmten Kompetenz, nämlich *der Kompetenz bzw. der Befugnis zu entscheiden*, denn durch Entscheidungen werden Organisationen strukturell gestaltet und in ihrer Aufgabenerfüllung gesteuert. *Gestaltung und Steuerung von Organisationen* ist aber nichts anderes als ihre *Führung* bzw. ihr „*Management*" (vgl. dazu Steinmann 1993; Merk 1992; Merk 1993; Staehle 1987, S. 40 ff.; Hub 1990, S. 85 ff.). Das Management einer Organisation ist folglich eine ausdifferenzierte Funktion in einer Organisation, deren Aufgabe in der Gestaltung und Steuerung der Organisation besteht, und die für den Fortbestand, für die Weiterentwicklung und für die Aufgabenerfüllung der Organisation verantwortlich ist. Zu den *Aufgaben des Managements* gehören z.B.: die Definition der Organisationsaufgaben, die Setzung von Zielen und Prioritäten, die Entwicklung eines Organisationsleitbildes; Problemsuche, Problemerkennung und Problemlösungsinitiativen, Planung und Entscheidung von Handlungsprogrammen; Durchsetzung von Programmentscheidungen mittels Information, Instruktion, Anweisung, Befehl, Motivation und durch Gestaltung der Organisationsstrukturen; Personalführung und -entwicklung; Organisationsentwicklung, d.h. Planung der und Entscheidung über die Organisationsstruktur; Kontrolle und Steuerung der Aufgabenerfüllung und des Mitgliederverhaltens; Evaluation und Controlling.

Die Managementfunktionen können durch unterschiedliche *Managementkonzeptionen* wahrgenommen werden, worunter Systeme aufeinander abgestimmter, in den Rahmen von Leitvorstellungen über die Beeinflussung menschlichen Verhaltens integrierte *Prinzipien, Instrumente, Methoden und Techniken des Führens der Organisationsmitglieder* gemeint sind, die praktiziert werden, um die Organisationsziele zu erreichen. Derartige Konzeptionen umfassen *erstens* Führungsprinzipien, *zweitens* Führungstechniken und -instrumente, *drittens* Personalentwicklungssysteme, *viertens* Motivationskonzepte und Anreizsysteme und *fünftens* Informations- und Controllingsysteme. Diese Komponenten können unterschiedlich gestaltet und zu differenzierten *Managementsystemen* kombiniert werden, die sich vor allem durch ihre *Führungsprinzipien und Führungsstile* unterscheiden. Der Gruppe der *direktiven, stark zentralistischen Managementmodellen* steht die Gruppe der *nichtdirektiven Modelle* gegenüber, die sich durch das Delegationsprinzip und die Dezentralisierung von Entscheidungen sowie von Verantwortung für Entscheidungen auszeichnen. In der neuesten Ausgabe von Gablers Wirtschaftslexikon (1996, S. 2528 ff.) werden allein zwölf sog. „*management by ...*" Konzepte unterschieden, die sich eine Organisation alternativ zu eigen machen kann: management by alternatives, management by breakthrough, management by communication, management by control and direction, management by decision rules, management by delegation, management by exceptions, management by objectives, management by participation, management by results, management by selfcontrol and example und management by system. Ich verzichte darauf, diese Konzeptionen näher zu erläutern.

Festzuhalten gilt es, daß sich das *Handeln in pädagogischen Organisationen* nicht auf pädagogisches Handeln im Sinne der Kommunikation zwischen Lehrenden und Lernenden reduziert, sondern es *umfaßt Handeln, das sich auf die Gestaltung des sozialen Lernraumes und seiner Ordnung selbst bezieht.* Dies ist das *Management pädagogischer Organisationen.* Es scheint, als bestehe zwischen Organisationstyp und Managementkonzeption eine Beziehung der Komplementarität. Dies führt im Zusammenhang mit den bisherigen Organisationserfahrungen in pädagogischen Einrichtungen zunehmend zu der *Vermutung,* daß die steigenden Leistungserwartungen der Gesellschaft, vor allem aber der direkten „Kunden" *an* die pädagogischen Organisationen nur *über integrative bis hin zu demokratischen Managementkonzepten* erfüllt werden können, die sich ihrerseits nur in *offenen, flexiblen, unbürokratischen Organisationsformen* entfalten können. Mir scheint aber die Feststellung unabweisbar, daß pädagogische Organisationen ein Mehr an Management vertragen im Sinne von benötigen als in der Vergangenheit, insofern bedarf es *auch aus der Sicht des Gelingens von Bildung* einem Mehr an integrativem Management. *Zum Schluß bleibt die Frage*, welcher Profession das Management von und in pädagogischen Organisationen überantwortet werden sollte. Eine Möglichkeit wäre, das Management Betriebswirten oder Soziologen zu überlassen und damit pädagogisches Handeln und das Management des pädagogischen Handelns zu dichotomisieren. Eine andere Möglichkeit, für die ich plädiere, ist, den *Begriff des pädagogischen Handelns zu erweitern und die Managementkompetenz in das Anforderungsprofil pädagogischen Handelns mit aufzunehmen*, wie es eigentlich auch in den Diplomstudiengängen Erziehungswissenschaft beabsichtigt gewesen war. Hier nun schließt sich der Argumentationskreis: Wenn wir Management von und in pädagogischen Organisationen als Element des Handlungsprofils und damit der Qualifikationsanforderungen von Diplompädagogen und -pädagoginnen verstehen, dann verträgt deren Bildung erheblich mehr Management in einem doppelten Sinn: einmal als *Managementwissen*, das wir ihnen in der Universität vermitteln müßten, und zum anderen *im Sinne von beruflicher Handlungskompetenz*, die es unter Rückgriff auf dieses Wissen in der beruflichen Praxis zu erwerben und zu entwickeln gälte.

Literatur

Banner, D.: Von der Behörde zum Dienstleistungsunternehmen. In: VOP 1 (1991), S. 6-11
Beck, U.: Jenseits von Klasse und Stand?, In: Kreckel, R. (Hrsg.): Soziale Ungleichheiten. Soziale Welt, Sonderband 2, Göttingen 1983, S. 35-74
Bokelmann, H.: Pädagogik: Erziehung, Erziehungswissenschaft. In: Speck, J. / Wehle, G. (Hrsg.): Handbuch pädagogischer Grundbegriffe, Band II, Bad Heilbrunn 1970, S. 178-267
Brinkmann, D. / Nahrstedt, W. / Timmermann, D.: Diplom – und dann..... Untersuchung zum Verbleib von Absolventinnen und Absolventen des Diplomstudiengangs Erziehungswissenschaft der Jahre 1990 bis 1994, Bielefeld 1995
Budäus, D.: Public Management. In: Gablers Wirtschaftslexikon. Wiesbaden 1997, S. 3146-3149
Eichmann, R.: Diskurs gesellschaftlicher Teilsysteme: zur Abstimmung von Bildungssystem und Beschäftigungssystem, Wiesbaden 1989
Flösser, G. : Soziale Arbeit jenseits der Bürokratie. Über das Management des Sozialen. Neuwied, Kriftel, Berlin 1994
Giesecke, H.: Was ist des Pädagogen Profession? Ein Versuch über pädagogisches Handeln. In: Neue Sammlung 16 (1986), S. 205-215
Hub, H.: Unternehmensführung. Praxisorientierte Darstellung. Wiesbaden 1990
Kieser, A. (Hrsg.): Organisationstheorien. Stuttgart, Berlin, Köln 1993
Kommunale Gemeinschaftsstelle: Das neue Steuerungsmodell. Bericht Nr. 5 (1993), S. 3-24
Kron, F. W.: Grundwissen Pädagogik. München, Basel 1991
Merk, R.: Weiterbildungsmanagement: Bildung erfolgreich und innovativ managen. Neuwied 1992

Merk, R.: Kommunikatives Management. Erwachsenenbildung, Weiterbildung, Personalentwicklung. Neuwied, Kriftel, Berlin 1993

Roth, H.: Pädagogische Psychologie des Lehrens und Lernens. Hannover 1962

Schaarschuch, A.: Theoretische Grundelemente Sozialer Arbeit als Dienstleistung. Perspektiven eines sozialpädagogischen Handlungsmodus, Habilitationsschrift, Bielefeld 1998

Seidel, E. / Jung, R.H. / Redel, W.: Führungsstil und Führungsorganisation, 2 Bände, Darmstadt 1988

Staehle, W. H.: Management. Eine verhaltenswissenschaftliche Einführung. München 1987

Steinmann, H.: Management: Grundlagen der Unternehmensführung. Konzepte, Funktionen, Fallstudien. Wiesbaden 1993

Tausch, R. / Tausch, A.M.: Erziehungspsychologie. Psychologische Vorgänge in Erziehung und Unterricht. Göttingen 1968

Taylor, F. W. : The Principles of Scientific Management. New York, London 1913

Terhart, E.: Organisation und Erziehung. Neue Zugangsweisen zu einem alten Dilemma. In: Zeitschrift für Pädagogik 32 (1986), Heft 2, S. 205-223

Timmermann, D.: Organisation, Management, Planung, In: Krüger, H. H. / Helsper, W. (Hrsg.): Einführung in Grundbegriffe und Grundfragen der Erziehungswissenschaft. 2. Auflage, S. 139-156

Weber, M.: Wirtschaft und Gesellschaft, Tübingen 1972

Weick, K. E.: Educational Organizations as Loosely Coupled Systems. In: Administrative Science Quarterly 21 (1976), Nr. 1, S. 1-19

Konrad Daumenlang / Wolfgang Obermair

Das Bild der Führungskraft in Nonprofit-Organisationen oder Psychologie und Betriebspädagogik

1. Einleitung

Zum Zeitpunkt einer noch ausgesprochen optimistischen Phase in der Entwicklung der Betriebspädagogik als Wissenschaft wurde versucht, durch die Einführung von Modulen die traditionellen Grenzen zwischen denjenigen wissenschaftlichen Disziplinen zu überwinden, die als Bezugswissenschaften relevante Beiträge für das Aufgabenfeld der Betriebspädagogik zu liefern versprachen. Heute ist man aus hochschulpolitischen Gründen wieder zu der klassischen wissenschaftlichen Betrachtungsweise zurückgekehrt. Dies macht die Aufgabe für uns leichter, wenn es um eine Antwort um die Frage geht, welchen Beitrag die Psychologie zu der noch jungen Wissenschaft Betriebspädagogik zu leisten vermag.

Betriebspädagogik ist einmal weniger als Pädagogik, da sie sich mit dem Wort „Betrieb" als Teildisziplin der Pädagogik vorstellt. Sie ist zum anderen mehr als Pädagogik, da mit dem Wort „Betrieb" ein Feld angesprochen wird, auf dem die Forderung nach engerer Verknüpfung von Wissenschaft und Wirtschaft in einzigartiger Weise möglich sein könnte. Denn, will Betriebspädagogik ihrem Anspruch gerecht werden, so kann sie ihn nur dadurch erfüllen, indem sie aufgreift und verarbeitet, was zum Phänomen Betrieb andere Wissenschaften wie Soziologie, Philosophie, Psychologie aber auch BWL usw. beizutragen vermögen. Hinzu kommen Gesichtspunkte der Ökonomie und des Nutzens: Ein Betrieb, der zwar ein idealer Nährboden einer humanistisch orientierten Betriebspädagogik ist, jedoch über Jahre hinweg ausschließlich rote Zahlen schreibt, wird aufhören eine Stätte zu sein, an der Betriebspädagogik existiert. Auch die Frage des Nutzens, die für eine reine Wissenschaft bzw. Grundlagenforschung nicht existiert, ist eine relevante Fragestellung, denn der Betriebspädagoge hat seine Konzepte den Entscheidenden vorzulegen, und deren Zustimmung hängt mit davon ab, wie sie vom Nutzen des Konzepts für den Betrieb überzeugt werden können. Die Akzeptanz von Theorien der Betriebspädagogik hängt also nicht nur von der Zustimmung der „scientific community" ab, sondern auch von der unmittelbaren Effizienz der Theorien vor Ort.

Betriebspädagogik kann sich jedoch nicht als ein Konglomerat aus unterschiedlichen Wissenschaften verstehen, wobei in eklektizistischer Manier einzelne Bestandteile aus dem jeweiligen Wissenschaftsgebäude herausgelöst werden und in ihrer Aneinanderreihung „Betriebspädagogik" etablieren. Denn die verschiedenen Einzel- oder Bezugswissenschaften sind unterschiedlichen erkenntnistheoretischen Ausrichtungen verpflichtet, und ihre Aneinanderreihung konstituiert nicht ein einheitliches Ganzes von stimmiger Struktur. Vielmehr sind die Einzelbeiträge unter betriebspädagogischen Gesichtspunkten zu analysieren und in eine Form zu bringen, in der sie einen echten Beitrag zu leisten vermögen. Dies erfordert noch umfangreiche Forschung auf den unterschiedlichsten Ebenen.

2. Beitrag der Psychologie zur Betriebspädagogik

Psychologie versteht sich als Erfahrungswissenschaft. Ihre Aufgabe ist die Beobachtung und Beschreibung, Erklärung und Vorhersage menschlichen Verhaltens und Erlebens. Damit stellt sie der Betriebspädagogik außerordentlich wichtige Informationen zu Verfügung. Ihr grundsätzlicher Unterschied zur Pädagogik bzw. Betriebspädagogik liegt jedoch darin, daß das Aufstellen von Normen oder Sollens-Forderungen nicht zum Kanon einer sich als empirisch verstehenden Psychologie gehört. Zur Erläuterung ein Beispiel: Die Psychologie kann sehr wohl untersuchen, ob dreijährige Kinder das Lesen erlernen können, und als Pädagogische Psychologie kann sie in der Entwicklung geeigneter Materialen zum Lesenlernen Großartiges leisten. Sie kann gegebenenfalls auch nachweisen, daß diese Kinder als Sechsjährige über eine höhere Intelligenz als eine Kontrollstichprobe verfügen. Sie kann jedoch – in ihrem Selbstverständnis als Wissenschaft – aufgrund der empirischen Forschungsergebnisse nicht die Forderung aufstellen, daß von nun an alle Dreijährige das Lesen zu lernen hätten. Analoges gilt für Menschen im Betrieb. Selbstverständlich werden auch von Psychologen „Sollens-Forderungen" aufgestellt, die aber ihre Rechtfertigung nicht aus der Wissenschaft der Psychologie beziehen, sondern in den persönlichen Erfahrungen und Überzeugungen des Wissenschaftlers begründet sind – oder in seinen Intentionen, die, wie im Falle des Trainingsgeschäfts, durchaus pekuniärer Art sein können.

Aber auch die in den letzten Jahren sich zunehmend breiter etablierende Evaluationsforschung (Daumenlang u.a. 1995) bietet hierin keinen Ausweg an. Sie hat zwar eine Entscheidung über Beibehaltung oder Ablehnung von Maßnahmen vorzulegen, doch ob die Empfehlungen umgesetzt werden ist etwas völlig anderes. Nur sehr wenigen Studien ist ein gravierender Einfluß zuzubilligen.

Zu dem aufgezeigten inhaltlichen Aspekt kommt ein methodologischer Aspekt hinzu: Die Psychologie verfügt über ein ausgezeichnetes Arsenal an empirischen Forschungsmethoden. Diese dienen nicht nur der Datenerhebung und Datenanalyse, sondern sind unter einem weitergehenden methodologischen Ansatz zu sehen, indem sie der Kontrolle von Theorien dienen: In Anlehnung an Popper besitzen Theorien spekulative Elemente und haben einen definierten Geltungsbereich. Ihre ideale Überprüfung erfolgt durch sog. Basissätze oder Protokollsätze, über deren Aussagegehalt kein vernünftiger Zweifel besteht, da sie empirisch gegeben sind. Billigt man empirisch erhobenen Sachverhalten einen ähnlichen Stellenwert zu wie den Protokollsätzen Poppers, so können sie in vorzüglicher Weise zur Überprüfung von (betriebspädagogischen) Theorien herangezogen werden (– die damit verbundene weitergehende erkenntnistheoretische Problematik sei einmal ausnahmsweise außer Acht gelassen!). Ähnlich wie bei der Theorie der Planetenbahnen können bestimmte Orte oder Punkte (= empirisch gegebene Sachverhalte) definiert werden, die auf der Planetenbahn liegen und andere, die außerhalb sind. Ist der Planet ausschließlich an solchen Orten anzutreffen, die auf seiner Bahn liegen sollen, so gilt die Theorie als bestätigt. Interessanter ist jedoch, ob der Planet auch an solchen Orten anzutreffen ist, wo er nichts zu suchen hätte, denn mit dieser Beobachtung wäre die Theorie widerlegt. Daraus ergibt sich ein interessantes Forschungsparadigma.

Ein dritter Punkt: der Allgemeinheitsanspruch psychologischer Erkenntnisse.

Betriebspädagogik zieht ganz selbstverständlich zum Beispiel arbeits- und organisationspsychologische Erkenntnisse heran. Die Problematik, die wir sehen und auf die besonders Holzkamp hingewiesen hat, ist, ob die Ergebnisse, die in einem Bereich empirisch gewonnen worden sind, auch für den in Aussicht genommenen Bereich die gleiche Geltung beanspruchen können. Ganz konkret: Die meisten Arbeiten, über die in den gängigen Monographien der Organisationspsychologie berichtet wird, entstammen dem industriellen oder erwerbswirtschaftlichen Bereich. Nun hat sich aber in jüngerer Zeit zunehmend ein Feld ins Gespräch gebracht, das sich als NPO (non-profit-Organisationen) bezeichnet. Für Mitarbeiter dieses Bereiches ist zum Beispiel Motivation sicherlich auch ein zentrales Thema. Es dürfte jedoch die Motivationslage eines Mitarbeiters, der sich für die Arbeit in einem Wohlfahrtsverband entscheidet, sicherlich anders strukturiert sein als bei einem Mitarbeiter in der Industrie. Müßte nun nicht für beide unterschiedliche Motivationstheorien entwickelt werden, oder genügen die gegenwärtig vorherrschenden?

Den weiteren Überlegungen liegt das Paradigma Cattells zugrunde, das für die Forschung das Bild eines Quaders mit den drei Achsen Personen, Variablen und Situationen vorstellt. Von diesen dreien ist bislang die der Situationen am wenigsten berücksichtigt worden. Im folgenden soll deshalb auf den Charakter der NPOs näher eingegangen werden, als einer bestimmten Klasse definierter Situationen, und im vierten Abschnitt ein Forschungsprojekt skizziert werden.

3. Nonprofit-Organisationen (NPO): Merkmale und Anforderungen an die Führung

NPOs sind in vielerlei Hinsichten „Organisationen wie andere auch" und mit gewinnorientierten Wirtschaftsunternehmen in vielen Punkten vergleichbar. Dennoch zeichnen sich NPOs durch eine Reihe spezifischer Merkmale und Erfordernisse aus, die – auch unter betriebspädagogischer Perspektive – zu erfassen und in Reformprozessen oder Qualifizierungsmaßnahmen sorgfältig zu berücksichtigen sind. Die erst in den letzten Jahren mehr beachtete und von der empirischen Forschung bislang vernachlässigte Eigenart der NPOs lässt sich wie folgt skizzieren:

3.1 Merkmale

(1) Keine Gewinnorientierung: Der Begriff „Nonprofit-Organisation" (von Strachwitz 1997, S.20 präzisiert als „Not-for-Profit-Organisation") definiert das Bezeichnete gewissermaßen negativ: „Die Bezeichnung ist negativ: sie sagt nicht, was diese Organisationen sind, sondern, was sie nicht sind" (Schwarz 1986, S. 6). NPOs sind nicht gewinnorientiert, d.h. ihr Sinn und Zweck besteht nicht darin, Eigentümern oder Kapitalgebern Einkommen im Sinne von Gewinn oder Profit zu verschaffen.

(2) Zielorientierung: Positiv lassen sich NPOs als zielorientiert (im Unterschied zu gewinnorientiert) bzw. als ideell-orientiert (Strachwitz 1994, S. 8) bezeichnen. Die jeweiligen Ziele der NPO (v.a. die Deckung eines als deckungswert erachteten ideelen oder materiellen Bedarfs) finden sich in Leitbildern, Satzungen, Regelungen etc. Diese steuern die NPO wesentlich mit. Eine Profitorganisation wird dagegen primär über den Absatzmarkt und dessen Sachzwänge gesteuert. Sie bietet nicht das an, was sie aus ideellen Gründen für gut befindet, sondern dasjenige, für das sich eine gewinnbringende Nachfrage erwarten läßt.

(3) Effizienz als Mittel zum Zweck: Eine NPO steht zwar nicht unter dem Druck der Gewinnmaximierung, aber auch sie muß angesichts prinzipiell knapper Ressourcen versuchen, mit möglichst wenig Mitteln möglichst viel zu erreichen, also effizient zu arbeiten. Dieses auch für NPOs geltende Effizienzgebot darf aber nicht übersehen lassen, daß es in einer NPO niemals um „Effizienz als solche", also letztlich um den Gewinn gehen darf. Effizienz in einer NPO ist ein notwendiges Mittel zum Zweck.

(4) Organisierter Idealismus: Dieser ideell konstituierte Zweck bedarf zu seiner Verwirklichung angemessener Organisationsformen und Strukturen. Dabei müssen NPO-spezifische Bedingungen und Steuerungsmechanismen berücksichtigt werden, z.B. die Zielvorgaben durch Leitbilder, Satzungen, Trägerentscheidungen oder auch die vielen Zielvorstellungen der Mitarbeiterinnen und Mitarbeiter, welche sich oft überdurchschnittlich mit ihrer Organisation identifizieren und sich mit eigenen Vorstellungen einbringen wollen.

(5) Dezentralisierung und Partizipation: In einem unter dem Markt-Diktat stehenden Wirtschaftsunternehmen sind die zentralen Entscheidungen meistens in den Händen des Top-Managements konzentriert. In einer NPO dagegen müssen Organisation, Struktur und Führung sehr viel mehr Positionen berücksichtigen und integrieren. Verkürzt ausgedrückt empfiehlt sich daher gerade für NPOs eine möglichst dezentrale Organisationsstruktur, in der „von oben" die Realisierung der zentralen Ziele gesichert und gleichzeitig den unteren Ebenen eine möglichst große Eigenständigkeit gewährt wird (Prinzip der Subsidiarität).

3.2 Anforderungen an die Führung

Aus der skizzierten Eigenart der NPOs ergeben sich Folgerungen an die Führung.

(1) Die Notwendigkeit eines Führungsbewußtseins: Selbstverständlich wurde auch in NPOs schon immer geführt. Aber eine kritische Reflexion über das „Wie" der Führung findet oft nicht statt, da Themen wie „Führung", „Macht" etc. gerade in sozialen NPOs weitgehend tabuisiert sind.

Dem ist entgegenzuhalten: Führungskräften muß die Möglichkeiten gegeben werden, ganz bewußt (also mit der nötigen Qualifizierung) und mit ausreichender Zeit (also nicht nur „nebenbei") zu führen. Führungskräften und auch den Geführten müssen durch angemessene Führungssysteme die Führungsprozesse strukturell erleichtert werden. Führungskräften muß eine realistische Selbstwahrnehmung ermöglicht werden, indem sie systematisch mit der Wahrnehmung durch die Geführten konfrontiert werden. Hierzu bieten sich verschiedene Instrumente von der „Aufwärtsbeurteilung" bis hin zur umfassenden Mitarbeiterbefragung an.

(2) Motivierende Führung: Insbesondere die personenbezogenen Dienstleistungen einer sozialen NPO hängen in ihrer Qualität eminent von der Qualifikation und der Motivation des einzelnen Mitarbeiters ab. Mitarbeiterführung in einer NPO muß daher (mehr noch als in einem Wirtschaftsunternehmen) motivierende Führung sein, genauer gesagt: Sie muß dem Mitarbeiter motivierende Bedingungen verschaffen, indem sie seinen Interessen entgegen kommt und ihm ermöglicht, seine Kompetenzen zu entfalten. In der Regel erfolgt innerhalb einer NPO die Motivierung weniger über materielle Anreize als über das Ansprechen intrinsischer Bedürfnisse. Diese intrinsischen Motive sind bei NPO-Mitarbeitern oft stark ausgeprägt: Viele haben sich bewußt für diese Arbeit entschieden und suchen in der Arbeit selbst (nicht erst in den angekoppelten Anreizen) Sinnerfüllung und Selbstverwirklichung (vgl. zum Beispiel das sog. Ehrenamt).

(3) Vermeidung von Streß: Auch NPO-Mitarbeiter sind bei aller intrinsischen Motivation und bei allem Engagement nicht mehr bereit, die gerade im sozialen Bereich anzutreffenden permanenten Überbelastungen hinzunehmen. Sie reagieren mit verschiedenen Formen „stillen" oder auch „lauten" Widerstands, mit Krankheit oder negativer Einstellung zu ihrer Arbeit, mit Leistungsreduzierung oder auch mit erhöhter Fluktuationsneigung.

(4) Breites Anforderungsprofil an Führungskräfte: Führungskräfte in NPOs müssen einem besonders breiten Anforderungsprofil gerecht werden, eine Fülle verschiedener Rollen einnehmen und über eine ganze Reihe von Kompetenzen verfügen: neben den allgemein bekannten vor allem auch

über systemisch-ökologische Kompetenz und über „ethische" Kompetenz.

Für die genannten Anforderungen gilt, daß sie nicht problemlos erfüllt werden können. Führungskräfte sind intensiv zu schulen und auf die sich ändernden Rahmenbedingungen hin zu trainieren. Entsprechende Qualifizierungsmaßnahmen setzen jedoch eine solide Schwachstellenanalyse (unter systematischer Einbeziehung der „Geführten-Perspektive") und damit eine Ermittlung des genauen Qualifizierungsbedarfs voraus.

4. Das Bild von Führungskräften in Profit- und Non-Profit-Organisationen

Eine oft formulierte These besagt, daß es um die Qualität des Führungsverhaltens in NPOs deutlich schlechter bestellt sei als in erwerbswirtschaftlichen Unternehmen: Die Bewertung der NPO-Führungskräfte durch ihre Mitarbeiter fällt signifikant schlechter aus als in Wirtschaftsunternehmen. So formuliert beispielsweise Schwarz (1986, S. 36): „In bürokratischen Systemen ist nachweislich der Grad der Mitarbeiterzufriedenheit bezüglich Arbeitsinhalten, Führungsstil und Betriebsklima signifikant geringer als in dynamischeren Unternehmungen." NPOs werden von Schwarz in diesem Zusammenhang der Kategorie der „bürokratischen Systeme" zugerechnet.

Eben diese Zuordnung der NPOs zu „bürokratischen Systemen" bzw. die darin implizierte Behauptung einer signifikant geringeren Zufriedenheit der NPO-Mitarbeiter mit ihrer Führung ist empirisch nicht belegt. Im Gegenteil: Die Untersuchung einer typischen NPO im sozialwirtschaftlichen Bereich (N = 2940) und der Vergleich mit einem erwerbswirtschaftlichen Unternehmen (N = 2423) hat für die NPO eine in allen Teilbereichen des Themas „Führung" deutlich höhere Bewertungen ermittelt.

Die Daten waren durch Fragebögen erhoben worden. Das Führungsverhalten erfaßten 10 Fragen, die auf einer 6-stufigen Skala zu beantworten waren. Der Wert 1 repräsentierte eine sehr gute Ausprägung, der Wert 6 eine sehr schlechte. Die Beurteilungen wurden über alle 10 Fragen aufsummiert. Die Ergebnisse sind in der Abbildung auf der folgenden Seite dargestellt. Der Wert 10 auf der X-Achse steht für eine Führungskraft, die bei allen Fragen mit sehr gut bewertet wurde; der Wert 60 steht für eine Führungskraft, die in allen 10 Fragen die Note 6 erhielt. Entsprechend sind die Zwischenwerte zu interpretieren. Die Lauflinien stellen die %-Ränge dar. Aus ihnen ist abzulesen, an welcher Stelle eine Führungskraft steht, die z.B. die

Summe von 30 erhalten hat bzw. wie viele Mitarbeiter die Bewertung 30 und besser bzw. schlechter gegeben haben.

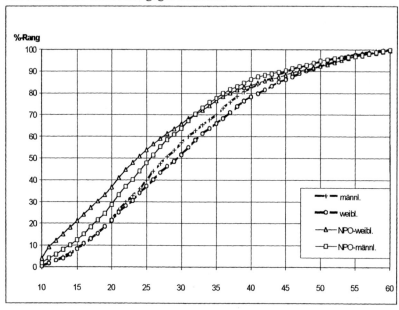

Bewertung von Führungskräften; Vergleich: Industrie-NPO, Erläuterungen im Text

Aus der Vielzahl möglicher Informationen seien die folgenden exemplarisch herausgegriffen:

(1) Der Schnittpunkt der Lauflinien mit der 50%-Linie kennzeichnet die Durchschnittswerte. Danach bewerten Frauen in NPOs ihre Führungskräfte am besten; am schlechtesten die Frauen im Industrieunternehmen.

(2) In der Industrie-Stichprobe werden sehr gute und sehr schlechte Führungskräfte von beiden Geschlechtern ähnlich beurteilt; durchschnittliche Führungskräfte werden aber von Männern etwas wohlwollender beurteilt als von Frauen.

(3) NPO: Frauen bewerten ihre Vorgesetzten besser als die Männer; allerdings nur die guten Führungskräfte! Bei den schlechten Führungskräften (ab Prozentrang 60) gibt es keinen Unterschied in der Bewertung.

Einige weitere Ergebnisse und Folgerungen aus der Befragung:
- Die Befragung hat bei der großen Mehrheit der NPO-Beschäftigten eine sehr hohe Bereitschaft ermittelt, sich mit den spezifischen Zielen ihrer Organisation zu identifizieren und sich entsprechend motiviert zu engagieren. Dieser für den Organisationserfolg wichtige Faktor darf in der praktischen Konsequenz nicht mißverstanden werden: Die hohe Identifikationsbereitschaft der Mitarbeiter darf keinesfalls ausgenutzt werden (etwa durch permanente oder noch zunehmende Überbelastung), sollte aber sehr wohl genutzt werden, um die Einsatzbereitschaft zum Zuge kommen zu lassen. Die zwar wenigen, dafür aber deutlich von der positiven Durchschnittsbewertung abweichenden Negativbewertungen dürften zum Großteil durch eine überfordernde Führung zu erklären sein, welche den einsatzwilligen Mitarbeitern immer mehr Belastung aufbürdet.
- Um die genannte Identifikationsbereitschaft nachhaltig nutzen zu können, sind nach der Befragung vor allem systematische Einführungs- und Einarbeitungsmaßnahmen für neue Mitarbeiter angezeigt sowie ein umfassendes Personalentwicklungskonzept, das geeignet ist, den Motivationsschub der „ersten Jahre" aufrechtzuerhalten. Gerade im „Altersmittelbau" zeigen sich abweichende Negativbewertungen durch die Mitarbeiter, womit Handlungsbedarf für die „Personalentwickler", aber auch für die Führungskräfte, die ja auch Akteure der Personalentwicklung sein sollten, deutlich wird. Auch die Gruppe der älteren Mitarbeiter bedarf nach der Befragung besonderer Beachtung: Teilweise erhebliche Negativbewertungen in dieser Gruppe signalisieren, daß die besonderen Kompetenzen und Erfahrungen der älteren Mitarbeiter nicht genügend angesprochen und genutzt werden. Wie die Abbildung auf der nächsten Seite zeigt, bewerten nur 10% der neuen Mitarbeiter ihre Vorgesetzten schlechter als 3,5, dagegen ca. 30% der Mitarbeiter, die länger als 5 Jahre in der Organisation tätig sind.
- Identifiaktionsbereite Mitarbeiter brauchen entsprechende Identikiationsangebote. Hier sind nicht zuletzt alle Führungskräfte gefragt, die im Sinne eines „normativen Managements" nicht nur Abläufe organisieren, sondern lebendig die Zielsetzung der NPO verkörpern und im Führungsstil vorleben.
- Ebenso wichtig und laut der Befragung sehr erwünscht ist gerade in NPOs eine partizipative, d.h. den einsatzbereiten Mitarbeiter einbeziehende und dessen eigene Ziele ernstnehmende Mitarbeiterführung. Partizipative Mitarbeiterführung setzt erstens unterstützende Instrumente und

Führungssysteme voraus (etwa „Führung durch Zielvereinbarung") und zweitens erhebliche Kommunikationskompetenz, die gegebenenfalls durch enstprechende Qualifizierungsmaßnahmen gesteigert werden muß.

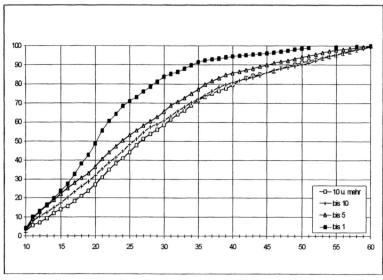

Bewertung der Führungskräfte durch NPO-Mitarbeiter in Abhängigkeit von der Dauer der Organisationszugehörigkeit

- Die in einigen Bereichen deutlich wohlwollendere Beurteilung der Führungskräfte durch weibliche NPO- Mitarbeiterinnen im Vergleich zum Wirtschaftsunternehmen stellt eine gute Ausgangsbasis dar, um im Bereich der Frauenförderung fortzufahren und insbesondere größere Anstrengungen zu unternehmen, um eine dem hohen Frauenanteil entsprechende Zahl weiblicher Führungskräfte zu erzielen.

5. Zusammenfassend

Die durchgeführte Untersuchung hat nicht nur zur Korrektur bisheriger Theorien bzw. Annahmen über NPOs beigetragen. Sie hat auch aufgezeigt, in welchen Bereichen welcher Handlungsbedarf besteht, um die Qualität der Führung in der untersuchten NPO weiter zu verbessern. An diesem Beispiel wird deutlich, wie der professionelle Einsatz psychologisch-empirischer Forschungsmethoden die Entwicklung betriebspädagogischer Konzepte fundieren und vorantreiben kann. Allerdings ist das Konstrukt „Zufriedenheit mit dem Vorgesetzten" nicht so einfach strukturiert, wie wir es aus Platzgründen darstellen mußten. Zur differenzierteren Betrachtung sei auf Daumenlang und Zinn, 1999, verwiesen.

Literatur

Daumenlang, K. / Altstötter, Ch. / Sourisseaux, A.: Evaluation. In: Roth, E. (Hrsg.): Sozialwissenschaftliche Methoden. Oldenbourg, München, Wien, 1995
Daumenlang, K. / Zinn, W. Mitarbeiterzufriedenheit. In: Hauser, A. / Neubarth, R. / Obermair, W. (Hrsg.): Sozialmanagement – Praxishandbuch Soziale Dienstleistungen. Neuwied, 1999
Hauser, A. / Neubarth, R. / Obermair, W.: Management-Praxis. Handbuch soziale Dienstleistungen. Neuwied, 1999
Lienert / Raatz: Testaufbau und Testanalyse. Psychologie. Weinheim, 1998
Lotmar, P. / Tondeur, E.: Führen in sozialen Organisation. Bern, Stuttgart, 1993
Neubauer, W.: Führen und Leiten in sozialen Organisationen. In: Führung und Leitung in sozialen Organisationen. Berlin, 1996
Neuberger, O.: Führen und geführt werden. Stuttgart, 1995
Obermair, W.: Die Mitarbeiterbefragung als Instrument interner Kommunikation. In: Kommunikation von Non-Profit-Organisationen, DiCV München (Hrsg.): Don Bosco, München, 1997
Schwarz, P.: Management in Nonprofit-Organisationen. Die Orientierung Nr. 88, Bern 1986
Schwarz, P.: Management in Nonprofit Organisationen. Bern, Stuttgart, 1996

Stefanie Krapp / Uwe Gohr

Gemeinschaft, soziale Gruppe, Team
Plädoyer für eine interdisziplinäre Anwendung in der Soziologie und Betriebspädagogik.

1. Einführung

Die Begriffe Gemeinschaft, soziale Gruppe und Team werden in der Soziologie und Betriebspädagogik je unterschiedlich verwendet bzw. zum Teil in den Disziplinen völlig ignoriert. Während sich die Soziologie zunächst auf Gemeinschaft und inzwischen auf die soziale Gruppe konzentriert, favorisiert die Betriebspädagogik den Teambegriff für offensichtlich gleiche oder ähnliche soziale Tatbestände. Der Gemeinschaftsbegriff wird in der Pädagogik fast nur noch von denjenigen verwendet, die sich in der Tradition der Reformpädagogik sehen. Hierbei fällt auf, daß weder in der Soziologie, noch Betriebspädagogik eine hinreichende Begründung dafür zu finden ist. Es scheint zumindest keine inhaltlichen Argumente zu geben, warum die eine Wissenschaft nur bestimmte Begriffe und v.a. die damit verbundenen Inhalte verwenden sollte und die andere nicht, sondern wiederum „eigene" monopolisiert. In der Soziologie wurden zwar differenzierende Definitionsmerkmale für Gemeinschaft und soziale Gruppe entwickelt, der Teambegriff ist jedoch nicht existent. Diese Tatsache verwundert sehr, zumal sich dieser insbesondere in der betrieblichen Praxis eingebürgert hat, mit der sich ja auch Soziologen befassen (v.a. Arbeits- und Betriebssoziologen). Aber auch die Betriebspädagogik zeigt eine eingeschränkte Sichtweise, indem sie wesentliche gruppensoziologische Erkenntnisse nicht zur Kenntnis nimmt, geschweige denn verwertet. Zudem war sie bisher nicht in der Lage eine eindeutige Definition des Teambegriffs zu Grunde zu legen.

Aber nicht nur in der wissenschaftlichen Betrachtung sozialer Phänomene begegnet man einer Fülle von Begriffen, deren Verwendung nicht endgültig schlüssig ist, sondern auch gerade in der bereits angesprochenen betrieblichen Praxis ist deren Differenzierung und wissenschaftliche Begründung oft nur schwer zu erkennen. Durch Globalisierungsprozesse und Sharholder Value sind die Unternehmen bestrebt, Maßnahmen einzuleiten, die einen positiven Kostenminimierungseffekt versprechen. Hierbei proklamieren insbesondere große Unternehmensberatungsfirmen zunehmend den Teamentwicklungsprozeß als Heilmittel der hierarchischen Aufbauorganisation in den Unternehmen, um die Ablaufprozesse effektiver zu gestalten und eine höhere Produktivität zu erzielen. Mit dessen Einführung, Effekten und Problemen müssen sich also in Zukunft all diejenigen verstärkt befassen, die sich mit Vorgängen in Unternehmen auseinandersetzen. Dazu gehören neben den Betriebspädagogen, Arbeits- und Organisationspsychologen und Ökonomen, eben auch die Arbeits- und Betriebssoziologen. Eine entscheidende Frage wird hierbei sein, ob tatsächlich ausschließlich der Teambegriff geeignet erscheint, die angestrebten Ergebnisse zu erzielen und welche Rolle dem wissenschaftlichen Diskurs hierbei zukommt. Bisher scheinen sich Soziologie und Betriebspädagogik in dieser Hinsicht eher zu blockieren.

Mit diesem Artikel soll dieser Mißstand grundsätzlich thematisiert und für eine interdisziplinäre Verwendung der Begriffe sowohl in der wissenschaftlichen Literatur, als auch in der betrieblichen Praxis geworben werden, um wichtige Erkenntnisse der Soziologie und Betriebspädagogik effizienter verwerten zu können.

2. Begriffsbestimmungen in der Soziologie und (Betriebs-)pädagogik

Soziologen und Pädagogen, insbesondere Betriebspädagogen verwenden die Begriffe Gemeinschaft, soziale Gruppe und Team zum Teil sehr unterschiedlich. Um einen Überblick über diese Vielfalt zu erhalten und um zu prüfen, ob auch verschiedene Inhalte damit verbunden sind werden im folgenden die jeweiligen Definitionen dargestellt. Von besonderem Interesse ist hierbei, wie sich diese unterschiedliche Anwendung in den Disziplinen entwickelt hat.

2.1 Gemeinschaft

Seit der ersten Auflage von Ferdinand Tönnies' Werk, „Gemeinschaft und Gesellschaft" 1887 zählt der Begriff Gemeinschaft zu den Grundbegriffen der Soziologie. Tönnies (1855-1936), einer der Väter der Soziologie, ging davon aus, daß Gemeinschaft überall da vorhanden ist, „wo immer Menschen in organischer Weise durch ihren Willen miteinander verbunden sind und einander bejahen" (Tönnies 1991). Menschen leben in einer allgemeinen Wertordnung zusammen, die geprägt ist durch ein gemeinschaftliches Verhältnis, Nähe, Gefühlstiefe, Solidarität und Hilfsbereitschaft. Gemeinschaft hat damit etwas „Eingelebtes, Selbstverständliches" und muß nicht organisiert werden (ebd.). Dabei steht die Mutter-Kind-Beziehung als Urverhältnis am Beginn der Soziabilität des Menschen. Derjenige, der zur Gemeinschaft dazugehört, bekommt von dieser Geborgenheit und Schutz, aber auch die moralische Verpflichtung auferlegt, etwas für die Gemeinschaft zu leisten. Als weitere typische Gemeinschaften werden jene genannt, die durch Blutsbande (Familie, Verwandtschaft), Intimität (Ehe, Freundschaft) oder räumliche Nähe (Nachbarschaft) geprägt sind, und die durch ein gemeinsames Tun (Arbeitsgemeinschaften) oder gemeinsamen Besitz entstehen.

Damit stellt Gemeinschaft neben Gesellschaft ein Grundtatbestand des sozialen Lebens dar. Gesellschaft wird als eine rechtliche Ordnung definiert, die das Zusammenleben von individuellen Interessensbereichen regelt und wo die dort auf jeden Einzelnen übertragene gesellschaftliche Funktion (Rolle) im Dienste des Gemeinzwecks in Institutionen respektiert wird. Alle sozialen Gebilde sind als Gemeinschaft oder Gesellschaft bzw. als deren Abwandlung und Differenzierung erklärbar (vgl. Schäfers 1983, S. 5). Gemeinschaft und Gesellschaft sind dabei für Tönnies zwei einander ausschließende Tatbestände. Im Gemeinschaftshandeln ist das Handeln des Einzelnen unmittelbar sinnhaft bezogen auf das der anderen, beim Gesellschaftshandeln ist die Handlung an den gesetzten Ordnungen orientiert (vgl. König 1955, S. 368). Dennoch können beide nicht isoliert voneinander betrachtet werden. Sie stehen in einem dauernden Spannungsverhältnis, indem gemeinschaftliche Verhältnisse Tendenzen der Vergesellschaftung zeigen und gesellschaftliche Verhältnisse Tendenzen der Vergemeinschaftung.[1]

In der Pädagogik wurde der Gemeinschaftsbegriff in humanistischer Betrachtung erstmals von den Reformpädagogen als ein pädagogischer Grundbegriff verwendet. Die pädagogische Reformbewegung entstand in der Kulturkrise des 19. Jahrhunderts, genährt durch ein gewandeltes Lebensgefühl, eine kulturkritische Grundtendenz, eine pädagogische Kritik an der Bildungsauffassung und dem Schulstil des 19. Jahrhunderts (vgl. Reble 1993, S. 283). Durch soziale Erneuerung, basierend auf der Vorstellung der Rückwendung zum Menschen, wurde versucht, die Kulturkrise zu überwinden,

---

[1] Max Weber prägte die Begriffe „Vergemeinschaftung" und „Vergesellschaftung" im Anschluß an Tönnies.

indem alle Kräfte des Menschen entfaltet werden sollten. Der von ihnen hergestellte Zusammenhang zwischen Erziehung und Gemeinschaft im doppelten Sinn, zum einen als „Erziehung zur Gemeinschaft" und „Erziehung durch Gemeinschaft", stellte hierbei den Schlüsselmechanismus dar (vgl. Lexikon der Pädagogik Band II 1953, S. 316).

Beispielhaft für die reformpädagogischen Strömungen steht Peter Petersen (1884-1952), der Gemeinschaft als die Zelle sieht, in der sich Erziehung in einer pädagogischen Situation vollzieht. „Und wo immer wir menschliche Gemeinschaft finden, Menschen, die selbstlos füreinander da sind und tätig sind, wie sie am schönsten in der Gemeinschaft von Mutter und Kind als reinstem Urbild allen Erziehens gegeben ist, dort ereignet sich Erziehung" (Petersen 1984, S. 25). Petersen sieht nur dort eine pädagogische Situation, wo den Menschen eine wirkliche Gemeinschaftsbildung ermöglicht wird. Erst das Zwischenmenschliche und die Liebe machen die menschliche Beziehung aus. Dieses Irrationale, das nur intuitiv erfaßt werden kann, ist die echte Gemeinschaft. Erziehung zur Gemeinschaft wird erst durch die Herausforderung der geistigen Tugenden wie Güte, Liebe, Treue, Kameradschaft, Demut, echtes Mitleid, Leid, Andacht, Ehrfurcht, Dienstbereitschaft, Hingabefähigkeit, Opfersinn, Einsatzbereitschaft und Fürsorge möglich. Alle diese Tugenden müssen jedoch als „tägliche Voraussetzungen des Zusammenlebens" getan und erlebt werden (ebd. S. 50). Mit ihnen steht und fällt die Gemeinschaft. Nur dem Menschen ist es durch sein geistiges Wesen möglich, die Gemeinschaft zu erzeugen und zu erhalten, in der die Tugenden lebendig und stark sind. Bei Petersen ist die Gemeinschaft für den Menschen das wichtigste. „Aus ihr und in ihr erwacht der Mensch zum Leben und gelangt nur durch sie zum Person-Sein" (ebd.).

Mit Hitlers Machtergreifung endete die Ära der Reformpädagogik, das Gedankengut jener humanistischen Strömung wurde für die Zwecke des Nationalsozialismus instrumentalisiert. Dieser verstand es, Gemeinschaftsgedanken und Gemeinschaftserleben für seine gesellschaftlichen, machtpolitischen und auch überstaatlichen Zwecke zu nutzen, wie die reformpädagogischen Leitmotive Erlebnis, Vorbild, Kameradschaft, Ehre und Dienst (vgl. Giesecke 1993, S. 218). Ersichtlich wird dies in den Konzepten der Nationalsozialisten, in denen Gemeinschaft eine besondere Betonung findet und die auf Pädagogen wie Kieck, Baeumler und von Schirach zurückgehen. Im gemeinsamen Erleben und mit der Bereitschaft der Selbstopferung für „Führer, Volk und Vaterland" drückt sich die Gemeinschaft aus (vgl. Reble 1993, S. 326). Begrifflichkeiten, die in der Reformpädagogik ihren Platz und Ursprung hatten, wurden nun verwendet, um eine kollektive Gleichstellung der

Massen zu erreichen, mit dem Anspruch, eine neue „Herrenrasse" mit besonderen Rechten unter dem Führerprinzip zu schaffen. Dies stand im klaren Gegensatz zum Ansatz der Reformpädagogik, deren Vertreter die Entwicklung der Persönlichkeit im Vordergrund sahen.

In der pädagogischen Nachkriegsliteratur der 50er und 60er Jahre wurde eine heftige Auseinandersetzung um den Gemeinschaftsbegriff geführt, wobei eine Anknüpfung an die Betrachtungen des Begriffes der Reformpädagogen vor 1933 erfolgte. Im Lexikon der Pädagogik von 1953 (S. 309ff.) beispielsweise finden sich folgende Differenzierungen:

„Gemeinschaft im weitesten Sinne bezeichnet das Zusammenleben und -wirken von Personen in einer sie verbindenden Einheit (Gemeinschaft = Sozialverhältnis). Sie ist nicht nur räumliches Nebeneinander (etwa von Steinen), oder leiblich-triebhaftes Beieinandersein (wie bei Tieren), sondern ihrem Wesen nach geistig-seelische Verbundenheit, somit ein spezifisch menschliches Sozialverhältnis. Menschliche Gemeinschaft kommt aber nicht durch unmittelbare geistig-seelische Berührung zustande, sondern durch gemeinschaftsstiftende Symbole persönlicher (Blick, Miene, Gebärde) oder sachlicher Art (Schrift, Bilder, Denkmäler usw.). Sie sind Verkörperungen geistig-seelischer Innerlichkeit und zugleich Ausdrucksbewegungen des Leibes oder von solchen gestaltet. In Wort und Sprache haben wir das wichtigste Mittel sozialer Verständigung. Auf ihm v.a. baut das Zusammendenken, -fühlen und -wollen in der Gemeinschaft auf" (ebd., S. 309).

Im engeren Sinne ist Gemeinschaft die durch ein gemeinsames Ziel und durch eine gemeinsame Tätigkeit auf dieses Ziel hin eingegangene dauerhafte Verbindung mehrerer Menschen, die auch als soziales Gebilde bezeichnet wird. Der Mensch kann sich der Gemeinschaft nicht entziehen, ohne in seiner Existenz bedroht zu sein. So entstehen Gemeinschaften wie Familie, Staat oder Völkergemeinschaften, die natürlich, notwendig, existentiell oder gottgewollt sind. Andere Gemeinschaften werden auf jeweilige Bedürfnisse in freier Entscheidung eingerichtet und zweckmäßig gestaltet, wie z.B. Vereine. Die Gemeinschaft ist immer eine Einheit von freien Menschen, die der sittlichen Vernunft unterworfen und somit den sittlichen Normen verpflichtet sind. Damit ist Gemeinschaft eine Ordnungseinheit, deren sittliche Gestaltung ihren Mitgliedern aufgegeben ist und deren entsprechende Erziehung und Bildung fordert.

Die Gemeinschaft im engsten Sinne bezeichnet das Zusammenleben mehrerer Menschen, deren Verhalten so geprägt ist, daß Trennendes übersehen und auf eigene Interessen verzichtet wird und dagegen Intimität, Nähe, gemeinsame Empfindungen und Anschauungen gepflegt werden, wie z.B. in der Ehe, Freundschaft oder Familie (vgl. ebd.).

Entgegen der sehr intensiv geführten Diskussionen in den 50er und 60er Jahren wurde seit Anfang der 70er Jahre in der Soziologie und Pädagogik immer mehr der Gemeinschaftsbegriff durch den Gruppenbegriff ersetzt, was sich v.a. aus seinem Mißbrauch in der nationalsozialistischen Zeit erklären läßt.

Zusammenfassend kann festgehalten werden, daß Tönnies' Veröffentlichung Ende des 19. Jahrhunderts eine rege Diskussion hinsichtlich des Gemeinschaftsbegriffs entfachte. Besonders in der Reformpädagogik wurde, ausgelöst durch die Kulturkrise jener Zeit, der Begriff der Gemeinschaft durch die Rückbesinnung auf den Menschen als Grundterminus aufgenommen. Der Mensch sollte in Freiheit und durch seine Einbindung in pädagogische Situationen, in denen ein ständiger Lernprozeß stattfindet, zur individuellen Persönlichkeit erzogen werden. Diese reformpädagogischen Ansätze und die deutsche Sozialwissenschaft insgesamt endeten 1933 mit Beginn des Nationalsozialismus, der die reformpädagogischen Begriffe für seine Zwecke mißbrauchte. V.a. dieser Mißbrauch und der Einfluß der amerikanischen Sozialwissenschaften führte schließlich nach einer erneuten regen Auseinandersetzung seit 1945 schließlich zum allmählichen Bedeutungsverlust des Gemeinschaftsbegriffs in den Human- und Sozialwissenschaften, der zunehmend durch den der sozialen Gruppe ersetzt wurde. Lediglich die in der Tradition der Reformpädagogik stehenden Pädagogen arbeiten weiterhin mit dem Begriff und seinen Inhalten von vor 1933. Der Gruppenbegriff und seine Anwendung in der Soziologie und Pädagogik, insbesondere aber der Betriebspädagogik, soll nun im folgenden näher betrachtet werden.

2.2 Soziale Gruppe

Seit die Soziologie als selbständige Wissenschaft existiert, also seit Ende des 19. Jahrhunderts, beschäftigen sich Soziologen mit dem Gruppenbegriff bzw. reflektieren über die Struktur und Bedeutung von Gruppen. So verwundert es auch nicht, daß sich die Gruppensoziologie als wichtiger Bestandteil der Soziologie und die soziale Gruppe als soziologischer Grundbegriff herausgebildet haben.

Allerdings erfolgte erst nach der Jahrhundertwende eine relativ eindeutige und heute weitgehend akzeptierte Verwendung des Gruppenbegriffs in den Sozial- und Humanwissenschaften für soziale Gebilde bestimmter Größe und Struktur, nämlich:

„Eine soziale Gruppe umfaßt eine bestimmte Zahl von Mitgliedern (Gruppenmitglieder), die zur Erreichung eines gemeinsamen Ziels (Gruppenziel) über längere Zeit in einem relativ kontinuierlichen Kommunikations- und Interaktionsprozeß stehen und ein Gefühl der Zusammengehörigkeit (Wir-Gefühl) entwickeln. Zur Erreichung des Gruppenziels und zur Stabilisierung der Gruppenidentität ist ein System gemeinsamer Normen und eine Verteilung der Aufgaben über ein gruppenspezifisches Rollendifferential erforderlich" (Schäfers 1994, S. 20f.).

Diese Definition bezieht sich auf soziale Gebilde einer bestimmten Struktur mit 3 bis ca. 25 Mitgliedern (Kleingruppe). Struktur und Größe dieser kleinen Gruppe kann damit als identisch mit dem Begriff von sozialer Gruppe überhaupt betrachtet werden.

Die USA wurden nach der Jahrhundertwende in der gruppentheoretischen Diskussion und empirisch-orientierten Gruppenforschung führend. Insbesondere während des Nationalsozialismus und dem damit verbundenen Untergang der deutschen Sozialwissenschaften kommt der amerikanischen Gruppensoziologie ein besonderer Stellenwert zu. Die deutsche Soziologie versuchte nach dem zweiten Weltkrieg an den dort erreichten Standard anzuknüpfen, was jedoch nur schwer gelang (vgl. Schäfers 1994, S. 29f.). Die beiden deutschen Soziologen Georg Simmel (1858-1918) und Leopold von Wiese (1876-1969) müssen im Zusammenhang mit der amerikanischen Kleingruppenforschung genannt werden, da wesentliche Impulse von ihnen ausgingen. Zudem ist es ihnen gelungen, die Soziologie aus der Gemeinschaftsbetrachtung heraus zu führen, wodurch sich die eigentliche Gruppensoziologie in Deutschland erst entfalten konnte. Denn für die ersten 40 Jahre der Soziologie-Entwicklung in Deutschland (ca. 1890-1930) schienen die theoretischen Bedürfnisse durch Tönnies' Werk „Gemeinschaft und Gesellschaft" gesättigt. „Etwas übertreibend könnte man sagen, daß ein Teil der Soziologie nach 1900, beginnend mit der erstaunlichen Wirkungsgeschichte von 'Gemeinschaft und Gesellschaft', Anmerkungen zu diesem Werk sind bzw. Versuche, die Dichotomie von Gemeinschaft und Gesellschaft um 'denknotwendige' (Johann Plenge 1874-1961) soziale Kategorien zu erweitern" (Schäfers 1994, S.27). In den 70er Jahren hat sich der Begriff Gruppe dann in der Soziologie als „die" Form gemeinschaftlichen Lebens etabliert. Der Gemeinschaftsbegriff wurde, wie bereits oben erläutert, durch seine mißbräuchliche Verwendung in der nationalsozialistischen Zeit seit Beginn der 70er Jahre zunehmend durch den zunächst neutraleren Gruppenbegriff ersetzt, was auch für die Pädagogik gilt. Gemeinschaft steht hier nun in Anlehnung an die o.g. soziologische Gruppendefinition im wesentlichen

„für soziale Primär- oder Intimgruppen, die im Gegensatz zu sekundären sozialen Gruppen nicht nur auf Rationalität sondern im hohen Maße auf Emotionalität der wechselseitigen Beziehung und Handlungspartner beruhen" (Böhm: Wörterbuch der Pädagogik 1994, S. 262).

Die empirische Kleingruppenforschung (wie erwähnt insbesondere die amerikanische) liefert seit den 30er Jahren wichtige Erkenntnisse hinsichtlich der Bedeutung der Gruppe und der gruppendynamischen Prozesse für die Vergemeinschaftung und Vergesellschaftung des Menschen. Hierzu zählen Norm- und Konsensbildung, Konflikte und Konfliktlösung, Herausbildung von Führungspositionen und Funktionsdifferenzierungen mit entsprechenden Rollenzuweisungen (vgl. Schäfers 1995, S. 105). Die Zugehörigkeit zu sozialen Gruppen ist für die Individuen letztendlich von existentieller Bedeutung. „In der Gruppe wird das Soziale – seine Normiertheit und Strukturiertheit, Differenzierung und Hierarchisierung – für die Individuen anschaulich und nachahmbar, und der einzelne begreift sich als soziales, auf Gemeinschaft angewiesenes Wesen" (Schäfers 1995, S. 105). Gruppen geben Halt und Identität im raschen sozialen und kulturellen Wandel.

Die Eigenständigkeit der sozialen Gruppe wird von den Individuen selbst erfahren, die ein Bewußtsein von den Grundformen des menschlichen Zusammenlebens und damit von der Gruppenbezogenheit der primären Sozialbeziehungen haben. Dieses Bewußtsein hat sich durch die Entwicklung der industriell-bürokratischen Gesellschaft, in der die Lebens- und Handlungsbedingungen zunehmend den Charakter des Gesellschaftlichen und Kollektiven annahmen, verstärkt. „Die makro-sozialen Trends der gesellschaftlichen Entwicklung hoben die Bedeutung der mikro-sozialen Prozesse und Strukturen erst ins volle Bewußtsein. [...] Die Eigenständigkeit der sozialen Gruppe ist daher immer auch als ein Stück Eigenständigkeit gegenüber dem 'Zwangscharakter der Gesellschaft' (Durkheim) zu verstehen" (Schäfers 1994, S. 32). Diese eher positiv eingeschätzte Funktion von Gruppen soll jedoch nicht darüber hinweg täuschen, daß auch Zwang auf Gruppenmitglieder ausgeübt werden kann und diese im Extremfall von produktiven weiteren Sozialkontakten ausgeschlossen werden können (z.B. Sekten). Im „Normalfall" leisten Gruppen jedoch einen wesentlichen Beitrag zur Vergesellschaftung der Individuen. In ihnen und durch sie werden die Gruppenmitglieder zu handlungsfähigen Gesellschaftsmitgliedern sozialisiert. Diese Auffassung von Gruppe wird jedoch zunehmend durch eine eher therapeutische Perspektive verdrängt. Die Gruppe wird hier „zum Zufluchtsort des Individuums, zu einer Möglichkeit, den gesellschaftlichen Zwängen mit ihren ausgeprägten Trends und Mechanismen der Vereinzelung und Entfremdung zu entgehen bzw. ihnen überhaupt standhalten zu können" (Schäfers 1994, S. 33). Differenzierte Gruppenkonzepte, die sich im Laufe der Gruppenforschung herausgebildet haben, fokussieren jeweils ganz bestimmte Merkmale der Gruppe und ihrer Mitglieder sowie die Beziehungsmuster zwischen den Mitgliedern, zwischen diesen und der Gruppe oder zwischen der Gruppe und ihrem Umfeld. Zu diesen Konzepten zählt das Primärgruppenkonzept von Charles H. Cooley (1864-1929), das Bezugsgruppenkonzept von Herbert Hyman (1918-1985) und Robert K. Merton (1910) (u.a.), die Unterscheidung zwischen formellen und informellen Gruppen von Elton Mayo (1880-1949), John F. Roethlisberger und W.J. Dickson und zwischen Klein- und Großgruppen von Georg Simmel (1858-1918).[2] Mit Hilfe dieser Differenzierungen können Gruppen typisiert, Gruppeneigenschaften können dimensional analysiert und bestimmte Gruppenprozesse können erklärt werden.

Da sich diese Ausführungen insbesondere auf den betrieblichen Kontext beziehen, werden im folgenden soziale Gruppen am industriellen Arbeitsplatz näher betrachtet, deren soziologische Analyse auf die sog. Hawthorne-Studien zurückgeht, die deren Bedeutung als „informale Gruppen" in der „formalen Organisation" Betrieb herausstellten. Unter der Leitung von E. Mayo haben J. F. Roethlisberger und W. J. Dickson von 1924 bis 1932 mehrere Versuche in den Hawthorne-Werken bei Chicago durchgeführt, indem sie erstmals soziale Dimensionen des Arbeitsprozesses zur Kenntnis nahmen[3] In Folge wurden die tradierten Führungsmethoden industrieller Großbetriebe nach tayloristischem Prinzip in Frage gestellt.[4] Das entscheidende Ergebnis der Studien war, daß insbesondere soziale Faktoren die Leistung der Arbeitenden bestimmten. Roethlisberger und Dickson entwickelten ein „konzeptuelles Schema", in der die industrielle Organisation als soziales System verstanden wird, das sich in formale Organisation und informale Gruppen differenziert. Ersterer werden die Wertesysteme „Logik der Kosten und der Effizienz des Wirkungsgrades" zugeordnet und letzerer die „Logik des Gefühls". D.h. die Arbeiterschaft wird eher nicht-logisch, durch das

---

[2] Für eine ausführliche Erläuterung der Konzepte siehe Gukenbiehl 1994 (S. 80ff. und 113 ff.) und Schäfers 1994 (S. 97ff.).

[3] Eine ausführliche Darstellung der Versuchsanordnungen findet sich z.B. in Kern 1994 (S. 194ff.).

[4] Dem Scientific Management-Konzept von F.W. Taylor (1856-1915) lag die Vorstellung vom „Homo Oeconomicus" zugrunde, nach der die Arbeiter v.a. durch ökonomische Anreize und Androhung wirtschaftlicher Nachteile zum erwünschten Verhalten im Betrieb gebracht werden könnten.

emotionale Wertsystem zu ihren sozialen Aktivitäten veranlaßt, was sich v.a. durch die Gruppenbildungen am Arbeitsplatz zeigt (vgl. Kern 1994, S. 212ff.).

Nach dem Zweiten Weltkrieg spielten auch in der deutschen (Industrie- und Betriebs-)Soziologie die Ergebnisse der Hawthorne-Studien eine große Rolle. Es wurden jedoch auch Wege gegangen, für die die Hawthorne-Studien relativ unwichtig waren. Beispielsweise gelangten Popitz / Bahrdt u.a. 1957 zu der Unterscheidung zwischen „teamartiger" und „gefügeartiger" Zusammenarbeit (wobei sich der Teambegriff erst in den 90er Jahren in der betrieblichen Praxis durchsetzen sollte, wie an anderer Stelle gezeigt wird):

„Teamartig kooperiert eine Gruppe von Handarbeitern, die in direktem, nicht maschinenvermitteltem Zusammenwirken arbeitsteilig eine gemeinsame Arbeitsangabe erledigt; gefügeartig kooperiert die Besatzung eines Maschinensystems, die über technische Einrichtungen einen mechanisierten Produktionsprozeß gestaltet, kontrolliert und korrigiert" (in Kern 1994, S. 218).

Nach ihren Untersuchungen wird mit der Einführung technisch hochentwickelter Produktionsanlagen die teamartige durch die gefügeartige Kooperation abgelöst, was eine grundlegende Wandlung der Organisationsstruktur des Industriebetriebs insgesamt sowie des Verhältnisses der kooperierenden Arbeiter gegenüber dem Betrieb wahrscheinlich macht. In späteren Untersuchungen wurde diesem technologisch orientierten Fortschrittsoptimismus mit Skepsis entgegengetreten und bezweifelt, daß die selbständige Kooperation der Arbeiter eindeutig durch die moderne Industrietechnik herausgefordert wird.

In den 60er und 70er Jahren fanden sogenannte teilautonome Arbeitsgruppen zur Humanisierung und Demokratisierung der Arbeitswelt besondere Beachtung, die z.B. bei der schwedischen Firma VOLVO mit folgenden Merkmalen entwickelt wurden: 3 bis 10 Mitarbeiter, denen die Erstellung eines Produktes mehr oder weniger verantwortlich übertragen wurde; Boxenfertigung / Fertigungsinseln; Material- / Produktpuffer; individuelle und kollektive Freiheitsgrade (hinsichtlich Arbeitsplatzgestaltung, Zeiteinteilung usw.); Gruppensprecher statt Meister; Partizipation. Seit den 80er Jahren wird intensiv und weltweit diskutiert, ob Taylorismus und Fordismus von neuen Arbeitsorganisationen abgelöst wurden. Hierbei kommen v.a. den autonomen Arbeitsgruppen (ausgehend von Japan) und der damit verbundenen Lean Production[5] eine besondere Bedeutung zu. Das Konzept impliziert höhere Anforderungen an jeden Arbeitnehmer, Abbau von Hierarchien, Erhöhung individueller Verantwortung, Team- bzw. Überqualifikation (d.h. jeder kann jeden in der Gruppe ersetzen), Delegation von Verantwortung und Kompetenz, Teamarbeit in und zwischen allen Unternehmensbereichen und mit Zulieferunternehmen (vgl. Kern 1994, S. 221ff.). Seit Beginn der 90er Jahren findet in der eher praxisorientierten Literatur neben dem Arbeitsgruppenbegriff der Teambegriff zunehmend Verwendung und soll daher im folgenden Kapitel näher betrachtet werden.

Insgesamt kann konstatiert werden, daß sich der Begriff der sozialen Gruppe in der deutschen Soziologie endgültig in den 70er Jahren etabliert und ebenso wie in der Pädagogik den Gemeinschaftsbegriff ersetzt hat. Verschiedene Untersuchungen führten zu differenzierenden Gruppenkonzepten. Für den betrieblichen Kontext ist insbesondere die Unterscheidung zwischen formellen und informellen Gruppen von besonderer Bedeutung, die zu neuen Organisationsformen in Industriebetrieben führte. Während sich (Industrie-, Arbeits- und Betriebs-)Soziologen weiterhin mit verschiedenen Arbeitsgruppenkonzepten befassen, fokussieren v.a. Betriebspädagogen Teamkonzepte.

2.3 Team

Der Begriff Team ist dem Englischen entliehen und Born & Eiselin (1996, S. 14) mutmaßen, „daß es in der deutschen Sprache keinen adäquaten Ersatz für die Bezeichnung Team gibt". In der Praxis wird mit dem Begriff Team oft die Vorstellung einer gut zusammenarbeitenden kleinen Gruppe verbunden (vgl. ebd.).

Insbesondere in den 90er Jahren hat der Teambegriff zusammen mit neuen Managementkonzepten wie Lean Production, Lean Management, Total Quality Management, Kaizen und Learning Organization, Eingang in die betriebliche Praxis gefunden. Dabei wird das Teamkonzept oft als Patentrezept zur Effektivitätssteigerung und Kostensenkung in den Betrieben angesehen. Rationalisierungseffekte von bis zu 40 Prozent sollen erreicht werden.

Trotz der verstärkten Verwendung des Teambegriffs gibt es bis heute keine eindeutige Definition, sowohl in der Praxis als auch wissenschaftlichen Literatur herrscht eine „baylonische Sprachverwirrung" (Haug 1994,

---

[5] Die bekannte MIT-Studie von Womack u.a. (1992) führte den Begriff Lean Production ein.

S. 13). In der wissenschaftlichen praxisorientierten Literatur finden sich folgende Beispiele: Ein Team ist nach Forster eine „kleine, funktionsgegliederte Arbeitsgruppe mit gemeinsamen Zielsetzungen" (in Born & Eiselin 1996, S.14). Als Merkmale des Teams werden die Existenz intensiver, wechselseitiger Beziehungen, ein ausgeprägter Gemeinschaftsgeist, eine starke Gruppenkohäsion sowie die spezifische Arbeitsform der engen Kooperation genannt. Ein weiterer teamspezifischer Aspekt ist die Leistungs- bzw. Aufgabenorientiertheit, dabei wird die Trennung zwischen den Teammitgliedern die denken und entscheiden und denen die arbeiten und ausführen aufgehoben (vgl. ebd., S. 15).

Das Team wird aber auch als eine „kleine, nach funktionalen Gesichtspunkten strukturierte Arbeitsgruppe mit einer spezifischen Zielsetzung und entsprechenden Arbeitsformen, relativ intensiven Interaktionen untereinander und einem mehr oder weniger starken Gemeinschaftsgeist" definiert (Antoni 1998, S. 9). Der größte Unterschied zur Arbeitsgruppe besteht hierbei in der Kooperation und dem Mannschaftsgeist (Teamgeist) der Teammitglieder, da jedem eine gleichberechtigte Rolle zukommt und das Ziel gemeinsam definiert wird.

Forster wiederum (in Antoni 1998, S. 10) sieht das Team als eine Sonderform der Gruppenarbeit, die durch eine „bewußte Intensivierung [...] und Regelung der Gruppenprozesse eine zusätzliche Leistungssteigerung gegenüber der Gruppenarbeit oder sonstiger Arbeitsformen ermöglichen soll".

Katzenbach & Smith (1993, S. 70) liefern die in der Praxis am häufigsten genutzte Begriffsbestimmung: Team ist „eine kleine Gruppe von Personen, deren Fähigkeiten einander ergänzen und die sich für eine gemeinsame Sache, gemeinsame Leistungsziele und einen gemeinsamen Arbeitsansatz engagieren und gegenseitig zur Verantwortung ziehen". Als idealtypische Merkmale eines Teams werden genannt (vgl. Katzenbach & Smith 1993, S. 70f.):

Wenige Mitglieder: In kleinen Teams ist der Kontakt intensiv, so daß individuelle, funktionale und hierarchische Unterschiede leichter überwunden werden können, Diskussionen sind effektiv, das Team als Ganzes agiert und zerfällt nicht in Subteams. Vor allem kann sich das Team schnell auf eine gemeinsame Sache, Ziele, Ansatz und gegenseitige Verantwortlichkeit einigen. Darüber hinaus ist die Möglichkeit Vertrauen zu allen Mitgliedern aufzubauen, gegeben. Eine optimale Größe liegt zwischen fünf und zwanzig Mitgliedern.

Einander ergänzende Fähigkeiten: Zur Erfüllung der Aufgabe sind fachliche oder funktionelle Sachkenntnis, Fähigkeiten zur Problemlösung und

Entscheidungsfindung, sowie für den Umgang miteinander notwendig. Ein Minimum an ergänzenden Fähigkeiten ist notwendig, damit die Arbeit beginnen kann, aber nicht alle Mitglieder müssen von Anfang an alle Aufgaben erfüllen können. Wichtiger ist, daß im Team ein Potential vorhanden ist, das im Laufe der Zusammenarbeit und der Teamdynamik aktiviert werden kann. Das Team kann über seine Qualifikationen frei entscheiden und diese nach Bedarf entwickeln. Vor allem wird hierdurch das persönliche Lernen und die persönliche Entwicklung angesprochen, weil sich jedes Teammitglied für den Erfolg verantwortlich fühlt.

Engagiert für eine gemeinsame Sache und gemeinsame Leistungsziele: Existenzzweck und Leistungsziele eines Teams gehören zusammen. Ein Team ist nur Mittel zum Zweck der Leistung. Seine kurzfristigen Leistungsziele müssen mit der übergeordneten Zielsetzung übereinstimmen. Die Mitglieder können sich daran orientieren und das Team als Ganzes kann immer wieder überprüfen, ob der eingeschlagene Weg zur Zielerreichung beiträgt. Wird die Zielerreichung in den Mittelpunkt des Teamprozesses gestellt, erkennen die Mitglieder die Wichtigkeit und Bedeutung ihrer gemeinsamen Arbeit und identifizieren sich stärker mit ihr.

Engagement für einen gemeinsamen Arbeitsansatz: Teams müssen sich darüber verständigen, wie sie durch ihre Arbeitsweise ein Maximum an Leistung erzielen können. Es sind wirtschaftlich-administrative sowie soziale Aufgaben zu erfüllen. Jedes Teammitglied hat Stärken und Schwächen, spezifische Talente, Vorkenntnisse, persönliche Eigenschaften und Einstellungen, die für die gemeinsame Arbeit eingebracht werden können. Das Team muß die erste Zeit der Zusammenarbeit nutzen, diese Stärken und Schwächen zu entdecken und auf einen gemeinsamen Nenner zu bringen.

Wechselseitige Verantwortung: Verantwortung und Vertrauen können nicht erzwungen werden, sondern erwachsen mit zunehmendem Engagement für die Aufgabe. Im Laufe der Zeit erkennt jedes Mitglied, wann es notwendig ist, Verantwortung zu übernehmen um zur Zielerreichung beizutragen. Parallel dazu wächst das Vertrauen in die Mitglieder des Teams, so daß individuelle Verantwortung auch abgegeben werden kann.

Nach Katzenbach & Smith (1993, S. 92) ist der entscheidende Gestaltungsfaktor eines Teams die „Konzentration auf die Leistung – nicht auf Affinität oder Gemeinschaftsgefühl oder gutes Verständnis oder angenehme Atmosphäre".

Born & Eiselin (1996, S. 17) identifizieren darüber hinaus mit ihrem praxisorientierten Ansatz folgende Merkmale eines Teams:

- „Ein ausgeprägtes Maß an innerem Zusammenhalt und Engagement für die Team-Leistungsziele, aufgrund einer gemeinsamen Aufgabenorientierung und eines spezifischen Existenzzwecks, den das Team im Rahmen der Vorgaben selbst definiert.
- Ein gemeinsamer Arbeitsansatz und eine gemeinsame Kontrolle des Arbeitsablaufs.
- Die Aufhebung der Trennung zwischen denjenigen, die denken und entscheiden, und denen, die arbeiten und ausführen, dank ganzheitlichen Arbeitszuschnitten und Mechanismen der kollektiven Selbstregulation.
- Ein gleichberechtigtes Nebeneinander von individueller und wechselseitiger Verantwortung.
- Das Erschließen von Synergien, d.h. das Team schafft etwas, das über die Summe der Beiträge der einzelnen Mitglieder hinausgeht."

Die genannten Definitionsbeispiele machen die Schwierigkeiten bei der Bestimmung, Abgrenzung und damit auch Anwendung des Teambegriffs deutlich. Hinzu kommt, daß oftmals der Arbeitsgruppenbegriff undifferenziert neben dem Teambegriff Verwendung findet. Insgesamt scheinen sich Betriebspädagogen (u.a.) dem Teambegriff verschrieben zu haben, ohne sich jedoch eindeutig über dessen Merkmale zu verständigen, wogegen Soziologen überwiegend dem Arbeitsgruppenbegriff verhaftet bleiben und damit wesentliche neue konzeptuelle betriebliche Entwicklungen nicht adäquat berücksichtigen.

3. Gemeinsamkeiten oder unüberbrückbare Gegensätze? Schlußfolgerungen für die begriffliche Verwendung in der Soziologie und Betriebspädagogik

Im folgenden sollen nun in vergleichender Perspektive wesentliche Unterschiede bzw. Gemeinsamkeiten zwischen Gemeinschaft, sozialer Gruppe, Arbeitsgruppe und Team aufgezeigt und daraus Schlußfolgerungen für deren Verwendung abgeleitet werden.

Tönnies erwähnt bei seiner Betrachtung der Begriffspaare Gemeinschaft und Gesellschaft nur sehr undifferenziert den Terminus Gruppe. Kritik an diesem Ansatz wird u.a. von Alfred Vierkant (1928) angemerkt, für den Gemeinschaft ein wesentliches Charakteristikum von Gruppe ist (in Schäfers 1983, S. 15). Auch Horton Cooley (1909) zieht den Gruppenbegriff dem der Gemeinschaft vor, indem er die besondere soziale Verbundenheit wie andere Qualitäten gemeinschaftlicher Verhältnisse mit dem Begriff

Primärgruppe oder Intimgruppe bezeichnet. Betrachtet man dagegen bei Petersen den Begriff der Gruppe, so ist er für ihn nur ein Ausschnitt aus der Gemeinschaft. Petersen spricht von Gemeinschaft „...wo unter Menschen eine geistige schöpferische Wechselwirkung besteht" und wo die „...geistigen Tugenden wirksam (sind) und gepflegt werden" (Petersen 1984, S. 51) Diese Tugenden bauen erst den Verband der Gemeinschaft auf und erhalten ihn. Für Petersen ist die „Gruppe...der allgemeine Begriff, den wir Gemeinschaft zuordnen als Bezeichnung für die Gliederungen, in die Gemeinschaft zerfällt, so wie Klasse, Verein, Konzern usw. Untergliederungen der Gesellschaft darstellen" (ebd.). Damit stellen Gruppen Einheiten dar, in die sich die Gemeinschaft aufschlüsselt.

Insgesamt kann konstatiert werden, daß sich mit dem Gruppenbegriff aufgrund der zugrunde gelegten klaren Definitionsmerkmale wesentlich besser Untersuchungen durchführen lassen als mit dem Gemeinschaftsbegriff, was sich insbesondere die amerikanische Kleingruppenforschung zu Nutze machte. Bezogen auf die Inhalte vor 1933 muß jedoch Gemeinschaft als ein wesentlicher soziologischer und pädagogischer Grundbegriff beibehalten werden und ggf. Verwendung finden. Die soziale Gruppe kann nicht voll und ganz mit Gemeinschaft gleichgesetzt werden, sehr wohl sind aber bestimmte Aspekte identisch, so decken sich kleinere soziale Gebilde mit gemeinschaftlichem Charakter mit Primärgruppen, wobei die intuitiven Aspekte eine wesentliche Rolle spielen.

Eine eher undifferenzierte synonyme Verwendung der Begriffe Gruppe, Arbeitsgruppe und Team ist in der wissenschaftlichen praxisorientierten Diskussion zu erkennen. Eine klare Unterscheidung wird nicht ersichtlich. Es scheint sich jedoch herauszukristallisieren, daß von der Arbeitsgruppe bei einer eher organisatorischen Zugehörigkeiten zu einer Gruppe gesprochen wird, während mit dem Begriff Team, die Vorstellung einer hohen Kohäsion und einer funktionierenden Kooperation der Teammitglieder verbunden ist.

Arbeitsgruppen sind nach Katzenbach & Smith (1993) in der betrieblichen Praxis nur dort sinnvoll, wo individuelle Verantwortlichkeit wichtig ist, z.B. in hierarchischen Strukturen oder produzierenden Einheiten wie in der Autoindustrie der 60er / 70er Jahre, in der autonome oder teilautonome Arbeitsgruppen eingeführt wurden. Ein Führer mit klaren Zielvorstellungen leitet die Gruppe. Er übernimmt Koordinations- und Entscheidungsaufgaben und delegiert die Aufgaben. Ein regelmäßiger Erfahrungsaustausch trägt dazu bei, die eigene Arbeit besser zu machen, bzw. das geplante Ziel besser zu erreichen. Darüber hinaus besteht aber kein wesentliches zusätzliches

Leistungserfordernis oder eine Leistungschance für jedes einzelne Mitglied der Gruppe, da kein eigener Gestaltungsraum in der Gruppe gegeben ist und eine starre Aufgabenverteilung erfolgt. Es existieren auch keine gemeinsamen Ziele, für die ein größeres Engagement notwendig wäre. Daraus folgt, daß die Mitarbeit in einer Arbeitsgruppe ein geringeres Risiko birgt als im Team, wo jeder eine höhere Leistung unter den Augen der anderen Mitglieder bei gegenseitigem Sanktionsmechanismus erbringen muß. Die Mitglieder müssen in einer Arbeitsgruppe ihren Existenzzweck, ihre Ziele und ihren Arbeitsansatz nicht definieren und gemeinsam aushandeln, da diese Aufgaben vom Führer der Gruppe übernommen werden. Das Konfliktpotential in der Arbeitsgruppe ist damit kleiner, aber auch die Chance, herausragende Ergebnisse, wie dies bei einem Team möglich ist, zu erzielen.

Teams sind zur Erfüllung ihrer Aufgabe auf die komplexen Fähigkeiten ihrer Mitglieder angewiesen und streben eine größere Wirkung an als die Summe der Einzelleistungen. Arbeitsgruppen begnügen sich mit der Summe der individuellen Leistung ihrer Mitglieder. Die Entscheidung für Teams oder Arbeitsgruppen ist somit in der betrieblichen Praxis nach den jeweiligen Erfordernissen zu treffen. Es kann oft sinnvoller sein, sich für eine effiziente Arbeitsgruppe zu entscheiden, die vielleicht nur mittelmäßige Ergebnisse erzielt, als sich auf den riskanten Prozeß der Teambildung einzulassen. Dadurch wird aber auch auf die Chance großer Potentiale und herausragender Ergebnisse verzichtet, die durch Teamarbeit erzielt werden können. Hinzu kommt der motivierende Aspekt eines „Hochleistungsteams" für die Vorbildfunktion im Unternehmen, der nicht unterschätzt werden darf. Bei der Implementierung von Teamstrukturen sind aber auch notwendige Organisationsveränderungen, Personalentwicklungsmaßnahmen sowie entsprechende Anpassungen der bestehenden Unternehmensphilosophie und -kultur einzuleiten. Maßnahmen, an denen die Einführung in der betrieblichen Praxis oft scheitert.

Der Gemeinschaftsbegriff spielt bisher für die betriebliche Praxis keine Rolle, was jedoch grundlegend überdacht werden sollte, da dieser durchaus vergleichbare Aspekte zum Team aufweist. Es kann sogar eine gewisse Übereinstimmung der Begriffe Team und Gemeinschaft in der Abgrenzung zur Gruppe / Arbeitsgruppe gesehen werden. Wie bereits die Hawthorne-Studien zeigten, sind dies insbesondere die intuitiven Aspekte, die erfaßt, und die die Unternehmen berücksichtigen müssen, um den Einsatz der Mitarbeiter in den Unternehmen zum gegenseitigen Nutzen (Arbeitnehmer / Arbeitgeber) zu gestalten.

4. Schlußbetrachtung

Insgesamt muß in der wissenschaftlichen Auseinandersetzung, sei es der Soziologie, Betriebspädagogik oder anderen Disziplinen, mit exakten Begriffsbestimmungen gearbeitet werden, um Irritationen zu vermeiden und eine gemeinsame inhaltliche Basis für Untersuchungen zugrunde legen zu können. Hierbei müssen die Disziplinen interdisziplinär verfahren, um wesentliche Erkenntnisse der jeweils anderen Wissenschaft entsprechend verwerten zu können. Bisher ist eine klare Trennung zwischen den Begriffen Gemeinschaft, sozialer Gruppe (einschließlich Arbeitsgruppe) und Team und deren Verwendung in der wissenschaftlichen und praxisorientierten Literatur bezogen auf den betrieblichen Einsatz nicht erkennbar. Die Arbeits- und Betriebssoziologen meiden den Teambegriff und die Betriebspädagogen machen sich zu wenig die Ergebnisse gruppenssoziologischer Untersuchungen zu eigen. Beide Disziplinen haben den Gemeinschaftsbegriff in Vergessenheit geraten lassen, obwohl dessen Inhalte gerade für die betriebliche Praxis von Nutzen sein könnten.

Abschließend wird für eine Anwendung der Begriffe je nach Fragestellung der Untersuchung und / oder betrieblichem Erfordernis plädiert. Bei gleichem Untersuchungsgegenstand (Betrieb) müssen (nicht nur) Soziologen und Pädagogen die Erkenntnisse der jeweils anderen Disziplin nutzen: im wissenschaftlichen Diskurs eine interdisziplinäre Auseinandersetzung mit der betrieblichen Praxis[6]. Dies ist eine besondere Aufgabe aller sich mit betrieblichen Vorgängen beschäftigenden Disziplinen, die „das Rad nicht erst neu erfinden", sondern nachvollziehbare und eindeutige Definitionen auf der Grundlage bestehender Erkenntnisse liefern müssen. Diese Definitionen sind besonders wichtig für die weitere Auseinandersetzung mit Problemen und Fragestellungen der betrieblichen Arbeitsabläufe.

Literatur:

Antoni, C.H.: Gruppenarbeit: mehr als ein Ansatz zur betrieblichen Flexibilisierung. In: Ders. u.a., Das flexible Unternehmen: Arbeitszeit, Gruppenarbeit, Entgeltsysteme, Band 1, Kap. 02.01. Wiesbaden, 1998.
Böhm: Wörterbuch der Pädagogik. Stuttgart, 1994.
Born, M. / Eiselin, S. (1996): Teams. Chancen und Gefahren. Bern, Göttingen, Toronto, 1996.
Gebert, D., Rosenstiel, von, L.: Organisationspsychologie. Stuttgart, Köln, Berlin, 1996.

---

[6] Dies kann im übrigen auch als wesentliches Credo des WSB bezeichnet werden.

Giesecke, H.: Hitlers Pädagogen. Weinheim, München, 1993.
Gukenbiehl, H. L.: Formelle und informelle Gruppe als Grundformen sozialer Strukturbildung. In: Schäfers, B. 1994, S. 80-96.
Ders.: Bezugsgruppen. In: Schäfers, B. 1994, S. 113-134.
Haug, C. von: Erfolgreich im Team. München, 1994.
Katzenbach, J.R. / Smith, D. K.: Teams – Der Schlüssel zur Hochleistungsorganisation, 1993.
Kern, B.: Arbeitsgruppen im Industriebetrieb. In: Schäfers, B. 1994, S. 194-226.
König, R.: Zur Problematik und Anwendung der Begriffe Gemeinschaft und Gesellschaft. In: KZfSS, 7 / 55, S. 348-420.
Lexikon der Pädagogik, Band II und III, Freiburg, 1953.
Petersen, P.: Führungslehre des Unterrichts. Weinheim, 1984.
Potthoff, W.: Einführung in die Reformpädagogik. Freiburg, 1992.
Reble, A.: Geschichte der Pädagogik. Stuttgart, 1993.
Schäfers, B.: Gemeinschaft und Gesellschaft. Zur Entwicklung und Aktualität eines Begriffspaares. In: Gegenwartskunde, 1 / 83, S. 5-18.
Schäfers, B.: Einführung in die Gruppensoziologie. Heidelberg, Wiesbaden, 1994.
Schischkoff, G. (Hrsg.): Philosophisches Wörterbuch. Stuttgart, 1991.
Tönnies, F.: Gemeinschaft und Gesellschaft: Grundbegriffe der reinen Soziologie. Darmstadt, 1991.

Eckart Machwirth

Berufliche Sozialisation zwischen Individuation und Integration

Im Prozessgeschehen der Sozialisation bezeichnen *Individuation* und *Integration* polare Zielsetzungen, die vor dem heutigen gesellschaftlichen Hintergrund in einem Spannungsverhältnis stehen und einen balancierenden Ausgleich erfordern, wenn denn die Sozialisation als gelungen bezeichnet werden soll.

Mit weitgehender Übereinstimmung wird in der interaktionistisch orientierten Sozialisationstheorie unter *Individuation* der Prozess des Aufbaus der unverwechselbaren und individuellen Persönlichkeitsstruktur und zugleich das Selbsterleben der den überdauernden und einzigartigen und damit mit sich selbst identischen Persönlichkeit, gleichzusetzen mit personaler Identität, verstanden.

Integration, zunächst ein zentraler Begriff im Parsons'schen Sozialisationsansatz, ist das Resultat der „Vergesellschaftung" der menschlichen Natur, der „Verinnerlichung" der Normen und Verhaltensstandards, der „Plazierung" in der Gesellschaftsstruktur und der Rollenübernahme aller an die Plazierung gerichteten Erwartungen, einschließlich der beruflichen Fähigkeiten und Kenntnisse.[1]

Individuation als Entwicklung zur unverwechselbaren Persönlichkeit und Integration als Prozeß der Übernahme verantwortlicher Rollen bedürfen der Gesellschaft. Beides sind von den anderen zugeschriebene, nicht selbst entworfene Identitäten, so postuliert E. Goffman, auf den diese Differenzierung in der neueren Sozialisationstheorie zurückgeht. Goffman verwendet die Begriffe „*personale Identität*" und „*soziale Identität*" und sieht die „*Ich-Identität*" als Ergebnis einer gelungenen Balance zwischen personaler und so-

---

[1] vgl. dazu: Hurrelmann, K.: Einführung in die Sozialisationstheorie. Über den Zusammenhang von Sozialstruktur und Persönlichkeit, Weinheim und Basel 1986, S. 158 ff. Krappmann, L.: Neuere Rollenkonzepte als Erklärungsmöglichkeit für Sozialisationsprozesse, in: b: e Redaktion (Hrsg.): Familienerziehung, Sozialschicht und Schulerfolg, Weinheim, Berlin, Basel 1971, S. 170 ff.

zialer Identität.[2] In der Dimension „personale Identität" wird vom Individuum verlangt, zu sein wie kein anderer. In der Dimension „soziale Identität" wird von ihm erwartet, zu sein wie alle anderen.

Entscheidend für eine gelingende Aufrechterhaltung der balancierenden Ich-Identität seien, so Goffman, bestimmte, vom Individuum zu erbringende *„Ich-Leistungen"*, die zugleich die Kriterien für eine ausgebildete Ich-Stärke und die Grundqualifikationen für erfolgreiches Rollenhandeln darstellen sollen.

Die Ich-Leistungen sind:

- *Rollendistanz* als Fähigkeit einer flexiblen Über-Ich-Formation, sich von seiner Rolle zu distanzieren und dies dem Interaktionspartner anzeigen zu können, ohne Sanktionsmechanismen zu provozieren,
- *Ambiguitätstoleranz* als Fähigkeit, die Nichtübereinstimmung von Fremderwartung und Eigenbedürfnissen und von Eigenbedürfnissen und den sozial zugelassenen Möglichkeiten ihrer Befriedigung zu ertragen (auch als Frustrationstoleranz bezeichnet),
- *Empathie* als Fähigkeit, sich in die Rollenerwartungen der anderen sozusagen einklinken, sie innerlich vorwegnehmen und damit die eigene Rolleninterpretation abstimmen zu können.

Diesen Ansatz hat J. Habermas übernommen und den drei Merkmalen einer starken Ich-Identität das weitere Merkmal *„kommunikative Kompetenz"*, als Fähigkeit sprachlicher und kommunikativer Selbstdarstellung seiner Rolle, hinzugefügt.[3]

In den soziologisch ausgerichteten Sozialisationstheorien stellt der von Habermas publik gemachte Goffman'sche Ansatz bis heute die Basistheorie dar, mit der so manche Studierendengeneration „ausgestattet" und ins berufliche Leben entlassen wurde.

Eine Übertragung dieses abstrakt-formalen und idealtypischen Ansatzes auf die Berufstätigen-Situation und auf die konkrete Ausgestaltung beruflicher Sozialisation ruft Zweifel an seiner Generalisierbarkeit in zweifacher Hinsicht hervor:

---

[2] Goffman, E.: Stigma. Notes on the Management of Spoiled Identity, 1963 by Prentice-Hall, Inc., Englewood Cliffs, N. J. dt.: Stigma. Über Techniken der Bewältigung beschädigter Identität, Frankfurt / M. 1967.

Krappmann, L.: Soziologische Dimensionen der Identität, Stuttgart 1969.

[3] Habermas, J.: Stichworte zu einer Theorie der Sozialisation, in: Kultur und Kritik, Frankfurt / M. 1973 (Manuskriptdruck 1968).

1. Es stellt sich die Frage, ob die drei Grundqualifikationen einer spezifischen beruflichen Identität tatsächlich förderlich sind und eine geeignete Voraussetzung für das individuelle, befriedigende und „geglückte" Bestehen im Beruf darstellen.
2. Darüber hinaus muss gefragt werden, ob nicht ganz andere Grundqualifikationen heute gefordert sind und in Zukunft immer stärker gefordert werden, und zwar auf der individuellen Ebene und auf der Ebene der Arbeit.

Die erste Frage hat bereits D. Lucke mit einem entschiedenen Nein beantwortet.[4] Sie kommt zu dem Ergebnis, dass die geforderte Ich-Identität „für die Berufstätigen selbst mit einer Reihe schwerwiegender Konflikte und Spannungen verbunden ist und aufgrund strukturell im Beruf angelegter Probleme zu dauernden Gefährdungen, zu tendenziell pathologischen Zügen der so erworbenen Identität führt."[5] Die pathologische Identität entsteht nach Lucke also nicht bei Nicht-Erfüllung der geforderten Ich-Leistungen, sondern, so paradox es klingt, bei deren Erfüllung: „Ich-Stärke ist dagegen geradezu ein Berufshindernis"[6], weil nicht der aushandelnde Ausgleich individueller und Fremdbedürfnisse, nicht Rollendistanz als Distanz zur eigenen Berufstätigkeit und nicht empathische Interaktionsbeziehungen, sondern „Verdrängung individueller Bedürfnisse, Verdinglichung und absolute Normkonformität" und sachbezogene Kommunikation die wesentlichen Merkmale der Beruflichkeit menschlicher Arbeit in der gegenwärtigen Arbeitsorganisation sind. Wer eine „erfolgreiche" berufliche Sozialisation durchlaufen hat, ist beruflich gut angepasst, kann sich nachfragegerecht, markt- und systemkonform verhalten und weist somit eine Identitätsformation auf, die Lucke als „*Negation identitätstheoretischer Ich-Leistungen*" ausmacht: „Die Pathologie der Identität wird zur Grundqualifikation des Berufes."

Allenfalls wird zugestanden, dass die stabile und balancierte Ich-Identität deren Beschädigung im beruflichen Alltag erträglicher macht und nur insofern günstigere Voraussetzungen für die Ausübung eines Berufes darstellt. Sie kann als „Selbstschutzmaßnahme gegenüber identitätsbedrohenden Strukturverhältnissen" durchaus von Nutzen sein.

---

[4] Lucke, D.: Ich-Stärke als Berufsqualifikation? in: Beck, U., Brater, M. (Hrsg.): Die soziale Konstitution der Berufe. Materialien zu einer subjektbezogenen Theorie der Berufe, Bd. 2, Frankfurt / M. / New York 1977, S. 237-249.

[5] a.a.O. S. 239.

[6] a.a.O. S. 247.

Die Untersuchungsergebnisse Luckes finden in empirischen arbeitssoziologischen Befunden, auf die sie teilweise selbst verweist und die in den Ergebnissen des Sonderforschungsbereiches „Theoretische Grundlagen sozialwissenschaftlicher Berufs- und Arbeitskräfteforschung" sich wiederfinden, durchaus Bestätigung.[7]

Das Modell einer Sozialisation, die auf Individuation abzielt und deren balancierte, „geglückte" Vermittlung in der Ich-Identität bestehen soll, ist in der Tat in bezug auf die verberuflichende Perspektive von Sozialisation problematisch und trifft nicht die realen Vorgänge. Erfolgreiches berufliches Rollenhandeln ist unter den gegenwärtigen Verhältnissen menschlicher Arbeit eher mit rigider Rollenübernahme, Bedürfnisunterdrückung und Anpassung an die von außen gestellten Erwartungen zu erklären.

Vor allem die Vermittlung zwischen den personalen Identitätsvorstellungen junger Menschen heute und den sozialen Identitätsanforderungen der Berufswelt in der beruflichen Sozialisation ist ein schwieriger Prozess, der für einen großen Teil der Jugendlichen mit „Ent-Täuschungen" endet und dem sich nicht wenige schlicht entziehen. Die Mehrheit unterwirft sich schließlich dem Anpassungsdruck, mit dem Ergebnis, dass das unverwechselbar Eigene der Ich-Identität von der personalen Seite und den personalen Wünschen her in der Freizeit gesucht und die soziale Identität nolens volens als angepasste Identität der Berufswelt zugeordnet wird. Darin vollzieht sich die Aufspaltung der Identität, aber auch der Lebenswelt in eine freizeit- und privatorientierte und in eine berufsorientierte.

Die Prozesse der Sozialisation Jugendlicher können als mehr oder weniger behutsame Anpassung an die Erwartungen der Arbeitswelt bezeichnet werden. Behutsamer ist die Anpassung, je länger der Schulaufenthalt dauert und damit eine antizipatorische und individuierende Verarbeitung der Integrationsprozesse möglich ist, also z. B. bei Gymnasiasten. Weniger behutsam, z. T. schockartig ist die Anpassung bei jugendlichen Hauptschulabgängern, bei denen keine antizipatorische, reflektierende Verarbeitung des Anpassungsdruckes erfolgt.[8]

Das Modell einer beruflichen Sozialisation als Ausgleich zwischen Individuation und Integration ist daher insbesondere auf jugendliche Auszubil-

---

[7] Beck, U. / Brater, M. (Hrsg.): Die soziale Konstitution der Berufe, Bd. 1 und 2, Frankfurt / M., New York 1977.

Beck, U. / Brater, M.: Arbeitsteilung, Berufe und soziale Ungleichheit, Frankfurt / M. 1977.

[8] vgl. hierzu die aufschlussreiche empirische Studie von Bohnsack, R.: Generation, Milieu und Geschlecht. Ergebnisse aus Gruppendiskussionen mit Jugendlichen, Opladen 1989.

dende und auf Jugendliche ohne Hauptschulabschluss kaum anwendbar. Diese große Gruppe Jugendlicher entwickelt in der Schulzeit Vorstellungen von Selbstverwirklichung und Selbstbestimmung, vom Spaß im Beruf und vom Geldverdienen für die Erfüllung der eigenen Wünsche, oft im Kontrast zur verhassten Schule, die man endlich hinter sich lassen will. Andererseits begünstigen moderne pädagogische Impulse wie Freiarbeit, selbstbestimmtes Lernen, Projektarbeit usw. die Orientierung auf Selbstbestimmung hin und tragen dazu bei, die ausgesprochen positiven Zukunftserwartungen aus der Zeit der schulischen bzw. vorberuflichen Sozialisation ungebrochen in die Phase der Berufsausbildung hinüberzunehmen.

In der Konfrontation mit dem Integrations- und Anpassungsdruck des beruflichen Alltags schlägt die positive Erwartungshaltung in Enttäuschung um. „Eine Enttäuschung wird in allen Gruppen artikuliert, auch in jenen, die wir in späteren, auf die Ent-Täuschungs-Phase folgenden Etappen der Adoleszenzentwicklung antreffen."[9] Bohnsack interpretiert die Enttäuschung als eine *prinzipielle*, auf die Arbeitswelt *im allgemeinen* und weniger auf spezifische Arbeitsbedingungen gerichtete. Die Jugendlichen problematisieren den Berufsalltag, artikulieren ihre Problemsicht und teilen sie sich gegenseitig mit. Die Problematisierung geschieht nicht in individueller Verarbeitung, sondern in der Gruppe der Gleichaltrigen. In der Regel führt sie nicht in eine Suche nach Auswegen, „sondern *schlägt um in eine Negation*, eine Ausblendung, ein Nichts-mehr-wissen-Wollen von berufsbiografischer Reflexion und Selbstverortung und möglicherweise biografischer Selbstverortung überhaupt."[10] Die Negation ist als Abwehrhaltung zur Behauptung des eigenen Ich dennoch funktional. Ich-Stärkung und Ich-Behauptung resultieren aus der berufsalltäglichen Handlungspraxis und sind ein Ergebnis der distanzierenden Ablehnung des Anpassungs- und Integrationsdruckes. Die ablaufenden Prozesse der *Individuation durch Negation* bezeichnet Bohnsack als „praktische Individuierung".[11] Die Identität, die als Antihaltung zur Realität gebildet wird, beinhaltet im Kern die *illusionslose Vorstellung eines Eingeordnetseins* in den unteren oder untersten Rängen der Prestige-, Einkommens- und Herrschaftsskala. Diese jugendlichen Auszubildenden und Anzulernenden entwickeln „die verschärfte Befürchtung, ganz unten zu stehen."[12]

---

[9] Bohnsack, R., a.a.O. S. 201
[10] ders., S. 202.
[11] ders., S. 218
[12] ders., S. 235

Unter dieser Perspektive erweist sich die These von der Ich-Identität als Ergebnis der gelungenen, individuell geleisteten Balance zwischen Individuation und Integration als *utopisch und antifaktisch*.
Ein Konfliktmodell der Individuation in der beruflichen Sozialisation kommt der Realität näher. Es basiert auf zwei Grundaussagen:

1. Individuation kann als Prozess und Ergebnis der konfliktreichen und desillusionierenden Auseinandersetzung mit dem Anpassungsdruck der Berufswelt bezeichnet werden. Identität als in der Persönlichkeitsstruktur verankerte und überdauernde Vorstellung von sich selbst resultiert aus einer *Abwehrhaltung* und ist insofern ein Reflex auf die Begegnung mit der Arbeitswelt und *weniger ein Ergebnis individualistisch zu erklärender Balancearbeit*. Bei jugendlichen Gymnasiasten und Studierenden werden die Prozesse der Identitätsbildung durch antizipatorische berufsbiografische Reflexion erleichtert, der „praktischen Individuierung" geht die reflexive Individuation voran.
2. Die Identitätsbildung als desillusionierende Auseinandersetzung mit der beruflichen Sozialisation vollzieht sich im Kollektiv. Die Gruppe ist der Ort, wo die Erfahrungen verbalisiert, mit den anderen gleichgestimmt, das Selbstbild entwickelt und die Selbstverortung vorgenommen wird. Die personale Identität ist somit im Ansatz eine kollektive und nicht primär eine selbst entworfene.

Zusammenfassend:

Das Goffmann-Habermassche Modell der Ich-Identität ist als Harmoniemodell, basierend auf einem bürgerlich-liberalen und individualistisch-rationalen, aber abstrakten Ansatz und Menschenbild, theoretisch-abstrakt, utopisch und kontrafaktisch. Die Einwände lassen sich auf drei Thesen reduzieren:

1. Die „Grundqualifikationen", wie sie in diesem Modell definiert werden, sind einer spezifisch beruflichen Identität nicht förderlich und daher für das individuelle Bestehen im Beruf keine allgemein geeignete Voraussetzung.
2. Individuations- und Integrationsprozesse sind nicht primär Ausgleichs-, sondern eher Abgrenzungsprozesse. Individuation vollzieht sich in Abwehr gegen Integration. Anstelle balancierter Ich-Identität, die Individuations- und Integrationsbestrebungen zusammenführt, „passiert" eher

lebensweltliche Aufspaltung in eine private Freizeit- und eine öffentliche Berufssphäre.
3. Individuation ist auch und sogar auf weite Strecken ein kollektiver Vorgang. Sie wird vom Individuum nicht „selbst entworfen", sondern gemeinsam in der Gruppe und in Abstimmung mit der Gruppe vollzogen. Die personale Identität ist im Übergewicht eine kollektive.

Ein weiterer Einwand, der hier nicht ausführlich behandelt werden kann, müßte sich gegen den *Identitätsbegriff* und das *Identitätskonzept* richten: Zu Grunde gelegt ist dem Goffman-Habermas'schen Modell ein Konzept von Identität, das auf Erikson zurückgeht und im Grundgedanken statisch ist, bezogen auf überdauernde Strukturmerkmale der Persönlichkeit. Identität ist das Bleibende, Überdauernde, negativ: die Routine. Persönlichkeitsstruktur und Identität haben gleiche Merkmale und Inhalte. Es fehlt diesem Konzept die Komponente des Wandels, der in steter Entwicklung befindlichen Persönlichkeit. Kreativität, Eigeninitiative, Spontaneität als Fähigkeiten, Dinge und Situationen stets neu zu sehen und zu definieren, das Neue zu denken und in Angriff zu nehmen, sind im Persönlichkeitspotential dieses älteren Identitätskonzeptes unterbewertet, werden aber in der modernen Arbeitswelt als zentrale Persönlichkeitsmerkmale angesehen und gefordert.

Eine Antwort auf die zweite eingangs gestellte Frage (die hier nur verkürzt gegeben werden kann), die sich auf *die tatsächlich geforderten Grundqualifikationen* für erfolgreiches berufliches Rollenhandeln bezieht, kann generell mit dem Hinweis auf die *Basis- oder Schlüsselqualifikationen* gegeben werden. Als solche werden in der wissenschaftlichen und berufspraktischen Diskussion übereinstimmend eine Reihe wichtiger *personaler und sozialer Kompetenzen* genannt. Außer der Forderung nach Beherrschen der Kulturtechniken, nach einem bestimmten Kanon von Wissen und Kenntnissen und nach rein fachlichen Kompetenzen sind dies:

- Zuverlässigkeit: Sorgfalt; Verlässlichkeit und Ausdauer bei der Durchführung übertragener Aufgaben und Arbeiten; Fähigkeit zu sachgerechtem Arbeiten.
- Leistungsbereitschaft, Lernbereitschaft, selbständiges Lernen und Weiterlernen.
- positive Einstellung zur Arbeit: Einsatzfreude; Motivation; Interesse; Identifikation mit der Arbeit; Aufgeschlossenheit für neue Entwicklungen und Denkansätze im Betrieb.
- Verantwortungsbewusstsein.

- Initiative: Kreativität; Fähigkeit zu selbständigem Handeln; selbständige Problemlösungskompetenz; Risikofreude.
- Kommunikatives Verhalten: Kommunikationsfähigkeit; Teamfähigkeit; Kooperationsbereitschaft.
- Kritikfähigkeit: Kritik, aber auch Fähigkeit zu Selbstkritik; Fähigkeit, mit Konflikten rational umzugehen.

In etwa diese Aufzählung der Qualifikationen für erfolgreiches berufliches Rollenhandeln ergab eine empirische Unternehmensbefragung des Bundesministeriums für Bildung, Forschung, Wissenschaft und Technologie (BMBFWT) im Jahr 1997, durchgeführt vom Institut der deutschen Wirtschaft Köln.[13] Befragt wurden Personalchefs, Manager und Betriebsinhaber in 5000 Unternehmen der Industrie, Handel und Handwerk in neun Bundesländern.

Aufschlussreich ist, dass die genannten Qualifikationen durchweg dem Bereich der personalen Identität zuzurechnen sind. Beherrschen der Kulturtechniken, Grundlagenwissen, Kenntnisse und grundlegende fachliche Kompetenzen sind notwendige Voraussetzungen, bei denen deutsche Schulabgänger nach Auffassung der Befragten (und nach einer Reihe neuerer empirischer Befunde) unübersehbare Defizite haben. Es fehlen, so die Befragten, Einsatzfreude, Ausdauer, Verantwortungsübernahme und Risikofreude.

	Stärken	Schwächen	deutliche Schwächen
Teamfähigkeit	31	58	12
Kommunikatives Verhalten	26	61	13
Kooperation	23	65	12
Kritikfähigkeit	19	56	25
Leistungsbereitschaft	16	56	28
Zuverlässigkeit	15	63	22
Kreativität	14	64	22
Motivation	13	50	37
Belastbarkeit	11	52	38
Selbständiges Denken	10	49	41
Logisches Denken	10	55	36
Verantwortungsbewußtsein	10	51	40
Zielstrebigkeit	10	60	31
Einstellung zur Arbeit	9	47	44
Beständigkeit	7	60	33
Konzentrationsfähigkeit	5	60	35
Planvolles Arbeiten	5	59	36

Schlüsselqualifikationen: Die Stärken und Schwächen[14]

---

[13] Gartz, M., Hüchtermann, M., Mrytz, B.: Schulabgänger – Was sie können und was sie können müßten, Köln 1999 (Kölner Texte und Thesen, Bd. 53)

[14] aus: Informationsdienst der Deutschen Wirtschaft Wirtschaft und Unterricht 7, 1999, S. 3

Die zentrale Orientierungsfrage der meisten Jugendlichen laute: „Was macht mir Spaß?"
Zu den Befunden gibt die obige Tabelle eine Übersicht.
Auf die Frage: „Wo sehen Sie bei den Schlüsselqualifikationen Stärken und Schwächen der Schüler?" antworteten soviel Prozent der Unternehmen

Am Ende ihrer Untersuchung extrapolieren die Autorinnen Empfehlungen und Zielsetzungen einer aktuellen und sachlich geforderten beruflichen Sozialisation: Sie fordern die Behebung der eklatanten Defizite im Kenntnisbereich und in der Beherrschung der Kulturtechniken und empfehlen: Verstärkung der Allgemeinbildung und mehr Basiswissen, Verknüpfung zwischen Fachwissen, Lebenswissen und Bildungswissen, Intensivierung des Praxisbezuges und der Anwendungsmöglichkeiten, stärkere Konzentration auf sprachliche und mathematische Fähigkeiten, Hervorhebung der Persönlichkeitsbildung, Akzentuierung von primären Tugenden und einer grundlegenden Arbeitsethik, Förderung der Lernbereitschaft, Unterstützen der Zusammenhänge zwischen Lernen, Wissen, Denken und Anwenden.

Diese Empfehlungen gelten für schulische und berufliche Sozialisation ebenso wie für Sozialisation in Hochschule und Universität. Sie nennen die zentralen Orientierungspunkte künftiger Qualifikationsanforderungen für individuelles erfolgreiches berufliches Handeln und für das Bestehen der deutschen Wirtschaft im internationalen Wettbewerb.

Kritisch kann man anmerken, dass die genannten Qualifikationsmerkmale eine unsystematische, rein pragmatische Aufzählung sind und dass Begründungszusammenhänge fehlen. Die Legitimation dieses Qualifikationsprofils greift mit dem Rückbezug auf die Wünsche der Chefs, Manager und Ausbilder in Betrieben und Unternehmen zu kurz. Zuverlässigkeit, Leistungsbereitschaft, die rechte Einstellung zur Arbeit, Verantwortungsbewusstsein, Initiative und Selbständigkeit wird man nicht „ansozialisieren" können, wenn man nicht *beim Individuum* ansetzt, das sich in die Arbeit einbringt, und *bei der Organisationsform der Arbeit*, die dies ermöglichen und zulassen muss.

Die problematische Entwicklung moderner *Organisationsformen der Arbeit* und ihre Wirkung auf die arbeitenden Menschen hat R. Sennet drastisch dargelegt.[15] Er zeigt, dass selbst die viel gepriesene betriebliche Flexibilität, von der behauptet wird, sie gebe per se der Individualität des Mitarbeiters mehr Selbständigkeit und Spielraum, erst recht Verschlankung und Frei-

---
[15] Sennet, R.: Der flexible Mensch. Die Kultur des Kapitalismus, dt. Berlin 1998

setzung von Arbeitskraft kein geeigneter Nährboden für die Stabilität des Ich sind. Nach Sennet wird Unsicherheit zum wirkungsvollsten Disziplinierungsmittel des neuen Organisationssystems der Arbeit.

Bei aller Kritik an den modernen Arbeitsformen, wie sie Sennet vorträgt, kann man nicht übersehen, dass das vorgenannte Qualifikationsprofil beruflicher Sozialisation, das in hohem Maß auf personale Identität und auf Individuation ausgerichtet ist, nur in modernen Organisationsformen der Arbeit zur Wirkung kommen kann: Selbstverwirklichung, Selbständigkeit, Verantwortungsbewußtsein, Kreativität, kritisches Mitdenken usw. sind in hierarchischen Herrschafts- und Anordnungsstrukturen für die überwiegende Mehrheit der Mitarbeiter nicht möglich, sondern nur in verschlankten und flachen Organisationen. Identifizierung setzt Beteiligung an Entscheidungsprozessen voraus und noch wirkungsvoller an Kapital oder Gewinn des Unternehmens. Teamfähigkeit, kommunikatives Verhalten, Kooperation usw. setzen das gleichberechtigte, interessierte Team, die gleichberechtigte Gruppe voraus. Arbeitsfreude, Motivation, Belastbarkeit können nur im angstfreien Raum zur Entfaltung kommen. Das mögen alles größte Selbstverständlichkeiten sein, dennoch scheint ihre Verwirklichung mühsam, ist aber, nicht zuletzt unter dem Druck der Globalisierung, unumgänglich und in jüngster Zeit rapide zunehmend.[16]

Der *Ansatz beim Individuum* müsste idealiter die Möglichkeit der *Selbstverwirklichung* in der Arbeit fordern. Selbstverwirklichung ist ohne *Identifikation mit dem Betrieb*, in den sich der Mitarbeiter als persönliche Individualität einbringen kann, nicht denkbar. *Individuation durch Selbstverwirklichung* – und umgekehrt – und *Integration durch Identifikation mit dem Betrieb / der Arbeit* – und umgekehrt – sind die zentralen Qualifikationsziele beruflicher Sozialisation unter den Bedingungen der Arbeitswelt und angesichts des Individualisierungsschubes der letzten Jahrzehnte und dem damit in Zusammenhang stehenden Wertewandel (Selbstverwirklichung als oberster individuell erstrebter Wert).Wo die Ich-Identität zwischen diesen beiden Polen die ausgewogene, ausbalancierte Mittelstellung findet – ohne Zweifel ist das der Idealfall –, erfahren das Arbeiten und damit die Wirtschaft die beste Förderung. Tendenziell müsste folglich die berufliche Sozialisation ihr Schwergewicht mehr und mehr auf die allgemeine Persönlichkeitsbildung legen.

---

[16] vgl. dazu: Infodienst des Instituts der deutschen Wirtschaft 26, 1999: „Teams übernehmen die Produktion".

Personalchefs, Manager, Betriebsinhaber haben dies erkannt, anders sind die Antworten und Ergebnisse der zitierten Befragung des Instituts der deutschen Wirtschaft nicht zu interpretieren. Die Ergebnisse relativieren die einseitige fachlich-berufliche, primär an Fachkompetenzen orientierte Sozialisation und setzen stärker auf die Fähigkeiten des biografischen Umgangs mit den Fachkompetenzen, die in einem entwickelten Persönlichkeitsprofil verankert sind. „Berufsbildung und Persönlichkeitsentwicklung", beides zugleich,
aber auf keinen Fall Vernachlässigung der Persönlichkeitsbildung, kann daher nur die Lösung für die Zukunft sein.[17]

Dass andererseits die gleichen Personalchefs, Manager und Betriebsinhaber, unterstützt von IHK und DIHT, nach einer zeitlichen Ausdehnung der Ausbildung in den Betrieben zu Ungunsten schulischer Bildungszeit rufen, ist ein Paradox. Damit soll keinesfalls dem Lernen fern der Arbeit, in der Schule, das Wort geredet werden. Lernen in und bei der Arbeit ist das, was vorbereitend von der Grundschule an z. B. als projektorientiertes Arbeiten geübt wird. Es gibt gewichtige Gründe für ein arbeits- und lebensnahes Lernen, für ein Beibehalten oder Wiederherstellen der Verbindung und Durchdringung von Arbeiten und Lernen. Betriebliches Lernen müsste allerdings so organisiert sein, dass es in der Bewältigung konkreter Aufgaben und Probleme erfolgt und darin die Selbstverwirklichung der jungen Menschen ebenso fördert wie die Identifikation mit der Arbeit.

Mit Bedacht wurde darauf hingewiesen, dass die vorgenannten „Empfehlungen" den gesamten Bereich der beruflichen Sozialisation, also auch Sozialisation in Hochschule und Universität, betreffen. Die universitäre Um- bzw. Neuorganisation von Studiengängen, aktuell etwa Bachelor- und Masterabschlüsse, erfordert neben der Orientierung an der Berufswelt eine Orientierung an der Zielsetzung dessen, was vermittelt werden soll. Um nur einiges anzudeuten:

Selbstverwirklichung, Individuation im Studium und durch das Studium haben in *individuellen Lernsituationen* die besseren Voraussetzungen. Studierende müssten persönlich mehr gefordert werden, *eigene Lernwege* zu gehen und selbst zum Gestalter ihrer Lernbiografie zu werden.

Das Studium müsste *offene soziale Situationen* mit Gestaltungsmöglichkeiten und -notwendigkeiten bieten, damit darin Selbstorganisation, Selbständigkeit und Verantwortungsbewusstsein geübt werden können. Den Pra-

---

[17] Brater, M., Büchele, U., Fucke, E., Herz, G.: Berufsbildung und Persönlichkeitsentwicklung, Stuttgart 1988.

xisbezug nach außerhalb der Hochschule in das sog. Praktikum zu verlegen, ist eine Minimallösung.

Das Studium müsste jedem die *eigenverantwortliche Durchführung von Projekten* ermöglichen und die Vorhaben fördern, damit Studierende sich als Handelnde im sozialen Kontext erleben können und „Lernen durch Tun" möglich wird. Warum sollten Studierende nicht z. B. eigenverantwortlich Fachtagungen organisieren und durchführen (müssen) in begrenztem Rahmen und dabei die Unwägbarkeiten von Projekten, Notwendigkeit von Terminabsprachen, unterschiedliche Herangehensweisen erfahren?

Die Hochschule braucht neben einer anderen *Lernkultur* auch eine andere *Gesprächskultur*. Die Lehrenden müssten Ansprechpartner, Beratende, individuelle Lernwege Anregende sein. Diese Gesprächskultur müsste wahrscheinlich institutionalisiert und damit von einer gewissen Verbindlichkeit sein. Es reicht nicht aus, wenn sich Lehrende nur als Wissensvermittler definieren. Englische Hochschullehrer sind in diesem Punkt den deutschen voraus. Sie stehen wesentlich offener für Lern- und Orientierungsfragen zur Verfügung. Für die Gesprächskultur ist die Zusammenarbeit der Lehrenden untereinander unerlässlich.

Kontinuität und Zusammenarbeit als Basis für die Gesprächskultur könnten durch *regelmäßige Fachkonferenzen*, in denen Studierende und Lehrende gemeinsam beraten, gefördert werden. Projekte, Übungen, Seminare könnten dort geplant, vorbesprochen, aber auch Ergebnisse reflektiert werden.

Ziel solcher Überlegungen müsste die *Förderung von personaler Identität und sozialer Kompetenz, von Individuation und Integraton*, sein. Die Hochschulen tun sich schwer mit einer Neuorientierung der Lernformen, während private Hochschulen in freier Trägerschaft diesbezüglich offensichtlich weniger Berührungsängste haben.

Bernd Dewe

Zur bildungstheoretischen Rekonstruktion didaktischer Aufgaben in der Weiterbildung

I. Zur Bedeutsamkeit von Wissenschafts-, berufs- und lebenspraktischen Orientierungen in Bildungsprozessen

Die Frage nach den didaktischen Maßgaben der berufsbegleitenden wissenschaftlichen Weiterbildung steht in unmittelbarem Zusammenhang mit derjenigen nach der Gewichtung von Wissenschafts-, und berufs- und lebenspraktischer Orientierung. Zum einen kann die wissenschaftliche Weiterbildung vor allem als Vermittlung neuer wissenschaftlicher Erkenntnisse verstanden werden. Sie dient dann primär dazu, den Erkenntnisrückstand des in der Berufspraxis Tätigen aufzuheben und seine Wissensdefizite auszugleichen. Da die Erkenntnisgewinnung und -vermittlung üblicherweise weitgehend an der Wissenschaftssystematik orientiert erfolgt, ist dieser Ansatz durch eine Dominanz des Wissenschaftsbezugs auf Kosten der berufs- und lebenspraktischen Orientierung gekennzeichnet.Wissenschaftliche Weiterbildung erfolgt hier gewissermaßen als Fortsetzung der Erstausbildung. Damit verbunden ist das Problem, daß die aneignungsbezogene Sicht der *Transformation* von Wissen vernachlässigt wird und die notwendigen Bedingungen von Lerntransfer und Innovation im Handlungsfeld weitgehend unberücksichtigt bleiben. Wissenschaftliche Weiterbildung dieser Art folgt einem *disziplinorientierten Defizitansatz*.

Wissenschaftliche Weiterbildung kann zum anderen als eine besondere Form der Relationierung von Theorie und Praxis verstanden werden. Charakteristisch für diesen Ansatz ist die produktive Auseinandersetzung mit Praxisproblemen. Der Wissenschaft kommt dann die Aufgabe zu, bei der Beobachtung, Bestimmung, und gegebenenfalls bei der Lösung dieser Probleme mitzuwirken. Theoretische Wissensbestände werden zur Analyse berufs- und lebenspraktischer Probleme nutzbar gemacht.

Die Praxisorientierung kann allerdings auf verschiedene Weisen hergestellt werden. So können Praxisprobleme gewissermaßen unabhängig von den handelnden Individuen oder aber in der Brechung und Reflexion individueller Erfahrungen analysiert und bearbeitet werden. Im letztgenannten Fall handelt es sich um eine spezifische Form der Praxisbezüglichkeit, nämlich um Beruf und Lebenspraxis reflektierende – und in der Folge – Perspektiven und Wissen transformierende Weiterbildung. Die Frage, inwieweit Erfahrungen zu berücksichtigen sind, hängt wesentlich vom Gegenstand und von der Zielsetzung des Lernens ab. So wird der Stellenwert subjektbezogener Erfahrung im Fall der Vermittlung persönlichkeitsbedingter Handlungskompetenz höher anzusetzen sein als wenn es um die Vermittlung von sachbezogener, technisch-instrumenteller Kompetenz geht.

Dieser zweite Ansatz kann als *praxis- oder erfahrungsorientierte, transformative Weiterbildung* gekennzeichnet werden.

Die beiden skizzierten Ansätze beruhen somit auf einer jeweils unterschiedlichen wissenschaftsdidaktischen Begründung und, damit verbunden, auf einem unterschiedlichen wissenschaftstheoretischen Verständnis.

II. Alternative didaktische Konsequenzen

Den thematischen Zusammenhang kann man an diesen zwei Modellen in Hinblick auf didaktische Alternativen konkretisieren, die sich auf Daten aus der aktuellen Entwicklung der beruflichen Weiterbildung in der Bundesrepublik stützen. Die Modelle unterscheiden sich zunächst bezüglich der in ihnen diskutierten lerntheoretischen und bildungsökonomischen Grundlagen und führen entsprechend zu planerischen und didaktischen Konsequenzen unterschiedlicher Komplexität. Daher kann man das erste Modell auch als ein „technologisches" und das zweite als ein „reflexives" bezeichnen. Man könnte beide Modelle einer vergangenen bzw. einer aktuellen Situation der beruflichen Weiterbildung zurechnen, doch würde eine solche historische Verrechnung der Totalität der hier verwendeten Begriffe nicht hinreichend gerecht.

Der Anfang der siebziger Jahre einsetzende Strukturwandel der Erwachsenenbildung (vgl. Jagenlauf / Schulz / Wolgast 1995), wird häufig unmittelbar als eine Ablösung des traditionellen Bildungsbegriffs durch den bildungsökonomischen Qualifikationsbegriff bewertet. Diese Formulierung mag überspitzt klingen. Die Abkehr von einer Erwachsenenbildung, die sich exklusiv als eine praxisferne Persönlichkeitsbildung und als Vermittlung zeitloser Kulturgüter verstand, bestand nicht in einer ausschließlichen Hinwendung zur ökonomischen und beruflichen Verwertbarkeit von Bildung (vgl. Strunk 1988). Die realistische Wende führte darüber hinaus zu einer allgemeinen Verwissenschaftlichung der Inhalte und zu einer stärkeren Institutionalisierung von Erwachsenenbildung (vgl. Fischer 1982; Faulstich / Zeuner 1999). Gleichwohl wurde diese Entwicklung *primär* motiviert und begründet mit der neu erkannten Funktion von Bildung als einem Produktionsfaktor – als einer Voraussetzung von beruflicher Mobilität und wirtschaftlicher Produktivität. Dies waren bis in die jüngste Zeit die von der Fachökonomie und in der Öffentlichkeit diskutierten bildungsökonomischen Grundlagen von Erwachsenenbildung und moderner beruflicher und betrieblicher Weiterbildung.

Mit dieser bildungsökonomischen Begründung erhielten die Institutionen und die Didaktik der Erwachsenenbildung eine neue und wirksamere Legitimation. Sie beriefen sich nun auf das für die moderne Gesellschaft und ihre Kultur dominante Wertesystem, nämlich das des Leistungsbegriffs und den damit verbundenen Prozeß der Technisierung, Rationalisierung und Verwissenschaftlichung aller Lebensverhältnisse (vgl. Weingart 1989).

Dies bedeutete zugleich, daß Erwachsenenbildung ihr Bildungsziel in zunehmendem Maße dahingehend definierte, das Verhalten der Teilnehmer leistungsrelevant zu verändern. Diese neue Legitimationsgrundlage war nicht nur fördernd für eine Expansion und Institutionalisierung des Angebots der Erwachsenenbildung, die fortan unter dem funktionalen Begriff „Weiterbildung" auftrat (vgl. Deutscher Bildungsrat 1970).

Zugleich eröffnete sich damit eine neue „demokratische" Legitimation von Erwachsenenbildung. Diese fand damit auch eine Formel für die Lösung des didaktischen Problems, nämlich Entscheidungen über Ziele, Inhalte und Methoden von Erwachsenenlernen zu begründen. Diese beiden letzten Konsequenzen einer politischen und didaktischen Legitimation von Erwachsenenbildung (vgl. Dewe / Meister 1999) sollen im folgenden genauer erläutert werden.

Mit den bildungsökonomischen Perspektiven erhielt die Erwachsenenbildung die Chance eines neuen Zugangs zu den Arbeitern und anderen bildungsmäßig benachteiligten gesellschaftlichen Gruppen, um die sich die Erwachsenenbildung traditionell immer schon bemüht, die sie aber nur selten erreicht hatte. Dieses Scheitern dürfte – wenn auch aus völlig verschiedenen Gründen – sowohl für die bürgerliche Volksbildung (vgl. von Erdberg 1911) als auch für die gewerkschaftliche Bildungsarbeit (vgl. Brammerts 1976) nicht zu bestreiten sein. Die Hoffnung auf einen *neuen* Zugang zur Arbeiterschaft über das Vehikel der *beruflichen Bildung* wird seit jener Zeit gekennzeichnet durch jene besonders von Pädagogen so dauerhaft vertretenen Thesen von einem rascheren Wandel und einem Anstieg der Qualifikationsanforderungen der Mehrheit der Beschäftigten sowie über den laufenden Hinweis auf die Bedeutung von Weiterbildung für berufliche Mobilität und sozialen Aufstieg (vgl. Schlüter 1999). Es kann daher auch nicht verwundern, daß gerade in der Erwachsenenbildungsdiskussion (vgl. Lenhardt 1974; Dewe u. a. 1984; Berger 1991) die bildungsökonomischen Probleme zumeist auf die Frage der Entwicklung der Qualifikationsanforderungen konzentriert waren. Hier fanden Schlagworte, wie die von der Parallelität von Industrialisierung und Demokratisierung (Schulenberg 1976) „oder von der Einheit von Qualifikation und Emanzipation" besonders großen Anklang. Es ist auch nicht erstaunlich, daß wenig später, da die Tendenzen einer Polarisierung der Qualifikationsstruktur und einer Dequalifizierung großer Gruppen von Beschäftigten offenkundig werden, damit auch die „praktische" Relevanz von Erwachsenenbildung überhaupt in Frage gestellt wird.

Ein Selbstverständnis speziell von beruflicher Weiterbildung, die sich primär an diesem Leistungsbegriff orientiert, hat Konsequenzen für die Didaktik und führt hier zu einer Verkürzung der Problemsicht. Ganz offenkundig hat die mit bildungsökonomischen Motiven vorangetriebene Institutionalisierung der Erwachsenenbildung auch entscheidend dazu beigetragen, daß sich Ansätze einer systematischen Didaktik der Erwachsenenbildung herausgebildet haben (vgl. Siebert 1996). Situativ gestaltbare Konzepte, wie das der klassischen „Arbeitsgemeinschaft" oder des „Gelegenheitsunterrichts" vertrugen sich nicht mehr mit den neuen Aufgaben von Erwachsenenbildung / Weiterbildung als einer Agentur zur Verteilung von Qualifikationen.

Diesem Anspruch werden eher jene Bemühungen gerecht, die den Prozeß der Lern- und Wissensvermittlung in der Erwachsenenbildung dadurch zu steuern versuchen, daß sie standardisierte Curricula entwickeln, „Bausteine" von Wissen, die *unabhängig* von Ort, Zeit und Person verwendbar sein sollen. Für solche Curricula eigenen sich vor allem jene in der Berufsarbeit geforderten kodifizierten Wissensbestände der Mathematik, der Naturwissenschaften, der Technik, der Fremdsprachen und der betriebswirtschaftlich-kaufmännischen Kenntnisse. Hinzu kamen kodifizierte Wissensbestände, die im Bildungssystem abverlangt werden und die in der Erwachsenenbildung – vor allem im „Zweiten Bildungsweg" (vgl. Friebel 1978) – in den Veranstaltungen für das Nachholen schulischer Abschlüsse eine Rolle spielen.

Das zentrale Problem einer Didaktik, nämlich die Auswahl von Zielen, Inhalten und Methoden des organisierten Lernens, wird in diesen standardisierten Curricula und in ihrer praktischen Anwendung auf eine relativ sachliche Weise gelöst:

- Die Formulierung der Ziele und Inhalte kann im Rahmen dieser Sichtweise in Institutionen einer zentralen Curriculmentwicklung erfolgen, die die betreffenden kodifizierten Wissenssysteme aus den Anwendungssituationen in der Arbeitswelt und im Bildungssystem erfaßt und in Lehrpläne übersetzt;
- Die Begründung der Ziele und Inhalte wird weitgehend *außerhalb* der eigentlichen, also der „pädagogischen", Situation der Erwachsenenbildung geleistet. In dem Maße, wie diese Lernprozesse zu einem produktiven Arbeitshandeln, zu einem höheren Arbeitseinkommen, zu regionaler Mobilität und sozialem Aufstieg führen, sind sie durch ihre äußerliche Nützlichkeit immer schon ausgewiesen. Oder anders ausgedrückt: Die Motivation der Teilnehmer ist *extrinsisch* – sie entspringt einer erwarteten Chance zur materiellen Verwertung der Bildungsinhalte;
- Dieser Aspekt der Verwertbarkeit wird außerdem unterstützt durch die Objektivierbarkeit von Lernleistungen in Tests, die beanspruchen, Verhaltensänderungen als Ergebnisse von Erwachsenenbildung messen und damit auch – über Zertifikate zum Beispiel – nach außen hin dokumentieren zu können;
- Die didaktischen Methoden der Lern- und Wissensvermittlung stellen in diesem Modell kein zentrales Problem dar. Da die Inhalte vordefiniert und die Teilnehmer aufgrund externer Erwartungen als hoch motiviert einzuschätzen sind, kann sich das pädagogische Handeln völlig auf den „Inhaltsaspekt" der fachlichen Wissensvermittlung konzentrieren. Der „Beziehungsaspekt" der pädagogischen Interaktion, die soziokulturelle Lernumwelt, die sozialen Deutungsmuster, die differenten Lebenswelten der Lernenden und gruppendynamische Prozesse können demgegenüber vernachlässigt werden. Wenn es trotzdem zu einer mangelnden Bereitschaft zur Teilnahme an Weiterbildung kommt, kann diese grundsätzlich auf Psyche und defizitäre Individualität der Betroffenen abgewälzt werden, denn die Legitimität der Inhalte ist als eine *gesellschaftlich nützliche* immer bereits vorausgesetzt. Aus diesem Bedingungsgefüge heraus wurden in der beruflichen Weiterbildung zwar nicht ausschließlich, aber doch vorwiegend lerntheoretische Argumentationen unterstützt (vgl. Dieterle 1983). Aus dieser Argumentationsstruktur entsprang auch das Erkenntnisinteresse der zahlreichen Untersuchungen zur Weiterbil-

dungsmotivation von Arbeitern (vgl. kritisch zusammenfassend: Axmacher 1990).

Faßt man zusammen, so läßt sich dieses Modell einer unmittelbar bildungsökonomisch und qualifikationstheoretisch legitimierten Didaktik als „rationalistisch" einstufen: Es wird eine scharfe Trennung zwischen den wissensmäßigen Vorausetzungen der Lernenden und dem in der Erwachsenenbildung angebotenen Wissen gezogen. Zwischen beiden Wissensbereichen besteht eine hierarchische Beziehung dergestalt, daß die Lernangebote ein Wissen repräsentieren, welches Handlungsanweisungen enthält, die dem vorgängigen Wissen der Teilnehmer gegenüber immer als „überlegen" gelten. Das heißt, jeder vernünftige und rational handelnde Teilnehmer wird dieses Wissen allein wegen seiner Nützlichkeit bereitwillig erlernen. Diese Denkfigur war als Ordnungsvorstellung lange Zeit für die Weiterbildungspolitik dominant. Sie unterstützte eine überzogene Wissenschaftsgläubigkeit, und sie fand ihre Parallele in funktionalistisch inspirierten Sozialisationstheorien, für die Erwachsenenlernen vornehmlich ein Sich-Anpassen der Subjekte die vorgegebene Rollenstruktur industrieller Vergesellschaftungsformen ist (vgl. Brim / Wheeler 1974; Griese 1994).

Das technologische Modell hat zweifellos die jüngste Geschichte der beruflichen Weiterbildung und vor allem deren Wachstum und interne Struktur wesentlich beeinflußt. Aber man kann jedoch auf keinen Fall behaupten, darin erschöpften sich die tatsächlichen didaktischen Probleme der Erwachsenenbildung. Es hat nicht nur in den Volkshochschulen immer weite Bereiche einer politischen und sozio-kulturellen Erwachsenenbildung gegeben, auf die dieses technologische Modell nicht 'paßt' und auch nicht angewendet wird. Das heißt, dieses technologische Modell läßt sich auch nicht exklusiv einer historischen Phase von Weiterbildung zuordnen.

III. Von der technologischen zur identitätsbezogenen Sicht

Es ist dennoch nicht der These zuzustimmen, die bildungsökonomische und qualifikationstheoretische Begründung und die daraus abzuleitende Didaktik von Erwachsenenbildung seien praktisch widerlegt durch die aktuellen Veränderungen auf dem Arbeitsmarkt und im politischen System. Die tatsächliche Dequalifizierung zahlreicher Beschäftigter bei gleichzeitig feststellbaren Kompetenz- und Qualifikationsanforderungen spezifischer Beschäftigungsgruppen, die Massenarbeitslosigkeit und die strukturelle Krise des Arbeitsmarktes sowie die aktuelle fiskalische Sparpolitik hätten – so heißt es –

deutlich gemacht, daß eine Legitimation von Erwachsenenbildung durch ihre bildungsökonomischen Grundlagen auf tönernen Füßen stünde. Erwachsenenbildung könne ihre Ziele und Inhalte letztlich nur politisch begründen. Und dies könne nicht primär durch die Vermittlung eines rollenspezifischen Spezialwissens erreicht werden. Notwendig sei es, diese Rollenstruktur und ihre Arbeitsteilung selber politisch in Frage zu stellen und deren Entwürfen alternative Kooperationsformen entgegenzustellen im Prozeß von Erwachsenenbildung als einem „Probehandeln".

Eine solche ausschließliche Gegenüberstellung bildungsökonomischer und politischer Grundlagen von Erwachsenenbildung ist meines Erachtens aber nur zum Teil angemessen. Denn die bildungsökonomischen Motive (vgl. von Recum 1978; Brödel 1997) sind trotz oben erwähnter Tendenzen und Entwicklungen nicht gegenstandslos geworden. Im Gegenteil ist besonders in den Betrieben, für die das bildungsökonomische Motiv in erster Linie zählen muß, betriebliche Weiterbildung trotz der ökonomischen Wandlungsprozesse (Globalisierung) expansiv – wenn man den Ergebnissen neuerer Studien Glauben schenkt (vgl. Harney 1998). Sieht man auf die Inhalte dieser Weiterbildung, so zeigt sich allerdings, daß sie nur zum Teil dem Typus des Leistungswissens entsprechen, wie er für das technologische Modell zutrifft: Es handelt sich – und das anscheinend zunehmend mehr – um ein Wissen mit durchaus regulativem 'politischem Charakter', das in der Managementschulung, in den Führungskräfteseminaren, in der Weiterbildung von Betriebsräten und Personalsachbearbeitern oder in quasi sozialpädagogischen Programmen für junge Arbeiter und Angestellte vermittelt wird (Arbeitsrecht, Sozial- und Kommunikationspsychologie, Betriebssoziologie, Theorien über Management- und Führungsfunktionen bis hin zu einem sozialkundlichen Wissen und Rezepten zur privaten Lebensgestaltung).

Dies aber ist ein Wissen, das nicht primär auf eine meßbare Verhaltensänderung abzielt, sondern *Interpretationsmuster* enthält, mit denen ein jeweiliges Verhalten zu erklären und zu begründen ist. Ein solches Orientierungswissen hat also nicht konkrete Handlungsregeln zu liefern, sondern definiert den sozial-kulturellen Verwendungszusammenhang von Arbeit und Dienstleistung in der betrieblichen Kultur, Kooperation und Herrschaft. Insofern unternehmen Organisationen mit dieser wissenschaftsbasierten betrieblichen Weiterbildung den Versuch, sich gegenüber den Beschäftigten selber zu legitimieren, um diese so zu einem nicht nur effizienten, sondern auch loyalen Verhalten und zu einer selbstaktiven Ausgestaltung ihrer Position zu bewegen (vgl. Schmitz 1978; Schmitz / Thomssen 1989; Dewe 1997).

Diese am Beispiel der Weiterbildung zutage tretende Tendenz läßt sich auch daran verdeutlichen, daß die Arbeitgeberverbände, die noch vor Jahren mit äußerster Schärfe gegen einen Bildungsurlaub auftraten, der neben beruflicher Bildung auch politische Inhalte zuläßt, inzwischen eine deutlich andere Meinung vertreten, und daß Unternehmen bzw. ihre überbetriebliche Bildungsorganisationenen die Angebote einer politischen und sozialkommunikativen Weiterbildung nach den verschiedenen Bildungsurlaubsgesetzen selber intensiv nutzen.

Um diese „Politisierung" und „Pädagogisierung" der bildungsökonomischen Grundlagen von Weiterbildung genauer zu verdeutlichen, müßte man auf empirische Einzelheiten und industrie- und betriebssoziologische Argumente eingehen, die hier aus thematischen Gründen nicht ausgeführt werden können. Grundsätzlich wichtig an diesen Überlegungen ist aber, daß hierin der politische Aspekt einer beruflichen Bildung / Weiterbildung, der immer latent vorhanden war und durch das pädagogische Postulat einer Integration politischer und beruflicher Inhalte gefordert wird, tatsächlich zutage tritt, wenn auch auf andere Art und Weise als die Protagonisten dies erwartet haben.

Das heißt, der aktuell beobachtbare Wandel in den gesellschaftlichen Determinanten von beruflicher und betrieblicher Weiterbildung und die stärkere Betonung politischer und sozialwissenschaftlicher Inhalte sind nicht (nur) Ausdruck einer bildungspolitischen und pädagogischen Forderung, wie sie aus der hergebrachten Bildungsarbeit der Gewerkschaften und Volkshochschulen hervorgegangen ist. Es handelt sich vielmehr um einen strukturellen Wandel, der zugleich deutlich macht, daß politische Bildung in diesem Sinne nicht notwendigerweise auch immer den ihr häufig zugesprochenen emanzipatorischen Charakter tragen muß.

Mit diesen makrosozialen Tendenzen werden aber zugleich auch das zunächst vorgestellte technologische Modell und seine am Muster „geschlossener Lernangebote" ausgerichteten didaktischen Strategien relativiert. Den Bedingungen einer Erwachsenenbildung / Weiterbildung in politischer Absicht entspricht das zweite hier zu rekonstruierende didaktische Modell, das den Zusammenhang zwischen den bildungsökonomischen Grundlagen von Erwachsenenbildung und deren organisatorischer und didaktischer Praxis nicht mehr als eine bloß lineare Interdependenz darstellt.

Der Unterschied zwischen beiden Modellen läßt sich zunächst festmachen an ihren Bildungszielen. Diese sind im ersten Modell abgestellt auf die *Veränderung eines leistungsrelevanten Verhaltens der Teilnehmer* im Sinne des eingangs skizzierten bildungsökonomischen Qualifikationsbegriffs. Die

Bildungsziele des zweiten Modells betreffen zwar auch notwendigerweise das Verhalten der Teilnehmer. Aber es geht nicht um eine unmittelbare Steuerung von Verhaltensregeln. *Bildungsziele sind vielmehr die reflexiven lebens- und berufspraktischen Deutungsmuster*, mit denen die Teilnehmer ihr Handeln begründen bzw. zwischen Handlungsalternativen auswählen und Handlungskompetenzen entwickeln (vgl. z. B. Mezirow 1997).

Dieses zweite Modell muß im Vergleich zum technologischen Modell nicht notwendigerweise auch neue didaktische Probleme aufwerfen. Die Legitimation der Ziele und Inhalte kann hier grundsätzlich auch außerhalb des Bildungsprozesses geschehen. Man braucht nur daran zu erinnern, wie Volksbildung die Kulturgüter der „gebildeten Schichten" „nach unten" weiter reichte. In beiden Fällen wurde vorab und nicht situations- und adressatenspezifisch definiertes Reflexionswissen mit der Macht des „überlegenen" Wissens oder dem Monopolanspruch einer bürgerlichen Klasse und Kultur zum Curriculum gemacht (vgl. Tews 1913; Dräger 1979; Wörmann 1995).

Folgt man der didaktischen Konzeption, die sich in den letzten 15 Jahren aus der Diskussion um die „offenen Curricula" herauskristallisiert hat, dann wird hier allerdings zum Programm erhoben, daß Ziele und Inhalte der Erwachsenenbildung im Verhältnis zur Alltagserfahrung / Lebenswelt der Teilnehmer keine vorab definierte übergeordnete, „belehrende" Stellung beanspruchen dürfen. Konkrete Lernziele sollen in den offenen Lernangeboten als Alternativen formuliert sein, zwischen denen die Teilnehmer nach Maßgabe ihrer lebens- und berufspraktischen Bedürfnisse und vor dem Hintergrund ihrer vorgängigen beruflichen Erfahrungen wählen können. In diesem Modell wird der Einfluß einer zentralen Steuerung und Planung von Erwachsenenbildung / Weiterbildung durch komplexere soziale Mechanismen bei der Bestimmung von Zielen, Inhalten und Methoden des Lernens zurückgedrängt. Das didaktische Problem verlagert sich *in* den *Bildungsprozeß* selber. Seine Ziele und Inhalte sind nicht mehr durch ein – für die Bundesrepublik tatsächlich einmal erwogenes – zentrales Curriculum-Institut oder durch den Arbeitsmarkt, präformiert.

Über die Legitimität von Zielen und Inhalten wird jetzt auch entschieden im Dialog zwischen Teilnehmern und Lehrenden.

Die Absicht, berufliche Alltagserfahrung und Ziele und Inhalte der Lernangebote in dieser Weise rückzukoppeln, bezeichnet wohl zutreffend den Kern der professionellen Tätigkeit von Erwachsenenbildnern: nämlich das „Herstellen" von Kommunikation (vgl. Dewe 1999a).

IV. Didaktische Kompetenzen

Der pädagogische Prozeß, in dem diese Kommunikation hergestellt wird, ist durch eine Reihe von Bedingungen gekennzeichnet, die die Rolle des Kursleiters oder Erwachsenenbildners in verschiedener Hinsicht prekär machen. Er kann sich – und das ist eine häufig wiederholte Feststellung – kaum wie der Lehrer in der Schule auf eine personale „pädagogische Autorität" stützen – die persönlichen Beziehungen zwischen Lehrenden und Lernenden sind in der Erwachsenensozialisation eher affektiv-neutral – der „pädagogische Eros" bleibt bisweilen wirkungslos. Die Position des Lehrenden wird außerdem – unter den strukturellen Bedingungen des zweiten Modells – auch nicht unterstützt durch die *Autorität* eines kodifizierten wissenschaftlichen Wissens, das die Teilnehmer aus zumeist beruflichen Gründen erwerben müssen. Die Teilnehmer sind frei, über die Relevanz der Lernangebote „mit den Füßen abzustimmen". Der Lehrende kann zwar eine mangelnde pädagogische Integrationskraft der institutionalisierten Lernangebote und curricularen Inhalte dadurch zu kompensieren versuchen, daß er ersatzweise den „Beziehungsaspekt" der gruppeninternen Beziehungen bemüht, um Teilnahmemotivationen zu mobilisieren. Doch dadurch wird das eigentliche Problem der Wissensvermittlung und der akteursbezogenen Aneignung noch nicht gelöst. Die drei genannten Faktoren sind alle nur soziale Stützen für die Rolle des Kursleiters. Seine eigentliche materiale Funktion ist eine andere.

Es dürfte dem gängigen Selbstverständnis von moderner Weiterbildung entsprechen, wenn man ihre Funktion damit umschreibt, daß sie den Teilnehmern Gelegenheiten eröffnet, ihre berufliche und private Alltagserfahrung, mit der sie ihre Lebenspraxis gestalten, reflexiv zu überprüfen und zu revidieren. Das heißt, die hier gemeinte Erwachsenenbildung ist eine 'Institution' *außerhalb* des beruflichen und betrieblichen Alltags. Sie ist umgekehrt aber auch nicht eine der Lebenspraxis gegenüber distanzierte akademische Lehrinstitution, die zum Beispiel ein an wissenschaftlichen Disziplinen ausgerichtetes propädeutisches Wissen umstandslos vermittelt. Erwachsenenbildung ist außerhalb des Alltags eine unterschiedlich lange Zwischenphase der Lebenspraxis selbst. Inhalte von Erwachsenenbildung finden ihre Relevanz daher auch vor allem in der Alltagserfahrung / Vorerfahrung ihrer Teilnehmer und aus dieser Erfahrung müssen sich auch Ziele und Inhalte didaktisch legitimieren (können).

Man könnte das Motiv der Teilnehmer auch so ausdrücken, daß sie mit ihrer Alltagserfahrung, die sie in ihrer beruflichen und privaten Lebenspraxis machen, in die Erwachsenenbildung kommen, um sich mit einer nichtalltäglichen „Erfahrung" zu befassen. Dies können Ergebnisse von Sozialwissenschaft über einen bestimmten Gegenstandsbereich z. B. Formen betrieblicher Konflikte oder Fragen von Kindererziehung sein. Wichtig ist nun der Umstand, daß sowohl die praktisch wirksamen Gesellschaftsbilder und sozialen Topoi des Alltags als auch der theoretische Diskurs der Wissenschaft für den jeweiligen Gegenstandsbereich ein – wenn auch verschieden strukturiertes – Wissen bereithalten. Das berufliche Alltagswissen verfügt seinerseits über „Theorien", d. h. Wissensbestände, mit denen die Teilnehmer ihre Lebenswelt und darin auch die genannten Gegenstandsbereiche in einer *für sie* rationalen Weise interpretieren. Das gleiche gilt für die Wissenschaft, die ebenfalls rationale Deutungen ihrer Forschungsgegenstände produziert. Man kann – zumindest was die Sozialwissenschaften betrifft – nicht eine grundsätzliche Hierarchie zwischen diesen Wissenssystemen behaupten, etwa in dem technokratischen Sinne, daß die Wissenschaften immer die „wahreren" Aussagen über die soziale Realität verkörpern würden. Beide Wissensformen müssen in der Praxis der berufsbegleitenden wissenschaftlichen Weiterbildung als grundsätzlich gleichberechtigte behandelt werden.[1]

Das ist die zentrale Annahme, die man in der Bildungspraxis treffen muß, wenn man die Forderung nach Gleichheit als eine politische Kategorie ernst nehmen will. Dabei bleibt selbstverständlich zu beachten, daß die Rationalität der Wissensformen von Alltag und Wissenschaft eine jeweils verschiedene ist: Die Alltagserfahrung hat Interpretationen zu liefern, die der sozialen Lage der Teilnehmer situativ angemessen und für sie psychologisch erträglich sind. Wissenschaftliches Wissen hat den Kriterien einer Forschungslogik zu gehorchen. Die Differenz ist jedoch eine *handlungslogische*, keineswegs eine *erkenntnislogische* (vgl. Dewe 1991).

In beiden Wissensbereichen werden neue Erkenntnisse außerdem auf eine unterschiedliche Weise gewonnen: Alltagserfahrung entsteht pragmatisch im Verlauf des alltäglichen Handelns. Wissenschaftliches Wissen wird mit systematischen Mitteln erzeugt.

---

[1] Entsprechende Überlegungen wären anzustellen für andere Wissenssysteme, mit denen Erwachsenenbildung ihre Teilnehmer konfrontiert. Solche Wissensbestände, die eine gegenüber dem Alltag „eigenständige Hervorbringungsweise" besitzen, sind u. a.: die Kunst (als expressives Symbolsystem der Ästhetik); die Psychoanalyse als Instanz, die individuell-lebensgeschichtlich verschüttete Erinnerungen dem Alltagsbewußtsein der Subjekte wieder zugänglich machen kann) oder die Geschichte (die dem Alltagsbewußtsein der Subjekte die Deutungen einer kollektiven Erinnerung entgegenhält, aus der sich Dimensionen einer sozialen Identität herauslesen lassen).

Weil Alltagswissen und Wissenschaft verschiedene Interpretationsformen von Realität sind, können sie auch voneinander „lernen". Deshalb kann auch ein Erwachsener in der beruflichen oder betrieblichen Weiterbildung durch wissenschaftliche Informationen eine für ihn „überraschende" Interpretation eines bestimmten Sachverhalts erfahren, den er in seinem alltäglichen beruflichen oder betriebsbezogenen Verständnis bislang ganz anders gesehen hat. Es kann zu einem Prozeß kommen, der den Teilnehmern latente Sinnstrukturen bewußt machen kann, und der daher den Charakter von Aufklärung hat und „Denken in Differenzen" befördert – immer unter der Voraussetzung, daß die didaktische Situation als ein Dialog offenbleibt.

Der didaktische Kern der pädagogischen Tätigkeit des Dozenten in der wissenschaftlichen berufsbegleitenden Weiterbildung dürfte darin liegen, daß er die didaktische Fähigkeit und die wissenschaftliche Qualifikation aufbringt, die grundsätzliche Gleichberechtigung zwischen beruflichen Alltagswissen der Teilnehmer und den curricularen Inhalten der zu studierenden wissenschaftlichen Disziplin in seinem pädagogischen Handeln zu gewährleisten. Die professionelle Kompetenz des Dozenten als Lernvermittler besteht in dem reflexiven didaktischen Konzept von berufsbegleitender wissenschaftlicher Weiterbildung darin, die gleichberechtigte Stellung von wissenschaftlichem Wissen und Alltagserfahrung als „Arbeitshypothese" in der pädagogischen Interaktion unter den Beteiligten aufrechtzuerhalten.

Der pädagogische Anspruch, Handlungsprobleme durch Bildungsprozesse, in denen sich Menschen intellektuell des Sinns ihres Handelns vergewissern, zu bewältigen, setzt thematisch festmachbare Vorstellungen über mögliche rationale Erklärungen dieser Handlungsprobleme voraus. Das heißt, von den im Handlungsfeld des beruflichen Alltags verankerten Bedürfnissen der Lehrenden auszugehen, kann schon gar nicht den Verzicht auf ein themenbezogenes und pädagogisch strukturiertes Lernen und Lehren bedeuten. Dieses aber kommt nicht aus ohne Konzepte jenes nicht – alltäglichen Wissens, aus dem sich solche Themen (auch) ergeben. Pädagogik muß ihrem strukturbedingten Anspruch gemäß handlungsinduzierte Probleme mit systematisch, zumeist unter Bezug auf in der Wissenschaft gewonnenen Themen bearbeitbar machen. Zur Zeit hat die Wende zur Lebenswelt und Handlungssituation der Teilnehmer (vgl. u. v. Barz / Tippelt 1999) das Pendel in Richtung einer oft ausschließlichen Bedürfnisorientierung ausschlagen lassen. Wissenschaft als Instanz einer objektivierten Lernzielbestimmung ist zunehmend in Mißkredit geraten. Angesichts der eingangs genannten Vorbehalte gegenüber dem subjektlosen Ansatz der Bildungsökonomie ist dies in gewisser Hinsicht verständlich. Anderseits wird damit aber das Kind mit dem Bade ausgeschüttet, weil es ohne objektivierbare Aussagen über die gesellschaftliche Relevanz von Lernzielen nicht geht. Das Spannungsverhältnis von Wissenschaft und Alltag läßt sich am Begriff des Bildungswissens (siehe auch Röhrig 1999) als vermittelnder Kategorie sehr gut exemplifizieren:

Der Begriff des Bildungswissens kann jedoch nicht unproblematisiert herangezogen werden, denn hinter ihm liegt eine historisch geronnene Bedeutung, die in dem heute modernen und synonym verwendeten Begriff „Lerninhalte" nicht mehr zu erkennen ist. Bildungswissen war im 19. Jahrhundert für das Bürgertum das als „Bildung" definierte Wissen. Mit Bildung verband sich damals nicht primär Wissenschaft als soziales System mit den reputationsstärksten Mechanismen der Wissenserzeugung, sondern vielmehr eine Vorstellung vom „guten Leben", dessen sich das Bürgertum historisch einmal gewiß war und zu dem eine Kultur gehörte, die sich aus verschiedenen Quellen, wie der Antike, ästhetischen Standards, Regeln des gepflegten Umgangs miteinander, Romanliteratur und einem eher enzyklopädischen Umgang mit Wissenschaft speiste. Bildung war die subjektive Aneignung dieser Kultur. Wenn ich Adorno (1959) in seiner Theorie der Halbbildung richtig interpretiere, dann bestimmt sich für ihn Bildung aus zwei Kriterien:

- Der „Gebildete" ist Typus eines Subjekts, von dem man sagen kann, es sei nicht mehr völlig vergesellschaftet. Das heißt, dieses Subjekt verfügt über im Begriff der Bildung enthaltene Entwürfe sozialer Realität, die sich reflexiv und kontrafaktisch zur jeweiligen sozialen, kulturellen und politischen Empirie verhalten. Der „Gebildete", wie er sich historisch in den Sozialcharakteren des Intellektuellen oder des Professionellen des 19. Jahrhunderts, aber auch im Bohemien von Walter Benjamin erkennen läßt, hat sich gegenüber den offiziösen Deutungen von Realität ein Stück Nicht-Identität erhalten können. Auch der Typus des „gut informierten Bürgers" von Alfred Schütz scheint mir als ein solcher Sozialcharakter theoretisch deutbar (vgl. Schütz 1971). Folgt man Adorno, dann wäre von diesem Typus der des „Halbgebildeten" abzusetzen, der dadurch charakterisiert ist, daß er völlig vergesellschaftet ist, was heißen soll, seine Entwürfe von Wirklichkeit sind deren auf der Oberfläche der Begriffe verbleibende Abbildungen, was möglicherweise so zu deuten wäre, daß hier Identität und soziale Rolle zusammenfallen. Schließlich wäre der Typus des „Ungebildeten" abzugrenzen, der noch nicht vergesellschaftet ist, das heißt, dessen Erfahrungen „roh" sind, weil sie noch

nicht unter eine gesellschaftlich definierte Begrifflichkeit subsumiert wurden.
- Die zweite Bedingung für die Bestimmung dessen, was Bildung ist, liegt bei Adorno in der Fähigkeit, Begriff und Erfahrung aufeinander beziehen zu können oder methodologisch ausgedrückt, „die Dinge auf den Begriff zu bringen". Erst unter dieser Einheit von Begriff und Erfahrung ist *Differenzierung*, also ein Denken in Differenzen, die Adorno mit Bildung gleichsetzt, möglich. „Im Klima der Halbbildung überdauern die ... verdinglichten Sachgehalte von Bildung auf Kosten ... ihrer lebendigen Beziehung zu lebendigen Subjekten." „Halbbildung ist die Verbreitung von Geistigem ohne lebendige Beziehung zu lebendigen Subjekten, nivelliert auf Anschauungen, die herrschenden Interessen sich anpassen ... Anstatt daß Geist kritisch erfahren und selbst zum kritischen Element würde, wird er zu *Leitbildern* (– erinnert sei hier an die fatale Rede von Unternehmensleitbildern! – d. V.) verarbeitet, die den Menschen Ersatz bieten im trostlosen Stand der Bilderlosigkeit, in den sie hineingeraten sind" (Adorno 1959, S. 576). Diese Instrumentalisierung von Bildung und damit die Zerschlagung einer Einheit von Begriff und Erfahrung dokumentiert sich in aktuell in den informations-technologischen Vorstellungen einer ausschließlich durch den Einsatz moderner Informations- und Kommunikationsmedien geprägten Weiterbildung, wo Bildung auf die Kategorie Wissen zurückgeschnitten wird.

Vor diesem Hintergrund werden Erinnerungen an das Thema der Verwissenschaftlichung von Curricula aus den siebziger / achtziger Jahren wach. Damit war in den Anfängen der Curriculumdiskussion gemeint, Lerninhalte ließen sich bestimmen aus der Struktur wissenschaftlicher Disziplinen (die man durch Expertenurteile herausfinden wollte) sowie durch die Zuordnung solcher wissenschaftlicher Wissensbestände zu Situationen praktischen Handelns – eine Zuordnung, die wiederum von Wissenschaftlern (Pädagogen) zu leisten sei. Die primäre Kritik an diesem Curriculummodell (Robinsohn) betraf die Frage, wie denn diese so gefundenen Lerninhalte in ihrer *sozialen Angemessenheit* begründet seien, wenn man nicht annehmen wolle, daß Wissenschaft sich aus sich selbst legitimiere. Daraus entspann sich die Debatte um die Legitimation der Ziele und Inhalte von Curricula, bei der es primär um eine politische Legitimation ging. Das Scheitern solcher Curriculumstrategien führte mehr oder weniger direkt zur bekannten pädagogischen Wiederentdeckung des Alltags. Davon war aber logischerweise nicht allzuviel zu erwarten, weil hier wieder in das andere Extrem verfallen wurde, das der ausschließlichen Orientierung an Erfahrung, während die aufrechtzuhaltende und vom Lernenden auszuhaltende Spannung, um die es geht, die zwischen Begriff und Erfahrung bzw. zwischen Wissenschaft und Alltagswissen existiert, übersehen wurde.

Wenn man unter Bildungswissen eine durch curriculare Aufbereitung gewonnene Transformation jenes systematisierten Wissens, wie es durch Wissenschaft, Kunst, Rechtssystem, Technik und andere Instanzen der Erzeugung nichtalltäglichen Wissens mit offiziöser Legitimation versehen und gesellschaftlich verfügbar gemacht wird, versteht, dann bedeutet die erkenntnistheoretisch prinzipielle Gleichsetzung von wissenschaftlichem und Alltagswissen in didaktischer Konsequenz folgendes: Wissenschaftliches Wissen bzw. seine Transformation in Bildungswissen, in dessen Kategorien herkömmlicherweise Lerninhalte und Lernziele formuliert werden, hat für die erwachsenenpädagogische Strategie einer reflexiven Teilnehmerorientierung in der wissenschaftlichen, berufsbegleitenden Weiterbildung den Stellenwert *einer möglichen* Interpretation sozialer Wirklichkeit. Die alltäglichen Deutungsmuster (Dewe / Ferchhoff 1998), mit denen die Teilnehmer ihre lebens- und berufspraktischen Probleme bewältigen, sind eine *andere, ebenfalls mögliche* Realitätsauslegung. Innerhalb von Bildungsprozessen, die sich dieser Strategie der Teilnehmerorientierung verpflichten, fungiert systematisch gefaßtes Bildungswissen als ein *Medium*, in dem sich vor dem Hintergrund möglicher und alternativer Wirklichkeitsentwürfe diese alltäglichen Deutungsschemata aufklären und differenzieren bzw. das dem Teilnehmer ermöglicht, seinen eigenen Weltentwurf reflexiv zu durchschauen, was weiterhin als Voraussetzung für sinnvolle Veränderungen angesehen werden muß. Jack Mezirow spricht in diesem Zusammenhang treffend von der Möglichkeit der Perspektiventransformation beim Erwachsenenlernen (vgl. Mezirow 1997). Es bleibt zwingend der pädagogische Anspruch bestehen, Handlungsprobleme zu bewältigen durch Bildungsprozesse, in denen sich die Adressaten intellektuell des Sinns ihres Handelns und ihre Absichten vergewissern.

Danach darf der Erfolg von Veranstaltungen der berufsbegleitenden Weiterbildung nicht daran gemessen werden, wieweit es gelungen ist, berufliches Alltagswissen durch Wissenschaft zu substituieren; vielmehr kommt es darauf an, den Teilnehmern dabei zu helfen, sich ihrer Deutungsmuster bewußt zu werden und diese ausgehend von deren Inkonsistenzen derart zu differenzieren, daß die Teilnehmer befähigt werden, mit jenen Herausforderungen und Umbrüchen in der Arbeits- und Berufswelt und den damit verbundenen Handlungsproblemen fertig zu werden, die sie zur Teilnahme an wissenschaftlicher, berufsbegleitender Weiterbildung motiviert haben (vgl. Dewe 1999b). Weil allerdings die Beseitigung bestehender Inkonsistenzen in sozialen Deutungsmustern zur Entstehung neuer Inkonsistenzen und neuen Fragen führt, sind derartige Bildungsprozesse im Prinzip nie abgeschlossen (lebenslanges Lernen im Sinne einer lebensbegleitenden Bildung), werden entweder pragmatisch abgebrochen oder unterbrochen, ansonsten werden unausweichlich in ihrem Verlauf Bedingungen und Motive für ihre Fortsetzung erzeugt.

Literatur:

Adorno; Th. W.: Theorie der Halbbildung. In: Der Monat, Heft 11, 1959, S. 516-537.

Axmacher, D.: Widerstand gegen Bildung. Weinheim 1990.

Barz, H. / Tippelt, R.: Lebenswelt, Lebenslage, Lebensstil und Erwachsenenbildung. In: Tippelt, R. (Hrsg.): Handbuch Erwachsenenbildung / Weiterbildung. Opladen 1999, S. 123-146.

Berger, W. u.a.: Zukunft der Weiterbildung. München, Wien 1991.

Brammerts, H.: Lernen in der Gewerkschaft. Frankfurt / M., Köln 1976

Brim, O. / Wheeler, S.: Erwachsenensozialisation. Stuttgart 1974.

Brödel, R.: Erwachsenenbildung in der Moderne. Diagnosen, Ansätze, Konsequenzen. Opladen 1997.

Deutscher Bildungsrat: Strukturplan für das Bildungswesen, Stuttgart 1970.

Dewe, B.: Beratende Wissenschaft. Göttingen 1991.

Dewe, B.: Regulative Weiterbildung. In: WSB-Intern, Heft 1 (1997), S. 25-37.

Dewe, B.: Lernen zwischen Vergewisserung und Ungewißheit. Reflexives Handeln in der Erwachsenenbildung. Opladen 1999a.

Dewe, B.: Bildungsarbeit mit Erwachsenen – „Grenzfall der Pädagogik" oder „zentrales Medium" einer zukünftigen Lerngesellschaft. In: Neue Praxis, 29. Jg., Heft 4, 1999b, S. 394-407.

Dewe, B. u.a.: Theorien der Erwachsenenbildung, München, 1984.

Dewe, B. / Ferchhoff, W.: Deutungsmuster. In: Kerber, H. / Schmieder, A. (Hrsg.): Handbuch Soziologie. Reinbek 1998, S. 76-84.

Dewe, B. / Meister, D.: Sozialpolitische Legitimationsmuster der beruflichen Weiterbildung. In: Hess. Blätter für Volksbildung, Heft 3 (1999), S. 199-218.

Dieterle, K. M.: Betriebliche Weiterbildung. Problemfelder und Konzeptionen. Göttingen 1983.

Dräger, H.: Historische Aspekte und bildungspolitische Konsequenzen einer Theorie lebenslangen Lernens. In: Knoll, H. J. (Hrsg.): Internationales Jahrbuch der Erwachsenenbildung, Bd. 7, Stuttgart 1979, S. 109-141

Erdberg, R., von: Die Grundbegriffe der Volksbildung. Kultur-Bildung-Volksbildung. In: Volksbildungsarchiv. Berlin 1911, S. 528-541.

Faulstich, P. / Zeuner, Ch.: Erwachsenenbildung. Weinheim, München 1999.

Fischer, V.: Institutionalisierung von allgemeiner und beruflicher Bildung. Frankfurt / M., Bern 1982.

Friebel, H.: Studierende Erwachsene im Zweiten Bildungsweg. Braunschweig 1978.

Griese, H.: Erwachsenensozialisation. München 1994.

Groothoff, H.H.: Erwachsenenbildung und Industriegesellschaft. Paderborn 1976.

Harney, K.: Die Logik betrieblicher Weiterbildung. München 1999.
Jagenlauf, M. / Schulz, M. / Wolgast, G. (Hrsg.): Weiterbildung als quartärer Bereich. Neuwied 1995.
Lenhardt, G.: Berufliche Weiterbildung und Arbeitsteilung in der Industrieproduktion. Frankfurt / M 1974.
Mezirow, J.: Transformative Erwachsenenbildung. Hohengehren 1997.
Raapke, H.-D.: Zur Theorie des Lernens im Erwachsenenalter, in: Handbuch der Erwachsenenbildung, hrsg. von F. Pöggeler, Bd. 8, Stuttgart 1981, S. 102-111.
Raschke, J.: Politik und Wertwandel in den westlichen Demokratien, in: Aus Politik und Zeitgeschichte, Beilage zur Wochenzeitung 'Das Parlament', B 36 / 80.
Röhrig, P.: Der bildungstheoretische Ansatz in der Erwachsenenbildung. In: Tippelt, R. (Hrsg.): Handbuch Erwachsenenbildung / Weiterbildung. Opladen 1999, S. 172-190.
Recum, H., von: Bildungsökonomie im Wandel. Braunschweig 1978.
Siebert, H.: Didaktisches Handeln in der Erwachsenenbildung. Neuwied 1976.
Schäfer, E.: Wissenschaftliche Weiterbildung als Transformationsprozeß. Opladen 1988.
Schlüter, A.: Bildungserfolge. Eine Analyse der Wahrnehmungs- und Deutungsmuster und der Mechanismen für Mobilität in Bildungsbiographien. Opladen 1999.
Schmitz, E. / Thomssen, W.: Verfahrensweisen sekundärer Symbolsysteme und Erfahrbarkeit von sozialer Realität. In: Hoerning, E. M. / Tietgens, H. (Hrsg.): Erwachsenenbildung. Interaktion mit der Wirklichkeit. Bad Heilbrunn 1989, S. 35-47.
Schmitz, E.: Was kommt nach der Bildungsökonomie? In: Zeitschrift für Pädagogik, (19. Jg.), 1973, S. 799-820.
Schmitz, E.: Leistung und Loyalität, Stuttgart 1978.
Schulenberg, W. u. a.: Transformationsprobleme der Weiterbildung, Braunschweig 1976.
Schütz, A.: Gesammelte Aufsätze, Band 1, Den Haag 1971.
Strunk, G.: Bildung zwischen Qualifizierung und Aufklärung. Bad Heilbrunn 1988.
Tews, J.: Volksbildungsfragen der Gegenwart. Berlin 1913.
Tütken, H.: Wissenschaftsorientierung und Lebensorientierung – eine Scheinalternative? In: Pädagogische Rundschau (35. Jg.), 1981, S. 123-147.
Weinberg, J.: Die Gesellschaft der Erwachsenen und die Didaktik der Weiterbildung, in: H. Becker u. a.: Wissenschaftliche Perspektiven zur Erwachsenenbildung, Braunschweig 1982, S. 27-38.
Wörmann, H.-W.: Zwischen Arbeiterbildung und Wissenschaftstransfer. Berlin 1995.

Dieter-Jürgen Löwisch

Geisteshaltung durch Philosophieren als Bildungsaufgabe zur Behebung normativer Ratlosigkeit

1

Wer etwas, was als unzeitgemäß eingeschätzt wird, als etwas notwendig Zeitgemäßes erläutern will, der sollte in seinen Argumentationen „pro" mit den diversen Meinungen über das Unzeitgemäße einsetzen – und zwar in genau der plakativen Art, in der diese Meinungen vorgetragen werden. Er sollte dies tun, um nicht als ein Denker angesehen zu werden, der als hoffnungsloser Idealist neben der Zeit liegt und lediglich ein prinzipiengeleiteter Postulator ist in der Forderung, Philosophieren als eine grundlegende Kulturtechnik neben den Kulturtechniken des Lesens, Schreibens und Rechnens praktizieren, lehren und lernen zu sollen. Denn genau darum geht es angesichts der gängigen Meinungen, daß das Philosophieren etwas ist, was nicht in die Zeit paßt, was zwar seine guten Gründe einmal gehabt haben mag, heute aber verzichtbar sei.

Die angesprochenen plakativ formulierten Meinungen „contra" Philosophieren lauten: Wozu eigentlich philosophieren? Wozu ist Philosophieren nützlich, wozu kann man es brauchen? Philosophieren ist abstrakt, ist ein Denken in luftleeren, realitätsfernen Räumen, gleichbedeutend einem Spinnen. Bezeichnet doch selbst die Philosophin Annemarie Pieper in ihrem jüngsten Buch „Selber denken – Anstiftung zum Philosophieren"[1] die Philosophen als „versponnene Müßiggänger."[2] Und weiter: Das Philosophieren als Grundlage von sogenannten Weltbildern, die man sich durch Selberdenken schafft, habe sich erledigt: Philosophisch begründete Weltanschauungen seien ans Ende ihrer Zeit gekommen. Zeitgeistforderungen wie Globalisierung und Universalisierung seien keine Fragen philosophischen Inter-

---

[1] Leipzig 1997
[2] A.a.O., S. 10-20

esses und keine philosophisch begründeten Prinzipien, sondern seien faktisch feststellbare strukturelle Angleichungsprozesse im Denken und Handeln des Menschen weltweit. Wir brauchen – so heißt es – insofern kein philosophisches Denken, sondern zur Lebensbewältigung und Alltagsbewältigung brauchen wir pragmatisches Denken und eine pragmatische Haltung. Wir brauchen kein philosophisches Nachdenken über Gerechtigkeit, wir brauchen vielmehr eine pragmatische Handhabung dessen, was „man" als gerecht ansehen kann, was wiederum dem Wandel der Zeiten unterliegt. Alles müsse heute zweckgerichtet nützlich sein: Wir brauchen deshalb auch eine Fähigkeit (zeitgemäß bezeichnet mit Qualifikation oder Kompetenz) zum Mitgehen mit dem Modernisieren und Globalisieren. Wir brauchen einen pragmatischen Umgang mit dem, was uns als Gesellschaft umgreift, damit wir darin schadenfrei leben können, aber kein Philosophieren über Gemeinwohl und Gemeinsamkeit, über Gesellschaft und Gemeinschaft, weshalb auch Denker wie Ferdinand Tönnies[3] zu der großen Schar vergessener Denker (oder ideologisch tabuisierter Denker) gehört. Wir müssen wissen, wie man effizient und unbeschadet sein Ego im Rahmen von Selbstverwirklichung über die Runden bringt, wir brauchen aber keine philosophische Reflexion über den Sinn von Selbstverwirklichung und die Bedeutung des Personseins des Ich als selbstzweckhaftes Sein des Menschen.[4] Wir brauchen unter pragmatischem Interesse ein Wissen darüber, wie man effizient Freiheit nutzen kann und frei von Bevormundung leben kann oder leben zu können glaubt, aber nicht ein Philosophieren über Freiheit und deren Möglichkeitsbedingung. Wir seien heute Pragmatiker und dem Pragmatismus verpflichtet, wir seien keine Idealisten, Ideologen, Theoretiker, keine Metaphysik-Verbundenen und Metaphysik-Gebundenen mehr. Nicht eine durch Philosophieren gebildete authentische Geisteshaltung ist gefragt, sondern vonnöten ist eine Spürnase für das Wehen des jeweiligen Zeitgeistes, der lebensweltbestimmend ist. Das Philosophieren ist arbeitsteilig gesehen etwas für Fachwissenschaftler, die die kleine Gruppe der „Unberechenbaren" in einer Gesellschaft ausmacht[5] und quasi eine vom Zeitgeist zugestandene Spielwiese des Denkens ausmachen, aber keine für alle verbindliche Kultur-

---

[3] Ferdinand Tönnies: Gemeinschaft und Gesellschaft, Darmstadt 1963
[4] Immanuel Kant: Grundlegung zur Metaphysik der Sitten, Akademie-Ausgabe Band 4, S. 429
[5] Klaus Haefner: Die neue Bildungskrise - Herausforderung der Informationstechnik an Bildung und Ausbildung, Basel 1984, S. 56

technik. Soweit einige Stimmen einer zeitgemäßen Kritik an einem als unzeitgemäß diskriminierten Philosophieren.

2

Zur zeitgeistgemäßen Kritik gehört es heute aber auch, darüber Klage zu führen, daß die Entscheidungsmöglichkeiten des Einzelnen angesichts vielgestaltiger komplexer Entscheidungssituationen immer schwieriger werden, daß eine Vielzahl bis Unzahl vom Wissensdetails und normativen Leitvorstellungen zusammengenommen zu einer wachsenden Entscheidungsunfähigkeit des einzelnen Menschen führen. Klage wird auch darüber geführt, daß es sowohl innerhalb einer Gesellschaft als auch zwischen Gesellschaften und innerhalb einer Kulturtradition wie auch zwischen Kulturtraditionen erhebliche entscheidungsbezogene und handlungsbezogene Orientierungsprobleme und Orientierungsnöte gibt. Gewachsene normative Traditionen, institutionell verfestigt, haben sich gegenüber einem etablierten Pluralismus ihrer verbindlichen Kraft entledigt und sind von einem verbindlichen moralischen Forderungscharakter zu einem unverbindlichen Angebotscharakter mutiert. Es greift um sich eine normative Ratlosigkeit. Eine normative Gleichgültigkeit und Permissivität keimen auf diesem Boden, aber auch normatives fundamentales Denken, daß in dem Moment bedenklich, ja auch gefährlich werden kann, in dem es sich als fundamentalistisches Denken mit entsprechendem Handeln absolut setzt.

3

Beide Zeitgeistbefunde – wer wollte sie bestreiten oder leugnen? – stellen den nachdenklich-kritischen und das heißt: philosophierenden Zeitgenossen in die Aufgabe zu versuchen, das Seine dazu beizutragen, am Aufbau einer allgemeinen Geisteshaltung mitzuwirken, die in skeptisch-kritischer Weise, aber auch zugleich konstruktiver Weise den Zeitgeistprodukten ihre Fragwürdigkeit über Wertdimensionen und Sinndimensionen entgegenhält. Dabei ist Fragwürdigkeit ein durchaus positiver Begriff, nämlich: etwas ist es wert, befragt zu werden. Einer derart kritisch-konstruktiven Geisteshaltung käme es dann zu, Orientierungsmöglichkeiten zur Auflösung von Fragwürdigkeiten zu schaffen, mit denen auch einer normativen Ratlosigkeit begegnet werden kann. Und wenn dieser nachdenklich-kritisch philosophierende Zeitgenosse zugleich pädagogisch ambitioniert oder gar Pädagoge ist, dann potenziert sich seine Verantwortung für eine aufzubauende Geisteshaltung.

Was ist aber mit Geisteshaltung gemeint? Unter Geisteshaltung sei verstanden eine durch Bildung ermöglichte dauerhafte eindeutige – aber nicht ideologische – Disposition psychisch-geistig-normativer Art, die zur Grundlage von Entscheidungsfindungen und von Handlungsgestaltungen dient.

Eine solche Geisteshaltung, zu der Bildung zu befähigen hat, entsteht durch ein ernsthaftes Bemühen um und gedankliches Ringen wie auch durch engagierte Auseinandersetzung mit der Spannung zwischen einem suchenden Sich-Orientieren und einem gedanklichen Verarbeiten von Orientierungsmöglichkeiten im Diskurs mit anderen. Geisteshaltung ist das Ergebnis von einem Philosophieren, das vom kantischen Mut lebt, sich selber seiner Vernunft zu bedienen und sich damit selber im Denken als Nachdenken orientieren zu können unter Verzicht auf Fremdorientierungen und gedankliche Fremdführungen. Geisteshaltung ist die Grundlage einer geistigen und moralischen Eigenständigkeit des Subjekts, von denen wiederum abhängig sind die Fähigkeiten zu einem selbständigen Entscheidungssubjekt und Handlungssubjekt. Statt der genannten Selbständigkeit läßt sich auch von Mündigkeit sprechen: Wer aus dem Schutz und aus der Beschützung eines Dritten heraus ist und sich selbst Schutz ist, also mündig ist (ethymologisch leitet sich „mündig" ab vom althochdeutschen „munt", d.i. Schutz) und keinen anderen mehr für seinen Schutz benötigt (Vormund), hat einen Selbstand eingenommen, steht für sich selbst, ist selbständig. Geisteshaltung weist also jemand auf, der selbständig / mündig ist in seiner Lebensgestaltung und Lebensführung und sich nicht abhängig macht und machen läßt von den diversen Beeinflussungen durch die gesellschaftlichen Umwelten, denen er angehört, der nicht – wie es sprichwörtlich heißt – mit den Wölfen heult, nicht sein Mäntelchen nach dem Winde, sprich nach dem Zeitgeist, hängt, der nicht aus Bequemlichkeit mit dem Strome schwimmt, weil es so „bequem ist, unmündig zu sein" (Kant), der nicht das Lied dessen singt, dessen Brot er ißt (G. E. Lessing: „Lieber betteln gegangen, als so mit sich handeln lassen").

Wer derart fremdbestimmt sein Leben ablaufen läßt, dem wird statt Geisteshaltung eine Mitläufermentalität zuzusprechen sein. Er läßt sich nicht von Einsichten, die er durch Philosophieren gewonnen hat, leiten, sondern er läßt sich leiten von Einstellungen, die gängig, verbreitet, modisch und jederzeit überholbar sind, wie auch veränderbar sind. Einstellungen sind – entgegen Haltungen – kurzlebiger Natur und kurzfristiger Art, sie sind streckenweise tagesbedeutsam und gehen in einem Engagement-Nutzen-

Kalkül auf, sie sind erfolgsorientiert und nutzenorientiert. Werbekampagnen und Agitationen sind beispielsweise immer auf derartige kurzlebige Einstellungsänderungen aus: das ist bei der Werbung für Konsumgüter nicht anders als bei Parteienwerbung und Politikerwerbung vor Wahlen. Einstellungen strecken sich nach dem jeweiligen Zeitgeist und sind dessen – allerdings unsichere – Träger. Eine normative Ratlosigkeit wird ihnen nicht zum Problem, ja tritt in der Regel auch gar nicht einmal auf, weil keine Legitimitätsfragen, Moralitätsfragen und Sinnfragen gestellt werden. Das anonyme „Man" leitet Einstellungen, das jeweils mehrheitlich auftretende normativ Gewünschte wird bedenkenlos zur Grundlage von Einstellungen gemacht und kurzfristig eintretende Wechsel von normativ Gewünschtem werden mitvollzogen. „Der König ist tot. Es lebe der König!"

Geisteshaltung weist aber auch der nicht auf, der engstirnig an Meinungen festhält, an Vorurteilen sich im Denken und Handeln ausrichtet, einer Ideologie sich verschreibt, in sich geschlossenen Gesinnungen (Sekten z.B.) anhängt. Auch derjenige ist bar einer Geisteshaltung, der zum Zwecke von Mächtigkeit, aus Angst vor Machtverlust, aus Gründen des Ansehens oder aus autoritären Selbstbestätigungsbemühungen heraus sich auf seinen einmal geformten Motivationshaushalt kritiklos, selbstkritiklos und einsichtsverschlossen zurückbezieht. Wer derart kritiklos und bedenkenlos entscheidet und handelt, dem wird statt einer Geisteshaltung eine Gesinnungsmentalität und „Gutsherrenmentalität" zuzusprechen sein. Auch hier treten keine Legitimitätsprobleme, Moralitätsprobleme und Sinnprobleme für den Einzelnen auf: Meinungen, Vorurteile, Ideologien bilden einen festen Sicherheitskäfig; Machtfragen, Ansehensfragen und autoritäre Selbstbestätigungsbemühungen lassen ein statusgebundenes und positionsgebundenes Autoritätsbewußtsein erkennen.

4

Geisteshaltung ist – noch einmal und mit anderen Worten – Grundlage und Ergebnis von legitimitätsbezogenem, moralitätsbezogenem und sinnbezogenem Nachdenken in Entscheidungsakten und Handlungsvollzügen auf personaler Basis. Was besagt das?

1) Geisteshaltung hat es immer mit Nachdenken zu tun. Nachdenken ist etwas anderes als natürliches oder logisches Denken. Wird das Erstgenannte getragen von Vernunft, so wird das Zweitgenannte getragen vom Verstand. Wer nachdenklich ist, beabsichtigt mit seiner Nachdenk-

lichkeit etwas qualitativ anderes, als wenn er logische Denkprozesse vollzieht. Ein Nachdenken über Legitimität und Moralität einer Legalitätsverletzung (z.b. Kohlbergs Heinz-Dilemma über das Stehlen eines außerordentlich teuren, einmaligen Medikaments, einem dieses Medikament herstellenden Apothekers zum Lebenserhalt der Ehefrau) liegt qualitativ auf einer anderen Ebene als die Richtigkeit der statischen Berechnung einer Brückenkonstruktion. Der nachdenkliche Denker besinnt sich auf etwas, er weist Besonnenheit und nicht allein logische Klugheit auf. Er denkt nicht geradewegs fortschreitend auf einen gesetzten Zweck hin, was als eine „intentio recta" anzusehen ist, sondern er bedenkt etwas, z.B. den gesetzten Zweck, von der Seite aus, er steht quasi neben einem zweckgerichteten Denkvorgang und denkt über ihn nach, er klinkt sich quasi aus dem zweckgerichteten Denken – der intentio recta – aus und richtet seinen reflektierenden Blick schräg von der Seite (obliquus) aus auf den zweckgerichteten Denkvorgang und besinnt sich auf ihn („intentio obliqua" genannt) in kritischer, prüfender und überprüfender Absicht: Er denkt nach über den Sinn und den Wert des klugen zweckgerichteten Denkens. Er will den Sinn und den Wert dessen erfassen und ergründen, was durch das kluge und richtige Zweckdenken und Zweckhandeln erstrebt werden soll. Zur Illustration: Es mag sicherlich klug und zweckmäßig sein, aus Gründen eines reibungslosen und konfliktarmen wie gewaltarmen gesellschaftlichen Zusammenlebens ständig neue Gesetze und Verordnungen zu schaffen, Satzungen und Geschäftsordnungen für Institutionen zu erlassen. Aber – und da setzt das philosophierende Nachdenken und Fragen ein – ist es auch sinnvoll und unter Wertvorstellungen von Freiheit, Toleranz, Gerechtigkeit, Mündigkeit und Selbständigkeit vertretbar, menschliches Denken und Handeln in derartige fremdbestimmende Zwangsjacken zu pressen? Wo bleibt das kantische Sich-selber-im-Denken-orientieren?

2) Geisteshaltung ist Ausdruck einer inneren Haltung des denkenden und handelnden Menschen. Man kann sagen, daß Geisteshaltung die „innere Verfassung" des Menschen ausmacht neben seiner „äußeren Verfassung", die sich an dem ausrichtet, was der jeweilige Zeitgeist dem Einzelnen durch Gesetze und Konventionen abverlangt. Unter Zugrundelegung der inneren Verfassung ist das Subjekt in der Lage, sein Denken und Handeln sich und anderen gegenüber in Legitimationsdiskursen moralisch rechtfertigen zu können. Das heißt: Die Geisteshaltung eines Menschen macht es möglich, aus seinen zeitgeistbezogenen legalen Handlungen moralisch legitime Handlungen zu machen oder jene – wie

auch die Aufforderung zu ihnen – auf ihre Moralität hin überprüfen zu können.

3) Geisteshaltung existiert nicht um ihrer selbst willen, sondern drückt sich aus in sinnbezogenem und wertbezogenem Nachdenken wie auch in legitimitätsbezogenem, Rechtfertigungen lieferndem Nachdenken. Ein Verlust an Geisteshaltung – beim einzelnen wie in einer Gesellschaft, die von vielen einzelnen getragen ist – schlägt sich somit nieder in einem Verlust an sinnbezogenem, wertbezogenem und rechtfertigungsbezogenem Nachdenken zugunsten eines zeitgeistgeleiteten und moralisch unverbindlichen Denkens und Handelns. Dieser Verlust wiederum dokumentiert sich in der erwähnten normativen Ratlosigkeit, die ihrerseits gepaart ist mit Indifferenz, Gleichgültigkeit, Profillosigkeit, Permissivität (es ist erlaubt, alles zu tun, was machbar ist: anything goes) wie auch Mitläufertum und couranter Gängigkeit. Keine Haltung, sondern die Tageserfordernisse diktieren das Handeln. Nietzsche hatte diesen Verlust mit seinen Folgen vor hundert Jahren schon seiner Zeit als „decadence" vorgeworfen.[6] Der Verlust an Geisteshaltung mit dem Ergebnis normativer Ratlosigkeit ist identifizierbar als Philosophievergessenheit, genauer: als das um sich greifende und wenig beachtete Unvermögen zum Philosophieren oder – wie es bei Kant auch heißt – zum Sich-im-Denken-Orientieren.[7]

4) Dieses Sich-im-Denken-Orientieren hängt innigst zusammen mit der kantischen Erläuterung dessen, was Aufklärung sei: Mut zu haben, sich selber seiner eigenen Vernunft zu bedienen.[8] Diese Selbständigkeit im Denken und im Sich-Orientieren im Denken lebt wesentlich aus dem Gedanken der Selbstzweckhaftigkeit des Menschen. Der Mensch darf – so Kant[9] – nie nur angesehen werden als Mittel zur Erfüllung der Zwecke anderer oder der Gesellschaft mit ihren diversen Subsystemen und Ideologien, sondern der Mensch ist immer zugleich auch Zweck seiner selbst. Er ist Person und nicht nur Zeitgeistträger. Insofern sind die eingeklagte Geisteshaltung, das eingeklagte Philosophieren, das eingeklagte Sich-im-Denken-Orientieren gebunden an das und abhängig von dem,

---

[6] Friedrich Nietzsche: Der Antichrist, Schlechta-Ausgabe Band 2, München 1966, S. 1167

[7] Immanuel Kant: Was heißt: Sich im Denken orientieren? Akademie-Ausgabe Band 8, S. 131-147

[8] Immanuel Kant: Beantwortung der Frage: Was ist Aufklärung? Akademie-Ausgabe Band 8, S. 33-42

[9] Vgl. Fußnote 4

was Person-Sein des Menschen genannt wird. Geisteshaltung zeigt sich somit immer als personale Geisteshaltung: eine selbstgestaltete und selbstverantwortete innere Verfassung des Menschen als selbstzweckhafte Person.

Das an das Person-Sein des Menschen gebundene philosophierende Nachdenken als Geisteshaltung macht – so antiquiert das auch manchem erscheinen mag[10] – die Gebildetheit des Menschen aus. Und die Befähigung zum Philosophieren und damit zur Gewinnung von Geisteshaltung ist Aufgabe von Bildung.[11]

5

Daß dieser in der pädagogischen Theoriediskussion der Gegenwart unzeitgemäßen Bildungsvorstellung im lebensweltlichen Bereich jedoch ein Korrelat entspricht, zeigt sich in zweifacher Weise:

Zum einen wächst die Zahl der sogenannten Philosophischen Praxen oder der Institute für angewandtes Philosophieren wie auch für philosophische Beratung, weil es zunehmend Nachfrage nach philosophierender Besinnung in einer hektischen, profitorientierten und karriereorientierten Lebenswelt gibt. Diese Nachfrage findet sich vor allem bei Führungskräften, vor allem auch solchen, die mit ihrer eigenen „Lebensphilosophie" sich nicht mehr zurechtfinden und persönliche Orientierungsprobleme entwickeln oder ganz manifest empfinden. Auch zeugen beispielsweise die Erfolge der literarischen Bemühungen um eine „Ethik für Manager" von Rupert Lay davon, daß offensichtlich ein starkes Interesse für Philosophieren – speziell für ethisches Philosophieren – besteht. Es ist ein Interesse, daß Ekkehard Martens unter Rückgriff auf Sokrates als Interesse an angewandter Philosophie bezeichnet und engagiert unterstützt.[12]

Zum anderen gibt es zunehmend verbreitet Bestrebungen, Kindern die Möglichkeit des Philosophierens zu eröffnen. In starker Anlehnung an amerikanische Entwicklungen von Konzepten eines Philosophierens mit Kindern, die wesentlich getragen und gestaltet sind von Matthew Lipman und

---

[10] Vgl. Fußnote 4

[11] Vgl. Dieter-Jürgen Löwisch: Mit Kompetenzen kompetent umgehen - Lebensweltbezogene Bildung von Handlungskompetenz, Darmstadt 2000 (im Druck)

[12] Ekkehart Martens: Zwischen Gut und Böse - Elementare Fragen angewandter Philosophie, Stuttgart 1997, S. 8

Gareth B. Matthews, hat sich auch in Deutschland und Österreich beispielsweise durch Barbara Brüning, Hans-Ludwig Freese, Detlef Horster, Ekkehart Martens, Helmut Schreier und Eva Zoller zunehmend eine Bewegung des Philosophierens mit Kindern entwickelt.[13]

6

Eine Befähigung zum Philosophieren als generelle Bildungsaufgabe dient der Behebung eines Defizits an Geisteshaltung und gleichzeitig damit verbunden der Behebung einer auf breiter Front zunehmenden normativen Ratlosigkeit. Als generelle Bildungsaufgabe gehört damit die Befähigung zum Philosophieren auch in jeden Bildungsbereich und Ausbildungsbereich von Pädagogen: von Schulpädagogen, Sozialpädagogen, Betriebspädagogen, Erwachsenenpädagogen. Pädagogische Studiengänge, auch Weiterbildungsstudiengänge, die auf die Befähigung zum Philosophieren (und damit auf die Bildung von Geisteshaltung) verzichten, werden sich über kurz oder lang als unzeitgemäß erweisen und die zunehmende normative Ratlosigkeit zementieren.

---

[13] Vgl. hierzu Dieter-Jürgen Löwisch: a.a.O., Kap. 3.5

Klaus Harney / Mechthild Hovemann / Rainer Hüls

Das Zahlungsbereitschaftspotential von Weiterbildungsteilnehmern. Strategien der Informationsbeschaffung und -aufbereitung am Beispiel des beruflichen Verwertungsmotivs

Problemstellung: Differenzielle Aufbereitung von Zusammenhängen der Zahlungsbereitschaft

Die folgende Studie wurde in Zusammenarbeit mit der Volkshochschule Bochum erstellt. Sie stellt ein Verfahren vor, mit dessen Hilfe Planungswissen über die Plazierung und Preisgestaltung von Volkshochschulangeboten aufgebaut werden kann. Dabei geht es um die exemplarische Rekonstruktion differenzieller Bedingungen der kursbezogenen Zahlungsbereitschaft von Teilnehmern sowie um das Verfahren ihrer Ermittlung. Besonderes Gewicht kommt der Identifikation von Wechselbeziehungen zwischen den Einflussgrößen zu, die die Zahlungsbereitschaft steuern.

Das Interesse an der Wirtschaftlichkeit der Erwachsenenbildung hat in den letzten Jahren an Bedeutung zugenommen (vgl. Nuissl 1994b, S. 353). Mit ihr sind Fragen der Plazierung und Planung von Angeboten (Marketing) angesprochen, die gerade für die Volkshochschule einen besonderen Bedarf an Information und Beratung aufwerfen. Dabei kommt der Zahlungsbereitschaft von Teilnehmern eine naturgemäß große Bedeutung zu.

In den Volkshochschulen findet man üblicherweise eine Drittelfinanzierung, die sich aus Teilnehmergebühren, kommunalen Mitteln und Mitteln der Länder zusammensetzt, wobei anzumerken ist, dass die Einnahmen aus Teilnehmergebühren seit den 80er Jahren volkshochschulweit ständig zugenommen haben. Insgesamt weisen die Bundesländer auf der Grundlage ihrer jeweiligen Weiterbildungsgesetze unterschiedliche Anteile aus (vgl. Nuissl 1994b, S. 349). Für NRW ist der Landesfinanzierungsanteil in den 90er Jahren auf etwa 20% zurückgegangen, der Teilnehmergebührenanteil liegt bei ca. 30% (Gieseke u.a. 1997, S. 134). In Bochum liegen die entsprechenden Anteile bei 37% und 23%. Der städtische Zuschuß und die Einnahmen aus Drittmitteln unterschreiten den Landesdurchschnitt. Sie liegen bei etwa 40% (Geschäftsbericht 1997, S. 11).

Die Überlegungen zur Marktgängigkeit von Angebotsformen stehen zusätzlich in einem Diskussionszusammenhang um die Budgetierung von Haushaltsmitteln auf kommunaler Ebene. Durch die notorisch defizitäre Lage der öffentlichen Haushalte steht die Frage der Finanzierung für die Träger von Weiterbildung an vorderer Stelle, so dass Diskussionen um den Kostendeckungsgrad von Einrichtungen auch vor dem Hintergrund eines als öffentlich verstandenen Auftrages der Volkshochschule nicht mehr zurückzuhalten sind. Damit müssen sich die pädagogisch-inhaltlichen Bereiche von Weiterbildung, die Angebotsvielfalt der Programme und ihre Offenheit, mit Legitimationsfragen auseinandersetzen. Die begrenzten öffentlichen Finanzierungsmittel weisen auf die Aufgabe hin, sich anderer Formen der Finanzierung zu vergewissern und dabei in Teilnehmern nicht nur das bildungsinteressierte Publikum, sondern auch die zahlungsbereite Kundschaft zu entdecken (Meisel 1994a, S. 385f.).

Die Konkurrenz zu den wachsenden, auf erwerbswirtschaftlicher Grundlage arbeitenden privaten Weiterbildungsanbietern nimmt offensichtlich zu. Zugleich wird festgestellt, dass Anbieter von Weiterbildung deutlich stärker bei der Finanzierung der Angebote auf Teilnehmergebühren angewiesen sind – so Ergebnisse einer 1995 für die Region Freiburg erstellten Studie (Tippelt 1997, S. 145ff.; Nuissl 1994a, S. 150).

Um so mehr fällt auf, wie wenig über die Zahlungsbereitschaft von Volkshochschulteilnehmern bekannt ist: Denkbar ist, dass höhere Preise nur geringe Nachfragerückgänge bei den Teilnehmern zur Folge haben. Extrapoliert man die aus der Teilnehmerforschung bekannten Gründe für die Konstitution von Beteiligung, dann kann man zu der Frage, inwieweit Gebührenerhöhungen akzeptiert werden oder nicht, folgendes sagen: Die Akzeptanz könnte abhängen von der Konkurrenzsituation, von der Möglichkeit des Angebotswechsels, der Dringlichkeit der Nachfrage nach einem spezifischen Angebot, der lebenspraktischen, der interessengebundenen und beruflich-arbeitsbezogenen Bedeutung des Angebots und nicht zuletzt der Angemessenheit des Preises im Verhältnis zum verfügbaren persönlichen Einkommen.

Aus diesem Spektrum der Einflussgrößen schneiden wir Fragen der thematischen Relevanz, des Alters, der lebenspraktischen Bedeutung (Motiv) und des Einkommens aus und interessieren uns für die Art und Weise, mit der diese Einflussgrößen die Zahlungsbereitschaft steuern.

Es geht also um die Frage, inwieweit die Volkshochschulen auf Refinanzierungsstrategien zurückgreifen können, ohne dass sie dadurch potentielle oder reale Teilnehmer verlieren bzw. die Angebotspalette reduzieren müssen. Dabei ist es wichtig zu wissen, unter welchen Bedingungen die Kursentgelte als Kriterien zur Teilnahme anzusehen sind und dabei als sozusagen harte Faktoren die Besuchsfrequenz bestimmen. Wenn die Gebühren als Belastung empfunden werden, so ist nach der Qualität dieser Belastung zu fragen. Die Frage nach der Qualität der Gebührenbelastung ist gleichbedeutend mit der Frage, ob es Gründe gibt, die die Inkaufnahme von Gebührenerhöhungen erleichtern und in welchem Ausmaß solche Gründe wirksam sind. Der Hinweis auf die durch Preiserhöhungen vermutete soziale Selektion der Teilnehmer reicht zur Erfassung dieses Zusammenhangs nicht aus. Hinzu kommt, daß über ihn insgesamt wenig bekannt ist (vgl. Schlutz / Schrader 1999, S. 41). Unsere Ergebnisse sprechen jedenfalls nicht dafür, daß Preiserhöhungen generell mit sozialer Selektion verbunden sind.

Vor diesem Hintergrund kann die pauschale Anhebung wie auch die pauschale Beibehaltung von Entgelten verfehlt sein, da beides dann am tatsächlichen Nutzungsverhalten der Teilnehmer vorbeigeht. Wichtig sind Rahmenbedingungen, die die Organisation in die Lage versetzen, zeit- und marktnah auf Veränderungsprozesse zu reagieren, also eine Kostendeckung durch differenzielle Formen der Teilnehmerbeitragsanhebung anzustreben (Meisel 1994b, S. 51). Auf diese Weise sind kalkulatorische Strategien naheliegend, durch die pädagogische und einzelwirtschaftliche Formen der rationalen Planung aufeinander bezogen werden und eine begründete Flexibilisierung der Entgelte herbeiführen können.

Für die Entwicklung solcher Strategien sind Informationen über die Zahlungsbereitschaft von Teilnehmern unerlässlich – auch wenn sie lediglich ein für die Begründung von Marketingstrategien notwendiges Informationssegment darstellen. Wie wichtig dieses Segment für die Reproduktion von Einrichtungen ist, hat zuletzt Schrader in einer Analyse von Lehrenden in der Weiterbildung nachgewiesen: Die geringen Stundensätze, mit denen die Lehrenden im Volkshochschulbereich bezahlt werden, strukturieren die Art des Angebots, die Breite der Themen und natürlich auch die Qualität, indem sie vor allem bei Lehrenden, die auf die Bezahlung angewiesen sind, Strategien der Aufwandsbegrenzung nahelegen – z.B. durch das Angebot weicher Themen, die eine breite Teilnehmerschaft ansprechen, durch Verzicht auf Niveaudifferenzierung und Spezialisierung, durch die Beziehungen zwischen dem Angebot und der Verfügbarkeit arbeitsloser Akademiker auf dem Arbeitsmarkt (vgl. Schrader 1998).

Vorgehensweise: Kontrastvergleich zwischen Kursen

Differenzielle, auf Information über die Zahlungsbereitschaft von Teilnehmern gegründete Entgeltgestaltungen sind *ein* Mittel zur Durchbrechung dieses negativen Kreislaufs. Um solche Informationen zu erhalten, bedarf es gezielter Strategien der Informationsbeschaffung, die über die Aufbereitung bivariater Zusammenhänge hinausgehen. Wir wenden solche Strategien im folgenden auf Teilnehmer an, die von uns ausgewählte thematisch kontrastierende Kursangebote wahrgenommen haben. Da die eingesetzten Auswertungsverfahren im Einzelfall zu kleinen Zellen führen, kommt unserer Studie keine Verallgemeinerungsanspruch im Sinn der statistischen Repräsentativität zu. Eins solcher Anspruch würde auch dem Auswertungsverfahren widersprechen, das am fallbezogenen Kontrastvergleich interessiert ist.[1]

---

[1] Auf diesen Grundlagen wurde der Pretest mit 47 Teilnehmern in sechs Kursen im Herbst 1998 durchgeführt, womit insbesondere die Überprüfung der „Lesbarkeit" des Fragebogens intendiert war und aus dessen Ergebnissen sich Hinweise auf Korrekturen an Formulierungen, am Layout und an der Gestaltung einzelner Items ergeben sollten. Die formal überarbeitete und inhaltlich unveränderte Fassung wurde schließlich zur tatsächlichen Befragung eingesetzt. Die Befragung von insgesamt 206 Teilnehmen erfolgte dann im Februar / März 1999 in insgesamt 20 Kursen. Bei der Erstellung des Fragebogens gingen wir von den folgenden Vorüberlegungen aus:

1. Was bewegt die Kursbesucher zur Teilnahme an dem Volkshochschulkurs? (Frage nach der Motivation)
2. Wie häufig werden Kurse besucht? (Frage nach der Kontinuität)
3. Gibt es einen Zusammenhang zwischen der Teilnahme an den Kursen und den globalen Indikatoren der Lebenslage Einkommen, Erwerbstätigkeit, Alter und Geschlecht?
4. Welche Gebühr wird für den Kurs bezahlt?
5. Wie steht es mit der Bereitschaft, für den Kurs mehr zu bezahlen?

Englisch: Insgesamt wurden die Teilnehmer von 10 Kursen aus diesem Bereich befragt, und zwar unter Berücksichtigung der verschiedenen Kursniveaus. Jeweils zwei Kurse wurden aus den Bereichen Anfänger Stufe I, Anfänger Stufe II und Anfänger III und jeweils zwei Kurse aus dem Bereich Aufbaustufe II und Zertifikatsstufe I ausgewählt. Die Kurse verteilten sich auf die Wochentage Montag (zweimal), Mittwoch (zweimal), Donnerstag (fünfmal) und Freitag (einmal). Auf die Tageszeit bezogen verteilen sich vier der Kurse auf den Vormittag und sechs Kurse auf den Nachmittag / Abend. Das Kursangebot im Fachbereich Büro / EDV differenziert sich in relevante Bürotätigkeiten und Wissensgebiete aus. Es wurden innerhalb des Fachbereiches die Teilnehmer aus 10 Kursen befragt. Die Auswahl der Kurse bezog sich auf die Bereiche Buchführung (zweimal), Maschinenschreiben (viermal), Sekretariatspraxis (ein-

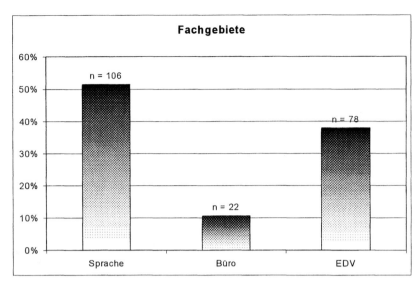

Grafik 1

Die kontrastierenden Themenbereiche (Grafik 1), für die wir uns entschieden haben, waren die Bereiche Sprachen (Englisch), Büro und EDV. Die Bereiche spielen im Weiterbildungsangebot der Volkshochschule B. eine wichtige Rolle, wobei allein die Sprachen mehr als ein Drittel der Kursstunden ausmachen und der Bürobereich knapp 10% umfaßt.

Entscheidend für die Auswahl war die Kontrastierung von Kursthemen unter den Gesichtspunkten der Inhaltlichkeit, der Aktualität und der thematischen Diffusion.

Unter inhaltlichen Gesichtspunkten stehen EDV und Sprachen für kontrastierende Wissensdomänen. Im einen Fall geht es um die Aneignung operativer Verknüpfungen, im anderen um die Aneignung symbolischer Verständigungskontexte. Während der Sprachenbereich (Englisch) die Problematik der sprachlichen Bildung und Kommunikationsfähigkeit anspricht, steht der Bereich EDV für die technologische Modernisierung der Gesellschaft und für Kommunikationsfähigkeit unter dem Gesichtspunkt der effizienten Verteilung und Gestaltung von Informationen. Der Bürobereich re-

---

mal) und Grundkurs Datenverarbeitung (dreimal). Die Kurse verteilen sich auf die Wochentage Montag (viermal), Dienstag (einmal), Freitag (viermal) und einen Wochenend-Kompakt-Zeitraum. Die an den Wochentagen stattfindenden Kurse sind zeitlich im Bereich Nachmittag / Abend angesiedelt, womit eine gewisse Breite der Zeitpräferenzen differenter Nutzer / Teilnehmer gewährleistet.

präsentiert am ehesten die engere berufliche Sphäre, also den Bereich der Themen, die in irgendeiner Weise für den Zusammenhang von Arbeitsplatz und Karriere wichtig sind. Die Wissensdomänen Sprache und EDV zeichnen sich durch ihren Charakter als Querschnittwissen aus, sind thematisch also in ganz unterschiedlichen Lebenszusammenhängen bedeutsam (= thematische Diffusion). Unter dem Gesichtspunkt der Aktualität stehen Englisch und EDV ebenfalls im Kontrast zueinander. Englisch hat als Querschnittwissen eine lange Tradition, während der EDV-Bereich die Aktualität, die dynamische Veränderung und die Anschlussproblematik an den raschen Wandel des beruflichen und privaten Lebens repräsentiert (vgl. Schlutz / Schrader 1999, S.29f.). Der Bürobereich steht gewissermaßen in der Mitte der hier angesprochenen Dimensionen: Er repräsentiert Querschnittwissen im Bereich der kaufmännischen Berufe. Unter Aktualitätsgesichtspunkten ist er einem weniger starken Wandel ausgesetzt als der EDV-Bereich, aber gleichwohl dynamischer als das mit Englisch bezeichnete sprachliche Wissen. Insofern kann der Bürobereich als Joker eingesetzt werden: Man kann ihn unter die Kategorie „Nicht-EDV" fassen, falls sich der EDV-Bereich mit seinem Aktualitätsbezug als stark bedeutsam für die Zahlungsbereitschaft erweist. Oder man fasst ihn unter die Kategorie „Nicht-Sprache", falls das gleiche für die Bedeutsamkeit des eher langsamen Querschnittwissens gilt. Da ersteres der Fall ist (siehe Grafik 3), wird in den Auswertungen, die wir vorgenommen haben, mit der Differenz „EDV / Nicht-EDV" gearbeitet.

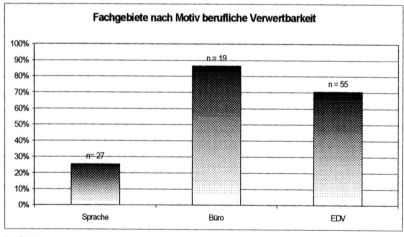

Grafik 2

Die Frage der beruflichen Weiterbildung haben wir nicht über die Kursthemen festgelegt, sondern als Zurechnung durch die Teilnehmer definiert und erfragt. Grundsätzlich betreiben alle diejenigen Teilnehmer berufliche Weiterbildung, deren Motiv das der beruflichen Verwertbarkeit ist (vgl. Dohmen 1994, S. 411). Unter thematischen Gesichtspunkten steht der Bürobereich auch in dieser Hinsicht zwischen den Bereichen EDV und Englisch: Während EDV und Englisch auf berufliche und allgemein lebenspraktische Verwendungszusammenhänge gleichermaßen verweisen, trifft das auf den Bürobereich nicht zu, gibt es dort also einen durch die Thematik nahegelegten beruflichen Bias (Grafik 2).

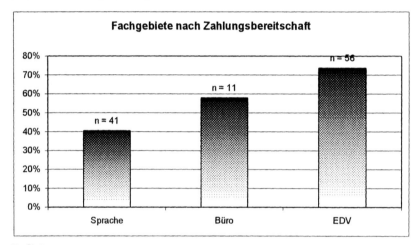

Grafik 3

Der Sinn der Zahlungsbereitschaft: Informationen auf der Grundlage bivariater Auswertungen

Die Frage nach der Zahlungsbereitschaft von Volkshochschulteilnehmern kann man als Frage nach den Präferenzen betrachten, mit denen Teilnehmerinnen und Teilnehmer das Faktum ihrer Teilnahme in die Relevanzen ihres eigenen Alltags einordnen. Mit der Zahlungsbereitschaft ist die Thematik der Knappheit aufgeworfen. Die Zahlung der Kursgebühr stellt den Geld gewordenen Ausdruck des Verzichts auf andere Möglichkeiten dar. Es codiert diesen Verzicht und wird dadurch wertvoll. Allerdings ist der Verzicht auf andere Möglichkeiten für diejenigen Teilnehmer und Teilnehmerinnen wiederum vergleichsweise wenig wert, die über ein hohes oder zumindestens ausreichendes Einkommen verfügen und den Verzichtcharakter der Geldverausgabung kaum bemerken. Umgekehrt kann ein geringes Einkommen dennoch mit hoher Zahlungsbereitschaft einhergehen, wenn starke Teilnahmemotive vorliegen, die der Teilnahme eine besondere lebenspraktische Bedeutung geben.

Es ist also nicht nur die unmittelbare Frage der geldlichen Knappheit, die die Thematik der Zahlungsbereitschaft aufwirft. Es ist die Bereitschaft zur Verausgabung von Alltagszeit, die mit der Frage nach der Zahlungsbereitschaft erfaßt wird. Die Frage nach der Zahlungsbereitschaft eröffnet einen generellen Bedeutungshof, innerhalb dessen Teilnehmer Präferenzen unter Knappheitsbedingungen zum Ausdruck bringen.[2]

Jedes Marketing von Bildungseinrichtungen beginnt mit der Frage, welche Themen die Zahlungsbereitschaft von Teilnehmern am ehesten auslösen, also das Nadelöhr alltäglicher Präferenzen und Entscheidungszwänge durchstoßen können. In den beiden großen Blöcken in unserem Datensatz, den Bereichen EDV und Englisch, finden sich berufliche Verwertungsmotive – wenn auch unterschiedlich ausgeprägt. Beide Bereiche unterscheiden sich im Hinblick auf zahlungsbereite Teilnehmer. Ihr Anteil fällt im EDV-Bereich am größten, dagegen im Bereich Sprachen am niedrigsten aus (Grafik 3).

Da uns interessiert, inwieweit dieser Vorsprung des Modernitätsthemas EDV durch andere Variablen wie berufliche Verwertung, Einkommen Alter etc. verstärkt oder auch neutralisiert wird, haben wir den Datensatz nach EDV-Teilnahme / Nicht-Teilnahme geordnet und dadurch die Teilnehmer von Sprach- und Bürokursen als Nicht-EDV-Teilnehmer codiert.

Die grundsätzliche Bereitschaft zur Gebührenerhöhung ist in allen Themenbereichen vertreten. Sie liegt im Durchschnitt bei etwas über 50 %. Im Bereich EDV übersteigt sie 70 %, im Sprachenbereich ist die Bereitschaft

---

[2] Diese Präferenzen müssen mit der faktischen Zahlungsbereitschaft, die dann abgerufen wird, wenn die Volkshochschule ihre Gebühren tatsächlich erhöht, nicht identisch sein. In Analogie zu den Ergebnissen der Weiterbildungsforschung können wir davon ausgehen, dass ähnlich wie bei der Weiterbildungsbeteiligung auch, die allgemeine Bereitschaft, sich in der einen oder anderen Richtung zu äußern, dann noch einmal einem besonderen Selektionsdruck unterliegt, wenn ihre Einlösung praktisch abverlangt wird. Man kann also davon ausgehen, dass die praktische Belastbarkeit der Teilnehmer / Teilnehmerinnen mit Gebührenerhöhung höher ist als sie in unserer Untersuchung zum Ausdruck kommt. Gleichwohl bilden die Präferenzen Strukturen aus, in denen sowohl die virtuelle wie auch die faktische Akzeptanz von Gebührenerhöhungen bestimmten Begrenzungen und Möglichkeiten unterworfen wird.

bei ca. 40 % der Teilnehmenden gegeben (Grafik 3). Dieser Zusammenhang geht einher mit einer im Durchschnitt jüngeren Teilnehmerschaft im EDV-Bereich (Grafik 4).

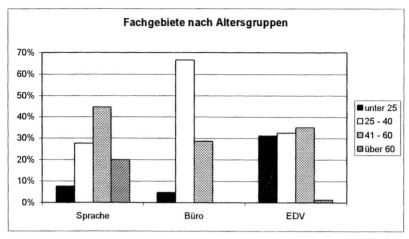

Grafik 4

Dieses Ergebnis deutet darauf hin, daß sich mit dem EDV-Thema in besonderer Weise die Frage des Mithaltenkönnens sowohl in der Familie, unter Freunden, wie auch im Berufsleben stellt. Im Sprachenbereich scheinen die Motive stärker zu streuen. Das erklärt, weshalb dort die Bereitschaft zur Akzeptanz von Gebührenerhöhungen prozentual nicht so hoch ausfällt, wie das im EDV-Bereich der Fall ist. Der vergleichsweise geringste Widerstand gegen Gebührenerhöhungen geht von solchen Teilnehmern aus, die das Motiv der beruflichen Verwertbarkeit in den Vordergrund ihrer Teilnahme stellen (Grafik 5).

Wenn man auf das Einkommen übergeht, sieht man, dass Gebührenerhöhungen am wenigsten von Teilnehmern akzeptiert werden, die ihr eigenes Einkommen für niedrig halten (Grafik 6).

Teilnehmer, die aus Gründen der Geselligkeit oder auch der Allgemeinbildung teilnehmen, artikulieren ebenfalls Widerstand gegen Gebührenerhöhungen (Grafik 5). Beide Motive verweisen nicht auf eine durch Weiterbildung bestimmte Zukunft. Sie sind eher an einen durch die Gegenwart dominierten Lebensstil gebunden. Dieser Interpretation entspricht die höhere Zahlungsbereitschaft jüngerer Teilnehmer (Grafik 7). Im jüngeren Alter ist die Weiterbildungsteilnahme mit mehr Zukunft ausgestattet. Sie wird nicht nur als Lebensstil, sondern auch als Investition in die eigene Zukunft angesehen.

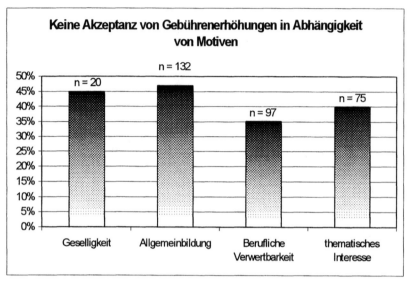

Grafik 5

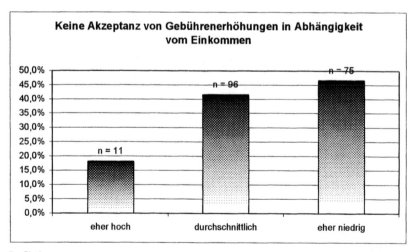

Grafik 6

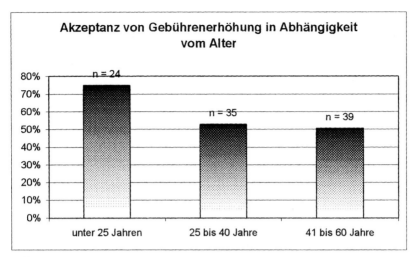

Grafik 7

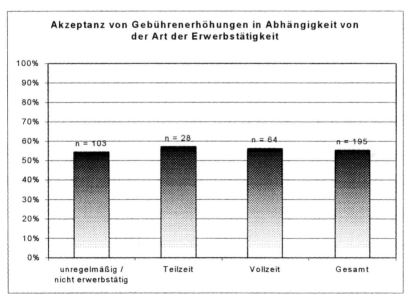

Grafik 8: Differentielle Informationsaufbereitung: Multivariate Zusammenhänge der Ausprägung von Zahlungsbereitschaft

Wenig erwartbar ist die Tatsache, dass sich die Art der Erwerbstätigkeit auf die Zahlungsbereitschaft der Teilnehmenden nicht auswirkt. Unabhängig von der Frage, ob die Teilnehmenden unregelmäßig erwerbstätig, arbeitslos, teilzeitbeschäftigt sind oder in einem Vollzeitarbeitsverhältnis stehen: Die Bereitschaft, Gebührenerhöhungen in Kauf zu nehmen, ist bei allen Gruppen in etwa gleich ausgeprägt (Grafik 8).

Die grundsätzliche Skepsis, die die empirische Sozialforschung bivariaten Verteilungen entgegenbringt, ist auch unserem Datensatz gegenüber berechtigt. Die Aussagen, die von einfachen Kreuztabellen ausgehend möglich sind, führen nicht weit vom Alltagswissen weg. Die mit ihnen begründbaren handlungsstrategischen Hinweise bleiben begrenzt. Beispielsweise kann man aus bivariaten Verteilungen folgern, dass in Kursen mit einem hohen Anteil von Niedrigverdienern keine oder nur sehr mäßige Gebührenerhöhungen erfolgen sollten. Den Ergebnissen vorgreifend ist festzustellen, dass diese Aussage zwar allgemein zutrifft, Jugendliche und junge Erwachsene in EDV-Kursen jedoch von ihr ausgenommen werden müssen.

Grundsätzlich sind solche segmentbezogenen Aussagen zur Feinbestimmung zahlungsbereiter Teilnehmer nur mit Hilfe multivariater Analysen erreichbar. Schon die Erweiterung des Aussagentyps von zwei auf drei Variablen verfeinert die analytischen Möglichkeiten beträchtlich und vergrößert die Zugänglichkeit von Informationen.

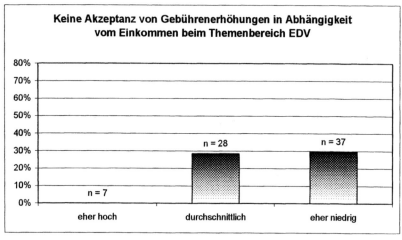

Grafik 9a

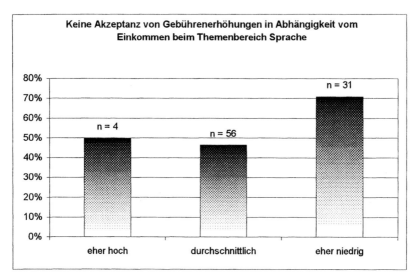

Grafik 9b

Betrachtet man nämlich die Akzeptanz von Gebührenerhöhungen in Abhängigkeit vom Einkommen bei den Themenbereichen EDV und Sprachen, dann sieht man, dass sich die Widerstände der Niedrigverdiener, die Sprachkurse besuchen, vergrößern, dass sie sich dagegen bei denjenigen Niedrigverdienern, die EDV-Kurse besuchen, verringern. Bei Niedrigverdienern führt die Teilnahme an EDV-Kursen zu einer Absenkung des Widerstandsniveaus gegen Gebührenerhöhungen (Grafiken 9a / b). Bei den Teilnehmenden an Sprachkursen ist es genau umgekehrt.

Einen ähnlichen Effekt kann man bei der Unterscheidung von weiblichen und männlichen Teilnehmenden beobachten. Allgemein ist die Zahlungsbereitschaft vom Geschlecht unabhängig. Sie ist bei Frauen wie bei Männern gleich stark ausgeprägt. Sieht man sich jedoch den EDV-Bereich an, dann kann man feststellen, dass dort die Zahlungsbereitschaft von Teilnehmerinnen stärker ausgeprägt ist als die von Teilnehmern (Grafik 10).

Hinter der Zahlungsbereitschaft kann sich also eine durchaus komplexe Gemengelage von Motiven und Präferenzen verbergen. Präferenzen müssen arrangiert und in eine Beziehung zueinander gebracht werden. Die Zahlungsbereitschaft ist das Resultat eines solchen Arrangements. Sie befindet sich am Ende einer Kette von Erwartungen und Erwartungsverflechtungen. Der Verkettung von Einflussgrößen kann man sich nähern, wenn man den Variablenraum vergrößert, den man in die statistische Rekonstruktion einbezieht. Dies geschieht im Folgenden mittels der Logit-Analyse (Logit-Modellbildung).

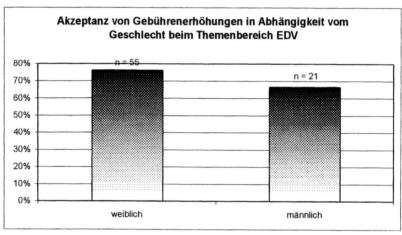

Grafik 10

Modellbildung zur Erklärung der Zahlungsbereitschaft

Der Begriff des Modells setzt die Absicht voraus, die Zahlungsbereitschaft mit Variablen wie Einkommen, berufliche Verwertbarkeit, Teilnahme am EDV-Kurs usw. in Zusammenhang zu bringen oder sie mit Hilfe dieser Variablen zu erklären. Das Verfahren der Logit-Modellbildung vergleicht die empirisch angetroffene Zahlungsbereitschaft mit den erwarteten Häufigkeiten, z.B. mit den relativen Werten, die man aus der Beteiligung von EDV-Kursteilnehmern errechnen kann. Je nach dem wie stark die so errechenbare erwartete Häufigkeit vom Durchschnittswert aller Teilnehmer abweicht, kommt der Teilnahme am EDV-Kurs Einfluss auf die Zahlungsbereitschaft zu. Wenn er als solcher im errechneten Modell ausgewiesen wird, kommt ihm unabhängige Bedeutung zu. D.h.: Der Einfluss, den die Teilnahme bzw. Nicht-Teilnahme am EDV-Kurs auf die Zahlungsbereitschaft hat, ist dann in allen Variablen und Variablenverbindungen, die das Modell bietet, enthalten. Man spricht dann von einem Haupteffekt. Es ist nun möglich, die Teilnahme bzw. Nichtteilnahme am EDV-Kurs wiederum zu unterteilen (nach Geschlecht, berufliche Verwertbarkeit, Einkommen usw.) und dadurch immer weitere Zellen zu bilden, die aus der Kombination der einbezogenen Variablen hervorgehen. In diesen Zellen kann es dann wiederum zur über- oder unterdurchschnittlichen Zahlungsbereitschaft (z.B. weibliche EDV-Kursteilnehmer gegenüber EDV-Kursteilnehmern, oder weibliche EDV-Kursteilnehmer mit dem Motiv berufliche Verwertbarkeit gegenüber weiblichen EDV-Kursteilnehmer, etc.) kommen. Letztlich läßt sich die Gesamtzahlungsbereitschaft aus solchen Zahlungsbereitschaftszellen, durch die schließlich alles mit allem kombiniert wird, zusammensetzen. In diesem sogenannten saturierten Modell kommen Modell und Empirie zur Deckung. Das saturierte Modell ist aber nicht das Ziel der Analyse. Denn es enthält in der Regel Informationen, die zur Aufklärung der Zahlungsbereitschaft wenig beitragen. Würde man z.B. zu den genannten weiblichen EDV-Kursteilnehmern noch das Einkommen hinzugeben, dann würde das Hinzugeben dieser Information keinen nennenswerten *zusätzlichen* Aufschluss über Bedingungen der Zahlungsbereitschaft mehr bieten. Insofern geht es darum festzustellen, welche Variablen bzw. welche Interaktionen bei der Berechnung der Zahlungsbereitschaft verzichtbar sind, ohne dass eine nennenswerte Abweichung von der empirisch gegebenen Bereitschaft dadurch entsteht. Wenn z.B. die tatsächliche Zahlungsbereitschaft von weiblichen Teilnehmern am EDV-Kurs den Erwartungswert genau spiegeln würde, so wie er aus der *Verbindung* der auf „weiblich" und „Teilnehmern am EDV-Kurs" entfallenden Zahlungsbereitschaftschancen hervorgeht, würde man zwischen der Kategorie „Teilnehmer am EDV-Kurs" wie auch der Kategorie „weiblich" keinerlei Interaktion feststellen. Ausbleibende Interaktion bedeutet, dass aus der Verbindung der beiden Kategorien „weiblich" einerseits und „EDV-Kursteilnehmer" andererseits zu *einer* Kategorie „weibliche" EDV-Kursteilnehmer kein Informationsgewinn entsteht. Ein solcher Gewinn entsteht erst, wenn die tatsächliche Zahlungsbereitschaft weiblicher EDV-Kursteilnehmer über den Erwartungswert hinausgeht. In diesem Fall stellt die Interaktion zwischen „weiblich" und „EDV-Kursteilnehmer" eine nicht verzichtbare Information dar. Sie muß dann in das Modell, das die Zahlungsbereitschaft erklärt, integriert werden. Für die dreistellige Interaktion „weiblich", „EDV-Kursteilnehmer", „berufliche Verwertbarkeit" gilt genau das gleiche im Verhältnis zur Interaktion „weiblich" „EDV-Kursteilnehmer" usw. Am Ende steht die Identifikation eines Modells, das mit möglichst wenig Variablen bzw. Variableninteraktionen auskommt. Wie in allen anderen Verfahren der multivariaten Modellbildung auch sind die identifizierten Einflussgrößen von Art und Umfang der eingegebenen Variablen abhängig. D.h.: Sie verändern sich und ihre Beziehung zueinander, sobald das eingegebene Variablenset verändert oder erweitert wird.

Durch die Logit-Modellbildung lassen sich bivariate Beziehungen finden und bestätigen, die nicht ohne weiteres vermutet werden. Vor allem aber kann man bivariate Beziehungen, die auf den ersten Blick einleuchtend erscheinen, in ein vergrößertes Netzwerk von Informationen einstellen und genau dadurch besser fundieren. Dabei können sowohl Beziehungen zu anderen Variablen gefunden werden, die im Alltagswissen nicht als evident gelten wie auch auf den ersten Blick evident erscheinende Zusammenhänge relativiert werden, was sich beispielsweise am Einfluß des beruflichen Verwertungsmotivs auf die Zahlungsbereitschaft zeigen läßt (Grafiken 5 und 11).

Wir verzichten im folgenden darauf, die Koeffizienten der Logit-Analyse explizit anzugeben, sondern geben die Zusammenhänge in Textform wieder.

In das Modell beziehen wir das Einkommen, die berufliche Verwertbarkeit als Motiv und die Teilnahme am EDV-Kurs ein. Auf bivariater Ebene sind, wie gezeigt, für alle drei Variablen Auswirkungen auf die Akzeptanz von Gebührenerhöhungen erkennbar. Am Ende reduziert das errechnete Modell den Einfluss der erklärenden Variablen auf zwei Haupteffekte: Auf das Einkommen und auf die Teilnahme am EDV-Kurs, wobei von der Teilnahme am EDV-Kurs der eindeutig stärkste Einfluss ausgeht. Wichtig dabei ist, dass die beiden Variablen lediglich als Haupteffekte in das Modell einbezogen werden (Grafik 11). D. h.: Sie stehen nicht im Wechselverhältnis zueinander. Es ist also nicht so, dass beispielsweise der EDV-Kurs einen besonders hohen Anteil an höher verdienenden Teilnehmern anzieht, die *gleichzeitig* eine überdurchschnittlich ausgeprägte Bereitschaft zeigen, Gebührenerhöhungen zu akzeptieren. Das Umgekehrte gilt natürlich auch: Nämlich, dass EDV-Kurse keinen besonders hohen Anteil an Teilnehmern anziehen, die wenig verdienen und die *gleichzeitig* in überdurchschnittlich geringem Ausmaß bereit sind, Gebührenerhöhungen zu verkraften.

Wenn die Teilnahme am EDV-Kurs und das Einkommen die Gebührenerhöhungsakzeptanz unabhängig voneinander beeinflussen, dann heißt dies, dass sich in den EDV-Kursen der Einfluss des Einkommens auf die Akzeptanz von Gebührenerhöhungen abschwächt und statt dessen der Einfluss des Themas in den Vordergrund tritt. Und es heißt umgekehrt auch, dass in den verschiedenen Einkommenssegmenten, also dann wenn neben den EDV-Kursen auch die anderen Kurse vertreten sind, der Einfluss des Themas zurücktritt und der Einfluss des Einkommens auf die Zahlungsbereitschaft wiederum an Bedeutung gewinnt.

Grafik 11

In den Kreuztabellen werden solche Verschiebungen dadurch sichtbar, dass im EDV Bereich die Werte für das Widerstandspotential gegen Gebührenerhöhungen generell schwächer ausfallen. In Zahlen ausgedrückt: Die Werte sinken dort auf 28% (Grafik 9). Widerstand gegen Gebührenerhöhungen zeigen dagegen 46% *aller* Niedrigverdiener. Im EDV-Bereich liegt deren Widerstandspotential nur bei 30%. D.h.: Das Verdienstkriterium erzeugt keine nennenswerte Abweichung vom Durchschnitt aller EDV-Teilnehmer mehr. Das Kriterium EDV-Teilnahme (Haupteffekt) hat den Widerstand schon so weit abgeschwächt, daß sich die Überkreuzung mit dem Einkommen nicht mehr nennenswert auswirkt. Genau deshalb liegt *keine* Interaktion vor.

Die EDV-Teilnahme wirkt sich mächtiger als das Einkommen auf die Zahlungsbereitschaft aus: Ihre Wirkung übersteigt die des Einkommens um das Doppelte. Vom Motiv der beruflichen Verwertbarkeit gehen *im Vergleich* zur Teilnahme an EDV-Kursen und zum Einkommen überhaupt keine eigenständigen Wirkungen aus, obgleich der Bezugnahme auf den Beruf im EDV-Bereich überdurchschnittlich stark ausgeprägt ist (Volkshochschulen Bochum / Hagen 1997, S. 129). Auch die Wechselbeziehung zur Teilnahme an EDV-Kursen oder zum Einkommen spielt dabei keine Rolle.[3] D.h.: Innerhalb der Kategorie der zahlungsbereiten EDV-Kursteilnehmer ist der Anteil der Berufsverwerter genauso hoch wie bei allen zahlungsbereiten Teilnehmern insgesamt. (Gleiches gilt für die zahlungsbereiten Teilnehmer, die sich zu den Durchschnitts- und Besserverdienern rechnen.)

Generell erhöht also das berufliche Verwertungsmotiv also die Zahlungsbereitschaft von EDV-Teilnehmern wie auch die von durchschnittlich und besser verdienenden Teilnehmern nicht weiter. Eine auf bivariate Verteilungen gestützte Deutung würde jedoch genau dies plausiblerweise annehmen.

Aus diesem Ergebnis kann man allerdings nicht schlussfolgern, dass das Verwertungsmotiv für die Konstitution der Zahlungsbereitschaft *überhaupt* keine Bedeutung hat: denn Zusammenhänge, die auf bestimmten Ebenen der Aggregation nicht feststellbar sind – z.B. wenn man die gesamte Stichprobe betrachtet – können auf einer anderen Ebene durchaus wieder entstehen. So macht es natürlich einen Unterschied, ob man die Auswirkung des Verwertungsmotivs auf die EDV-Kursteilnehmer im Vergleich zu *allen* Teilnehmern betrachtet, oder ob man die Berufsverwerter im Vergleich zu anderen Teilnehmern *in den EDV-Kursen* betrachtet. Wir haben diesen Schritt vollzogen und stellen fest, daß das Verwertungsmotiv auch in den Einkommensgruppen der EDV-Teilnehmer keine nennenswerten Auswirkungen auf die Zahlungsbereitschaft hat.

Geht man noch einen Schritt weiter und nimmt man die Altersvariable als weitere Information in die Modellüberlegungen auf, dann ändert sich das Bild jedoch. Zunächst einmal bleiben das Einkommen und die EDV-Teilnahme ebenfalls (s.o.) als Haupteffekte bestehen, aber es tritt die Interaktion zwischen dem Motiv, der EDV-Teilnahme und der Zugehörigkeit zur Altersgruppe der unter 25jährigen hinzu (Grafik 12). Man kann also die Betrachtungen verfeinern und sich diejenigen der jüngeren Teilnehmer an EDV-Kursen ansehen, die aus Gründen der beruflichen Verwertbarkeit teilnehmen. In diesem Fall hat man ein Segment vor sich, in dem nunmehr das Motiv der beruflichen Verwertbarkeit bedeutsam wird. Denn in diesem Segment trägt es dazu bei, daß die Akzeptanz von Gebührenerhöhungen im Vergleich zu *den anderen Teilnehmern an EDV-Kursen* überdurchschnittlich ausgeprägt ist.

---

[3] So kann man beispielsweise nicht sagen, dass das Motiv der beruflichen Verwertbarkeit ausreicht, um in bestimmten Einkommensgruppen eine besondere Akzeptanz von Gebührenerhöhungen herbeizuführen.

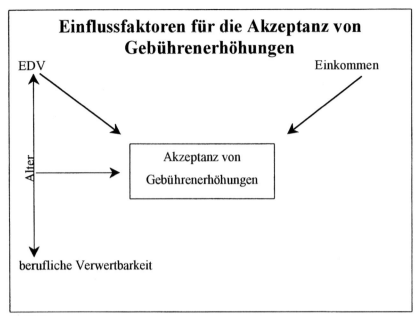

Grafik 12

Jüngere Teilnehmer, die aus Gründen der beruflichen Verwertbarkeit EDV-Kurse besuchen, stellen ein besonders zahlungsbereites Teilnehmerpotential dar. Zahlungsbereitschaft entsteht dann aus der spezifischen Wechselwirkung zwischen dem Verwertbarkeitsmotiv, der EDV-Teilnahme und der Zugehörigkeit zur jüngeren Altersgruppe.

Damit wird deutlich, wie erst komplexe, nicht mehr nur auf bivariate Verteilungen gestützte Verfahren der Informationsbeschaffung eine für differenzierte Strategien der Entgeltpaxis notwendige Informationsbasis aufbauen. Die Reproduktion des öffentlichen Weiterbildungssektors ist mehr denn je auf eine solche Basis angewiesen.

Literatur

Dohmen, G.: Volkshochschulen. In: Tippelt, R. (Hrsg.): Handbuch Erwachsenenbildung / Weiterbildung. Opladen 1994, S. 407-413

Gieseke, W. / Lenz, W. / Meyer-Dohm, P. / Schlutz, E. / Timmermann, D.: Evaluation der Weiterbildung. Gutachten (hrsg. vom Landesinstitut für Schule und Weiterbildung), Soest 1997

Meisel, K.: Weiterbildungsmanagement. In: Tippelt, R. (Hrsg.): Handbuch Erwachsenenbildung / Weiterbildung. Opladen 1994a, S. 384-394

Meisel, K.: Marketing für Erwachsenenbildung in der Diskussion. In: Meisel, K. (Hrsg.): Marketing für Erwachsenenbildung. Bad Heilbrunn 1994b, S. 13-58

Nuissl, E.: Wirtschaftliches Arbeiten in Volkshochschulen. In: Meisel, K. (Hrsg.): Marketing für Erwachsenenbildung, Bad Heilbrunn 1994a, S. 147-164

Nuissl, E.: Ordnungsgrundsätze der Erwachsenenbildung in Deutschland. In: Tippelt, R. (Hrsg.): Handbuch Erwachsenenbildung / Weiterbildung. Opladen 1994b, S. 343-355

Schlutz, E. / Schrader, J.: Veränderungen im Angebot diesseits und jenseits von Arbeit. In: Arnold, R. / Gieseke, W. (Hrsg.): Die Weiterbildungsgesellschaft. Bildungspolitische Konsequenzen. Bd. 2. Neuwied 1999, S. 27-44

Schrader, J.: Lehrende in der Weiterbildung: Bildungsplitische Positionen und empirische Befunde zum lebenslangen Lernen. In: Brödel, R. (Hrsg.): Lebenslanges Lernen – lebensbegleitende Bildung. Neuwied 1998, S. 73-87

Tippelt, R.: Neue Sozialstrukturen: Differenzierung von Weiterbildungsinteressen und Pluralisierung des Weiterbildungsmarktes. In: Derichs-Kunstmann, K. / Faulstich, P. / Schiersmann, Ch. / Tippelt, R. (Hrsg.): Weiterbildung zwischen Grundrecht und Markt: Rahmenbedingungen und Perspektiven. Opladen 1997, S. 137-152

Volkshochschulen Bochum und Hagen: Volkshochschule von innen und von außen gesehen. Eine Umfrage. Hagen 1997

Volkshochschule Bochum: Geschäftsbericht der Volkshochschule Bochum. Bochum 1997

Werner Herr

Friedrich Schleiermacher – Pädagogik in der klassisch idealistischen Epoche als Grundlage betriebspädagogischer Theoriebildung

„Nicht eine Schule stiftete er, sondern ein Zeitalter....An der Spitze der Theologie der neuesten Zeit gehört und wird er für alle Zeiten gehören der Name Schleiermacher und keiner neben ihm....Der Mann, der Schleiermacher nicht nur kritisieren, sondern sich mit ihm messen könnte, ist noch nicht auf dem Plan."

Diese Einschätzung und hohe Achtung des protestantischen Theologen Karl Barth und dem zitierenden Herwig Blankertz (Blankertz 1982, S. 111), gegenüber dem Leben und gesamten theologischen wie pädagogischen Werk von Friedrich Schleiermacher, scheint allein schon Begründung genug, sich mit dem Werke Schleiermachers auseinanderzusetzen und die Prinzipien seiner Pädagogik für die betriebspädagogische Theoriebildung zu nutzen und auf ihre Wirksamkeit in die betriebspädagogische Praxis zu beleuchten.

Weiterer wichtiger Grund, sich den Arbeiten Schleiermachers zu widmen, ist der immer wiederkehrende Bezug der verschiedenen Vertreter der geisteswissenschaftlichen Pädagogik auf Friedrich Schleiermacher. Fast in allen wissenschaftstheoretischen Stammbäumen der geisteswissenschaftlichen Pädagogik steht an oberster Stelle der Name Schleiermacher, gehen die Beziehungen immer wieder auf Schleiermacher zurück (vgl. Die Abbildung auf der nächsten Seite)

Neuere Arbeiten über Schleiermacher (vgl. Oberdorfer 1995 und Welker 1997) stellen den gesellschaftpolitischen Stellenwert der Arbeiten von Schleiermacher in den Vordergrund.

1. Allgemeine Charakteristik der klassisch idealistischen Epoche

Die klassisch idealistische Epoche umfaßt den Zeitraum zwischen 1770 und 1830 und folgt der Aufklärung. Stand für die Aufklärung die Vernunft im Vordergrund, wird zum allgemeinen Primat dieser Zeit, die individuelle, reine Menschenbildung (Dietrich 1970, S. 74).

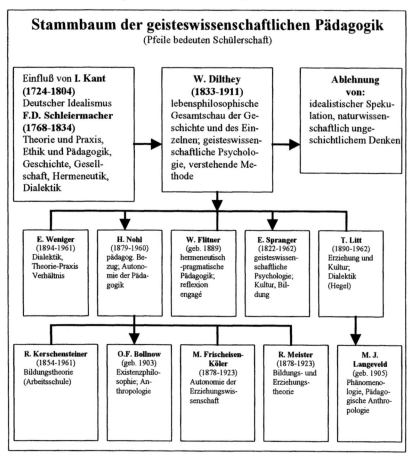

Stammbaum der geisteswissenschaftlichen Pädagogik (nach Danner 1994, S. 26)

Als Gegenbewegung zur Aufklärung befinden sich beide Strömungen zwischen 1770 und 1800 in einer heftigen Auseinandersetzung, vor allem im Bereich der Literatur und der Kunst. „Diese Auseinandersetzung vollzieht sich besonders lebendig und vielgestaltig; denn in den Jahrzehnten zwischen 1770 und 1830, die als neue, von der Aufklärungsepoche wohlunterschiedene geistesgeschichtliche Einheit zu betrachten sind, weist das deutsche Geistesleben einen unerhörten Reichtum an bedeutenden Gestalten und Motiven auf. Es ist die klassische Zeit, besonders im Bereich der Dichtung und Philosophie" (Reble 1993, S. 174).

Aber auch die gesellschaftspolitischen und sozialen Entwicklungen dieser Zeit sind von großer nationaler- und internationaler Bedeutung (Lenzen in: Rainer Winkel 1987, S. 158) u.a.: Die Amerikanische Verfassung: 1787-1789, die Französische Revolution: 1789, das Ende des heiligen römischen Reiches Deutscher Nation: 1806, der Frieden von Tilsit und die Besetzung Preußens: 1807, die Gründung der Universität Berlin durch Wilhelm von Humboldt: 1810, die Völkerschlacht bei Leipzig: 1813, der Wiederaufbau Preußens: 1807-1815, die Schlacht bei Waterloo, Napoleons Niederlage: 1815, der Wiener Kongreß und die Neuordnung Europas: 1815, das Wartburgfest: 1817, die Karlsbader Beschlüsse, Verbot der Burschenschaften, Universitäten unter landesherrlicher Aufsicht, Bücher- und Zeitschriftenzensur: 1819, die Monroe-Doktrin: 1823, die Pariser Julirevolution: 1830, das Hambacher Fest: 1832.

Diese geschichtlichen Ereignisse unterstreichen diese bewegte Epoche und stellen nicht zuletzt eine neue Einstellung der Menschen zum Staat dar. Gekennzeichnet ist diese Epoche auch durch das Streben nach zunehmender Demokratisierung, mit der Entwicklung des Bürgertums, dem weiteren Abbau der Standesunterschiede und dem Wegfall politischer Schranken. Die politische Aufbruchstimmung dieser Zeit, weg von einem Polizei- und Obrigkeitsstaat hin zu einem Kultur- und Verfassungsstaat, nimmt den stärkeren Einbezug des Menschen und des ganzen Volkes in politische Entscheidungsprozesse vorweg.

Die Auseinandersetzung mit den rationalistischen Einstellungen der Aufklärung und dem aufkommenden Verlangen, dem Versuch, das irrationale stärker in den Vordergrund zustellen, führt weltanschaulich – literarisch zu der von Rousseau beeinflußten Sturm und Drang Dichtung. Vertreter waren u.a. Goethe, Herder und Schiller. Diese Bewegung stellt das Irrationale über das Rationale und versucht die Individualität, ähnlich der Renaissance, wieder in den Vordergrund zu stellen.

Diese Forderung nach individueller Freiheit bezieht sich sowohl auf das politische und soziale Gebiet, wie auch auf das Sittliche und Künstlerische und das Auseinandersetzen mit der Gemeinschaft (Tenorth 1988, S. 128 ff). Entgegen der Aufklärung, auch für das künstlerische Leben und Schaffen Regeln aufzustellen, entsteht hier die Forderung nach Originalität, nach Genialität, nach persönlicher Kunst. „Sie fordert, daß Kunst nicht gemacht wird, sondern elementar wächst und aus unbewußten Tiefen der Seele hervorquillt. Volkspoesie, Volkslied, Mythos, Märchen- von der Aufklärung nicht ernst genommen- werden nun als solche gewachsene, echte Kunst entdeckt und als charakteristische Volksindividualtät gefeiert. Denn Individualität wird nicht nur als Einzelindividualität, sondern ebenso als Kollektivindividualität geschätzt. Darum wird der Gedanke der Nation erst jetzt in seiner ganzen Tiefe ergriffen. Dem entspricht die tatsächliche Entwicklung auf politischem Gebiet; nun erscheinen (mit der Französischen Revolution und der Napoleonzeit) die Völker auf der Bühne der Geschichte, mit dem Bewußtsein ihres Gewichtes und ihrer Eigenart." (Reble 1993, S. 176) Der junge Herder stellt den Eigenwert allen menschlichen Seins in den Vordergrund und sieht darin eine einzigartige Offenbarung des schöpferischen Lebens. Herder begreift den Menschen als eine lebendige Einheit in der das Biologische, Seelische und Geistige zusammenwirken (Petzold 1977, S. 17). Dieser Ansatz einer ganzheitlichen Betrachtung des Menschen vertieft Herder durch den Sinn für Geschichte. Eigenart und Eigenwert menschlichen Handelns können nicht mit einem fremden, von außen herangebrachten Maßstab gemessen werden, sondern können nur aus sich selbst heraus verstanden werden. „Die neue individualisierende Betrachtungsweise führt zur Entstehung des Historismus, sie erkennt die Individualität nicht nur am Einzelmenschen und an den Völkern, sondern weiß auch um die Einmaligkeit und den Eigenwert der verschiedenen Epochen und Lebensstufen" (Reble 1993, S. 176).

Weitere Gestalter dieser Epoche, mit ihren bis in die Gegenwart wirkenden philosophischen, pädagogischen und gesellschaftspolitischen Konzepten und Theorien, waren Pestalozzi und Kant, Fichte und Hegel, Wilhelm von Humboldt und Schleiermacher, Herbart und Fröbel, Jean Paul und viele andere, deren Ziel es war „eine bewußtere und humanere Erziehung, wie für das wissenschaftliche Verständnis ihrer Grundprobleme eine Basis zu schaffen, auf die bewußt oder unwissentlich auch noch heutige Erziehungsauffassungen bauen. In denselben Jahrzehnten finden sich als historische Weichenstellungen auch die revolutionären Schulpläne in Frankreich (Condorcet und Lepeletier um 1792 / 93) und die evolutionären Neuordnungen von Preußen vom allgemeinen Landrecht (1794) bis zu den Bildungsreformen der Ära Humboldt-Süvern (1809 / 1819)" (Scheuerl 1985, S. 95).

Als Gegenbewegung zur Aufklärung befinden sich beide Strömungen zwischen 1770 und 1800 in einer heftigen Auseinandersetzung, vor allem im Bereich der Literatur und der Kunst. „Diese Auseinandersetzung vollzieht sich besonders lebendig und vielgestaltig; denn in den Jahrzehnten zwischen 1770 und 1830, die als neue, von der Aufklärungsepoche wohlunterschiedene geistesgeschichtliche Einheit zu betrachten sind, weist das deutsche Geistesleben einen unerhörten Reichtum an bedeutenden Gestalten und Motiven auf. Es ist die klassische Zeit, besonders im Bereich der Dichtung und Philosophie" (Reble 1993, S. 174).

2. Bildung in der klassisch idealistischen Epoche

Einhergehend mit der Entwicklung der klassisch-idealistischen Epoche ist der Begriff der Bildung. Im Gegensatz bis zum dahin herrschenden, von Ständen (brauchbare Handwerker und Arbeiter) und Staat (brauchbare Staatsdiener) geprägten utilitaristischen Erziehungsideal wurde Bildung, genauer eine breite allgemeine Bildung, zum Hauptanliegen und zur Hauptforderung. Nicht nur eine auf die direkte Anwendung und Einsatzmöglichkeit ausgerichtete Erziehung sollte fortan die Maßgabe sein. Die sich auf die antiken Erziehungs- und Bildungsideale beziehenden Neuhumanisten forderten vor jeder beruflichen Nützlichkeit eine allgemeine Bildung, von der sie annahmen, daß sie als eine allgemeine, unspezialisierte Potenz des Humanen letztlich auch dem Beruf und dem Staate nützlicher sei, als die damals herrschende, von vornherein auf Nützlichkeit abgestellte Erziehung (Giesecke 1994, S. 80).

Es wird die Forderung wahrer Menschlichkeit erhoben, im anderen Menschen nicht nur die denkende Vernunft, sondern ihn in seiner ganzen Eigenart zu achten. Neuer Sinn von Leben und Bildung des Menschen rücken in den Blickpunkt. Die persönliche Bildung wird zum Hauptanliegen. Beherrschend ist der Gedanke einer allgemeinen menschlichen und allseitig wirkenden Bildung. Ausgehend von diesem klassischen Bildungsideal der Neuhumanisten entwickelten sich zwei Hauptrichtungen einer systematischen, an der Erziehungswirklichkeit orientierten Pädagogik, zum einen die Pädagogik Herbarts und zum anderen die Pädagogik Schleiermachers (Scheuerl 1985, S. 99-101). Essentielle, bildungstheoretische Ansätze dieser Zeit wurden von Schleiermacher initiiert und geprägt.

3. Leben und Werk von Schleiermacher

Schleiermacher war ein bedeutender protestantischer Theologe und Plato Übersetzer, als Ethiker wie als Pädagoge tätig. Nach verschiedenen Stationen als Prediger war er Theologieprofessor in Halle und Berlin. Sein bedeutendstes pädagogisches Werk waren seine Vorlesungen über die Pädagogik, die er in den Jahren 1813 / 14, 1820 / 21 und 1826 gehalten hat. Nach Mitschriften seiner Studenten wurden diese erst nach seinem Tode veröffentlicht. Der Hinweis auf die herausragende, umfassende Stellung für die pädagogische Arbeit von Schleiermacher kommt Wilhelm Dilthey (vergl. Schurr 1975 und Weniger 1957) zu. Ihm gelang es wie keinem anderen, die Werke Schleiermachers zum Wohle einer wissenschaftlich fundierten Pädagogik zu nutzen bzw. die Pädagogik auf eine wissenschaftliche Plattform zu stellen (Groothoff: Wilhelm Dilthey 1981, S. 40ff). Schon im Jahre 1800 geht Schleiermacher in seinen „Monologen" auf die Fragen der Bildung ein. Selbstbildung und die Frage nach der Individualität sind zentrale Fragestellungen. Er fordert dabei mit Nachdruck die Bildung des Menschen zur Individualität, wobei jeder Mensch auf seine eigene Art die Menschheit darstellen soll. Aber Schleiermachers Denken ist bereits hier ebenso dem Gesamtleben zugewandt, daß der „.. Mensch sich selbst in seiner Einmaligkeit nur finden kann, wenn er sich dem Du und dem Wir öffnet. Wer sich zu einem bestimmten Wesen bilden will, dem muß der Sinn geöffnet sein für alles, was er nicht ist... Nur wenn er von sich beständig fordert, die Menschheit anzuschauen und jeder anderen Darstellung von ihr sich und die seinige entgegenzusetzen, kann er das Bewußtsein seiner Eigenheit erhalten: denn nur durch Entgegensetzung wird das einzelne erkannt" (Reble 1993, S. 174). Diesen dialektischen Ansatz Schleiermachers definiert Benner: „Unter Dialektik versteht Schleiermacher eine Kunstlehre des Denkens, die dadurch zu gesichertem Wissen hinzuführen versucht, daß sie Wege aufweist, wie die Übereinstimmung des Denkens mit dem Sein und die Übereinstimmung der Denkenden untereinander herbeigeführt werden können. Der Dialektik als Kunstlehre fällt die Aufgabe zu, konträre Ausgangspositionen, im Falle der Erziehungstheorie: konträre Erziehungsvorstellungen entweder miteinander zu versöhnen bzw. einander anzunähern, oder aber aufzuzeigen, daß eine solche Annäherung unmöglich ist. Schleiermachers Erziehungslehre ist in diesem Sinne eine Theorie dialektischer Heuristik für die Gewinnung erzieherischer Erfahrung, die von konträren Ausgangspositionen des alltäglichen Erziehungswissens ausgeht und deren Annäherung durch gegenseitige Begrenzung intendiert" (Benner 1991, S. 51).

Schleiermacher sieht die Welt als ein Ineinander von polaren Kräften. Benner (Benner 1991) und Blankertz (Blankertz 1992) fassen diese Dialektik, diese polaren Beziehungen zusammen in:

- Die Dialektik von Tradieren und Verändern
- Die Dialektik von Unterstützen und Gegenwirken
- Die Dialektik von Rezeptivität und Spontaneität
- Die Dialektik von direkter (positiver) und indirekter (negativer) Erziehung
- Die Dialektik von formaler und materialer Bildung
- Die Dialektik der Bildung des Gewissens und der Entfaltung der Fertigkeiten

Diese dialektischen Grundforderungen Schleiermachers sind in seinem Gesamtwerk unverkennbar und stellen einen zentralen Bereich dar. Das menschliche Gesamtleben in seinen Grundformen zu behandeln, also eine philosophische Schau der Kulturwirklichkeit zu geben, gehört bei ihm zu den grundlegenden Aussagen. Neben den Aussagen zur individuellen Entwicklung des einzelnen sind die Forderungen Schleiermachers zur überindividuellen Entwicklung, zur Bildung von Gemeinschaft, von grundsätzlicher Bedeutung. Er vertritt hierbei die Auffassung, daß der einzelne, das Individuum nicht seine individuellen Rechte und Pflichten einschränken muß. Der inhaltliche Anspruch Schleiermachers, daß alles Leben und jede Entwicklung des Menschen einher gehen muß mit der Entwicklung des Einzelnen in der Gesellschaft wird bei Reble (Reble 1993, S. 212) verdeutlicht: „Das menschliche Gesamtleben" in seinen Grundformen zu behandeln, also eine philosophische Schau der Kulturwirklichkeit zu geben, gehört zu den Aufgaben der Ethik, die sich damit eben zu einer umfassenden Kulturphilosophie auswächst. Das muß man beachten, damit man Schleiermachers Satz, die Pädagogik sei eine von der Ethik abhängige Disziplin, nicht mißversteht.

Daß die Erziehung als eine bestimmte Funktion im geschichtlich-kulturellen Gesamtleben gesehen werden muß und im Ganzen wie im Einzelnen nur in diesem Zusammenhang bestimmt werden kann. Das geschichtliche Leben selbst erfaßt Schleiermacher als dialektisches Ineinander von individuellen wie überindividuellen Kräften. Schleiermacher nennt vier Bereiche, nach Reble vier konstruierte Bereiche, die er für die Entwicklung des Individuums in der Gesellschaft für erforderlich hält:

- Die Sphäre des wissenschaftlichen Erkennens
- Den Bereich des Wirtschaftlichen, Politischen: den Staat

- Die Sphäre der Religion
- Den Bereich des persönlichen-gesellgen Verkehrs

Von besonderer Bedeutung für diese Kulturgebiete sind nach Schleiermacher die Eigenständigkeit, die Autonomie der Kulturbereiche. Das heißt: jedes Kulturgebiet hat sein eigenes Prinzip, es kann nicht von dem eines anderen Gebietes zurückgedrängt werden oder gar unterjocht werden, ohne daß für den einzelnen Bereich wie auch für das gesamte Kulturleben Schaden entsteht. Alle Kulturgebiete sind gleichgeordnet und eigenständig, mittelbar aber aufeinander angewiesen. Nach Schleiermacher bilden diese vier Bereiche in der Familie eine unmittelbare Lebenseinheit. Die Familie ist neben Staat, Kirche, Wissenschaft und geselligem Verkehr die fünfte vollkommene sittliche Form. Diese fünf Bereiche nennt Schleiermacher die großen Erziehungsmächte, die entsprechend ihrer besonderen Sachgesetze ihre eigene Aufgabe bei der Erziehung wahrnehmen und im Spannungsfeld untereinander stehen. Schleiermacher sieht das gesamte menschliche Sozialisationsfeld als Bildungsbereich an.

Den Wissenschaftscharakter der Pädagogik bestimmt Schleiermacher so: „Sie muß sowohl das philosophische wie auch das empirische Moment in sich schließen und zwischen beiden Polen oszillieren" (Reble 1993, S. 213). Die Pädagogik als Wissenschaft muß auf die Praxis zielen. Eine Rezeptpädagogik lehnt Schleiermacher ab. Die praktische Bedeutung der Pädagogik definiert Schleiermacher so: „Theorie leistet nur den Dienst, welchen das besonnene Bewußtsein überall in der Praxis leistet; denn wo wahre Besonnenheit ist, da wird auch im Leben immer auf den Komplex der Aufgabe gesehen, nicht auf den Augenblick allein. Das ist für das rechte Tun gewiß wichtig, was aber im Augenblick getan werden muß, kann nur in der konkreten Situation selbst und nicht durch Theorie entschieden werden" (Reble 1993, S. 214). Ein weiterer Erziehungsaspekt ist für Schleiermacher das Verhältnis der jüngeren zur älteren Generation. Hier entsteht der enge Zusammenhang zwischen Kulturleben und Erziehung. Das Kulturleben kann nur fortbestehen durch Erziehung. Die Erziehung muß darauf ausgerichtet sein, daß Gesamtleben versuchen zu verbessern. Die Aufgabe der Erziehung ist hierbei dialektisch, widersprüchlich zu sehen. Nach Schleiermachers Ansatz ist dieser Ansatz in zwei Richtungen zu verfolgen: „Die Erziehung muß sowohl einen konservativen wie auch einen revolutionären Gesichtspunkt in sich schließen und darf keinen von beiden verabsolutieren" (Reble 1993, S. 214). Ebenso wie in dem dialektischen Bezug konservativ / revolutionär nimmt Schleiermacher auch Bezug zu dem antipodischen Paar der Gegenwart und Zukunft. Alles was der Erziehung dient, darf nicht nur auf die Gegenwart, sondern muß auch auf die Zukunft orientiert sein.

Schleiermacher definiert eine allgemeine Maxime: „Das Kindsein muß das Menschwerden nicht hindern, und das Menschwerden nicht das Kindsein. Dabei wird die Erziehung in der ersten Zeit das Gegenwartsmoment, später aber mehr das Zukunftsmoment stärker zu berücksichtigen haben. Beim kleineren Kinde muß das Tun seinen Sinn für das Kind noch weitgehend in sich selbst tragen, muß Spiel sein; allmählich, insbesondere vom Beginn der Schulzeit an, treten Spiel und Arbeit (Sinn des Tuns mehr in der Zukunft) weiter auseinander und grenzen sich dabei immer schärfer gegeneinander ab" (Reble 1993, S. 216). Bedeutend wichtiger in der Erziehung ist jedoch ihre unterstützende Funktion. Hier kommt der Familie und dem freien Leben mehr die Ausbildung der Gesinnung, der Schule mit ihrem stärker planmäßig-methodischen Vorgehen mehr die Vermittlung von Fertigkeiten und Kenntnissen zu. Beides darf jedoch nicht scharf voneinander geschieden werden. Hier, wie überall bei Schleiermacher, handelt es sich nur um relative Übergewichte. Er ist durchaus nicht der Meinung, daß die Schule nichts mit Gesinnungsbildung zu tun habe. Er weiß allerdings, daß Gesinnung und Haltung sich viel weniger methodisch herausbilden lassen als Kenntnisse und Fertigkeiten, und ist besonnen genug, die Schule deshalb in dieser Hinsicht nicht zu überfordern. Hier ist Schleiermacher der Ansicht, daß die Schule das staatlich-politische und das wissenschaftliche Moment repräsentiert und die Familie im wesentlichen das religiöse und gesellige Moment vertritt.

Elementar für die reformpädagogische Bewegung ist der Ansatz von Schleiermacher: „Bloße Wissensvermittlung kann nicht genügen, vielmehr sollen die Kräfte geübt werden. Doch soll diese Arbeit möglichst aus dem Leben selbst herauswachsen; der Stoff, an dem die Kräfte entwickelt werden, soll auch selbst für das Leben wertvoll sein" (Reble 1993, S. 218). Schleiemacher tritt für eine Synthese der humanistischen und den modern-realistischen Fächern an den Schulen ein und fordert mehr Unterricht in den Realfächern, der Geschichte und den Naturwissenschaften. Grundsätzlich soll an den allgemeinbildenden Schulen kein Selektionsprozeß stattfinden. Schleiermacher vertritt eine gleiche Bildungschance für alle und jeder Bildungsweg soll offengehalten werden. „Die Ungleichheit soll kein Werk der Erziehung sein, sondern möglichst weitgehend Ausdruck der einzelnen selbst, ... das ganze Geschäft der Erziehung ist so zu teilen, daß am Ende eines jeden Abschnittes und beim Übergang in einen neuen, die Entwicklung der Ungleichheit und die sich immer mehr sich selbst bestimmende Aussicht auf die Region, die jeder einnehmen wird, deutlich erkannt werde als vom dem einzelnen selbst, nicht als ihm von der Erziehung gewaltsam aufgedrungen oder vorenthalten" (Reble 1993, S. 335, Dok.Band).

Schleiermacher drängt auf eine späte Differenzierung im Schulwesen und auf einen organischen und elastischen Aufbau. Die öffentliche Schulerziehung soll mit der Berufswahl nicht abgeschlossen sein, auch wenn eine Verschiebung der erzieherischen Momente zugunsten der fachlichen Fähigkeiten stattfindet. Als das letzte Glied, als höhere Bildung, sieht Schleiermacher die Universitäten. „Die Universität ist nicht eine Sammlung von Fachschulen, sondern sie erhält ihre innere Gestalt aus dem Wesen der Wissenschaft heraus, wie auch der Studierende hier nicht einfach eine Summe von Berufskenntnissen erwerben soll. Vielmehr soll durch das Studium vor allem seine Haltung im Beruf und Leben von der Zucht des wissenschaftlichen Denkens und der Weite des Blickes bestimmt sein. Wahre Wissenschaft ist nicht Häufung, sondern die rechte Einordnung und Zusammenschau von Kenntnissen. Sie läßt sich aber nicht rezeptiv lernen, sondern nur produktiv im Vollzug des Forschens selbst erwerben. Im Gegensatz zur Schule, wo nur gelehrt wird, was bereits erforscht ist, und im Unterschied zu der Forschergemeinschaft, der Akademie, wo es nur um Forschung geht, muß das Lernen an der Universität ein Lernen des Lernens sein" (Reble 1993, S. 219). Schleiermacher sieht als äußere Umstände hierfür die akademische Freiheit und die Einbindung der Studierenden in die Forschung als essentiell an. Dies kann nur durch den gefördert werden der selbst forscht und lehrt. Die Unabhängigkeit der Universität gegenüber dem Staat ist für Schleiermacher eine elementare Voraussetzung für wissenschaftliches Arbeiten. Schleiermacher sieht als Zentrum der universitären Bildung die Philosophie, da die Philosophie den eigentlichen Organismus der Wissenschaften darstellt. „Sie hat als wahre Königin der Wissenschaften hier zu herrschen, denn die rechte Zusammenschau und die gültige Einordnung der einzelnen Wissenschaften sind ihre und nur ihre legitime Aufgabe" (Reble 1993, S. 220).

4. Konsequenzen für die betriebliche Bildung

Ausgehend von den Grundaussagen Schleiermachers entstehen drei Gestaltungsfelder (siehe Abbildung unten) betriebspädagogischer Arbeit.

Die pädagogischen Vorlesungen Schleiermachers stellen für die Betriebspädagogik einen bedeutungsvollen Fundus bildungstheoretischer Grundlagen dar. Die von Schleiermacher getroffenen Überlegungen, was eine Theorie der Pädagogik leisten oder erfüllen könne, gehen weit über die Belange der betrieblichen Bildung und deren Einflußbereich hinaus. Trotzdem werden wichtige, auch gesellschaftspolitische bedingte Bezüge hergestellt, die keinen direkten Einfluß durch die betriebliche Bildung erfahren, aber Einflüsse auf die betriebliche Bildung haben.

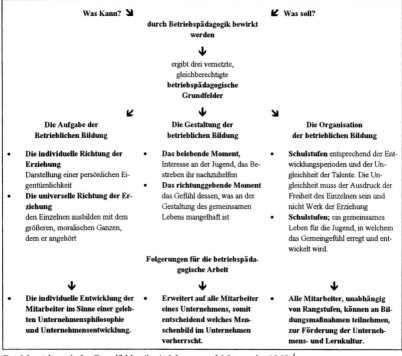

Betriebspädagogische Grundfelder (in Anlehnung an Lichtenstein, 1968)[1]

Die Orientierung aller Bildungsprozesse am Individuum, im Zusammenspiel mit dem gemeinsamen Ganzen, die Herausbildung von Ich-Du und Ich-Wir Beziehungen, stellen im dialektischen Gefüge mit der Selbstbildung und der Individualität, zentrale Aussagen dar.

Für die betriebliche Bildung bedeutet dies, den Menschen in seiner Eigentümlichkeit zu fördern, seine unterschiedlichen Talente als Ausprägung der Individualität anzuerkennen. Dies stellt wiederum die Forderung auf, die

---

[1] Lichtenstein, Ernst: Schleiermachers Pädagogik. In: Neue Zeitschrift für systematische Theologie und Religionsphilosophie 10 (1968) S. 343-359

Individualität im Einklang mit der Selbstverantwortung und dem gemeinsamen Ganzen zu sehen. Die Hineinbildung des Einzelnen in das gemeinsame Ganze, die betriebliche Enkulturation, wird somit eine der Herausforderungen an die betriebliche Bildung sein. Voraussetzung hierfür ist, das Individuum in der jeweiligen Situation zu erkennen und auf das Individuum einzugehen. Dies wiederum hat zur Folge, daß betriebliche Bildungsplanung, sich mehr als bisher, an den individuellen Anforderungen der Teilnehmer orientieren sollte. Deutlich wird somit auch, daß es eine allgemein gültige Regel über die Inhalte der Bildungmaßnahmen nicht geben kann. Der von Schleiermacher geforderte Bezug zur Praxis, die Dignität der Praxis und die erforderliche Reflexion zur Bewußtmachung, stellen eine weitere fundamentale Aussage dar.

Um diese Prozesse zu unterstützen und zu fördern, kommt den pädagogisch Handelnden, an oberster Stelle den Führungskräften aller Ebenen, den Personal / Organisationsentwicklern, eine besondere, ja die entscheidende Rolle zu.

Dies geht auch einher mit den Schleiermacher'schen Fragen des Verhältnisses der älteren zu der jüngeren Generation, oder bezüglich des Anfangspunktes und des Endpunktes der Erziehung. Beide Beziehungen sind in der betrieblichen Bildung nicht exakt zu trennen. Sie sind durch fließende Übergänge gekennzeichnet und in ihrer Ausprägung dynamische Prozesse, was wiederum professionelle Anforderungen an die pädagogisch Handelnden stellt. Der von Schleiermacher beschriebene Endpunkt der Erziehung, der sich in der Mündigkeit des Individuums zeigt, wird in der betrieblichen Bildung in der Regel als neuer Anfangspunkt zu sehen sein. In der Verbindung mit dem lebenslangen Lernen wird also ein Endpunkt der Erziehung immer wieder zu einem Anfangspunkt der Erziehung, um dem Individuum die Chance eines zirkulären Bildungsprozesses, als äußere Voraussetzung des lebenslangen Lernens, zu ermöglichen.

In diesem Zusammenhang ist auch die Allmacht und die Beschränktheit der Erziehung und deren Bezug zur Ethik von genuiner Bedeutung für die Gestaltung von Bildungsprozessen. Beziehen wir uns auf die Allmacht der Erziehung, so ist die entscheidende Fragestellung, ob wir aus dem Menschen letztendlich alles machen dürfen, und im Bezug der Beschränktheit der Erziehung, ob wir aus dem Menschen alles machen können. Beide Fragestellungen stehen im dialektischen Zusammenhang und stellen eine besondere Herausforderung an die betriebliche Bildung dar und hängen mit dem uns leitenden Menschenbild unmittelbar zusammen. Mit der Ethik verbindet Schleiermacher die Idee des Guten, die Lehre vom höchsten Gut. Die

Ethik verneint die Allmacht der Erziehung, daß wir aus dem Menschen nicht alles machen dürfen, was wir wollen. Die Beschränktheit der Erziehung stellt den anthropologischen Gegenpol dar, in dem die natürlichen Anlagen allein entscheidend seien, was aus dem Menschen wird, die Erziehung keinen Einfluß hätte. Beide Ausprägungen bedingen und ergänzen sich einander, werden entscheidend von den pädagogisch Handelnden mitbestimmt.

Das dialektische Paar von der Allmacht und der Beschränktheit der Erziehung sind Bestandteile des roten Fadens, der sich durch die Vorlesungen Schleiermachers zieht. Weitere dialektische Paare sind:

- das Tradieren und das Verändern
- das Unterstützen und das Gegenwirken
- die Rezeptivität und die Spontaneität
- die direkte und die indirekte Erziehung
- das Paar der formalen und der materialen Bildung
- die Bildung des Gewissens und die Entfaltung der Fertigkeiten.

Allen diesen dialektischen Paaren ist die reflektorische Komponente gemein, das eine mit dem anderen immer wieder in Bezug zu setzen und die Ergebnisse dessen, nicht als endgültiges, sondern nur als vorläufiges Ergebnis anzusehen, welches in den verschiedenen Situationen und der historischen Entwicklung, also in der Erziehungspraxis, seine Bestimmung erhält. Ein weiteres antipodisches Paar ist das spekulative und das empirische Moment der Erziehung, wobei keines der Momente das andere ausschließen soll. Bezüglich der Theorie der Erziehung muß allerdings das Spekulative zu Grunde liegen, da die Frage, wie der Mensch erzogen werden soll, nur aus der ethischen und nicht aus empirischer Sicht zu beantworten ist. Wobei der Mensch der Idee des Guten nur als Handelnder entsprechen kann. Die Herausforderung an den Einzelnen bleibt hier in allen Situationen, der Idee des Guten verpflichtet, handeln zu können und zu wollen. An dieser Stelle wird der Bezug zur Praxis, zum Handeln im eigentlichen Sinn, und die Parallelen zur beruflichen Handlungskompetenz deutlich.

Neben der individuellen Ausrichtung der Erziehung, deren Ende in der Ausbildung der persönlichen Eigentümlichkeit zu sehen ist, stellt die universelle Seite der Erziehung den Gegenpol dar. Grundfrage bei Schleiermacher ist hierbei, inwieweit durch eine Disjunktion der individuellen und der universellen Seite, eine aristokratische Erziehung entsteht und sich dadurch unterschiedliche Bildungschancen für die Individuen ergeben. An dieser Stelle kann auf die überproportionale Teilnahme an betrieblichen Bildungsveranstaltungen aus dem Kreis der Führungskräfte verwiesen werden, die durch den Ort, an dem sie stehen, in den Vorteil von betrieblicher Bildung gelangen, gegenüber denen, die sich nicht am gleichen Ort befinden. Im Sinne Schleiermachers ist an diesem Punkt eine Gleichbehandlung aller Mitarbeiter, unabhängig ihrer Vorbildung und ihrer Stellung, sprich Ort, anzustreben. Diese Gleichbehandlung setzt aber auch die Selbstbestimmung des Einzelnen und seine freie Willenserklärung voraus. Wird der Impuls zu Handlungen jedoch immer wieder von außen vorgegeben, ist die freie Selbstbestimmung eingeschränkt, und es entsteht ein Zustand von Knechtschaft. Dieser Zustand widerspricht der Forderung, daß die Erziehung in der persönlichen Eigentümlichkeit des Einzelnen enden und keine ursprünglichen Anlagen des Menschen hemmen solle, so lange sie der Idee des Guten entspricht.

Ähnlich verhält es sich mit der behütenden Tätigkeit in der Erziehung, die die Stärkung der persönlichen Willenskraft nicht unterstützt. Ist der behütende Anteil der Erziehung überproportional repräsentiert, ist die Entwicklung des Einzelnen gehemmt und unterstützt nicht die Entwicklung der Willenskraft und die der Stärke des Individuums. Bezogen auf die Förderung der Selbstverantwortung in der betrieblichen Bildung ist somit der Zustand der „Knechtschaft", wie auch die ausschließlich behütende Tätigkeit der Erziehung, kontraproduktiv.

Als weiterer elementarer Bestandteil ist das Verhältnis der Bestrafung und der Belohnung zu sehen. Beide Teile unterstützen nicht die Erziehung zum höchsten Gut aus der eigenen Selbstbestimmtheit heraus, sondern sind lediglich an das Motiv des Angenehmen, wie auch des Unangenehmen gebunden. Beide Seiten erklären sich somit nicht aus dem sittlichen, aus der Lehre des höchsten Gutes, sondern werden abhängig von der Willkür und der Macht derer, die Belohnung und Bestrafung erteilen können. Lohn und Bestrafung fördern aber durch ihre Ausprägungen nicht die Selbstreflektion des Einzelnen, sondern unterstützen die Außensteuerung über Gut oder Schlecht. Neben der Knechtschaft und der behütenden Tätigkeit werden Lohn und Bestrafung zu den blockierenden Faktoren der Selbstbestimmung und der Selbstverantwortung des Individuums schlechthin. Denn alle drei Faktoren sind elementare Bestandteile der von außen gesteuerten Erziehung, die die Selbstentwicklung nicht unterstützen.

Einher mit der freien Selbstentwicklung geht der Aspekt der pedantischen Erziehung und es können Verbindungen zu der behütenden Erziehung hergestellt werden. Die pedantische, nach bestimmten Regeln ausgeprägte Erziehung, nimmt dem Lernenden die freie ursprüngliche Tätigkeit und verhindert somit, die freie Tätigkeit und die Resultate in die Praxis umzusetzen. Verbunden mit der Schleiermacher'schen These, daß alle wirklichen Erkenntnisse die Ergebnisse von Fertigkeiten sind, nimmt dann auch die freie Tätigkeit einen besonderen, weil elementaren Punkt ein. Denn ohne freie Tätigkeiten entstehen auch keine freien Fertigkeiten. Sind die Fertigkeiten nicht frei, was wird dann aus der Gesinnung, dem Handeln aus der vertrauten Gewohnheit heraus? Auch die Gesinnung steht dann unter dem Aspekt der Außensteuerung und würde die individuelle, freie Entwicklung des Einzelnen nicht unterstützen. Knechtschaft, Lohn und Bestrafung, übertriebene behütende Tätigkeit und die pedantische Erziehung stellen nach Schleiermacher die kontraproduktiven Momente der Erziehung dar.

5. Ausblick

Für eine betriebliche Bildung, deren Maßgabe die Entwicklung des Individuum zum freien, selbstbestimmten Einzelnen im Bezug zum gemeinsamen Ganzen sein soll, sind diese Momente als besondere Herausforderung im Hinblick auf die freie Selbsttätigkeit zu sehen. Die Balance zwischen der Weiterentwicklung des Unternehmens, sowie die Stärkung der wirtschaftlichen und kulturellen Kraft des Unternehmens und seiner Mitarbeiter muss hierbei einbezogen werden.

Wie in der 1. Abbildung dargestellt, wird die Frage: „Was soll und was kann durch betriebliche Bildung bewirkt werden?" – in die drei Felder

- die Aufgabe der betrieblichen Bildung
- die Gestaltung der betrieblichen Bildung und
- die Organisation der betrieblichen Bildung

geteilt. Auftrag der betrieblichen Bildung ist es, die einzelnen Bestandteile nicht gesondert zu betrachten, sondern in ihrer Beziehung zueinander. Die Aufgabe, die Gestaltung und die Organisation stellen somit ein gemeinsames Ganzes dar, sie ergänzen und bedingen einander. Keines der Gebiete allein wird der gesamten Aufgabe gerecht werden. Es wird interessant sein, die nachfolgenden ganz unterschiedlichen Ansätze für Lernen im betrieblichen Umfeld daran zu spiegeln.

Literatur

Benner, D.: Hauptströmungen der Erziehungswissenschaft. Eine Systematik traditioneller und moderner Theorien. Weinheim 1991

Blankertz, H.: Die Geschichte der Pädagogik. Von der Aufklärung bis zur Gegenwart. Wetzlar 1982

Danner, H.: Methoden geisteswissenschaftlicher Pädagogik. München, Basel 1994

Dietrich, Th.: Geschichte der Pädagogik in Beispielen. Bad Heilbrunn 1970

Giesecke, H.: Einführung in die Pädagogik. Weinheim und München 1994

Groothoff, H.H.: Wilhelm Dilthey. Zur Erneuerung der Theorie der Bildung und des Bildungswesens. Hannover 1981

Lichtenstein, E.: Schleiermachers Pädagogik. In: Neue Zeitschrift für systematische Theologie und Religionsphilosophie 10 (1968), S. 343-359

Oberdorfer, B.: Geselligkeit und Realisierung von Sittlichkeit. Die Theorieentwicklung Friedrich Schleiermachers bis 1799. Berlin 1995

Petzold, H. / Brown, G.: Gestalt-Pädagogik-Konzepte der Integrativen Erziehung. München 1977

Reble, A.: Geschichte der Pädagogik. Stuttgart 1993

Reble, A.: Geschichte der Pädagogik – Dokumentationsband. Stuttgart 1993

Scheuerl, H.: Geschichte der Erziehung. Stuttgart, Berlin, Köln, Mainz 1985

Schurr, J.: Schleiermachers Theorie der Erziehung. Düsseldorf 1975

Welker, M.: Schleiermacher – Denker über die Moderne hinaus. In: Ruperto Carola 3 / 1997. Forschungsmagazin der Universität Heidelberg

Weniger, E. / Schulze, Th.: Friedrich Schleiermacher – Pädagogische Schriften. Erster Band – Die Vorlesungen aus dem Jahre 1826. Düsseldorf und München 1957

Winkel, R. (Hrsg.): Pädagogische Epochen. Düsseldorf 1987

III. Konzepte und Perspektiven betriebspädagogischer Praxis: Aufgaben und Innovationspotentiale

Antonius Lipsmeier

Der Betrieb als Lernort: Arbeiten und Lernen

Vorbemerkungen

Themen haben ihre Konjunktur, sie kommen und vergehen, wobei berufspädagogische Themen nicht – im Unterschied zu den meisten pädagogischen Themen – freischwebend oder zufällig sind, sondern zumeist eingebunden sind in gesellschaftliche, ökonomische oder technische Entwicklungen. Gleichwohl oder auch gerade deswegen: ihre Konjunktur ist nicht vorhersehbar. Das gilt insbesondere für das hier zu behandelnde Thema, das nicht nur aus berufspädagogischer, sondern auch aus arbeitsorganisatorischer, betriebswirtschaftlicher und lernpsychologischer Sicht interessant und relevant ist. Die gegenwärtige Hochkonjunktur des hier zu behandelnden Themas bzw. seine berufspädagogische „Wiederentdeckung" (Kloas 1992, S. 196ff.) war nicht vorhersehbar, was eigentlich deswegen verwunderlich ist, weil es ein uraltes Thema ist. Das führt auch zur ersten These:

These 1

Lernen im Prozeß der Arbeit ist die älteste Form beruflichen Lernens, verkörpert durch das Jahrtausende alte Nachahmungs-Prinzip, das Imitatio-Prinzip, das zu Zeiten zünftlerischer Berufsausbildung besondere Bedeutung hatte, aber auch heute noch, vor allem im psychomotorischen Lernbereich, – nicht nur in gewerblich-technischer Berufsausbildung, sondern auch beispielsweise beim Erlernen des Unterrichtens in der Lehrerausbildung oder des Sezierens in der Medizinerausbildung – durchaus seine Anwendung findet.

Ich muß es mit an dieser Stelle versagen, auf die spannende Geschichte des Lernens im Betrieb, beim Meister, also in der Meisterlehre einzugehen (vgl. Stratmann 1967). Ich komme gleich zur zweiten These:

These 2

Lernen im Prozeß der Arbeit ist aus pädagogischer Sicht optimales Lernen; als ganzheitliches Lernen umschließt es in seiner Idealform mit Kopf, Herz und Hand den kognitiven, den affektiven und den psychomotorischen Lernbereich, es eröffnet über den Ernstcharakter von Arbeit den Erfahrungsbezug (vgl. BBiG, § 1,2) und befreit das Lernen aus lernprozessuraler Sterilität und gesellschaftlicher Isolation.

Die pädagogische Bedeutung von Arbeit war allerdings nicht schon immer bekannt, zumindest ist die erzieherische Absicht nicht betont worden. Sehe ich einmal von der Industrieschulbewegung des 18. Jahrhunderts ab, verbunden mit Namen wie Pestalozzi u.a., so bekommt die Kategorie Arbeit erst in der Arbeitsschulbewegung der ersten zwei Jahrzehnte unseres Jahrhunderts den ihr zukommenden Stellenwert. In dieser Bewegung, deren Nuancen hier nicht nachgezeichnet werden müssen, nahm die Handarbeit eine zentrale Stellung ein: Das „Hand-Werk" wurde wegen seiner charakterbildenden Wirkung als moralische Basis der Gesellschaft und wegen seines Fertigkeiten und Tugenden formenden Vermögens als zentraler Aspekt der Berufsbildung von Kerschensteiner sehr geschätzt. Auch die allgemeinbildende Schule öffnete sich durch seinen Bestrebungen den Aufgaben der Berufsbildung. Dabei ging Kerschensteiner von einem Begriff von Arbeit aus, der unter den hier zu behandelnden Aspekten relevant ist. Kerschensteiner meinte die konkrete, „produktive Arbeit", wie er schon in einem Vortrag im Jahre 1906 betont hatte (Kerschensteiner 1906, S. 64ff.), nicht die Idee von Arbeit. Aber Arbeit sollte auch nicht nur bloßes Tun sein, sondern immer auch Bildungswert haben (vgl. Kerschensteiner 1911, S. 30). Damit meinte er vor allem den Zusammenhang von Disposition und Ausführung, wie er es an dem bekannten Beispiel des Starenkastens entwickelt hat (ebenda, S. 33ff.). Deutlich wird bei Kerschensteiner, daß hier schon früh wesentliche Elemente der aktuellen Zielformel „Selbständiges Planen, Durchführung und Kontrollieren" vorweggenommen worden sind, was auch bei weiteren Vorläufern an anderer Stelle nachgewiesen werden kann (vgl. Lipsmeier 1992, S. 355ff.).

Lernen und Arbeiten waren aber nicht nur im Kaiserreich unter vorgeblich pädagogischer Absicht, doch durchaus mit gesellschaftspolitischem Interesse, zusammengebunden, sondern diesbezügliche Konzepte waren und sind auch von totalitären Systemen nutzbar, was ich nur andeuten will. Ich erinnere nur an den Mißbrauch von Arbeit im Nationalsozialismus und in den Arbeitslagern der ehemaligen UdSSR: Mit Arbeit kann man Menschen disziplinieren, bis hin zur Vernichtung.

Damit an dieser Stelle kein Mißverständnis entsteht, will ich kurz auf den Stellenwert betrieblichen Lernens in der ehemaligen DDR eingehen.

In der Ausbildungspraxis der ehemaligen DDR, die wie in der Bundesrepublik stärker durch lernortspezifisches Lernen (Betriebsberufsschule, Kommunale Berufsschule) als durch lernortintegriertes Lernen gekennzeichnet war, hatte das Lernen im Prozeß der Arbeit eine ganz pragmatische, ideologiefreie Begründung: „Die Ausbildung direkt an Arbeitsplätzen in den Betriebsabteilungen trug durch die enge Verbindung von Lernen und Arbeiten dazu bei, daß die Auszubildenden mit dem Beherrschen der Arbeitsanforderungen nahtlos von der Berufsausbildung in die Tätigkeit als junger Facharbeiter hineinwachsen konnten. Sie lernten die an sie gestellten Anforderungen und das betriebliche Umfeld auf diesem Wege am besten kennen" (vgl. Neubert 1991, S. 67). Im Kontext durchaus anzutreffender Schlüsselqualifizierungs-Strategien (Ziele: Selbständigkeit, Problemlösungsfähigkeit, Teamfähigkeit etc.) hatten in der betrieblichen Weiterbildungsdidaktik des „Lernens im Prozeß der Arbeit" die sogenannten „Theoretischen Zentren in Produktionsabteilungen" einen bedeutenden – wenn auch nur vereinzelt anzutreffenden – Stellenwert (vgl. Hering 1970, S. 288f.), der vom Anspruch her keinen Vergleich mit den bei uns in jüngerer Zeit hochgepriesenen dezentralen Lernformen wie Qualitätszirkel, Lernstatt oder Lerninsel zu fürchten braucht.

Die bisherigen Ausführungen beschäftigen sich ganz wesentlich mit dem „Lernen im Prozeß der Arbeit" unter historischen Aspekten.

Zu fragen ist nun, welche aktuellen Entwicklungen im Arbeitsleben es geraten erscheinen lassen, das berufliche Lernen wieder stärker in die Arbeitsprozesse einzubinden.

These 3

Das Lernen im Prozeß der Arbeit erlebt seine Hochkonjunktur gerade in einer Phase, in der die Produktions- und Verwaltungsprozesse noch abstrakter werden und in der Erfahrungslernen in solchen Situationen noch schwieriger wird; von daher müßte dieses Lernen in solchen Situationen eigentlich kontraproduktiv sein, zumal die Anzahl der für das Lernen geeigneten betrieblichen Arbeitsplätze noch weiter abnehmen wird (vgl. Czycholl 1992, S. 24).

Zwar ist schon seit den 60er Jahren – zunächst bei den Industrie- und Berufssoziologen, dann aber auch bei den Berufspädagogen – intensiv eine Diskussion über den Wandel der Industriearbeit mit der Verschiebung der Qualifikationsanforderungen hin zu den sogenannten prozeßunabhängigen Qualifikationen geführt worden (vgl. Dahrendorf 1956; Kern / Schumann 1970; Bahrdt / Kern / Osterland / Schumann 1970); erinnert sei in diesem Zusammenhang an das Mertenssche Konstrukt der Schlüsselqualifikationen von 1974. Doch erst neuerdings wird im Kontext von neuen Formen der Arbeitsorganisation und der durchgängigen Implementation der Informations- und Kommunikationstechnologien, verschärft durch die japanische Herausforderung von lean production, so recht die neue Qualität von Arbeit erfahrbar. Baethge bringt diesen Wandel auf den Punkt: Der seit Jahren zu beobachtende sektorale Strukturwandel „ist begleitet von einem auch sektorintern sich vollziehenden Strukturwandel der dominanten Tätigkeitstypen vom 'Umgang mit Sachen' zum 'Umgang mit Daten / Symbolen' und zum 'Umgang mit Menschen'." Dieser Wandel hat nach Baethge auch „einen Umbruch im Qualifikationstypus auch bei den ausführenden Arbeiten von dominant erfahrungstaxierten zu wissensbasierten Qualifikationen hervorgebracht". Das sei, so weiter Baethge, der „innere Grund für den ... Trend der Verminderung von Lernchancen im unmittelbaren Arbeitsprozeß" (Baethge 1992, S. 315).

Sollte diese Diagnose von Baethge richtig sein, wäre zweierlei zu fragen:

- Warum hat gerade dennoch heutzutage das Lernen im Prozeß der Arbeit Hochkonjunktur?
- Und was kann getan werden und wird getan, um trotz der Tertiarisierung der Tätigkeiten und der vermutlich noch weiter abnehmenden Lernchancen im Arbeitsprozeß diese Lernform abzusichern, was aus den in These 2 dargelegten Gründen wünschenswert wäre?

These 4

Die derzeitige Hochkonjunktur des Lernens im Prozeß der Arbeit hat mehrere Ursachen: Qualifikationswandel, neue Formen der Arbeitsorganisation, neue Informations- und Kommunikationstechnologien, Erhöhung der individuellen Verantwortung von Mitarbeitern, auch für die Initiierung von Lernprozessen. Ganz wesentlich ist diese Hochkonjunktur aber auch im ökonomischen Kontext angesichts sich verschärfender Wettbewerbsbedingungen zu sehen: Reduzierung der Kosten von Weiterbildung.

Die heutige Hochkonjunktur des Lernens im Prozeß der Arbeit rechtfertigt sich einerseits durch den Qualifikationswandel im Kontext der Automationsarbeit. Das ist die eine Seite zur Rechtfertigung der gegenwärtigen Hochkonjunktur, zu der sich noch viel sagen ließe, etwa unter den Aspekten der neuen Formen der Arbeitsorganisation im Kontext der Abflachung von Entscheidungshierarchien und der Erhöhung der Verantwortung von Mitarbeitern, auch in ihrer Verantwortlichkeit für die Initiierung von Lernprozessen. Handlungskompetenz als Lernziel in der beruflichen Aus- und Weiterbildung umschließt nämlich nicht nur Fach-, Methoden- und Sozialkompetenz, sondern bedeutet auch Lernkompetenz.

Seit bewußt geworden ist, daß berufliche Handlungskompetenz mehr umfaßt als berufliches Wissen und berufliche Fertigkeiten, beides angesichts ihrer jeweiligen Systematisierbarkeiten optimal an zentralen Lernorten (z.B. betriebliche Aus- und Weiterbildungsabteilung) vermittelbar, und daß die anderen Kompetenzen, zu denen neuerdings sich die moralische Kompetenz gesellt (vgl. Treiber 1994), besser in beruflichen Ernstsituationen erfahrbar und erlernbar sind, scheint das dezentrale Lernen (womit im wesentlichen die Auslagerung bestimmter Teilbereiche des Lernens aus den zentralen betrieblichen Bildungsabteilungen in oder an die Produktions- und Verwaltungsprozesse gemeint ist) eine aus- und weiterbildungspolitisch adäquate Strategie zu sein (vgl. Dehnbostel / Holz / Novak 1992).

Doch es wäre m.E. allzu blauäugig, würde man die Prozesse zur Dezentralisierung des betrieblichen Lernens in der Aus- und Weiterbildung nur oder vornehmlich positiv besetzt sehen im Zusammenhang mit neuen Unternehmensphilosophien und Unternehmenskulturen, Management- und Personalentwicklungskonzeptionen oder auch nur deterministisch im Kontext neuer Formen der Arbeitsorganisation und der neuen Informations- und Kommunikationstechnologien, die zumindest partiell natürlich neue Handlungsspielräume auf allen Mitarbeiterebenen nicht nur für das Arbeiten, sondern auch für das Lernen eröffnen. Und Individualisierung und Dezentralisierung betrieblichen Lernens sind nun einmal, zumindest vordergründig betrachtet, kostengünstiger als institutionalisiertes und zentralisiertes Lernen. Es sollte jedoch auch bewußt bleiben, daß individualisiertes betriebliches Lernen tendenziell über die Verlagerung von Lernzeiten außerhalb der Arbeitszeit (etwa durch Fernunterricht oder multimediales Lernen) auch privates Lernen ist und damit auch der Privatisierung des Weiterbildungsrisikos (Initiative, Kosten, Verwertbarkeit) Vorschub leistet.

These 5

Betriebliche Aus- und Weiterbildung sind angesichts der Wirksamkeit des ökonomischen Kalküls bezüglich der Verbindung von Arbeiten und Lernen und der Dezentralisierung von Lernprozessen schon seit längerer Zeit wesentlich flexibler als berufliche Schulen, zumal das „Lernen in der Arbeitssituation" und das (betriebliche) „selbstgesteuerte Lernen" die beiden Hauptformen betrieblicher Weiterbildung darstellen, weit vor institutionalisiertem Lernen (vgl. Weiß 1994, S. 21ff.; Alt / Sauer / Tillmann 1994, S. 54ff.).

Lernen in beruflichen Schulen der Erstausbildung und der Weiterbildung (z.B. Fachschulen) ist bislang noch weitgehend „geschlossenes" Lernen, geprägt durch verbindliche Curricula, vorgegebene Prüfungsstandards mit hohem Stellenwert von Zertifikaten, definierte und kaum veränderbare feste Lerngruppen (in der Regel Jahrgangsgruppen) sowie Lehrer- bzw. Ausbilderdominanz in den Vermittlungsprozessen. Dezentralisiertes Lernen wird durch strukturelle und organisatorische Offenheit begünstigt. Das bedeutet, daß die Freiräume für Vermittler und Adressaten in den Lehr- und Lernprozessen zu vergrößern sind, ohne die Vorteile der „Geschlossenheit" aufzugeben, die beim beruflichen Lernen vor allem in der Transparenz und Akzeptanz von Qualifikationsstandards für den Arbeitsmarkt liegen, von didaktischen Aspekten einmal abgesehen, was ich mit der nächsten These auf den Punkt bringen möchte:

These 6

Das Lernen im Prozeß der Arbeit und das institutionalisierte Lernen in seiner Hauptvariante, der Lehrgangsmethode, haben völlig unterschiedliche didaktische Konfigurationen. Lernen im Prozeß der Arbeit bedarf notwendigerweise der Ergänzung durch die Lehrgangsmethode, um „Systematisierung und Strukturierung von Erfahrungswissen" zu sichern (vgl. Novak 1992, S. 204ff; Skell 1991; Faber 1991).

Diese Einsicht und diese Erfahrung bei der Organisation von Lernen am Arbeitsplatz sind weit verbreitet und weitgehend akzeptiert. Novak schreibt dazu in seinem Erfahrungsbericht (Novak 1992, S. 217): „Die heute noch sehr dem Zufall überlassenen Lernwege der neueingestellten Mitarbeiter, und im Prinzip sind davon alle in der Produktion des Unternehmens betroffen, sollen strukturiert und systematisiert werden, damit bei den Beschäftigten ein breit angelegtes Qualifikationsinventar entstehen kann, das ihnen eine fachliche Souveränität gewährleistet. Fachliche Souveränität ist aber auch Voraussetzung für die innere Stabilität der Arbeitsgruppe, damit ein Aufgabenwechsel und eine Rotation in der Verantwortungsübernahme nicht nur Anspruch bleibt, sondern Wirklichkeit wird. Entscheidungsspielräume teil-autonomer Gruppen können dann wahrgenommen werden, wenn ein Wissen über die Zusammenhänge vorliegt und die Folgen der Entscheidungen abgeschätzt werden können. Der Erfolg der angestrebten Weiterbildungskonzeption wird davon abhängen", so Novak weiter, „ob es gelingt, ein einfaches, handhabbares Instrument zu entwerfen und einzusetzen, das den Arbeitsgruppen erlaubt, die Lern- und Entwicklungswege des einzelnen und der Gruppe transparent zu machen", und ich möchte ergänzen, abzusichern. Das können unterschiedliche Konzepte und Ansätze sein, wie Lehrgänge, Förderung von „Systemdenken und Zusammenhangverständnis" (vgl. Laur-Ernst / Gutschmidt / Lietzau 1992, S. 319ff.) über ein komplexes Arrangement, verbesserte Abstimmung des systematischen Lernens in der Berufsschule und der Kooperation mit den betrieblichen Lernorten, etwa über komplexe Lernaufgaben (vgl. Bader 1992, S. 225ff.), oder auch andere Lernarrangements. Gemeinsames Merkmal dieser Konzepte und Ansätze ist die Aneignung und Strukturierung von Wissen zwecks Anwendung in komplexen Situationen und Systemen.

In der Phase der Methodeneuphorie, die immer noch anhält, ist die Sensibilität für Inhaltlichkeiten – das Primat der Didaktik – weitgehend verlorengegangen, im übrigen auch eine m.E. berechtigte Kritik am Konzept der Schlüsselqualifikationen (vgl. Gerds / Rauner / Weisenbach 1984, S. 34; Zabeck 1989, S. 77ff.; Arnold 1988, S. 87). Disziplinäre Fachkompetenz wird im Vergleich zu Sozial-, Methoden- und Lernkompetenz abgewertet.

Inhaltliche Strukturiertheiten werden im wesentlichen in den entsprechenden Fachwissenschaften entwickelt, was die Konzipierung einer beruflichen Fachdidaktik und eine entsprechende Vermittlung, etwa mit der Lehrgangsmethode, um so leichter macht, je strukturierter und homogener die Bezugsdisziplinen sind.

Die Möglichkeiten zur Ausweitung von „Lernen in der Arbeit"(vgl. Hacker / Skell 1991) hängen natürlich von der Lernpotenz der vorfindlichen oder zu schaffenden Arbeit ab, ein Problem, mit dem sich die nächste These beschäftigt:

These 7

Lernen im Prozeß der Arbeit bedarf lernförderlicher Arbeit und lernförderlicher Arbeitsorganisation. Arbeit und ihre unterschiedlichen Organisationsformen werden aber nicht nach pädagogischen Maximen konzipiert, sondern unterliegen dem betriebswirtschaftlichen Kalkül.

Kell stellt dazu in aller Deutlichkeit fest (Kell 1992, S. 156): Die Arbeitsorganisation ist in der Regel vorgegeben; „Rückwirkungen verbesserter Ausbildungsorganisation auf die betriebliche Arbeitsorganisation sind zwar wünschenswert und auch keineswegs auszuschließen. Aber die vorrangig pädagogischen Ziele und Kriterien für die Gestaltung der Berufsbildung können die technisch-ökonomischen Zwecke und Kriterien, die für die Arbeitsorganisation maßgebend sind, allenfalls modifizieren".

Eine lernförderliche Arbeitsorganisation wäre ja auch nur dann realisierbar bzw. sinnvoll, wenn die je spezifische Arbeit an den einzelnen Arbeitsplätzen insgesamt oder wenigstens größtenteils lernförderlich wäre. Die Diskussion über die Machbarkeit, also über die Gestaltbarkeit von Arbeit und Technik unter diesen Aspekten, ist kontrovers: Optimistischen Positionen (vgl. Rauner 1988; Binkelmann 1992; Kloas 1992; Fricke 1992; Ulich 1992) stehen stärker pessimistisch orientierte Einschätzungen gegenüber. Das Potential von Arbeit ist ganz stark an die Organisation von Arbeit gebunden (vgl. dazu Daheim 1978; Volpert 1979; Volpert 1989; Hacker / Skell 1993).

Auch Hacker und Skell haben, neben vielen anderen Autoren, sich mit den Lernpotentialen von Arbeit beschäftigt (vgl. Hacker / Skell 1993). Da jedoch Disposition und Ausführung von (Hand-)Arbeit im Arbeitsprozeß selten, allenfalls in Sonderbereichen und auf hohen Qualifikationsstufen, in einer Hand liegen, und da die Ausbildungsberufe diese Trennung nicht generell überwinden, sollten gewerblich-technische und kaufmännische Ausbildungsbereiche verstärkt zusammengeführt werden; damit wäre auch die in der dritten These angesprochene Tertiarisierung produktiver Tätigkeiten auffangbar. Denn aus der Trennung entstehen sowohl im Ausbildungs- wie auch im Arbeitsprozeß vielfältige Probleme, von Kommunikations- über Status- und Hierarchieproblemen bis hin zu Entlohnungsproblemen, um nur einige Aspekte aufzuzeigen. Die eigentliche Qualität des Zusammenführens von gewerblich-technischer und kaufmännisch-verwaltender Berufsausbildung ergibt sich jedoch aus dem oben dargelegten Verständnis von Arbeit als einer auf den ganzen Menschen bezogenen Kategorie.

Es gibt ein neueres Konzept, in dem versucht wird, Arbeiten / Lernen und Produzieren / Verwalten zusammenzuführen, nämlich die Juniorenfirma; darauf kann ich nicht näher eingehen (vgl. Fix 1985). Aber dieses Zusammenführen ist auch auf andere Weise möglich, was ich mit der abschließenden These sagen möchte:

These 8

Lernen im Prozeß der Arbeit ist nicht nur an eine Organisationsform, nämlich den Betrieb, gebunden, sondern läßt sich auch schulisch realisieren, und zwar in der Produktionsschule oder in entsprechend organisierten curricular-organisatorischen Lernarrangements.

Nun will ich hier die lange Geschichte von Idee und Wirklichkeit der Produktionsschule nicht aufrollen. Diese Geschichte zeigt aber, daß die Idee Bestand hat, was durch aktuelle Beispiele nicht nur in Ostblock-Ländern, wo die Idee ja geboren wurde, sondern auch in westlichen Industrieländern und in Entwicklungsländern belegt wird (vgl. Arbeitsgemeinschaft Produktionsschule 1992). Vor allem die Erfahrungen in Entwicklungsländern, in denen das gesellschaftliche Gut „Arbeit" als entlohnte Arbeit ja knapp ist, weisen in eine Richtung, die auch für westliche Länder relevant werden könnte, wenn – wie der Soziologe Dahrendorf vor einigen Jahren einmal meinte – den Industrieländern die Arbeit ausgehen könnte. Dann könnte die „Berufsschule als Produktionsschule" (vgl. Lipsmeier 1991) eventuell eine wichtige gesellschaftliche Funktion übernehmen, und dann könnten auch außerschulische und außerbetriebliche Organisationsformen für Lernen und Arbeiten, wie hier in Pforzheim, eine noch größere Bedeutung bekommen.

Zusammenfassung und Ausblick

Lernen im Prozeß der Arbeit ist im Prinzip „offenes Lernen" (vgl. Heid 1992), das allerdings – wie dargelegt – der ergänzenden wissensbasierten Strukturierung und Systematisierung bedarf. Abgesehen davon, ob und gegebenenfalls wie weit die „geschlossene", also fremd vorstrukturierte Arbeit einem offenen Lernen zugänglich ist – trotz positiver Erfahrungen sei dieses grundsätzliche Problem aufgeworfen – , bleibt zu fragen, ob dieses offene Lernen, das mit Adjektiven wie fortschrittlich, pädagogisch, reformerisch etc. so positiv besetzt zu sein scheint, wirklich den Intentionen und Erwartungen gerecht wird. Jüngst ist Heid mit diesem Lernen recht kritisch zu Gericht gegangen (vgl. Heid 1992), und auch die mit offenem Lernen notwendigerweise einhergehende (vorauszusetzende oder zu vermittelnde) Selbständigkeit des Lernenden ist an einige Grundsätze gebunden, die Dubs in kritischer Auseinandersetzung mit dieser Kategorie herausgearbeitet hat (vgl. Dubs 1993). Gleichwohl: Lernen und Arbeiten gehören zusammen, gerade heutzutage. Fast scheint es mir so, als ob das mönchische „ora et labora" (bete und arbeite) zum betrieblichen „disce et labora" (lerne und arbeite) geworden sei, zu einer weltlichen Variante einer Lebensformel, die Jahrhunderte die abendländische Gesellschaft geprägt hat, allerdings mit dem entscheidenden Unterschied, daß diese Formel im Unterschied zum Mönchstum nicht mehr den ganzen Menschen prägt: Das betriebliche Arbeiten ist in der Freizeitgesellschaft nicht mehr die dominante Lebensform; das galt vielleicht noch im „Zeitalter der großen Industrie" (vgl. Blankertz 1969) mit der 60-Stunden-Woche, allerdings mit dem entscheidenden Unterschied, daß die Monotonie der Fabrikarbeit im 19. Jahrhundert Lernprozesse weitgehend ausschloß. Das ist hoffentlich für immer vorbei.

Literatur

Alt, Ch. / Sauter, E. / Tillmann, H.: Berufliche Weiterbildung in Deutschland. Strukturen und Entwicklungen. Bielefeld 1994

Arbeitsgemeinschaft Produktionsschule (Hrsg.): Produktionsschulprinzip im internationalen Vergleich. Alsbach 1992

Arnold, R.: Was (v)erschließen die Schlüsselqualifikationen? In: Nuissl / Siebert / Weinberg (Hrsg.): Literatur- und Forschungsreport Weiterbildung. München 1988, S. 85-88

Bader, R.: Zum Verhältnis von Lernen am Arbeitsplatz und Lernen in der Berufsschule. In: Dehnbostel / Holz / Novak, a.a.O., 1992, S. 225-241

Baethge, M.: Die vielfältigen Widersprüche der beruflichen Weiterbildung. In: WSI-Mitteilungen, 45. Jg. (1992), H.6, S. 315

Bahrdt, H.P. / Kern, H. / Osterland, M. / Schumann, M.: Zwischen Drehbank und Computer. Industriearbeit im Wandel der Technik. Reinbek 1970

Binkelmann, P.: Lernen in der Arbeit – Lernförderliche Arbeitssysteme. In: Lernen für die Zukunft durch verstärktes Lernen am Arbeitsplatz, hrsg. von Dehnbostel / Holz / Novak. Berlin (BIBB) 1992, S 242-248

Blankertz, H.: Bildung im Zeitalter der großen Industrie. Hannover 1969

Czycholl, R.: Neun Thesen zum Lernen am Arbeitsplatz. In: Lernen am Arbeitsplatz, hrsg. vom Kuratorium der deutschen Wirtschaft für Berufsbildung. Bonn 1992, S. 23-31

Daheim, H.-J.: Grundformen der Arbeit in der modernen Gesellschaft. In: Rich / Ulich (Hrsg.): Arbeit und Humanität. Frankfurt 1978

Dahrendorf, R.: Industrielle Fertigkeiten und soziale Schichtung. In: Kölner Zeitschrift für Soziologie und Soziylpsychologie, 1956, H. 8

Dehnbostel, P. / Holz, H. / Novak, H. (Hrsg.): Lernen für die Zukunft durch verstärktes Lernen am Arbeitsplatz. Dezentrale Aus- und Weiterbildungskonzepte in der Praxis. Berlin (BIBB) 1992

Dubs, R.: Selbständiges (eigenständiges oder selbstgeleitetes) Lernen: Liegt darin die Zukunft? In: Zeitschrift für Berufs- und Wirtschaftspädagogik, 89. Jg. (1993), H.2, S. 113-117

Faber, H.P.: Zur Bedeutung von Realsituationen für das Lernen in komplexen Fertigungsstrukturen. In: Dehnbostel, P. / Peters, S. (Hrsg.): Dezentrales Lernen im Betrieb. Alsbach 1991, S 35-48

Fix, W.: Juniorenfirmen. Ein innovatives Konzept für die Förderung von Schlüsselqualifikationen. Berlin 1989

Fricke, W.: Technikgestaltung und industriesoziologische Forschung. In: Soziale Chancen, hrsg. von Daheim / Heid / Krahn. Frankfurt 1992

Gerds, P. / Rauner, F. / Weisenbach, K.: Lernen durch Handelns in der beruflichen Bildung, hrsg. von der Projektgruppe Handlungslernen. Wetzlar 1984, S. 10-58

Hacker, W. / Skell, W.: Lernen in der Arbeit. Berlin / Bonn (BIBB) 1993

Heid, H.: Offener Unterricht. In: Zeitschrift für Berufs- und Writschaftspädagogik, 88. Jg. (1992), H. 7, S. 531-534

Hering, D.: Verbindung von Arbeiten und Lernen durch Theoretische Zentren in Produktionsabteilungen sozialistischer Produktionsbetriebe. In: Berufsbildung, 24. Jg. (1970), H.6, S. 288 ff.

Hörtz, O.: Arbeitsplatzbezogenes Lernen Erwachsener in Industriebetrieben der DDR. In: Dezentrales und erfahrungsorientiertes Lernen im Betrieb. Hrsg. von Dehnbostel / Peters. Alsbach 1991, S. 101-107

Kell, A.: Verbindung von beruflichem und allgemeinem Lernen. In: Innovationen in der beruflichen Bildung, hrsg. von H. Pütz. Berlin, Bonn 1992, S. 151-163

Kern, H. / Schumann, M.: Industriearbeit und Arbeiterbewußtsein. Frankfurt 1970

Kerschensteiner, G.: Begriff der Arbeitsschule, hrsg. von J. Dolch. München, Stuttgart 1957

Kerschensteiner, G.: Produktive Arbeit und ihr Erziehungswert. In: Grundfragen der Schulorganisation. 7. Aufl., München, Düsseldorf 1954

Kloas, P.-W.: Lernen an der Arbeit – Berufsbildung in Deutschland und Europa. In: Mehrdimensionale Lehr-Lern-Arrangements, hrsg. von Achtenhagen, J. Wiesbaden 1992, S. 196-211

Laur-Ernst, U. / Gutschmidt, F. / Lietzau, E.: Förderung von Systemdenken und Zusammenhangverständnis – Konkretisiert für Lernen und Arbeiten in komplexen Fertigungsprozessen. In: Dehnbostel / Holz / Novak, a.a.O. 1992, S. 319-332

Lipsmeier, A.: Berufsschule der Zukunft – eine Produktionsschule? In: Computerkultur im Umbruch? Neue Technologien und die Zukunft für Schule und betriebliche Bildung, hrsg. von G. Cyranek. Frankfurt 1991a, S. 203-219

Lipsmeier, A.: Selbständiges Planen, Durchführen und Kontrollieren. In: Zeitschrift für Berufs- und Wirtschaftspädagogik, 88. Jg. (1992), H.5, S. 355-357

Neubert, R.: Lernen am Arbeitsplatz im System der Berufsausbildung der ehemaligen DDR. In: Dezentrales und erfahrungsorientiertes Lernen im Betrieb. Hrsg. von Dehnbostel / Peters. Alsbach 1991, S. 65-68

Novak, H.: Systematisierung und Strukturierung von Erfahrungswissen an Gruppenarbeitsplätzen in der Fertigung. In: Dehnbostel / Holz / Novak, a.a.O. 1992, S. 204-221

Rauner, F.: Neue Technologien, Veränderung der Arbeitsorganisation und Konsequenzen für Inhalte und Formen beruflicher Bildung. In: Brückers / Mayer (Hrsg.): Neue Technologien, Bildung und Arbeitsmarkt für das Jahr 2000. Köln 1988, S. 65-82

Skell, W.: Kognitive Lernmethoden und ihr Bezug zum Erwerb von Erfahrungswissen. In: Dezentrales und erfahrungsorientiertes Lernen im Betrieb, hrsg. von Dehnbostel / Peters. Alsbach 1991, S. 151-160

Sommer, K.-H. (Hrsg.): Handlungslernen in der Diskussion. Esslingen 1985

Stratmann, K.W.: Die Krise der Berufserziehung im 18. Jahrhundert als Ursprungsfeld pädagogischen Denkens. Ratingen 1967

Treiber, B.: Förderung moralischer Kompetenz – ein Berufsbildungsprojekt zur Unterstützung der Gruppenarbeit bei der Mercedes-Benz-AG. In: Gewerkschaftliche Bildungspolitik, 45. Jg. (1994), H.1, S. 9-18

Ulich, E.: Lern- und Entwicklungspotentiale in der Arbeit – Beiträge der Arbeits- und Organisationspsychologie. In: Personalentwicklung in Organisationen, hrsg. von K. Sonntag. Göttingen 1992, S. 107-132

Volpert, W.: Der Zusammenhang von Arbeit und Persönlichkeit aus handlungspsychologischer Sicht. In: Groskurth, Peter (Hrsg.): Arbeit und Persönlichkeit: Berufliche Sozialisation in der arbeitsteiligen Gesellschaft. Reinbek 1979, S. 21-46

Volpert, W.: Entwicklungsförderliche Aspekte von Arbeits- und Lernbedingungen. In: Kell / Lipsmeier (Hrsg.): Lernen und Arbeiten. Beihelft 8 zur ZBW. Wiesbaden 1989, S. 117-134

Weiß, R.: Betriebliche Weiterbildung. Ergebnisse der Weiterbildungserhebung der Wirtschaft. Köln 1994, S. 47 ff., S. 103 und S. 167

Zabeck, G.: Schlüsselqualifikationen – zur Kritik einer didaktischen Zielformel. In: Wirtschaft und Erziehung, 3 / 1989, S. 77 ff.

Zentralinstitut für Berufsbildung der Deutschen Demokratischen Republik: Lernen im Prozeß der Arbeit. Berlin (Ost) 1974

Klaus-M. Baldin

Das unplanbare Planen –
Lernpfadorientiertes Wissensmanagement
als Aufgabe der Personalentwicklung

1. Was ist Wissensmanagement?

Das Thema Wissensmanagement ist in aller Munde, allein in den letzten drei Jahren sind im deutschsprachigen Raum mehr als 50 Bücher zum Thema veröffentlicht worden. Es ist schon eigenartig: Seit mindestens rund 30 Jahren ist Bildungsarbeit fester, systematischer Bestandteil der Unternehmensführung. Weshalb fragen wir uns heute, welche Bedeutung Wissen für uns hat, wie wir das wertvolle Gut im Unternehmen identifizieren, entwickeln, teilen und wertschöpfend nutzen können, welche Methoden, Techniken und Werkzeuge für die Bewirtschaftung des Wissens geeignet sind und unter welchen Rahmenbedingungen sich der Wissensprozeß positiv entfalten kann?

Parallel dazu entfacht sich auch ein deutscher Definitionsstreit – ähnlich wie beim Controlling – (Controlling = Kontrolle) zum Begriff „Wissen", (deutsche Version: Wissen = Fachwissen). Im Sinne von „knowledge" ist dagegen die gesamte Handlungskompetenz (fachliche, methodische, kommunikative und personale Kompetenz), also Herz, Hand, Kopf und Bauch, das Können, Wollen, Dürfen auf der individuellen, kulturellen und strukturellen Ebene, die logische und emotional-soziale Intelligenz, die Kenntnisse, Fertigkeiten und Fähigkeiten, oder auch der psychomotorische, kognitive und affektive Bereich zu verstehen. Für Erpenbeck sind deshalb Kultur, Lernkultur und Werte unverzichtbar Bestandteile eines sinnvollen Wissensbegriffs, so daß sich für ihn folgerichtig die Praktiken des Wissensmanagements weitgehend mit denen des Kompetenzmanagements gleichen.[1]

---

[1] vgl. Erpenbeck, J.: Wissensmanagement, Kompetenzentwicklung und Lernkultur, in: QUEM_BULLETIN 3'99, Berlin, Juni 1999, S. 2 ff.

Der Modebegriff „Ganzheitlichkeit" kommt hier voll zum Tragen und macht an diesen knappen Begrifflichkeiten deutlich, wie facettenreich der Begriff Wissensmanagement schillert, so daß fast zwangsläufig jeder etwas anderes darunter versteht. Wird hier nur alter Wein in neue Schläuche gegossen? Zumindest Liebl hält Wissensmanagement für eine moderne Illusion, weil es oftmals synonym mit Informationsmanagement verstanden wird und bis heute vorliegende Konzepte vage bleiben und noch nirgendwo erfolgreich realisiert wurden.[2]

Scheinbar ist Wissensmanagement wirklich nichts Neues. Es ist nichts ungewöhnliches, daß Menschen neugierig auf Entdeckungen gehen, daß sie fühlen, wahrnehmen, erkennen und denken, das Entdeckte und Erkannte verarbeiten, verknüpfen, bewerten, selektieren, und schließlich ihr Wissen auch noch nutzen. Aktivitäten dieser Art sind genau das, was man heute mit dem so modern klingenden Begriff Wissensmanagement bezeichnet.[3] Eine alte Aufgabe also, die den Menschen in der Drei-Welten-Theorie (Popper 1973) ganzheitlich in seiner engen Verflechtung der materiellen Welt, der subjektiv-psychologischen Welt und der geistig-kulturellen Welt zeigt.

Die Abbildung auf der folgenden Seite stellt Poppers alles Existierende und alle Erfahrungen umfassenden drei Welten dar.[4] Auf den kürzesten Nenner gebracht, definiert Popper Welt 1 als physikalische Welt, Welt 2 als die Welt unserer Erlebnisse und die Welt 3 als „Produkte des menschlichen Geistes". Er betrachtet die menschliche Sprache als das Zentrum der Welt 3, aus der sich heraus die menschliche Kultur entwickelt. Poppers Theorie ist von der Idee der starken Wechselwirkung zwischen den Welten geprägt und zeigt dadurch den Evolutionscharakter, der für Bilden und Erziehen, für das Lernen im Chaos und damit für Wissensmanagement eine dynamische Grundlage bietet.

Boutellier und Grassmann sehen in veralteten Handbüchern, starren Abläufen und in selbstherrlichen Entscheidern Ursachen, weshalb Produktionsinnovationen nur mühsam voran kommen.[5] Ihre Wissenspyramide (Explizites Wissen, Stillschweigendes Wissen, Wissen als Artefakt, Dokumen-

---

[2] vgl. Liebl, A.: Wissensmanagement – eine moderne Illusion?, in Personalführung Nr 6 / 99, S. 6 ff.

[3] vgl. Mandl, H., Reinmann, G.: Leuchtturm im Meer der ungeahnten Möglichkeiten, in Wissensmanagement, eine Serie der Süddeutschen Zeitung, München 1997, S. 5

[4] in Zitzlsperger, H.: Ganzheitliches Lernen, Beltz, Weinheim / Basel 1993, S. 25 ff.

[5] vgl. Boutellier, R. u. Grassmann, O., Wie F+E-Projekte flexibel gemanagt werden, in Harvard Business manager Nr. 4 / 97, S. 69 ff.

tiertes Wissen, Erfahrungswissen, Soziales Wissen) muß professionell gemanagt werden, um sicherzustellen, daß Wissen personenunabhängig innerhalb der Organisation festgehalten und für alle nutzbar gemacht werden kann.

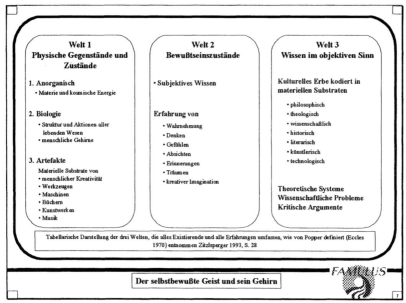

Der selbstbewußte Geist und das Gehirn; entnommen aus Zitzlsperger, Ganzheitliches Lernen 1993[6]

Die Abbildung auf Seite 162 macht die Problematik deutlich. Auf dieser Grundlage läßt sich auch der Versuch wagen, Wissensmanagement zu definieren.

- Wissensmanagement findet dann statt, wenn das Wissen eines Mitarbeiters nach Verlassen des Unternehmens im Unternehmen weiterhin nutzbar ist.
- Wissensmanagement bezeichnet die Fähigkeit, die Lern- und Wissensprozesse in einer Organisation optimal zur Effizienzsteigerung einzusetzen.

---

[6] vgl. Zitzlsperger, H.: Ganzheitliches Lernen, Beltz, Weinheim / Basel 1993, S. 28, Tabellarische Darstellung der drei Welten, die alles Existierende und alle Erfahrungen umfassen, wie von Popper definiert (Eccles 1970)

- Wissensmanagement stellt Methoden und Techniken bereit, mit deren Hilfe sowohl das explizite als auch das implizite Wissen, die Fähigkeiten und Erfahrungen einer Organisation identifiziert, eingesetzt und vermehrt werden können (Arthur D Little).
- Wissen ist ein dynamischer Prozeß, „Glauben" (Beobachtungen, Interpretationen) zu rechtfertigen und zu verfestigen (Schmitz / Zucker in Anlehnung an Nonaka und Takeuchi).
- Wissensmanagement umfaßt alle Methoden, Verfahren und Werkzeuge, die Kernaktivitäten fördern und als geschlossener Kernprozeß in allen Bereichen und Ebenen der Organisation zur Realisierung der Organisationsziele beitragen (Frauenhofer IPK).

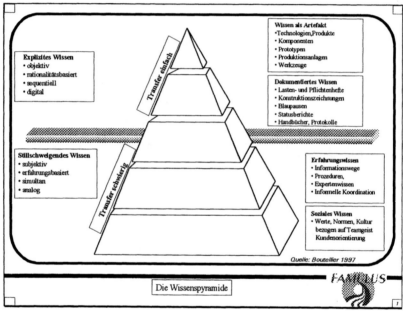

Die Wissenspyramide

Die Geschwindigkeit technischer Veränderungen, die Trends zur Kundenorientierung, die gravierenden Einflüsse der Informationstechnologien und der gleichzeitige Kampf um die wirtschaftliche Überlebensfähigkeit verlangen dieses Wissensmanagement. Mit diesem Denken verbinden sich bisher isoliert gelehrte Wissenschaftsrichtungen zu einer neuen Qualität vernetzter

Lernsegmente. Die Megatrends des Delphiberichtes 98[7] machen deutlich, daß die anstehenden Innovationen gleichermaßen die Wissenspyramide der Wissenschaft und Praxis betreffen. *Zentrale Frage ist deshalb, wie kann dieses vorhandene Wissen optimal genutzt und wie kann neues Wissen geschaffen werden, also wie kann das Wissen bewirtschaftet werden?*

Hier bietet sich das System der Lernpfadmodelle[8] (vgl. Abschnitt 4) an, das die Lernprozesse der Wissenspyramide dokumentiert, pflegt und optimiert, um das Wissen zum Hineinwachsen in eine Funktion, zur weiteren Entfaltung innerhalb der Funktion und zur Entwicklung von Wissen für neue Funktionen allen Organisationsmitgliedern zur Verfügung zu stellen.

Die Problematik ist offensichtlich: Mit einem Karrieresprung, Unternehmensaustritt oder Wechsel der das Projekt tragenden Personen geht ihr Wissen mehr oder weniger stark verloren. Unternehmen fördern deshalb organisationales Lernen bis hin zu Großinvestitionen in Simulationsprogramme, die langjähriges Praxiswissen mit Theorie verknüpfen. 3 M und Hewlett-Packard z. B. gehen viele Wege, um das stillschweigende Wissen personenunabhängig innerhalb der Organisation festzuhalten: zentrale Informationsstellen, Abteilungen für Projektmanagement, Förderung der informellen Kontakte durch extrovertierte Entwickler, gemeinsame Kommunikationsplattform in Veranstaltungen, Kaffee-Ecken sowie häufiger Arbeitsplatzwechsel. Wissensmanagement fördert den ständigen Fluß neuer Ideen. Das kann via Zeitbudget geschehen, indem jeder Mitarbeiter einen bestimmten Anteil seiner Zeit für kreative Arbeiten einsetzen darf; im innovativen Unternehmen 3 M sind dafür bis zu 15 % vorgesehen. Ciba Geigy führt einmal jährlich eine „Ideenbörse" durch, bei der interne und externe Mitarbeiter auf kreative Weise ausgefallene Ideen sammeln und gemeinsame Prioritäten setzen. Freilich laufen solche Maßnahmen nicht wie gut geölte Prozesse ab. Und sie lassen sich auch nicht in ein enges Korsett zwängen nach dem Muster eines „Business Process Redesign". Vieles pas-

---

[7] vgl. Cuhls, K.; u.a.: DELPHI '98, Studie zur globalen Entwicklung von Wissenschaft und Technik, Frauenhofer Institut i.A. des Bundesministeriums für Bildung, Wissenschaft, Forschung und Technologie, Karlsruhe 1998

[8] vgl. Baldin, K., Bildungscontrolling, in Schwuchow, K. u.a. (Hrsg.), Jahrbuch Weiterbildung 1993, S. 203 und Baldin, K., Entdeckung und Förderung von Mitarbeitern auf der Grundlage von Mitarbeitergesprächen, in Münch, J. (Hrsg.), Qualifikationspotentiale entdecken und fördern, 1997, S. 21 ff.

siert informell und beruht auf persönlichen Kontakten auf allen Hierarchieebenen.[9]

Allerdings sind auch viele Mitarbeiter nicht gewillt, ihr Know-how an Kollegen weiterzugeben. Selbst dann nicht, wenn sie dafür besonders vergütet werden, so eine aktuelle Untersuchung der Forschungsgruppe Wissensmanagement der Universität Bielefeld. Ihnen ist die Zeit zu schade und sie befürchten, daß die erfolgreicher gewordenen Kollegen ihnen mehr schaden als der Verzicht auf einen Gehaltsbonus. Nach Ansicht der Bielefelder Wissenschaftler wird sich an diesem Verhalten nur dann etwas ändern, wenn die Führungskräfte mit gutem Beispiel voran gehen würden.[10]

Die Verwendung von Wissen liegt in unserer westlichen Kultur auf dem Schwerpunkt des expliziten Wissens. Dieses beschreibbare, standardisierbare Wissen lagert in Abläufen, Strukturen, Prozessen, Dokumentationen, Bibliotheken, Datenbanken usw. Sogar auf dieser „sichtbaren" Ebene werden allein aus Mengengründen schnell die Grenzen einer „einfachen" Wissensbewirtschaftung deutlich, so daß der Ruf nach einem professionellen Wissensmanagement schnell verständlich wird. Jetzt auf die Tagesordnung gebracht haben Wissensmanagement 1. der dynamische Wandel, 2. das explosionsartige Anwachsen von Informationen und 3. die Multimediamöglichkeiten.

Für Drucker ist damit klar, daß wirtschaftliches Wachstum nicht länger durch mehr Beschäftigung (erhöhten Einsatz von Arbeitskräften oder durch gesteigerte Nachfrage) erzielt wird. Allein durch eine drastische und fortgesetzte Steigerung der Produktivität der Ressource Wissen kann für weiteres Wachstum gesorgt werden.[11] Somit geht es auch nicht mehr darum, Arbeitsprozesse zu organisieren, um effizienter zu wirtschaften, sondern Wissen zu bewirtschaften, um Arbeit möglichst überflüssig zu machen. Die Kopfarbeit ersetzt Handarbeit.

Kernkompetenzen beruhen auch auf implizitem Wissen, worin ein besonderer Schwierigkeitsgrad für ein umfassendes Wissensmanagement liegt, da die Übertragung von der Bereitschaft abhängt, Know-how mit Kollegen zu teilen. Und das ist keine Frage des effektiven PC-Netzes und professioneller Software, sondern verlangt den Wandel von der Mißtrauens- zur Vertrau-

---

[9] vgl. Boutellier, R. u. Grassmann, O., Wie F+E-Projekte flexibel gemanagt werden, in Harvard Business manager Nr. 4 / 97, S. 69 ff.

[10] in GdWZ Nr. 10 / 1999: Wissensmanagement : Mitarbeiter teilen Know-how nicht

[11] vgl. Drucker, P.: Wissen – die Trumpfkarte der entwickelten Länder, HARVARD BUISINESSmanager Nr. 4 / 98, S. 9 ff.

enskultur. Folglich setzt Wissensmanagement Beziehungsmanagement voraus. Teuer erworbenes Wissen – wie z.b. aus Fehlern gemachte Erfahrung – kann oftmals nicht dokumentiert werden, es bleibt überwiegend personengebunden. Es wird meistens nur über informelle Kontakte transformiert. So verwundert es nicht, daß Unternehmen implizites und explizites Wissen bündeln wollen, um z. B. bei der Lufthansa den „Intelligenzquotienten des Konzerns" zu steigern.[12]

Das bedeutet jedoch, daß die noch immer zu wenig beachtete und so erschreckend geringe Produktivität von Wissen und Wissensarbeitern kontinuierlich und systematisch gesteigert werden muß (ebd.). Während in der Standortdebatte Deutschland überwiegend Kosten- und Arbeitszeitprobleme mit dem Aufruf zum Verzicht diskutiert werden, zeichnet sich weltweit der Wandel vom produzierenden Gewerbe zur Wissensgesellschaft ab. Die zunehmende Komplexität erfordert neue Ansätze der Organisation (Netze, globale Projekte), Führer, die als Personalentwickler das Wissen ihrer Mitarbeiter nutzbar machen und neue Wege der Zusammenarbeit, die auch die Kommunikationstechnologien nutzen.

An der Schwelle zum 21. Jahrhundert geht die Industriegesellschaft in zunehmendem Tempo in eine Wissensgesellschaft über. Das virtuelle Unternehmen der Zukunft, das sich – je nach Auftragslage – im Netzwerk zeitgebundener Zusammenschlüsse voneinander unabhängiger Partner, Lieferanten, Kunden und Hersteller bildet, ausweitet, reduziert oder auflöst, kommuniziert grenzenlos und standortunabhängig mit modernsten Mitteln der Informatik. Hierarchien werden verflüssigt. Diese schlanken, überaus flexiblen Strukturen mit der Möglichkeit des schnellen Wissensaustauschs bringen gravierende Wettbewerbsvorteile.

In der Abbildung auf der folgenden Seite wird es deutlich: Die Wissensmenge verdoppelt sich etwa alle acht Jahre.

Die Notwendigkeit zum Wandel im Unternehmen ist offensichtlich. Arbeitsplätze und Wohlstand kann nur im weltweiten Wettbewerb gesichert werden. Hier haben die Unternehmen die Nase vorn, die kreative und marktfähige Ideen am schnellsten mit Präzision und Qualität in Innovationen umsetzen. Unternehmen, die an diesen Trend zur Wissensgesellschaft teilhaben wollen, müssen ihr Bildungssystem grundlegend erneuern, um das täglich neu entstehenden Wissen jedes einzelnen Organisationsmitgliedes zu sammeln und wertschöpfend zu verwenden; denn *Wissen wird der Rohstoff der Zukunft.*

---

[12] vgl. Seyfried, K.-H.: Die geballte Macht des Wissens, in Capital Nr. 10 / 98 S. 102

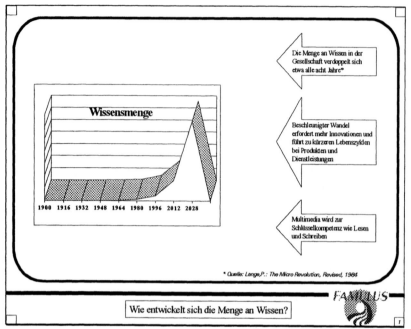

Die Entwicklung der Wissensmenge

So stellen Schmitz / Zucker fest, daß *Wissen der erste Rohstoff ist, der sich bei Gebrauch vermehrt.* Soll sich Wissen jedoch in Werte verwandeln muß es sorgsam gepflegt und bewirtschaftet werden, also in beschreibbares, allgemein verfügbares Wissen umgewandelt werden.[13]

Nur, wie gelingt es, dieses Unplanbare zu planen?

Die noch oft vorhandene tayloristische Arbeitszergliederung mit der Trennung von Kopf- und Handarbeit, einem hierarchischen, bürokratischen Herrschaftssystem und starren Arbeitszeiten werden eher ein hemmender Faktor für die Zukunftsgestaltung sein. Der Schlüssel zum Erfolg heißt lebenslanges Lernen und mündet in der Idee des lernenden Unternehmens, in dem der Lernprozeß aller Mitglieder gefördert wird und in der sich gleichzeitig die Organisation fortwährend wandelt.[14]

---

[13] vgl. Schmitz, Ch.; Zucker, B.: Wissen gewinnt – Knowledge Flow Management, Düsseldorf 1996, S. 13 ff.

[14] vgl. Pedler, M.; u.a.: Das lernende Unternehmen: Potentiale freilegen, Frankfurt 1994, S. 11

Mit der Wiederentdeckung der Mitarbeiter als strategische Stärke zur Überlebenssicherung geht auch ein neues Bewußtsein einer Mitarbeiter ganzheitlich zur Selbstkontrolle, zur Selbstverantwortung, zum Selbstmanagement und zum unternehmerischen Denken und Handeln, also zur Persönlichkeit mit Selbstbewußtsein und Selbstvertrauen zu fördern. Diese personalpolitische Ausrichtung verlangt Planungssysteme, in denen Führungskräfte nicht in ihrer herrschaftlichen Rolle als Stelleninhaber verharren und aufgrund von verliehenem Status regieren. Vielmehr müssen sie unter Anwendung wirkungsvoller pädagogischer Kompetenz ständige Verbesserungen bei den Rahmenbedingungen zur Weiterentwicklung ihrer Mitarbeiter forcieren. Ein professionelles Wissensmanagement soll hier wirksam greifen. Dabei unterstützt sie ein unternehmensweit vernetztes Lernpfadsystem. Es bildet ein wirkungsvoll nutzbares Erfolgspotential, da es die betriebliche Evolution in kleinen Schritten kontinuierlich und systematisch fördert.

Führen heißt, in Zukunft nicht mehr „Personalverantwortung haben"; diese besitzt jeder Mitarbeiter selbst. Führen bedeutet vielmehr: Verantwortung für die Personalentwicklung zu übernehmen.

Führungskräfte haben dafür zu sorgen, daß die ihnen anvertrauten Mitarbeiter mittel- und langfristig am Weltmarkt der Arbeit ihr Geld wert werden und bleiben. Stelle oder Titel werden den Menschen in Zukunft keine Sicherheit und keinen Status mehr gewähren. Auf ein marktfähiges Know-how und auf menschliche Netze kommt es an, die helfen, das individuelle Wissen produktiv einzusetzen und weiterzuentwickeln.[15] Führungskräfte, die versuchen ihre Unternehmen auf die Anforderungen einer wissensgestützten Wirtschaftsweise auszurichten, führen mit Fairness, was Vertrauen und bindende Verpflichtung aufbaut, was dann freiwillige Kooperationen mit einem Leistungsantrieb hervorruft, der weit über bloße Pflichterfüllung hinausgeht.

Anders als die klassischen Produktivitätsfaktoren Boden, Arbeit, Kapital ist Wissen eine in Menschenköpfe eingeschlossene Ressource. Schöpfung und Austausch von Wissen sind schwer faßbare Vorgänge, die sich weder überwachen noch erzwingen lassen. Sie kommen nur zustande, wenn Menschen freiwillig kooperieren. So ist sich Chan Kim aufgrund vieler untersuchter Unternehmen sicher, daß Mitarbeiter zu Managern, die offen und kooperativ führen, Vertrauen fassen und dann nicht länger mit Ideen zu-

---

[15] vgl. Fuchs, J.: Die neue Art Karriere im schlanken Unternehmen, in HARVARD BUSINESmanager Nr. 4 / 1998 S. 83 ff.

rückhalten und sich richtig ins Zeug legen.[16] Daraus folgt, daß Führungskräfte die systemisch aufeinander bezogenen Kraftfeldfaktoren des magischen Dreiecks Unternehmensentwicklung, Personalentwicklung und Organisationsentwicklung mit der „Kraft des Sauerteigs" zum gären bringen müssen, um durch ganzheitliches, kreatives Lernen die Potentiale aller Mitarbeiter zum Wohle der unternehmerischen Ziele zu entfalten.[17]

> *Wenn Mitarbeiter neues Wissen schöpfen,*
> *erschaffen sie sich auch selbst neu,*
> *das Unternehmen und sogar die Welt*
> *Ikujiro Nonaka*

Hülshoff postuliert dies in dem nachfolgend aufgeführten „Magischen Dreieck" (Abbildung auf der folgenden Seite). Er schätzt, daß mindestens die Hälfte der jährlich verausgabten 35 Milliarden DM für betriebliche Weiterbildung deshalb fehlgeleitet werden, weil die Lernenden nicht die neuen Kompetenzen entwickeln können, die sie für Tätigkeiten in ihren Aufgabenfeldern benötigen. Er sieht den Grund darin: „daß weder die Aufgabenfelder, die damit verbundenen Tätigkeiten, noch die daran knüpfenden Anforderungsprofile für definierte Mitarbeitergruppen in professioneller Weise – maßgeschneidert – erarbeitet werden" (ebd., S. 46).

Dadurch gelangen Unternehmen zunehmend unter Druck, da sie im neuen Selbstverständnis von Lean Management Hierarchiestufen opfern und damit der in der Vergangenheit stolz präsentierte Karriereaufstieg immer seltener möglich wird. Auch sie haben ein hohes Interesse, vermehrt kreative Perspektiven aufzuzeigen, die Förderanreize innerhalb vertikaler Aufgabenanreicherung bieten. Im Zentrum des lernpfadorientierten Wissensmanagements steht deshalb das Mitarbeiterfördergespräch, das auf der Basis von Anforderungsprofilen geführt wird. Es ist eine „Kulturfrage des Unternehmens, ob der Fördergedanke in den Mittelpunkt der Personalentwicklung gestellt wird ..." (ebd., S. 46). Führungskräfte, die sich an einem wertorientierten Menschenbild orientieren, welches den Menschen als ganzheitliches Lebewesen versteht, das auf lebenslange, umfassende Lernprozesse zur

---

[16] vgl. Chan Kim, W.; Mauborgne, R.: Warum rücksichtsvolle Chefs erfolgreicher sind, in HARVARD BUSINESSmanager Nr. 1 / 98 S. 60 ff.

[17] vgl. Hülshoff, Th.: Magische Dreieck mit der Kraft des Sauerteigs, in management & seminar Nr 12, 1993, S. 44 ff.

Entfaltung seiner individuellen Potentiale angewiesen ist, werden den Ansprüchen in dieser komplexen Umwelt eher gerecht.

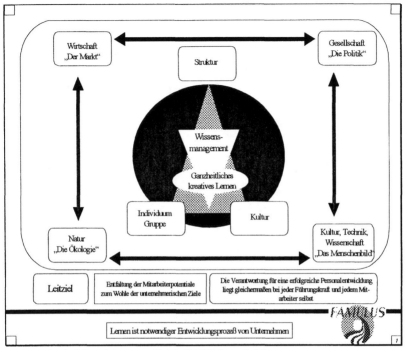

Magisches Dreieck in Anlehnung an: Hülshoff, WSB intern 2 / 93

2. Weshalb muß Wissen gemanagt werden?

2.1 Verschwendung von Wissen

Im Wert einer Organisation spiegelt sich deren Leistungsfähigkeit wider. Diese wiederum ist durch Humankapital und Wissen massiv beeinflußbar. Allerdings wird das heutige Wissensszenario diesem Anspruch nicht gerecht. Vielmehr wird „Wissen" regelrecht verschwendet, es geht verloren oder wird nicht genutzt. Die im Management kreisende Aussage „Wenn Siemens wüßte, was Siemens weiß" ist schon symptomatisch für den Umgang mit Wissen in vielen Unternehmen: Da verstaubt es in fein säuberlich archivierten Akten oder in unausgewerteten Projekterfahrungen. Selbst das betriebliche Vorschlagswesen, jetzt modernisiert zum Ideenmanagement realisiert nur rund 40 % der akzeptierten! Ideen und funktioniert damit eher unzureichend. Unzählige Datenmengen werden computermäßig erfaßt, sortiert und verteilt. Was verbirgt sich hinter diesen Datenfriedhöfen? Unzählige Spezialisten der Entwicklung, der Stäbe und der Fachbereiche tragen Mengen von Daten zusammen, analysieren und machen Vorschläge. Vieles landet in schwebenden Projektlandschaften, für die keiner so recht zuständig ist. Und was auf der Ebene des impliziten Wissens, den Werten, Einstellungen, Ritualen und ungeschriebenen Gesetzen unterhalb der Wasseroberfläche des Eisberges schlummert, ist für Viele sowieso suspekt. Schmitz / Zukker bringen die Situation auf den Punkt:

Wissen wird versenkt, schläft oder wird verschmäht, nicht gefördert und verkümmert wie ein Muskel, der nicht gebraucht wird. Es ist nicht zur rechten Zeit am rechten Ort, die Entwicklungen dauern und dauern, das Rad wird doppelt erfunden, das alles kostet Geld und immer häufiger die Existenz (Schmitz / Zucker 1996).

2.2 Nutzen von Wissen

Kreative Personalentwickler / innen fühlen sich dadurch herausgefordert. Sie wollen ein spezifisches Wissensmanagementsystem im eigenen Untenehmen entwickeln und schrittweise umsetzen.

Wissen zu managen ist somit die neue Herausforderung. Es muß durch ein ausgeklügeltes System gelingen, vorhandenes Wissen zu bündeln, funktionsübergreifend zu integrieren und in einem kontinuierlichen Verbesserungsprozeß neu zu schöpfen. Hier liegen die Chancen, lern- und umstellfähigen Mitarbeitern und Mitarbeiterinnen Entwicklungsmodelle aufzuzeigen, die Ihre Zukunft im Unternehmen mitgestalten. Viele Mitarbeiter sind bereit, ihre Energien in Lernsituationen zu stecken, wenn die Sinnhaftigkeit gegeben ist. Das lernpfadorientierte Wissensmanagement bündelt modellhaft das Wissen für Schlüsselpositionen, wie Produktmanager, Führungskräfte, Servicetechniker, Einkäufer, Entwickler, Personalreferenten, Weiterbildner, Projektleiter usw. Es werden wichtige Aktivitäten des lebenslangen Lernens ziel- und zeitorientiert zum Wohle des Mitarbeiters und des Unternehmens zusammengefügt und vernetzt, so daß die Lern- und Arbeitswelt – auch über enge Bereichsgrenzen hinweg – in ihrer ganzheitlichen betrieblichen Lebenswelt abgebildet wird.

Mit der Integration bürokratisch isolierter Führungslaufbahnen, den später hinzugefügten Fach- und jetzt auch Projektlaufbahnen, wird der inhaltlichen qualitativen Weiterentwicklung Rechnung getragen. Nicht mehr Status und Vollmacht alleine sind Ziel von individuellen Karrieren, sondern auch die radiale und horizontale Perspektive beruflicher Handlungskompetenz reißt traditionelle Normen und Regeln ein und motiviert zur Selbstverwirklichung in der kreativen und innovativen Aufgabe.

Gelingt es dem Unternehmen mit Hilfe des Wissensmanagements Mitarbeiter in die Lage zu versetzen, die eigenen Fähigkeiten durch die Übernahme verschiedener Aufgaben zu entfalten und möglichst selbstgesteuert den Werkzeugkasten Personalentwicklung für weitere Qualifikationen zu nutzen, hat es neben der ökonomischen auch eine humane Aufgabe erfüllt. Mit der angestrebten Orientierungs-, Integrations- und Innovationsfunktion sollen Lernpfade als eigenständiges Instrument des Wissensmanagements zur Zielerreichung beitragen. Das lernende Unternehmen entsteht und verhilft den mit wohlwollenden Sätzen gefüllten Hochglanzbroschüren der Unternehmens- und Führungsgrundsätze zu lernkultureller Qualität.

Zunehmend werden Konzepte notwendig, die dafür sorgen, daß die Lerngeschwindigkeit höher ist als die Veränderungsgeschwindigkeit der äußeren und inneren Einflüsse. Wissensmanagement führt in der Funktion als Wegweiser des lernenden Unternehmens (in gedanklicher Vorwegnahme) mögliche Aufgabenfelder, die relevanten Entwicklungsmaßnahmen und die Zeitkomponente zusammen. In pädagogisch wirksamer Reduktion der komplexen betrieblichen Lebenswelt legt es die Denkrichtung zielgerichtet auf lernwirksame, erfolgsversprechende Lernsituationen fest.

Das lernpfadorientierte Wissensmanagement berührt markant alle Menschen im Unternehmen und wirkt sich somit auf alle personalpolitischen Maßnahmen und alle betrieblichen Funktionen aus. Es hat den Stellenwert des eigenständigen Instrumentes innerhalb der Personalentwicklung, da die Zusammengehörigkeit der in diesem Konzept kreativ vernetzten Aktivitäten als Landkarte betriebspädagogischer Phänomene die geistigen Energien individueller Personen speichern und in der Lernkultur des Unternehmens verankern. Diese evolutionäre Reichweite läßt die Integration in bereits existierende Instrumente nicht zweckmäßig erscheinen, gerade auch, weil Lernen als ein Sammelwort für alle Prozesse zu verstehen ist, die zu langfristigen Veränderungen in unserem Geist führen.[18]

Auf dem Weg zu einem anspruchsvollen Human-Ressourcen-Management stellt die reifere Sozialisationsstufe Erwachsener mit einem relativ ausgeprägten Selbst- und Weltbild ihre eigenen Ansprüche an die Bildungs-

---

[18] vgl. Minsky, M.: Mentropolis, Stuttgat 1990, S. 331

arbeit in Betrieben. Nach Aristoteles verwirklicht der Mensch seine Potentiale durch Akte. Dies kann sich nur in der Begegnung mit Objekten (betriebspädagogisch: in der Begegnung mit anderen Menschen im Betrieb) vollziehen. Pädagogische Situationen lassen sich als „Partitur" verschiedener Lernsituationen mit den Urformen des Lernens: Gespräch, Spiel, Arbeit und Feier, gestalten (vgl. die folgende Abbildung). Dabei ist es nach Hülshoff die Aufgabe des Betriebspädagogen, in seinem Tätigkeitsfeld Rahmenbedingungen dafür zu schaffen, daß Gemeinschaft entstehen kann.

Darin erschöpft sich ein Mitarbeiter jedoch nicht – er ist darüber hinaus noch eine unverwechselbare, einmalige und nie endgültig festgelegte Persönlichkeit. Lauterburg macht deutlich, daß es bis vor kurzem genügt habe, ein guter Fachmann zu sein, administrative Vorgänge sauber abzuwickeln und Amtsautorität als Vorgesetzter zu haben, um sich durchsetzen zu können. Heute genüge das nicht mehr. Es müsse „strategische Kompetenz", „soziale Kompetenz" und „Persönlichkeitsformat" hinzukommen.[19]

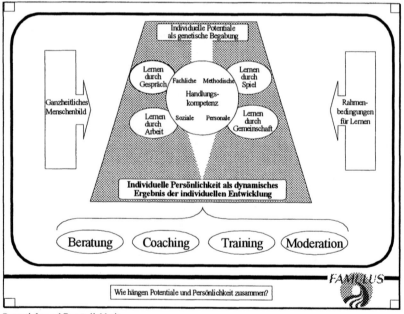

Potentiale und Persönlichkeit

---

[19] vgl. Lauterburg, Ch.: Führung in den Neunzigerjahren, in Zeitschrift Organisationsentwicklung Nr. 1, 1990, S. 21

Hülshoff erweitert deshalb die in der Öffentlichkeit etablierte Aufschlüsselung der Handlungskompetenz in Fach-, Methoden- und Sozialkompetenz (vgl. zum Beispiel Ausbildungsmodell PETRA: Schulz 1990, S. 56; Berufsausbildung bei Dräger: Baldin / Bogalski 1990, S. 211ff.) um die Persönlichkeits- oder auch Personale Kompetenz. Persönlichkeitskompetenz bedeutet dann, ein realistisches Selbstbild zu haben, der eigenen Überzeugung gemäß handeln zu können und zur sozialen Verantwortung bereit zu sein. Persönlichkeitskompetenz ist also Grundlage für die Entwicklung der Fach-, Methoden- und Sozialkompetenz.

Genau hier im Meßpunkt der Betriebs- und Führungspädagogik vollzieht sich das Management des Wissens. Organisationen der Wissensgesellschaft wissen, was sie wissen und was sie wissen könnten, und setzen ihr Alleinstellungsmerkmal „Wissen" zur richtigen Zeit am richtigen Ort in der richtigen Form zur Penetration des Marktes ein. Und die Unternehmen sind randvoll mit Wissen, das sich in Erfahrungen, Kenntnissen und Fähigkeiten ausdrückt. Es steckt in den Köpfen der Mitarbeiter, in der Kultur, den Strukturen, Abläufen und Systemen und bildet die Basis für die Wertschöpfung.

3. Wie gestalte ich Wissensmanagement?

3.1 Das Konzept

Das erfolgreiches unternehmerisches Handeln zunehmend von Wissensvorsprung gegenüber dem Wettbewerb herrührt, ist mit den vorangegangenen Ausführungen vielfach unterlegt worden. Die vielfach noch isolierten Ansätze des Wissensmanagements versucht Probst seit 1995 mit einer Gruppe von Unternehmen in ein systematisches Konzept zu gießen. Dabei kristallisierten sich schließlich acht Aspekte heraus, die die Grundlage für ein ganzheitliches Wissensmanagement darstellen, wie in der Abbildung auf der folgenden Seite dargestellt.

Bei der Frage allerdings, wie man denn die Ressource Wissen pragmatisch erschließt, zeigen sich komplexe, ja komplizierte Zusammenhänge. Wissen durchdringt das gesamte Unternehmen als Querschnittselement.

Wenn wir wissensbezogene Aktivitäten und Infrastrukturen „kartographieren" wollen, ist der Wissensquadrant von Schmitz / Zucker hilfreich. Damit entsteht ein erstes Bild des Wissensmanagements des Unternehmens. Die beiden Dimensionen „vorhandenes Wissen nutzen" und „neues Wissen entwickeln" und die Dimensionen „Intern" und „Extern" spannenden Wissensquadranten auf. Die einzelnen Felder leiten dabei die Fragen und Beobachtungen. Was wird alles getan, damit Wissen innen vernetzt wird? Wie wird neues Wissen von außen nach innen transferiert? Unternehmen brauchen wissensbezogene Aktivitäten in allen vier Feldern, die mit Hilfe des Quadranten geordnet und sichtbar gemacht werden. Gerade Unternehmen, die sich ihrer Erfolge und ihres Wissens sehr bewußt sind, verfallen oft in den Fehler, irritierendes externes Wissen unreflektiert abzuwehren. Hier hilft die Quadratur des Wissens, den Grad und den Charakter der Vernetzung zu erkennen.

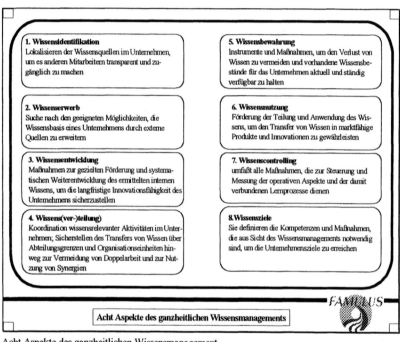

Acht Aspekte des ganzheitlichen Wissensmanagement

Das Wissen ist der Auslöser für das Handeln von Personen, und da es an menschliches Handeln gebunden ist, wirkt es wertschöpfend. Durch Wissen werden Prozesse und Produktionsabläufe verbessert. Das bedeutet Sparpotential. Wissensgenerierung als dynamischer Prozeß zwischen explizitem und implizitem Wissen ist das Ziel innovativer Unternehmen. Dies ist jedoch ein fragiler Prozeß und erfordert neue Ansätze für das Management des Wissens. Die Aufgabe von Managern besteht darin, einen Kontext zu bieten, welcher Wissensgenerierung und Innovationsprozesse positiv beeinflußt.

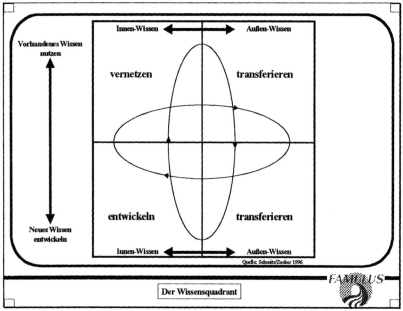

Der Wissenshydrant

So bedeutet dies im Umgang mit Kunden, daß das Wissen und die Erfahrungen des Kunden artikuliert und damit wesentlicher Bestandteil der Produkt- und Dienstleistungsentwicklung werden. Die Spirale des Wissens über die implizite Suche nach neuen Ideen zu aktivieren und in einem kreativen Teamprozeß zu diskutieren, mit in- und externem Wissen zu verknüpfen und somit ungeahnte explizite Verzweigungen zu erzeugen, bildet die Fähigkeit, den Prozeß der Wissensentwicklung zu steuern.

3.2 Der Einsatz von Informationstechniken

Treibende Kraft dieser Entwicklung sind die modernen Informations- und Kommunikationstechnologien. Für die aktive Gestaltung des Weges in die Wissensgesellschaft ist das erklärte Ziel des Bundesministeriums für Bildung, Wissenschaft, Forschung und Technologie: „Multimedia möglich machen". Dabei baut die Politik des Ministeriums auf vier Schwerpunkten auf:

- Vermittlung von Medienkompetenz,
- Erschließung des Anwendungspotentials von Multimedia,
- Ausbau der bestehenden guten Infrastruktur,
- Ausgestaltung der rechtlichen Rahmenbedingungen

Der Umgang mit Multimedia muß anbei zu einer Schlüsselkompetenz wie Rechnen, Lesen und Schreiben werden.[20] Ein aktuelles bundesweit einmaliges Medienprojekt an einem Gütersloher Gymnasium stellt 60 Kindern tragbare Computer zur Verfügung, so daß „Laptops statt Schulranzen" die Grundlage für eine neue Lernkultur des Wissenszeitalters bilden.[21]
Die Beschreibung, Darstellung und Verbreitung des Wissens ist eine herausfordernde Aufgabe. Soll ein zentraler „Wissensmanager" diese Aufgabe lösen, indem er Informationen sammelt und in einem Wissensserver, der allen Mitarbeitern zugänglich ist, pflegt? Wäre das sogar eine neue Beruflichkeit? Kann er vorhandenes Wissen global orten, aufbereiten, erneuern, ausweiten und den Mitarbeitern an ihrem eigenen Arbeitsplatz zur Verfügung stellen? Der Gedanke ist schon bestechend: Wenn alle Informationen zu den Produkten, Produktionsmitteln, zum Kunden, zum Markt, zum Wettbewerb, zur Politik, zur Umwelt usw. mittels Expertensystemen empfängerorientiert aufbereitet, zur Verfügung ständen, könnte beispielsweise der Vertriebsingenieur von dem Wissen des Servicetechnikers profitieren, der die Erwartungen des Kunden aus der Praxis heraus kennt. Dabei gibt es nicht nur die Bringschuld des Unternehmens, sondern auch die Holschuld jedes einzelnen Mitarbeiters. Nur die aktive Abfrage von Wissen garantiert deren sinnvolle und effiziente Anwendung. Hier ist wieder eine Unternehmenskultur gefragt, die den Einzelnen in den Prozeß des sich ständig ändernden Wissens mit einbezieht.[22]

---

[20] vgl. bmbf: Multimedia, Deutschlands Weg in die Wissensgesellschaft, Bonn 1998
[21] vgl. Borkener Zeitung v. 29. / 30.05.99 Laptop ersetzt den Ranzen
[22] vgl. Wurzer, J.: Wissensvorsprung im Wettbewerb, in managerSeminare Heft 28, 1997, S. 92

Es gibt viele Anlässe oder Zielsetzungen, die sich für einen Beginn mit Wissensmanagement anbieten. Deutlich ist, daß das lernpfadorientierte Wissensmanagement nicht als kurzfristiges Projekt lösbar ist. Es hat langfristigen Charakter. Die damit einhergehenden Kulturveränderungen verlangen Verhaltenskorrekturen und die sind besonders über Einsicht erreichbar. Allerdings können auf individueller Ebene sofort Wissensspeicher in Form einer Ideenbox mit Zettelwirtschaft oder in Datenbanken eingerichtet werden. Auch auf der Ebene der Gemeinschaft kann der Wissensprozeß durch z. B. Förderung informeller Begegnungen oder gar mittels eines Telefonnetzwerkes, das über Hierarchien hinweg, implizites Wissen zu explizitem Wissen umbaut, verflüssigt werden. Im Sinne der Chaostheorie bewegt sich Wissensmanagement gleichermaßen auf Ebenen unternehmensweiter Konzepte, strategischer Begegnungen mit externen Geschäftspartnern als auch auf den Schreibtischen Einzelner und in den Fabrikhallen. Ziel muß es sein, diese komplexen Wissensbeziehungen strategisch zu verknüpfen, um so eine systematische Entwicklung zur Wissensgesellschaft aufzubauen. Der Beginn mit Aktivitäten, die der ausgesuchte Bereich als relevant aber relativ einfach betrachtet, sichert die erfolgreiche Implementierung.

4. Wie wirkt das Modell des lernpfadorientierten Wissensmanagements?

4.1 Die Funktion von Lernpfaden

Der Begriff „*Lernpfad*" wurde vom Autor neu geprägt [23] und soll im Kontext der lernenden Organisation das lebenslange Lernen sämtlicher Organisationsmitglieder fördern und damit das selbstgesteuerte Lernen geradezu herausfordern. Seine Grundidee ist, daß der wesentliche Unternehmenserfolg statt Außenregulation im Sinne von zentralen Anweisungs- und Kontrollorganen durch praktisch erprobte Selbstregulation auf allen Ebenen entsteht. Im Kern verfolgen Lernpfade das Ziel, Mitarbeiter stärker in die Personalentwicklung zu integrieren, und sind geprägt vom Menschenbild des bildungswilligen Mitarbeiters, der Interesse an seiner Weiterentwicklung zur einmaligen Persönlichkeit hat. Damit wird „Lean Learning" der Schlüsselbegriff für künftige Formen der Fähigkeitsvermittlung; denn im Prozeß der

---

[23] vgl. Baldin, K.: Bildungscontrolling, Perspektiven und Praxis, in Schwuchow, K.-H. (Hrsg.) Jahrbuch der Weiterbildung, Düsseldorf 1993, S. 203 ff.

Dezentralisierung, in der gewünschten Übereinstimmung von Verantwortung, Kompetenz und Aufgabe, muß jedem Mitarbeiter auch das Recht und die Pflicht zugestanden werden, selbstgesteuert zu lernen (vgl. ebd., S. 40). Die Rollenverteilung wird in den beiden folgenden Grundsätzen deutlich:

1. Das Unternehmen steht in der Pflicht, Talenten Entwicklungschancen zu öffnen, und ist damit verantwortlich für die Gestaltung der Rahmenbedingungen für „Lernen".
2. Die Mitarbeiter sind ihrerseits verpflichtet, an ihrer Karriere zu arbeiten. Es liegt an ihnen, die gebotenen Chancen zu nutzen.

Strategisch wichtige Positionen werden in Lernpfadmodelle eingebunden. Dadurch wird Lernkultur glaubhaft für die Mitarbeiter und für potentielle Bewerber. Wenn in den siebziger und achtziger Jahren Weiterbildung und die Darstellung von hierarchischen Laufbahnen Anreiz für den Nachwuchs waren, bestimmte Unternehmen als Arbeitgeber zu wählen, liegen heute Motive zur Unternehmensselektion eher auf der Werteebene der kreativen Freiräume, Grad der Autonomie und Selbständigkeit im alltäglichen Handeln.

Klages bestätigt in einem Mehrjahresvergleich, daß Gehorsam als Erziehungswert stark an Bedeutung verloren hat, während Selbständigkeit demgegenüber erheblich angestiegen ist.[24] Die zur Zeit stattfindenden kräftigen Aufräumaktionen in den Unternehmen mit dem Ergebnis des Outsourcing von Dienstleistungsbereichen und der damit verbundenen Konzentration auf Kernkompetenzen zeigen den verbleibenden Schlüsselpositionen qualitativ hochwertige Perspektiven auf.

Die folgende Übersicht faßt die Hauptmerkmale der Laufbahn, des Karrierepfades und des Lernpfades in der Orientierungs-, der Integrations- und der Innovationsfunktion zusammen

	Orientierungsfunktion	Integrationsfunktion	Innovationsfunktion
Laufbahn	Aufstiegsplanung	Abfolge von Stellen	Bürokratisch, hierarchisch
Karrierepfad	Individuelle Entwicklungsziele	Spannungsfeld individueller und betrieblicher Anforderungen	Individuell
Lernpfad	Landkarte betrieblicher Möglichkeiten und Anforderungen	Ganzheitlichkeit des Werkzeugkastens Personalentwicklung	Qualitativ / systemisch

Funktionsvergleich

---

[24] vgl. Klages, H.: Wertewandel in Deutschland, in Streich (Hrsg.) Wertewandel, Stuttgart 1993, S. 1 ff.

Deutlich wird, daß Laufbahnen eher bürokratisch-hierarchische Strukturen fördern, Karrierepfade die Bedürfnisse des Individuums in den Mittelpunkt stellen und Lernpfade als Landkarte betrieblicher Lernkultur den qualitativen, systemischen Anspruch ganzheitlichen Lernens darstellen und damit dem Anspruch des Wissensmanagements am ehesten gerecht wird.

Orientierungsfunktion

Die Orientierungsfunktion selektiert und macht unter ganzheitlichen Aspekten die Maßnahmen des Werkzeugkastens Personalentwicklung transparent, die für die Weiterentwicklung in beruflichen Werdegängen bestimmend sind. Unternehmen haben bisher selten systematisch dargestellt, welche Perspektiven und welche damit verbundenen Anforderungen an die Potentiale die einzelnen Leistungsträger im Unternehmen haben. In einer Studie des Bundesinstitutes für Berufsbildung, „Lernen nach der Lehre", wird deutlich, daß „... die 'Qualifizierungsoffensive' immer noch einseitig auf Erwerbstätige und dort auf Mitarbeiter oberhalb der Facharbeiterebene ausgerichtet ist. Eine besondere Förderung von jungen Fachkräften nach Abschluß der Ausbildung (sowohl Erwerbstätige als auch Arbeitslose) ist nicht erkennbar."[25]

Um eine langfristige Planung des gesamten beruflichen Werdeganges zu ermöglichen, wäre es hilfreich, die Möglichkeiten und Anforderungen, die ein Unternehmen an Schlüsselpositionen knüpft, transparent und nachvollziehbar zu machen. Damit würde die vom beruflichen Wandel erzwungene, praktische Durchsetzung des Konzepts vom lebenslangen Lernen als Multiplikatoreffekt schulischer und beruflicher Bildung eine neue Lernmotivation erfahren (vgl. ebd., S. 8). Jedoch nicht nur die Nachwuchsgeneration vermißt klare Aussagen der Unternehmen zu Entwicklungsmöglichkeiten.

Auch bei Führungskräften liegen Potentiale brach. In einer Modellrechnung ermittelt Mann, daß die verfügbaren Energien der Führungskräfte ohne Anstrengung um das 200fache verstärkt werden können. Voraussetzung ist allerdings, daß in einem Unternehmen eine Vielzahl von Menschen beschäftigt ist, die diesen Entwicklungsprozeß zu gehen bereit sind. Lernpfade können hier wirksam die Perspektiven aufzeigen und damit in Sogwirkung lernwillige Führungskräfte anlocken.

---

[25] vgl. Kloas, P.: Lernen nach der Lehre, in Berichte zur beruflichen Bildung, Bundesinstitut für Berufsbildung, Berlin 1988, Heft 103, S. 8, 65

Integrationsfunktion

Mit Hilfe dieses Entwicklungsmodells kann, sowohl von seiten der Führungsebene wie vom Mitarbeiter selbst initiiert, eine langfristig hin angelegte berufliche Entwicklung angestrebt werden. Dazu wird der gesamte Werkzeugkasten der Personalentwicklung, inklusive systematisch angepaßter Weiterbildungsmaßnahmen, als Grundlage der Entwicklungsmöglichkeiten herangezogen. Der Lernpfad verbindet zweckorientiert die Lern- mit der Handlungsfähigkeit. So wird derjenige, der erfolgreich eine Moderatorenausbildung absolviert hat, direkt danach Qualitätszirkel moderieren. Der Besuch eines Projektmanagementseminars wird sofort die Leitung eines Projekts unter korrekter Anwendung des Gelernten zur Folge haben. Die Leitidee besteht in der ganzheitlichen Zusammenfügung aller lernwirksamen Momente, um durch eine kontinuierliche Veränderung in Richtung eines fließenden Gleichgewichtes zwischen dem Lernenden, seinen Karrierewünschen und den Anforderungen des Arbeitsplatzes zu wirken.

Innovationsfunktion

Diese Funktion enthält viel Eigendynamik, verlangt die andauernde Anpassung an neue Gegebenheiten und einen hohen Reifegrad aller Beteiligten zur optimalen Nutzung der Möglichkeiten. Mit Kreativität und Ideenreichtum lassen sich Lernpfade variantenreich, aber auch kostenbewußt mit Elementen des Werkzeugkastens Personalentwicklung füllen. Dieser ganzheitliche Ansatz lebt von der situationsgerechten, individuellen Kombination der Maßnahmen, die der Kreativität des einzelnen einen breiten Handlungsspielraum erlauben. Dabei verdrängen besonders erfolgreiche Entwicklungssituationen weniger erfolgreiche, was im Lernpfad festgehalten wird, so daß auch dieses Modell „lernt". Neue Interpreten bekommen so immer die aktuellen und wirkungsreichsten Lernmöglichkeiten im Kontext der Aufgabenveränderungen aufgezeigt. Das lernende Unternehmen zeigt seine Lernkultur im Spiegel der Aktualität und des Ideenreichtums der durch die Beteiligten entwickelten Lernpfade. Hier zeigt Wissensmanagement seine wahren Qualitäten.

4.2 Ziele, Struktur und Inhalte

Als Instrument der Personalentwicklung wirkt die Planung von Lernpfaden als betriebliches Teilsystem, das den Unternehmenszielen unterzuordnen ist.

Dabei wird sofort der Interessenkonflikt zwischen Mitarbeiter- und Unternehmenszielen deutlich. Während es den Unternehmen traditionell vor allem um die qualifizierte Deckung des künftigen Personalbedarfs geht, erhoffen sich Mitarbeiter Chancen für ihre weitere berufliche Entfaltung. Lernpfadorientiertes Wissensmanagement harmonisiert diesen Interessenkonflikt, indem die Ziele des Einzelnen an den betrieblichen Anforderungen aus Lernpfadmodellen gemessen wird, um daraus die individuellen Lernsituationen zu ermitteln, die der Annäherung von Mitarbeiter- und Unternehmenszielen dienen.

Lernpfade sind darauf ausgerichtet, ständig lebenslanges Lernen einzufordern. Dadurch kann bei zunehmender Akzeptanz einer lernpfadorientierten Mitarbeiterförderung auf immer höher qualifizierte Mitarbeiter zugegriffen und dem oft in Unternehmen vorzufindenden Grundsatz „Stellenbesetzung aus eigenen Reihen" begegnet werden. Gleichzeitig verringern sich die Kosten und Risiken externer Einstellungen. Die Stärken und Schwächen der eigenen Mitarbeiter sind bekannt und gewährleisten eine vakanzgerechte Personalbereitstellung mit geeignet vorbereiteten Kandidaten.

Ein weiteres Ziel liegt in der Dokumentation der lernkulturellen, in- und externen Weiterentwicklungsstrukturen, die das Unternehmen unterstützt und einfordert. Diese Transparenz bietet den Anreiz, im Rahmen der eigenen Möglichkeiten das Lernen als Herausforderung anzunehmen. Damit können auch Phänomene wie die „innere Kündigung" oder die konkrete Fluktuationsrate verringert werden. Allein der Gedanke, im Interesse des Unternehmens lernpfadorientiert zu lernen und daraus irgendwann Nutzen gegenüber dem nicht lernenden Kollegen zu ziehen, fördert die Bereitschaft, im Unternehmen zu verbleiben.

Darüber hinaus bieten Lernpfadmodelle konkrete Hilfe bei der Bewerberakquisition und der Verkürzung der Einarbeitungszeit neueingestellter Mitarbeiter, da sie die Entwicklungsmöglichkeiten, Zielpositionen und realistischen Karrierealternativen mit den formalen Bildungsvoraussetzungen offenlegen und somit auch zeitliche Grobeinschätzungen ermöglichen. Dabei werden dem lernwilligen Mitarbeiter besondere Chancen ermöglicht, so daß dem Lernpfad auch eine besondere Selektionswirkung zugeordnet werden kann. Wer sich dem im Lernpfad geforderten Lernprozeß vorausschauend stellt, wird in die nähere Auswahl zur Besetzung einer Stelle einbezogen, so daß die Personalentwicklung mit Hilfe von Lernpfaden schon zum Zeitpunkt der Einstellung zu einer positiven Auslese lernmotivierter Nachwuchskräfte beiträgt.

Mit dem Aufzeigen sinnvoller Positionsfolgen kann auch die Mobilitäts- und Motivationsbereitschaft gesteigert werden. Dazu muß Jobrotation einsichtig in den Entwicklungsprozeß eingebunden und mit weiteren Lernprozessen vernetzt werden. Dann ist zu erwarten, daß das Leistungsverhalten der Stelleninhaber dahingehend beeinflußt wird, daß sie den erwarteten Arbeitsplatzanforderungen auch langfristig genügen wollen und sich im Hinblick auf zusätzliche Qualifikationen neuer Stellen sogar noch steigern.

Aus der Sicht der Mitarbeiter sollen Lernpfade vor allem die eigenen Wünsche hinsichtlich des beruflichen Weiterkommens und der Möglichkeit zur Selbstverwirklichung erfüllen. Damit haben Lernpfade auch die „Zugfunktion", die die Denkrichtung auf erfolgswirksame Maßnahmen lenkt. Lerneffekte gehen sowohl vom Positionswechsel als auch von den begleiteten, zunehmend jedoch selbstgesteuerten Entwicklungsmaßnahmen aus. Betont sei dabei die Eigenverantwortung eines jeden Lernenden für seine Lernprozesse, die je nach Intensität zu mehr oder minder hohen Qualifikationen und Arbeitsmarktwerten führen. Unternehmen müssen deshalb ihre Entgeltpolitik flexibel an die neuen Varianten lernpfadorientierter Gegebenheiten anpassen, um zum Beispiel Versetzungen auf gleicher Verantwortungsebene attraktiv zu gestalten und eine „Belohnung" für die Lernbereitschaft anzubieten. Allerdings können auch neue Aufgabeninhalte mit größerer Verantwortung die Arbeitszufriedenheit erhöhen und zur Entfaltung der Persönlichkeit beitragen. Inwieweit von Lernpfaden Motivationselemente ausgehen, ist vom Stellenwert der Arbeit beim einzelnen abhängig. Lernpfade machen auch dies schnell transparent, da innerhalb kurzer Zeit deutlich wird, ob sich Mitarbeiter den auch in der Freizeit stattfindenden Lernprozessen stellen. Insofern stehen Lernpfade auch unter dem gesellschaftspolitischen Ziel, zur Erhöhung der Kompetenz durch Anhebung des Bildungsniveaus beizutragen.

Lernpfade erheben in dem systemisch-ganzheitlichen Ansatz den Anspruch, Laufbahn, Karriereplanung und Weiterentwicklungsmaßnahmen unter Berücksichtigung zeitlicher Aspekte zielorientiert zu vernetzen. Aus der Vielfalt des Werkzeugkastens Personalentwicklung werden die auf bestimmte Funktionsfelder bezogenen, besonders wirksamen Elemente zu einem Lernarrangement-Modell zusammengestellt. Damit wird zunehmend wichtig, alle mikrodidaktischen Partituren into-the-job, on-the-job, near-the-job, off-the-job und out-of-the-job[26], also auch z. B. Lernsituationen aus

---

[26] vgl. Schanz, G.: Verhaltenswissenschaftliche Aspekte der Personalentwicklung, in Riekhof, H.-Ch. (Hrsg.) Strategien der Personalentwicklung, Wiesbaden 1986, S. 15

Kunden-Lieferanten-Beziehungen, innovativ in die Weiterentwicklungsplanung einzubeziehen.

Lernpfadmodelle vernetzen sich über die Schnittstelle „Position" zum unternehmensweiten Lernpfadsystem. Dadurch können sich Stelleninhaber im derzeitigen Funktionsfeld an weiteren interessanten Stellen orientieren oder den Lernpfad eines anderen Funktionskreises studieren, um sich über die Anforderungen und Möglichkeiten zu informieren. Der Führungskraft kommt hier als Berater, Coach und Mentor eine besondere Bedeutung zu, da sie „die autonome Persönlichkeit ihrer Mitarbeiter / innen systematisch in ihrem Wissen, Wollen und Können und damit zur vollen Entfaltung ihrer Fähigkeiten fördern" soll. Dazu dient vor allem das Weiterentwicklungsgespräch, in dem mit Hilfe von Anforderungsprofilen arbeitsplatzorientiert und mit Hilfe von Lernpfaden rotationsorientiert der Lernbedarf des Mitarbeiters (auch über den Arbeitsplatz hinaus) ermittelt und durch mitarbeiterzentrierte Maßnahmen befriedigt wird. Auch hier wird die Forderung nach einem selbständigen Mitarbeiter sichtbar, der sich seiner Bedeutung im Unternehmen bewußt ist und mit entsprechenden Entwicklungswünschen an seine Führungskraft herantritt. Dies trifft besonders für Mitarbeiter zu, die sich aus dem gewohnten Trott lösen, um einmal andere Aufgaben im Unternehmen wahrzunehmen.

Um die komplexen Lernchancen im Lebenszyklus des Unternehmens transparent zu halten, wird bei der grafischen Darstellung von Lernpfaden ein einheitliches Grundmuster verwendet (vgl. die Abbildung auf der folgenden Seite), das mit höherem Wiedererkennungswert auch das Auffinden von „Ankerplätzen" für den individuellen Lernprozeß erleichtert.

Führungskräfte müssen dem Mitarbeiter aufzeigen können, ob sich ein Weg, den der Mitarbeiter einschlagen möchte, sowohl für ihn selbst als auch für das Unternehmen eignet. Hierfür muß die Führungskraft entsprechende Kenntnisse über die Unternehmens- und Marktentwicklung haben und beratend anwenden können. Demnach zeigt das Gesprächsergebnis Weiterentwicklungsmaßnahmen für den derzeitigen Arbeitsbereich auf, indem zum Beispiel eine Anpassungsqualifizierung erfolgt. Es kann aber ebenso zu einer Aufstiegsqualifizierung oder „Umschulung" des Mitarbeiters kommen.

Die Überschrift gibt das Funktionsfeld, wie z. B. „Lernpfad Servicetechniker / in", an. Dieser Lernpfad ist demnach für Mitarbeiter interessant, die in diesem Fachbereich tätig sind oder eine Position in diesem Bereich anstreben. Lernpfade gliedern sich in fünf Wahrnehmungsbereiche, die unterhalb der Funktion von links nach rechts mit den Begriffen „Zeit", „Werkzeugkasten

Personalentwicklung", „Lernlandschaften", „Weiterbildung" und „Lernort" gekennzeichnet sind.

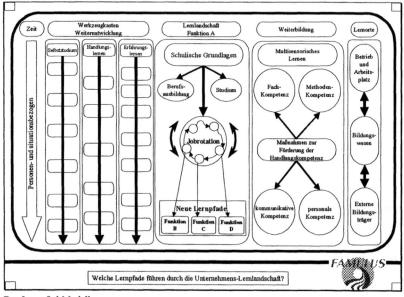

Das Lernpfad-Modell

Die Position „Zeit" informiert über die Dauer relevanter Maßnahmen und Positionsverweildauern. Sie soll die realistische Zeiteinschätzung auf der Grundlage der Unternehmenserwartung und der oft formal festgelegten Maßnahmendauer unterstützen, um so auch zu Prioritätsvereinbarungen zu kommen. Oft veröffentlichen Unternehmen die angestrebte Verweildauer innerhalb einer Position, wie z. B. die Drägerwerk AG mit vier Jahren (vgl. Dräger-Broschüre „Führungskräfte und Führungsnachwuchs"). Dabei soll diese Zeitspanne keinesfalls restriktiv aufgefaßt, sondern personen- und situationsbezogen modifiziert werden. In der Praxis zeigt sich allerdings immer wieder, daß unternehmenstreue Mitarbeiter die harte „Ochsentour" über drei bis vier Stufen in 12 bis 16 Jahren gehen müssen, während der externe „Potentialkandidat" die angestrebte Position ohne vergleichbare Durststrecken erhält. Hier muß sich das Unternehmen stimmig verhalten, denn sonst fallen auch innovative Instrumente wie Lernpfade der inneren Kündigung zum Opfer.

Im Bereich „Werkzeugkasten Personalentwicklung" sind die primär für diesen Lernpfad relevanten Entwicklungsmaßnahmen wie Selbstqualifikation, Stellvertretung, Projektleitung, Sonderaufgaben, aber auch eventuelle Besonderheiten der Arbeitsstrukturierung aufgeführt. Mit dieser im Netzbild bewußt vage gehaltenen Darstellungsform sollen Mitarbeiter und Führungskräfte gleichermaßen für die vielfältigen Lernmöglichkeiten sensibilisiert werden. Ob und inwieweit weitere Untergliederungen angebracht sind, hängt vom Reifegrad des Unternehmens im Wandel vom angebotsorientierten zum bedarfsorientierten Bildungsverständnis ab, wobei idealtypisch kompetente, selbständige Mitarbeiter, die ihren persönlichen Fort- und Weiterbildungsbedarf eigenverantwortlich planen, steuern, umsetzen und evaluieren, auftreten. Dabei kann der Mitarbeiter bis zu einem bestimmten Ausmaß selbst über Lernzeit, Inhalte und Lernorte (eventuell sogar mit individuellem Budget) entscheiden.

Das Unternehmen übernimmt dabei die Organisation der Rahmenbedingungen durch Regelung der Freistellung, Kostenbeteiligung, Freizeitförderung, Anregung von Lernpartnerschaften oder die Initiierung von Lernzirkeln. Im Rahmen dieser Strukturen gestalten Mitarbeiter ihre Entwicklung aktiv mit. Dabei gewinnt auch die Form des „open and distance learning" zunehmend an Bedeutung, da zum Beispiel durch den Einsatz von Selbstlernmaterialien, computergestützten Lernprogrammen oder Fernstudienlehrgängen die Lernzeit und der Lernort individuell gewählt werden können. Auch läßt sich dadurch ein Teil der Bildungsaktivitäten außerhalb der Arbeitszeit realisieren, so daß sich arbeitszeitmäßige und finanzielle Entlastungen für den Arbeitgeber ergeben. Oftmals erscheint dem Mitarbeiter in seiner Lebenswelt die Teilnahme an einem Sprachfernstudiengang zweckmäßig, während es einem Mitarbeiter in einer anderen Situation sinnvoll erscheint, seine Sprachkenntnisse in einem unternehmensinternen Freizeit-Sprachkurs mit ergänzender Hilfe von Selbstlernmaterialen (Kassetten, Videos, Büchern, programmierten Unterweisungen) zu erweitern.

Auch neue Arbeitszeitmodelle lassen sich über die Arbeitsstrukturierung von Lernpfaden einführen. Am Beispiel von Jobsharing wird deutlich, daß auch damit Personalentwicklungsmaßnahmen verbunden sind, wenn nämlich den Arbeitsplatzanforderungen keine entsprechenden Qualifikationen gegenüberstehen. Gleichermaßen entstehen durch Kooperations- und Kommunikationsprozesse mit den Jobsharing-Kollegen wechselseitige Qualifikationen, die durch spezielle Trainings, Projektarbeit oder Einarbeitungsprogramme unterstützt werden. Insbesondere läßt sich damit die Leistungsbereitschaft von Mitarbeitern in verschiedenen Lebensphasen berücksichtigen. So können überforderte, ältere Mitarbeiter mit breitem Erfahrungsspektrum und umfangreichen Betriebskenntnissen mit jungen, ins Unternehmen einsteigenden Kräften, die mit neuesten Verfahren und Techniken vertraut sind, geeignete Jobsharing-Partnerschaften eingehen. So wird einerseits ein schonender, gleitender Übergang in die Pensionierung realisiert und andererseits mangelnde Erfahrung mit Kooperation kompensiert.

„Lernlandschaften" zeigen die vom Unternehmen festgelegten Einstiegsvoraussetzungen in ein Funktionsfeld, die einzelnen Positionen in ihrer Vernetzung zueinander und zu angrenzenden Lernpfadpositionen, die „Meßlatten" für das Erreichen von Positionsstufen und den jährlichen Bedarf an Positionen. Die Verbindungslinien geben sinnvolle Positionsfolgen und die Richtung an, in der ein Positionswechsel vollzogen werden kann. Grundsätzlich richten sich Lernpfade an alle Mitarbeiter, also an Hilfskräfte, Facharbeiter, Sachbearbeiter, Spezialisten, Projektleiter und Führungskräfte.

Die Fach-, Führungs- und Projektlaufbahn wird hierarchieoffen, also in Unterscheidung von Inhalten und Kompetenzen, in die Lernpfade integriert. Dabei zeigen Lernpfade in besonderem Maße die Attraktivität von Positionswechseln in alle Richtungen auf. Sie sollen Unternehmenspositionen abbilden, die obigen Idealvorstellungen nahekommen.

Die Spalte „Weiterbildung" zeigt die für die Entwicklung im jeweiligen Funktionsfeld wichtigen Trainingsmaßnahmen, die maßgeschneidert für die jeweiligen Zielgruppen konzipiert und realisiert werden. Auch diese Weiterbildungsaktivitäten gehören in den links ausgewiesenen Werkzeugkasten Personalentwicklung. Aufgrund des bereichsübergreifenden Interesses hinsichtlich der Kosten, des Nutzens und der Synergien für das gesamte Unternehmen, ist es sinnvoll, dies in einer eigenen Spalte deutlich hervorzuheben, da auch externe formale Bildungsabschnitte (Meister, Techniker) oder Weiterbildungsberufe (Sekretärin) an dieser Stelle wegbestimmend sind.

In der fünften Spalte werden die „Lernorte" benannt. Hier sollen auch Träger von Bildungsaktivitäten benannt sein, die vom Unternehmen für bestimmte Ausbildungsabschnitte favorisiert wurden, wie z. B. die Entscheidung, für die Weiterbildung des betrieblichen Bildungspersonals den WSB-Studiengang zum Diplompädagogen als Gradmesser für den beruflichen Karriereweg einzusetzen. Dadurch wird es den Organisationsmitgliedern erleichtert, sich am mehr als gesättigten Markt zu orientieren, indem sie keine Marktanalysen betreiben müssen, sondern sich darauf verlassen können, daß die hier genannten Maßnahmen qualitativ gut und vom Unternehmen akzeptiert sind.

5. Ausblick

Lebenslanges Lernen erhält durch die Implementierung des lernpfadorientierten Wissensmanagements den qualitativen Unterbau innovativer Personalentwicklung. Gegenüber der tayloristischen Einstellung der Substituierbarkeit von Kapital und Arbeit geben Lernpfade allen Mitarbeiter Perspektive und Ansporn, ihre „Qualität" zu steigern, sich zu einer Persönlichkeit zu entfalten, die im Arbeitsprozeß Anerkennung genießt. Gleichermaßen verlangen Lernpfade die Bereitschaft, selbstgesteuert die angebotenen Lernsituationen der Lernpfade anzunehmen und verstärkt Energien (auch außerhalb der Arbeitszeit) auf die eigene Weiterentwicklung zu lenken.

Wenn es gelingt, Führungskräfte, Mitarbeiter und Bildungspädagogen zu einem Team zu formen, das sich gemeinsam für die Entwicklung und Implementierung innovativer Lernpfade einsetzt, wird ein Netzwerk von Lernpfaden als Wegweiser des lernenden Unternehmens entstehen. Dabei werden (auch gegen Widerstände) Mitarbeitern Weiterentwicklungschancen aufgezeigt, die über verschiedenste „Wege, Straßen, Autobahnen, Schienen oder Wasser- und Luftverbindungen" allesamt zum lernenden Unternehmen führen und damit einen entscheidenden Beitrag für die Zukunftssicherung darstellen. Das lernpfadorientierte Wissensmanagement bietet somit Chancen, den betriebswirtschaftlichen Kostenfaktor „Personal" zu einen betriebspädagogischen Erfolgsfaktor „Human-Ressourcen" umzumünzen. Diese neue Lernkultur fördert und fordert selbstgesteuertes, informelles Lernen auf *allen* Verantwortungsebenen und rückt die Frage der aufgabenbezogenen Handlungskompetenz zur Behauptung in virtuellen Weltmärkten in den Blickpunkt der Lerntheorien. Internationale Studien bestätigen, daß ca. 80 % der beruflichen Kompetenz informell erworben werden.[27] Damit orientiert sich lebenslanges Lernen nur mit 20 % an den definierten Lernzielen seminarmäßiger Qualifikationen. Das lernpfadorientierte Wissensmanagement setzt auf die Kompetenz von Persönlichkeiten, auf ihre Intuition, ihre Kreativität und Logik, sowie auf ihre intrinsische Motivation für die „Planung des Unplanbaren", für die Beherrschung von Unsicherheiten im Veränderungsprozeß, für das Management des Wissens im Chaos.

Müssen wir, um dem Stellenwert des informellen, selbstorganisierten Lernens Rechnung zu tragen, unsere alten deutschen Kerntugenden mit einer lebendig gestuften Handlungskompetenz zwischen Meister, Geselle und

---

[27] vgl. Livingstone, D.: The Education-Jobs Gap. Underemployment or Economic Democracy. Boulder, Colorado 1998

Lehrling wiederentdecken?[28] Wer mit handwerklichen Stolz, direkter Kundennähe zwischen Meister und Kunde, einem Informationsaustausch und Standardisierung wie in den Zünften, mit Wandergesellen, die Wissen und Horizont bei verschiedenen Meistern erweitern, arbeitet, nutzt Imitationslernen zur Aufholjagd der Wettbewerbsvorteile und Kreativität zum Überholen der Konkurrenz. Damals wie heute steuert implizites Wissen den Erfolg.

Literatur

Baldin, K.: Informationsmanagement im Bildungswesen, in: Schwuchow, K.-H. (Hrsg.), Jahrbuch der Weiterbildung 1996, Düsseldorf 1996, S. 152 ff.
Entdeckung und Förderung von Mitarbeitern auf der Grundlage von Mitarbeitergesprächen, in: Münch, J. (Hrsg.), Qualifikationspotentiale entdecken und fördern, Berlin 1997
Baker J. u. .a.: Knowledge Management for Competitive Advantage, continuous Journey, Vol. 4, No. 4, 1995, S. 20-23 Mbf: Multimedia, Deutschlands Weg in die Wissensgesellschaft, Bonn 1998
Bösenberg, D.: Lean Management, Landsberg 1992, S. 7, 35, 227
Borghoff, U., u.a.: Information Technology for Knowledge Management, Berlin 1998
Bürgel, H. D.: Wissensmanagement. Schritte zum intelligenten Unternehmen, Springer, Berlin 1997
Dahlberg, I.: Wissensorganisation, was ist das?, Ergon, Würzburg 1998
Davenport, Th.: Some Principles of Knowledge Management, in Strategy-Management, Competition 2, Winter 1996, S. 34-40
Wenn Ihr Unternehmen wüßte, was es alles weiß. Das Praxisbuch zum Wissensmanagement Moderne Industrie, Landsberg 1998
Della Schiava, M.: Was Wissens-Management bringt, Signum, Wien 1999
Drucker, P.: Wissen – die Trumpfkarte der entwickelten Länder, in HARVARD BUSINESS manager 4 / 1998
Egle, C.: Bereit für die Wissensgesellschaft? Berlin 1998
Erpenbeck, J.: Wissensmanagement, Kompetenzentwicklung und Lernkultur, in QUEM-BULLETIN 3'99. Berlin 1999, S. 2 ff.
Eschenbach, R., u.a.: Von der lernenden Organisation zum Wissensmanagement. Konzepte und Praxisbeispiele. Stuttgart 1998
Frantzen, D.: Effizient lernen. Wie Sie Ihre Qualifikation selbst managen. Wiesbaden 1998
Freimuth, J.: Auf dem Weg zum Wissensmanagement. Personalentwicklung in lernenden Unternehmen, Hogrefe K Kornw. 1997
Fuchs, J.: Wege zum vitalen Unternehmen- die Renaissance der Persönlichkeit. Wiesbaden 1995
Gentsch, P.: Wissen managen mit moderner Informationstechnologie. Strategien, Werkzeuge, Beispiele. Wiesbaden 1999
Gibbson, M.: The new production of knowledge. London 1994
Goleman, D.: Emotionale Intelligenz, München. Wien 1996
Güldenberg, St.: Wissensmanagement und Wissenscontrolling in lernenden Organisationen. Dt. Universitätsv. Wiesbaden 1998

---

[28] vgl. Bösenberg, D.: Lean Management, Landsberg 1992, S. 7, 35, 227

Häcki, R.: Organisationale Intelligenz, 1997 Haupt
Haritz, J.: Auf dem Weg zum Wissensmanagement. Hogrefe 1997
Haefner, K.: Die Neue Bildungskrise. Reinbek 1985, S. 12 ff., S. 220
  Mensch und Computer im Jahr 2000. Basel 1984
Hagel, J.; Armstrong, G.: Net Gain – Profit im Netz. Märkte erorbern mit virtuellen Communities. Wiesbaden 1997
Heideloff, F.; u.a.: Organisation von Innovationsstrukturen, Prozesse, Interventionen. München 1997
Hiebeler R.: Capturing Organizational Knowledge at Arthur Andersen, Continuous Journey, Vol. 4, No. 4, 1995, S. 16-18
Hill, H.: Wissensmanagement. Köln 1997
Hülshoff, Th.: Magisches Dreieck mit der Kraft des Sauerteigs, in: management & seminar 1993, Nr. 12, S. 44 ff.
Kim Ch. W. / Mauborgne, R.: Warum rücksichtsvolle Chefs erfolgreicher sind, in HARVARD BUSINESS manager 1 / 1998
Klages, H.: Wertewandel in Deutschland in den 90er Jahren, in: Streich (Hrsg.): Wertewandel. Herausforderung für die Unternehmenspolitik in den 90er Jahren. Stuttgart 1993, S. 1 ff.
Kloas, P.; u.a.: Lernen nach der Lehre, in: Bundesinstitut für Berufsbildung, Berichte zur beruflichen Bildung, Berlin 1988, Heft 103, S. 8, S. 65
Kmuche, W.: Strategischer Erfolgsfaktor Wissen, Dt. Wirtschaftsd. Köln 1999
Krallmann, H.: Wettbewerbsvorteile durch Wissensmanagement. Methodik und Anwendungen des Knowledge Management, Schäffer. Stuttgart 1999
Kurtzke, Chr., u.a.: Das wissensbasierte Unternehmen. Praxiskonzepte und Management-Tools. München 1999
Labarre, P.: Knowledge-Creating Company, Harvard Business Review, Nov-Dec 1991, pp. 96-104
  The rush of knowledge in Industry Week, 19. Februar 1996
Leonard-Barton, D.: Das lernende Unternehmen II, Die Fabrik als Ort der Forschung, in HARVARD BUSNIESS manager 1 / 1994
Livingstone, D.: The Education-Jobs Gap. Underemployment or Economic Democracy. Boulder, Colorado 1998
Luhmann, N.: Ökologische Kommunikation. Opladen 1986, S. 195
Mainzer, K.: Computernetze und virtuelle Realität. Leben in der Wissensgesellschaft. Berlin 1999
Mertens, D.: Schlüsselqualifikationen. Thesen zur Schulung für eine moderne Gesellschaft, in: Mitteilungen aus der Arbeits- und Berufsforschung, 1974, Nr. 7, S. 36 ff.
Minsky, M.: Mentropolis. Stuttgart 1990, S. 120, 331
Moss Kanter, R.: Weltklasse. Wien 1996
Neuwaldegg Beratergruppe: Intelligente Unternehmen – Herausforderung Wissensmanagement. Wien 1995
Nolda, S.: Erwachsenenbildung in der Wissensgesellschaft. Bad Heilbrunn 1997
Nonaka, I., Takeuchi, H.: Die Organisation des Wissens. Frankfurt, New York 1997
North, K.: Wertschöpfung durch Wissen. Wissensorientierte Unternehmensführung. Niedernh. 1999
Osterloh, M.; u.a.: Wettbewerbsfähiger durch Prozeß- und Wissensmanagement. Mit Chancengleichheit auf Erfolgskurs. Wiesbaden 1999
Palass, B.: Der Schatz in den Köpfen, Manager Magazin, Januar 1997
Pawlowsky, P.: Wissensmanagement. Erfahrungen und Perspektiven. Wiesbaden 1998
Pedler, M. u.a.: Das lernende Unternehmen: Potentiale freilegen. Frankfurt 1994, S. 11

Pellert, A.: Die Universität in der Wissensgesellschaft. Innsbruck 1997
Peters, T.; Watermann, R.: Auf der Suche nach Spitzenleistungen. Landsberg / Lech 1984, S. 37
Petkoff, B.: Wissensmanagement, Addison-Wesley. München 1998
Pfiffner,M; Stadelmann,P.: Wissen wirksam machen. Wie Kopfarbeiter produktiv werden. Bern 1998
Pichler, J.H.; u.a.: Management in KMU. Bern 1997
Pinchot, G.: Intrapreneuring. Mitarbeiter als Unternehmer. Wiesbaden 1988, S. 43
PMM Management Consultants: Personalentwicklung in Deutschland, Ergebnisse einer empirischen Studie in west- und ostdeutschen Unternehmen, 1992, S. 21
Popper, K.; Eccler, J.: Das Ich und sein Gehirn. München 1982, S. 433
Probst, G.; u.a.: Wissen managen. Wie Unternehmen ihre wertvollste Ressource optimal nutzen. Frankfurt 1997
Probst, G., Knaese, B.: Risikofaktor Wissen. Wie Banken sich vor Wissensverlusten schützen. Wiesbaden 1998
Sattelberger, T.: Wissenskapitalisten oder Söldner? Personalarbeit in Unternehmensnetzwerken des 21. Jahrhunderts. Wiesbaden 1999
Schanz, G.: Verhaltenswissenschaftliche Aspekte der Personalentwicklung, in: Riekhof, H.-Ch. (Hrsg.), Strategien der Personalentwicklung. Wiesbaden 1986, S. 15, 18 ff.
Schmid, B.: Wissensmedien. Konzept und Schritte zu ihrer Realisierung. Wiesbaden 1999
Schmidt, A. P.: Endo-Management. Nichtlineare Lenkung komplexer Systeme und Interfaces. Bern 1998
Schmidt, A. P.: Der Wissensnavigator. Das Lexikon der Zukunft, Deutsche V.-A. Stuttgart
Schmitz, Ch.; Zucker, B.: Wissen gewinnt – Knowledge Flow Management, Düsseldorf / München 1996, 13 ff.
Schneider, U.: Wissensmanagement – die Aktivierung des intellektuellen Kapitals, Frankf. Allg. Zeitung, Frankfurt 1996
Scholz, Ch.: Menschenbilder als Grundlage, in: Personalmanagement. München 1991, S. 324 Strategisches Personalmanagement, in: Schwuchow, K.-H., (Hrsg.): Jahrbuch Weiterbildung. Düsseldorf 1991, S. 33
Schreyögg, G.: Wissensmanagement , in Stähle, W / Sydow, J. (Hrsg.) Managementforschung 6. Berlin 1996
Schüppel, J.: Wissensmanagement: organisatorisches Lernen im Spannungsfeld von Wissens- und Lernbarrieren. Wiesbaden 1997
Schulz, B.: Schlüsselqualifikationen in der betrieblichen Ausbildung am Beispiel der projekt- und transferorientierten Ausbildung (PETRA). In: Reetz, L. (Hrsg.), Schlüsselqualifikationen. Hamburg 1990
Schulze, W. (Hrsg.): Expertenwissen. Weinheim 1998
Servatius, H.-G.: WissensWert. Stuttgart 1998
Spek, R. V / Spijkervet, A.: Knowledge Management – Dealing Inlelligentliy with Konowledge, Utrecht: the knowledge Management Network / CIBIT
Stewart, Th.: Der vierte Produktionsfaktor. Wachstums- und Wettbewerbsvorteile durch Wissensmanagement. München 1998
Süddeutsche Zeitung: Die Zukunft der Bildung, Serie 1998
Sveiby, K.: Wissenskapital, das unentdeckte Vermögen, Immaterielle Unternehmenswerte aufspüren, messen und steigern. Moderne Industrie. Landsberg 1998
Ulrich, H. / Probst, G.: Anleitung zum ganzheitlichen Denken. Bern 1988, S. 20, 36, 263

Vaill, P.: Lernen als Lebensform; ein Manifest wider die Hüter der richtigen Antworten. Stuttgart 1998
Volkmann, H.: Die Stadt des Wissens als Stätte der Begegnung. In Freimuth, J. (1997)
Von Krogh, G. / Venzin, M.: Anhaltende Wettbewerbsvorteile durch Wissensmanagement. In: Die Unternehmung 6 / 95
Von Krogh, G.; u.a.: Develop Knowledge Acitivists! European Management Journal Vol. 15, No 5, October 1997
Walz / Bertels: Das intelligente Unternehmen. Landsberg 1995
Weggeman, M.: Wissensmanagement, MITP. Bonn 1999
Wendt, R.: Soziales Wissensmanagement. Baden-Baden 1998
Wilke, H.: Systemisches Wissensmanagement. Stuttgart 1998
Zitzlsperger, H.: Ganzheitliches Lernen. Basel 1993, S. 16, S. 202

Richard Bessoth

Schlüsselqualifikationen und Handlungskompetenz: Zentrale Elemente der Ausbildungsqualität

1. Ausbildungsqualität gewährleisten: Eine zentrale Aufgabenstellung der Betriebspädagogik

Ein großer, wenn nicht der größte Teil der betrieblichen Bildungsinvestitionen fließt in die betriebliche Ausbildung. Dabei handelt es sich um die klassischen Berufslehren, die in Deutschland mit Hilfe des dualen Systems der Berufsausbildung organisiert und realisiert werden. Dass dabei die „theoretische" Ausbildung in die Hände des Partners Berufsschule gelegt und die stärker „praktische" Ausbildung durch den Partner Betrieb geleistet wird, braucht im Rahmen dieser Festschrift nicht näher ausgeführt zu werden. Für alle Leserinnen und Leser ist ebenfalls geläufig, dass sich die wirtschaftliche und soziale Umwelt der Betriebe durch Globalisierung, durch die Informationstechnologien, durch die explosionsartige Vermehrung von Wissen, durch veränderte Werthaltungen der Bevölkerung, durch veränderte Familienstrukturen und die Probleme der Arbeitslosigkeit und der immer schwierigeren Finanzierbarkeit der Sozialleistungen radikal verändert. Der steigende internationale, globale Wettbewerbsdruck stellt an die Beschäftigten in einer immer größeren Zahl von Unternehmen immer höhere Anforderungen bezüglich der Kompetenzausstattung und der Flexibilität oder Innovationsfähigkeit

Vor diesem Hintergrund müssen sich auch die betrieblichen Anstrengungen zur Sicherung des Nachwuchses und einer hochqualifizierten Belegschaft stark verändern. Betriebliche Bildung muss zunehmend als Investition in die Überlebensfähigkeit eines Unternehmens angesehen werden und nicht als kurzfristige Ausgabe, die sich leicht kürzen bzw. eliminieren lässt. Natürlich ist das Duale System nur eine Möglichkeit der Berufsvorbereitung einer großen Zahl von Schulabgängern bzw. von umzuschulenden Arbeitskräften. Eine bloße Betrachtung von Bildungsaufwendungen als Kosten verkennt die zentrale Aufgabenstellung der betrieblichen Bildung als Instrument zur Gewährleistung der Verfügbarkeit von kompetenten, flexibel einsetzbaren Nachwuchskräften und der Sicherung eines hohen, aktuellen Kompetenzniveaus aller Beschäftigten. Sie verkennt den investiven oder langfristigen Charakter dieser Aktivitäten und schadet mittel- und langfristig, weil sie auf diesen Gebieten unweigerlich zu Engpässen führt bzw. das „Sterben" von Unternehmen fördert. Sie verringert also die langfristige Überlebensfähigkeit und schränkt die Möglichkeiten erheblich ein, aus sich bietenden Marktchancen Vorteile, d. h. Gewinne für das Unternehmen zu sichern.

Mit Investitionen in die Bildung der Beschäftigten wird zumindest die Chance dafür gelegt, dass die oben angeführten Zielsetzungen angepeilt werden. Damit ist aber noch keineswegs gesichert, dass die investierten Mittel auch effizient eingesetzt werden, um einen möglichst hohen Ertrag, einen akzeptablen Return on Investment (ROI) zu erzielen, der sich allerdings nicht in Geldbeträgen ausdrücken lässt. Natürlich wird auch das z. B. im Rahmen des Human Ressource Accounting versucht, aber bisher wird dieser Ansatz kaum akzeptiert und ist wenig überzeugend. Mit Bildungsinvestitionen wird zweifellos das „Richtige getan" (Beitrag zur Effektivität), aber es muss auch „richtig gemacht" werden, um die möglichen Vorteile auch wirklich zu realisieren.

Als ein Sammelbegriff, mit dem die beiden Aspekte der Effektivität und der Effizienz zusammengebracht werden, etabliert sich zur Zeit der Terminus „Ausbildungsqualität", der im Zusammenhang mit den notwendigen Veränderungen im Rahmen des Qualitätsmanagements bzw. des „Total Quality Managements" (TQM) zu sehen ist. Ein Kernkonzept des TQM ist die Kundenorientierung oder der „Customer focus", wie es bei dem ABB-Konzern formuliert wird. Mit einem solchen Fokus werden die Auszubildenden (wirklich) in das Zentrum von betriebspädagogischem Handeln gerückt.

Ausbildungsqualität ist keine genormte oder gar normbare Größe, sondern beinhaltet eine Vision, die in der Praxis in der Regel nur graduell erreicht werden kann. Sie ist also nicht definierbar und verändert sich auch immer, wenn auch für die Beteiligten oft unmerklich. Selbst bei technischen Produkten gilt diese Aussage, auch dort ist nur ein Teil der Qualitätsmerkmale durch Pflichtenhefte oder nationale bzw. internationale Normen fixiert. Viele Aspekte sind nicht festlegbar, sie entstehen dann, wenn der Kunde mit dem Produkt konfrontiert wird. Dennoch strebt ein Unternehmen danach, dass die Kundenbedürfnisse so weit als möglich in ihrem Produkt berücksichtigt werden und außerdem auch andere externe Vorgaben (Sicherheitsvorschriften usw.) erfüllt werden.

Im betrieblichen wie im öffentlichen Bildungssystem werden die Bedürfnisse der direkten Kunden bisher eher vernachlässigt bzw. unberücksichtigt gelassen. Man misstraut den Auszubildenden, sie erscheinen als zu faul, bequem, dumm bzw. unbedarft, als dass man ihre Ansprüche systematisch aufgreifen sollte. Nicht der Kunde entscheidet über das Produkt, sondern der Anbieter, der sich selbst diese Expertise zuschreibt.

Die Vernachlässigung der Kundenperspektive hat also System. Leider wird sie noch zusätzlich dadurch verstärkt, dass in den meisten Betrieben die Zufriedenheit der Auszubildenden am Ende ihrer Lehrzeit nicht bzw. allenfalls oberflächlich berücksichtigt wird. Natürlich gibt es ein paar Qualitätsaspekte, wie z. B. Erfolgsquoten, Notendurchschnitte, Lehrzeitdauer, aber sie waren und sind ziemlich nichtssagende Qualitätskriterien. Ganz in der Tradition des Schulsystems werden fast ausschließlich kognitive Lernerfolge, also berufsfachliches Lernen und – wenn es hoch kommt – etwas Allgemeinbildung berücksichtigt. Diese „Lernerfolge" beziehen sich zudem in hohem Maße auf reproduktives Lernen, also auf die niedrigsten Lernzielebenen der kognitiven Taxonomie von Bloom u. a. Bis heute werden also die Qualitätsaspekte der betrieblichen Bildung, wie sie etwa seit den 70er Jahren mit der Diskussion über Schlüsselqualifikationen (Mertens) gefordert und eifrig besprochen, aber (in der Breite der ausbildenden Betriebe) nur unzureichend berücksichtigt.[1]

2. Schlüsselqualifikationen: Ein Konzept auf der Suche nach Verwirklichung

Schlüsselqualifikationen beziehen sich auf Handlungskompetenzen, die auf einem sehr abstrakten Niveau formuliert sind. Christine Möller würde sie wahrscheinlich als „Leit-" oder allenfalls „Richtziele" bezeichnen.

Theo Hülshoff hat hier im Weiterbildenden Studiengang Betriebspädagogik ein Konzept entwickelt und vertreten, das sehr bekannt und durch seine vielen Studierenden verbreitet worden ist. Es setzt zu den bekannten Qualifikationsbereichen „Fachkompetenz"(die klassische Nicht-Schlüsselqualifikation), die Schlüsselqualifikationen „Methodenkompetenz" und „Kommunikative Kompetenz", die bei anderen in der Regel unter der Kategorie „Sozialkompetenz" erfasst wird. Da aber vor allem mit anderen Menschen kommuniziert wird, ist diese Zuordnung sicher nicht falsch. Hülshoff hat

---

[1] siehe Hofmann / Theymann 1997

das System der Schlüsselqualifikationen außerdem um die „Personale Kompetenz" erweitert. Das ist natürlich nicht unumstritten, verweist aber eindeutig darauf, dass es in der Betriebspädagogik wieder notwendig ist, den Menschen ins Zentrum zu rücken. Wenn man diese „Zentrierung" auch als Kundenfokus versteht, überlappt sich das eher klassische pädagogische Konzept auch mit dem neueren und modischeren TQM-Ansatz.

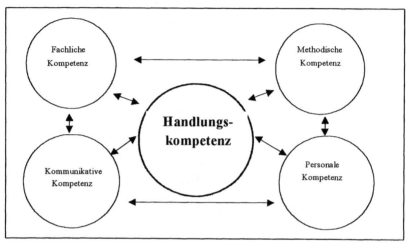

Schlüsselqualifikationen und Handlungskompetenz

Trotz einer hohen Akzeptanz des Konzeptes der Schlüsselqualifikationen, wie noch 1994 eine Befragung von Mittel- und Großbetrieben ergab, sieht es mit der Umsetzung in der betrieblichen Praxis bis dann eher bescheiden aus.[2] Die Hauptursache liegt sicher darin, dass die Schlüsselqualifikationen auf menschliches Lernen zielen, das sehr anspruchsvoll ist.

HÜLSHOFF hat das in seinem Konzept dadurch deutlich gemacht, dass er in das Zentrum seiner vier Qualifikationsbereiche, von denen drei zu den Schlüsselqualifikationen zählen, die *Handlungskompetenz* gestellt. Das Zusammenwirken der Qualifikationsbereiche ermöglicht, wenn sie denn entwickelt wurden, menschliches, in unserem Kontext also vor allem berufliches Handeln. Wenn das Lernen einseitig ist, z. B. die beiden klassischen Schlüsselqualifikationsbereiche „Methodenkompetenz" und „Sozialkompetenz" unterentwickelt bleiben, dann erreicht die Handlungskompetenz ein Ausmaß, das wohl niemand als „Qualität" erkennen und benennen würde.

---

[2] siehe Bessoth 1997

Im beruflichen Kontext bedeutet Handlungskompetenz in einem anspruchsvollen Aufgabenfeld die Fähigkeit, komplexe Herausforderungen aus eben diesem Aufgabenbündel selbstständig, in Teamarbeit und unter Berücksichtigung des sozialen Gefüges auf einem hohen fachlichen Niveau erfolgreich zu lösen. Das ist leichter gesagt, als im Rahmen einer betrieblichen Ausbildung realisiert. Daten über die Qualität der betrieblichen Ausbildung bezüglich der Handlungskompetenz sind eher spärlich. Systematische Daten über den Erwerb bzw. das Ausmaß von erworbenen Schlüsselqualifikationen liegen nicht vor. Es ist weitgehend unbekannt, in welchem Maße in der betrieblichen Bildung tatsächlich die notwendigen Voraussetzungen für eine hohe *Handlungskompetenz* gezielt entwickelt werden. Es besteht hier die starke Vermutung, dass das menschliche Potential der Auszubildenden insgesamt nur unzureichend entwickelt wird.

3. Ein Ansatz zur Messung von Schlüsselqualifikationen und Lernbereitschaft: Das DiagnoseInstrument für Schlüssel-Qualifikationen (DISQ)

In dieser Situation erschien es als hilfreich, den Betrieben ein Instrumentarium an die Hand zu geben, das es ihnen erlaubt, ihre tatsächlichen Erfolge auf dem Gebiet der Vermittlung von Schlüsselqualifikationen zu „messen". Auch diese Aufgabe lässt sich niemals total, sondern immer nur mit Hilfe von wichtigen Indikatoren bewerkstelligen.

Auf der Basis von Vorerfahrungen mit Instrumenten zur Erfassung von *Klima- und Kultur* von Schulen bzw. von Unterricht habe ich deshalb ab 1992 das „*DiagnoseInstrument für Schlüsselqualifikationen*" entwickelt und es in mehreren Durchläufen im Rahmen von Seminaren des Weiterbildenden Studiums Betriebspädagogik zusammen mit HÜLSHOFF's Studenten erprobt und weiter entwickelt.

Die Logik dieser Entwicklung sieht wie folgt aus: Methoden- und Sozialkompetenz sind die beiden Schlüsselqualifikationen, die in vielen publizierten Konzepten z. B. von Mercedes-Benz, Asean Brown Boveri (ABB) u. v. a. Großunternehmen vorkommen, deshalb sind sie auch im DISQ vertreten. Allerdings tauchen sie nicht unter diesen Namen auf, sondern in Begriffen, die das, was die beiden Kompetenzfelder im Kern aussagen, auffangen. Methodenkompetenz wird dabei weitgehend mit „Selbstständigkeit" gleichgesetzt und Sozialkompetenz mit „Kooperationsverhalten". Dieses enge Verständnis von Sozialkompetenz wird dann allerdings durch einen weiteren Fragenkomplex ergänzt, der mit „Gemeinschaft" überschrieben worden ist. Bevor im einzelnen darauf eingegangen wird, möchten wir uns zuerst mit einer „Schlüsselqualifikation" auseinandersetzen, der „personalen" oder „Persönlichkeitskompetenz", die zumindest umstritten ist.

3.1 Selbstbewusstsein (eine Komponente der „Personalen Kompetenz")

Bei der betrieblichen Ausbildung geht es zentral um die Vermittlung von Qualifikationen, die auch und vor allem in beruflichen Handlungsfeldern benötigt werden und berufliches Handeln ermöglichen bzw. unterstützen. Über Jahrzehnte stand dabei die „Fachkompetenz", also das „Fachwissen" im Sinne kognitiver (intellektueller) Fähigkeiten und „Fachkönnen" im Sinne von zumeist psychomotorischen (u. a. manuellen) Fähigkeiten bzw. Fertigkeiten, im Zentrum der Ausbildung. Das, was heute als weitergehende, übergreifende, also Schlüsselqualifikationen verstanden wird, war dabei eher peripher und wurde äusserst selten bewusst angestrebt. Meistens handelte es um „Abfallprodukte", um mehr oder weniger zufällig entstandene Qualifikationen. Heute ist diese enge berufliche Ausrichtung, von den gewerblichen Berufen bis hin zu den akademischen vorgebildeten („wissenschaftlichen") Berufen, als überholt anzusehen. Wer nur Fachkompetenz aufweist, wird heute allzuleicht als wenig einsetzbar, vornehm als „Spezialist" oder abfällig als „Fachidiot" bezeichnet. Er oder sie gilt als zu eng qualifiziert.

Der wirtschaftliche Einbruch in Deutschland im letzten Jahrzehnt, der oft als „Abstieg der deutschen Wirtschaft" diskutiert wird, erscheint zunehmend als Defizit an umfassend qualifizierten Managern, an Führungspersönlichkeiten. Die Stellenanzeigen für Managementpersonal strotzen nur so von der Suche nach „Persönlichkeiten" und nicht nur Fachleuten. Um im Management erfolgreich zu sein, bedarf es mehr und mehr umfassenderer Qualifikationen. Studiert man die Anforderungen genauer, merkt man, dass auch beim Managementpersonal eigentlich nur nach den Schlüsselqualifikationen gesucht wird. Nur sie erlauben es den Verantwortungsträgern, zusammen mit den nicht unwesentlich werdenden, aber in einem anderen Kontext zu sehenden Fachkompetenzen aktiv zu werden und umfassendere, tragfähigere Lösungen zu schaffen. Fachkompetenz bleibt eine notwendige Bedingung, aber sie ist in immer stärkeren Masse nicht mehr hinreichend!

Dieser Komplex wird in vollmundigen Stellenanzeigen etwas hilflos mit „Persönlichkeit" erfasst. Mehr oder weniger präzise oder auch nebulös wird nach solchen Merkmalen bei den Applikanten gesucht, die „Persönlichkeit" repräsentieren sollen. Natürlich fallen die wie immer „definierten" Persönlichkeiten nicht vom Himmel und es ist daher sicher zeitgemäss, mit der „Formung" dieser Persönlichkeiten frühzeitig zu beginnen – eben mit Hilfe der Schlüsselqualifikationen als den Garanten einer hohen Ausbildungsqualität.

Zweifellos gibt es Persönlichkeitsmerkmale, die bereits in der frühen Kindheit und in der Schule sowie auch in anderen Sozialfeldern geformt (oft auch deformiert) worden sind. Viele dieser Merkmale sind aber gerade bei Jugendlichen, dazu zählen die meisten Lehrlinge ja, nicht fixiert, sondern vielfach noch veränderbar. Die in den Sekundarschulen häufig „abgefackelte" Lernmotivation der Schülerinnen und Schüler lässt sich wieder reaktivieren, das erleben die Ausbildenden landauf und landab in vielen Betrieben. Die in den Schulen zumeist nicht geforderte, sondern eher zugeschüttete Kreativität lässt sich ebenfalls mit einiger Hartnäckigkeit in der betrieblichen Berufsausbildung freischaufeln. Dem Anpasser-Syndrom, das in vielen Schulen ebenfalls verstärkt wird, kann in einer „aufgeklärten" betrieblichen Ausbildung dadurch begegnet werden, dass kritische Einstellungen, kritische Äusserungen, produktives anstelle von reproduktivem Lernen systematisch bekräftigt und anerkennend akzeptiert werden.

Durch Schlüsselqualifikationen werden positivere Persönlichkeiten herangebildet und es ist nie zu spät, erst recht nicht bei Jugendlichen, für die Entwicklung von solchen Handlungskompetenzen zu sorgen.
Im Rahmen des DISQ wird versucht, einen Teil dieser persönlichkeitsbezogenen Merkmale und Verhaltensdispositionen, die nicht naturgegeben sind, sondern in anderen sozialen Bereichen (Familie, Schule, Kirchen, Freundesgruppen, Vereinen usw.) anerzogen wurden, in einem Faktor zu erfassen, den wir „Selbstbewusstsein" benannt haben. In dem Fragebogen wurden wichtige Facetten der „Personalen Kompetenz" operationalisiert als Selbstachtung oder Selbstwertgefühl, aufgrund des Sprachgebrauchs in der Praxis wurde diesem Faktor das Label „Selbstbewusstsein" gegeben. Mit Hilfe dieses Faktor werden Verhaltensweisen der Azubis erfasst, die mit dem „Selbstkonzept", mit der Kritikfähigkeit, mit der Fähigkeit, eigene Erwartungen und Bedürfnisse zum Ausdruck zu bringen, also auch mit dem „Selbstwertgefühl" der Zielgruppe zusammenhängen. Hier geht es um die Wahrnehmung von Akzeptanz / Wertschätzung durch die anderen Mitarbeitenden im Unternehmen und um die Sichtweise, ob die Lehrlinge etwas zur Veränderung von Situationen und Strukturen beitragen können oder nicht. Je nach dem Befragungsergebnis bei diesem Faktor hat man andere Persönlichkeiten vor sich. Bei niedrigen Werten kann man auch nur mit geringer Produktivkraft, d. h. mit wenig „Input" in die Zukunft der Firma rechnen.

Diese „Kompetenz" wird nicht allein vom Betrieb geschaffen, sondern sie wird – je nach der Ausgangssituation – vor allem verstärkt oder „umgedreht". Die nachgefragten Verhaltensweisen können überdies nicht nur im Betrieb wirksam werden, sondern sind Qualitäten, die über diesen engeren beruflichen Bereich hinaus wirken. Es sind Einstellungen und Tugenden, die auch im privaten und politischen Handlungsfeld einer Gesellschaft Produktiv- und Schubkraft entfalten könne. In diesem Sinne sind sie noch umfassender bzw. übergreifender als berufliche Schlüsselqualifikationen.

Ihre Förderung wird überdies umso notwendiger, je stärker die Betriebe in globale Wirtschaftsmärkte mit internationaler Konkurrenz eingebunden und je schneller die eingesetzten Produktionstechnologien und Arbeitsprozesse sich verändern. Ob man Selbstbewusstsein oder „Selbstachtung" oder „Selbstwertgefühl" dazu sagt, ist nicht ausschlaggebend.

Dieser Einstellungskomplex wird zunehmend als wichtig angesehen, es ist nicht umsonst ein konstituierendes Element des Total-Quality-Management-Konzeptes, wie man vor allem bei DEMING (1994) an verschiedenen Stellen nachlesen kann. Zwei Aspekte möchte ich hervorheben: den von DEMING an vielen Stellen geforderten „Stolz auf die eigene Arbeit" sowie auf die „Ermächtigung", selbst Verbesserungen und (Mini-)Innovationen durchzuführen, auf die Identifikation mit einer guten, akzeptablen Unternehmensvision bzw. dem daraus abgeleiteten Unternehmensleitbild, die in vielen Unternehmen entwickelt worden sind.

Persönlichkeitsbildung, die zu einer hohen Selbstachtung führt, findet sich (etwas versteckt) auch in eben diesen modernen Unternehmensleitbildern wieder. Die Leitvorstellungen hinter der Ausbildungsphilosophie z. B. der ABB Lernzentren Baden wurden an anderer Stelle zitiert.[3] Als weiterführendes Beispiel eines Unternehmensleitbildes werden einige Werte aus einer Liste zitieren, die das Leitbild der bis in die jüngste Zeit sehr erfolgreichen Firma Motorola[4] bestimmen:

- Gemeinsam als Team zum Erfolg
- Permanente Achtung der Würde des Mitarbeiters
- Entwicklung einer übergreifend qualifizierten Belegschaft
- Kompromisslose Integrität
- Management by fact

---

[3] siehe Bessoth u.a. 1999, Teil 1, S. 1-35 ff.

[4] Töpfer & John 1996, S. 169; ganz aktuell hat sich das verändert, ironischerweise wohl deshalb, weil Motorola vor allem in Japan sehr erfolgreich gewesen ist.

- Innovation und Kreativität
- Stetige Verpflichtung zum kontinuierlichen Verbesserungsprozess

Einige dieser Grundwerte haben starke Wirkungen auf das *Selbstbewusstsein* der Mitarbeitenden und führen zweifellos zu einer Stärkung ihrer Persönlichkeit.

Dass dieses Einstellungs- und Verhaltensbündel gewissermassen über den anderen Qualifikationskomponenten „schwebt", dort Entwicklungen hervorruft oder verhindert, macht das *Selbstbewusstsein* so wichtig und erfordert seine sorgfältige Beobachtung bzw. Messung. Eben das wird mit dem DISQ ermöglicht.

Alfie KOHN[5], ein bekannter amerikanischer Unternehmens- und Schulberater, hat zu Recht darauf aufmerksam gemacht, dass die *Selbsteinschätzungen* des eigenen Selbst dazu tendieren, eine vorhandene Situation zu überschätzen, deshalb wird in dem DISQ auch nicht das eigene Verhalten beschrieben, sondern das der ganzen Gruppe, um dieser Tendenz entgegenzuwirken. Die Mitglieder einer Lehrlings-Gruppe sind in der Regel durchaus in der Lage, das Verhalten in ihrer Gruppe richtig zu beobachten und in ihrer Einschätzung zum Ausdruck zu bringen. In der Form der Fremdeinschätzung gibt das Ergebnis gute Aufschlüsse über die entwickelten „Persönlichkeitsmerkmale", die zudem in hohem Masse sowohl von Seiten der Ausbildenden als auch der Lehrlinge erwünscht sind. Das ließe sich an Hand vieler Beispiele zeigen.

3.2 Selbstständigkeit (eine Basis für die Lebensunternehmer / innen)

Die Kenntnis und Beherrschung von Methoden oder Werkzeugen, Arbeitsverfahren, Regelsystemen u. dgl. wird zu Recht im Rahmen der Schlüsselqualifikationskonzepte als ein unentbehrlicher Pfeiler angesehen. Im Begriff „Methodenkompetenz" wird es auf den richtigen Nenner gebracht. Im Kontext eines Fragebogens wie dem DISQ kann ein solches Konzept natürlich nur eingeschränkt und reduziert auf wesentliche Kernelemente erfasst werden. Da die Bandbreite der Methoden, auch der hier im Zentrum stehenden Denk-*Werkzeuge*, ziemlich gross und von Beruf zu Beruf auch unterschiedlich ist, wurde das Fragenbündel, das sich auf die Methodenkompetenz bezieht, auf jenen Aspekt fokussiert, der sich als Konsequenz von Methoden-

---

[5] Kohn 1993, S. 8 ff.; ders. 1996 „Beyond Discipline: From Compliance to Community,,

beherrschung und der Bereitschaft zu ihrem Einsatz ergibt: die *Selbstständigkeit*.

Nur wer über viele Denkwerkzeuge verfügt, wird sich frei genug fühlen, die in einem Unternehmen und in den einzelnen Berufsfeldern immer auftretenden, sich wiederholenden, wie auch neuen Problemen von sich aus anzugehen und zu lösen.

Diese Selbstständigkeit entspricht auch einem Konzept, das in den letzten Jahren gefordert und gefördert wird: die Beschäftigten eines Unternehmens als „Intrapreneure" zu verstehen und zu akzeptieren.[6]

Das Unternehmen setzt sich nach diesem Konzept aus einer Vielzahl unternehmerischer Mitarbeiter, Mitdenker, Mitstreiter zusammen. Nicht der passive, Befehle erwartende und ausführende Mensch auf der Gehaltsliste ist gefragt, sondern der mitdenkende, durchaus (begrenzte) Risiken eingehende, kontinuierlich lernende Mitarbeiter. Dazu braucht er das intellektuelle Rüstzeug, z. B. den wohlgegliederten und ausgestatteten „Instrumentenkasten", den japanische Firmen im Rahmen von modernen Konzepten wie Quality Circles[7], Lean Management[8] und Total-Quality-Management[9] entwickelt haben.

Auch in dieser transformierten Umwelt in den Unternehmen muss die betriebliche Ausbildung den Erwerb der für die „Intrapreneure" erforderlichen Qualifikationen sicherstellen, obwohl die vorhandenen betrieblichen Strukturen oft noch nicht genügend fortentwickelt sind. In solchen Situationen wird es zweifellos Friktionen bei allen Beteiligten geben. Die Führungskräfte verhalten sich oft noch nach den tradierten (zunehmend unproduktiven) Führungskonzepten und die Nachwuchskräfte, die in der betrieblichen Ausbildung die neuen Instrumente und die sie tragenden Einstellungen erworben haben, stossen auf eine kontraproduktive Führungsstruktur und werden zuerst einmal frustriert sein.

Auf dem Hintergrund der sich verschärfenden Diskussion um den Wirtschaftsstandort Europa (und auch Deutschlands) sind diese Friktionen dann unvermeidlich, wenn die Unternehmensführungen sich als nicht lernfähig erweisen. Das zukünftige Unternehmen ist in seinem Bestand und Überleben aber auf die Mitarbeitenden mit „Methodenkompetenz" angewiesen, die

---

[6] Pinchot 1986

[7] z. B. Barra 1983, Anhang „Putting Quality Circle Techniques to Work„

[8] z. B. Bösenberg & Metzen 1992

[9] siehe Kamiske & Brauer 1994; für Anwendungen im Bereich von Bildungsinstitutionen: Latta & Downey 1994; ferner mit vielfältiger Praxis: Mehdorn & Töpfer (Hg.) 1996

über eine erheblich höhere (innere) Selbstständigkeit verfügen müssen, als ihre Vorgänger noch vor nur einem Jahrzehnt.

Selbstständigkeit, Selbstverantwortung, Commitment sind elementare Bestandteile einer lernenden und dadurch erfolgreichen Unternehmung. Selbstständigkeit erweist sich in dieser Perspektive als ein unentbehrlicher Faktor in der betrieblichen Ausbildung und als ein Garant dafür, dass das in der Zukunft erforderliche Qualifikationsniveau auch vorhanden sein kann. Wie es um die Selbstständigkeit einer bestimmten Lehrlingsgruppe steht, das kann mit dem entsprechenden DISQ-Faktor relativ zuverlässig und valide ermittelt werden.

3.3 Sozialkompetenz: Teamverhalten und Gemeinschaft

Ein kurzer Blick auf die vorhandenen Kompetenzmodelle in der betrieblichen Ausbildung zeigt ebenfalls, dass die „Sozialkompetenz" unumstritten ein wichtiger Bereich ist. Ferner zeigte eine Umfrage bezüglich der in der betrieblichen Ausbildung präferierten Methoden, dass dort die didaktischen Modelle präferiert werden, die die Sozialkompetenz stärken.[10] Auch die die Praxis beherrschenden Verfahren zielen vor allem auf die aufzubauende bzw. zu verstärkende Sozialkompetenz. Dabei wird auch deutlich, wie stark sich die beiden zentralen Kompetenzbereiche überschneiden: Auch die Methodenkompetenz kann im Rahmen einer Ausbildung besser gesichert werden, die simultan stark auf die Entwicklung von sozialer Kompetenz ausgerichtet worden ist. Hier gibt es keine scharfen Trennlinien, sondern vielfältige Überlappungen. Der Erwerb der erwünschten SQ erfolgt sozusagen in einer „Co-Produktion" sowohl der Ausbildenden mit den Azubis als auch der anvisierten Kompetenzfelder.[11]

Das erklärt aber immer noch nicht, weshalb die Sozialkompetenzen im DISQ *zweigeteilt* ermittelt werden. Wer die Beschreibung des DISQ liest, wird sicher zuerst auf den Faktor „Teamverhalten" stossen und ihn mit „Sozialkompetenz" assoziieren. Das stimmt in der Tat ohne jeden Einwand. In der Teamfähigkeit und der darin einbezogenen Bereitschaft zur Zusammenarbeit werden viele produktiven Kräfte freigesetzt bzw. können erworbene Techniken des selbstständigen Arbeitens und Lernens produktiv eingesetzt und fruchtbar gemacht werden. Positives Kooperationsverhalten setzt dabei sowohl eine Fülle kognitiver Elemente als auch die erforderliche innere Be-

---

[10] siehe Bessoth u. a. 1997 für die Ergebnisse
[11] siehe auch Bessoth u. a. 1997 für weitere Aspekte

jahung von Zusammenarbeit voraus. Ob das vorhanden ist, wird mit 16 Fragen zu diesem Faktorkomplex erhoben und entsprechend der Antworten zusammengefasst.

Aber mit diesen Aspekten erschöpft sich diese Schlüsselqualifikation (soziale Kompetenz) noch nicht, deshalb wurde bei der Fragebogenkonstruktion die *engere Kompetenz zum Kooperieren* ergänzt durch eine grundlegendere Kompetenz, die in den bisherigen Kompetenzmodellen, die ja fast alle aus den 70er Jahren stammen, als der Glaube an die Wirksamkeit linearer Denkstrukturen und Modelle noch ungebrochen war, stark vernachlässigt worden ist. Emotionale, affektive Aspekte wurden zwar hier und da in betriebspädagogischen Sonntagsreden erwähnt, spielten aber im Kontext der „rationalen Vermittlung und Unterweisung" tatsächlich keine Rolle. Zwar hat Frederic VESTER[12] in seiner Dokumentation zum Thema „Denken, Lernen, Vergessen" schon in den frühen 70er Jahren auf die untrennbare Einheit von Emotion und Kognition, als von „Fühlen" und „Denken" hingewiesen, aber die betriebliche Öffentlichkeit und die damals vertretene Betriebspädagogik war zweifellos noch nicht reif für diese Einsichten.

Im DISQ wird der notwendige *emotionale Kitt* in einem Faktor untergebracht, der knapp als „Gemeinschaft" bezeichnet wird. Nach einem traditionellen Verständnis hat das nichts mit einer Schlüsselqualifikation zu tun. Und doch gilt: In hocheffektiven Unternehmen, die oft Weltmarktführer auf Nischenmärkten sind[13], ist die (emotionale) Identifikation mit dem Unternehmen eines der herausragenden Kennzeichen. Diesen Typus des Weltmarktführers gibt es Deutschland und auch in der Schweiz vergleichsweise häufig. Dieses Zugehörigkeitsgefühl zu einem Unternehmen als einem sozialen System wird schon in den soziologischen Konzepten der Jahrhundertwende als Merkmal vieler Sozialgebilde bezeichnet (Ferdinand TÖNNIES 1887). Mit „emotionalem Kitt" wurde das in etwas salopper Form auszudrücken versucht.

Da die im internationalen Wettbewerb nach vorne gerückten japanischen Unternehmen sich durch eine hohe Identifikation und eine im Westen unbekannte „Gemeinschaft" auszeichnen, hat dieser Aspekt erneut Aufmerksamkeit gefunden. Zudem wird in Gesellschaften, die dem Konkurrenzprinzip besonders ausgeprägt huldigen, wie die amerikanische, zunehmend deutlich, dass die negativen Wirkungen dieser mentalen Ausrichtung zu gesellschaftlichen Schädigungen in einem bisher nicht gekannten Ausmass führen, de-

---

[12] Vester 1996 (Neuauflage; 1. Aufl. 1975)
[13] siehe Simon 1996

nen gegengesteuert werden muss. In diesem Kontext entwickelte sich eine für die amerikanische Gesellschaft typische Reaktion, es wurde eine Bewegung ins Leben gerufen, die sich als die „Communitarians" bezeichnete[14], und sich die Wiederbelebung von mehr „Gemeinschaftssinn" und die Verringerung der schädlichen Egoismen und des Werteverfalls zum Ziel gesetzt hat.

„Community" ist ein Konzept, das im deutschen Sprachraum lange Zeit unter den Wirkungen der Nazi-Ideologie mit einem exzessiv ausgebeuteten „Gemeinschaftsgeist" sehr gelitten hat und für viele deshalb immer noch als fragwürdig gilt. Andere deutschsprachige Länder, z. B. die Schweiz, sind hier unbelasteter, ihre Bürgerinnen und Bürger erleben in ihren kleinen Städten und Dörfern mehr reale Gemeinschaften, aber sie sind auch nicht frei von dem internationalen Zeitgeist, der das Individuum auf das Podest hebt und die „Gemeinschaft" weniger gelten lässt. Aber viele Forschungen zeigen, dass das Eingebundensein und die Geborgenheit von Azubis in einem sozialen Gefüge viel wichtiger ist, als lange geglaubt wurde. Arbeitsteams an der Basis, die nach Bezeichnungen für den von ihnen gewünschten Zusammenschluss gefragt werden, kommen oft auf den Begriff der „Arbeitsfamilie"[15], sogar der „Betriebsfamilie" und bringen damit den Wunsch nach Gemeinschaft und Gemeinschaftswerten zum Ausdruck.

Die in einem Ausbildungsbereich in einer Lehrlings-Gruppe erreichte „Gemeinschaft" beinhaltet *keine Schlüsselqualifikation* im landläufigen Sinne, aber sie bildet eine Basis dafür, ob die enger verstandenen beruflichen Schlüsselqualifikatioen einen guten oder mageren Nährboden besitzen. Dieser „Spirit" entscheidet häufig auch darüber, ob ein Lehrling im Anschluss an seine Ausbildung sich mit dem Betrieb identifiziert oder ob es ausschliesslich eine Nützlichkeitsbeziehung ist, die man aufgibt, sobald sich etwas Besseres anbietet.

In anderen Lerngruppen hat sich jedenfalls gezeigt, dass die „Gemeinschaft" sehr hoch mit dem „Kooperationsverhalten" und dieses wiederum hoch mit der „Leistungsbereitschaft" korreliert.[16]

Es ist noch hinzufügen, dass die Bildung von „Gemeinschaften" in Zukunft, nämlich dann, wenn in der Praxis das interkulturelle Arbeiten noch verbreiteter sein wird, als es sich heutzutage allmählich abzeichnet, noch wichtiger und für das Überleben im globalen Wettbewerb essentiell sein wird. Dann

---

[14] siehe Etzioni 1996 („Die faire Gesellschaft,,)

[15] siehe Waterman 1994, S. 186 ff.

[16] siehe Bessoth 1995

kommt es nämlich darauf an, die kulturelle Vielfalt zu nutzen, um auch auf neuen, sich im Moment erst entwickelnden Märkten mitmischen zu können. Westliche Arroganz gegenüber anderen Hochkulturen wird sich dann nämlich nicht mehr auszahlen, sondern teuer bezahlt werden müssen. Die Integration anderer Ethnien und Kulturen in die Arbeitssysteme setzt dann voraus, dass die in westlichen Gesellschaftssystemen aufgewachsenen Jugendlichen erheblich kundiger und toleranter, ja sogar wertschätzender bezüglich anderer Kulturen sein müssen, wenn sie nicht produktivitätszerstörende, negative Betriebskulturen erzeugen wollen.

Die geschaffene *Gemeinschaft* determiniert sehr stark die Qualität des *Teamverhaltens* und hat deshalb auch in einem Fragebogen zur Diagnose von Schlüsselqualifikationen seinen Platz.

3.4 Die Fachkompetenz darf nicht vernachlässigt werden

Schliesslich kommen wir damit zu einem letzten Faktor, der mit Hilfe des DISQ gemessen werden soll: die „Leistungsbereitschaft". Auch hier wird nicht direkt auf „Fachkompetenz", sondern auf eine wesentliche Voraussetzung für den Erwerb von Fachwissen und Fachkönnen abgezielt. Wer sich mit hohem Commitment[17] für die Aneignung von beruflicher Fachkompetenz engagiert, wird mehr lernen und mehr für das Unternehmen beitragen (können). Nur wenn eine Firma über genügend Personal mit starkem Commitment, d. h. Einsatzbereitschaft, verfügt, kann sie auf Dauer erfolgreich sein.

Zu dem den Schlüsselqualifikationen zugrundeliegenden Bild des Schlüssels liesse sich ergänzen, dass Lehrlinge mit hoher Leistungsbereitschaft, einen stärkeren, stabileren Schlüsselbart und einen kräftigeren Schlüsselschaft entwickeln, der sich eventuell zusammen mit den Schlüsselqualifikationen im engeren Sinne zur Öffnung von schwierigeren Schlössern, d. h. zur erfolgreichen Lösung von anspruchsvollen Problemstellungen, eignet. Alle Kompetenzbereiche müssen entwickelt werden, nur dann ist ein Azubi in der Lage aus der Kombination der einzelnen Bereiche bessere Leistungen zu erbringen.

Ohne jeden Zweifel gilt: Die Fachkompetenzen sind *nicht* übergreifend, sondern immer noch relativ spezialisiert. Zwar hat sich in den letzten Jahrzehnten eine Abkehr von hochspezialisierten Berufsbildern hin zu Berufsfeldern ergeben, aber auch in diesen Feldern wartet eine Fülle an Wissen und

---

[17] siehe Sprenger 1995 zu diesem Konzept der „Selbstverantwortung"

Können darauf, erworben und beherrscht zu werden. Die neue Konzeptbeschreibung zur „Neuordnung der ASM-Berufslehren" (1997) in der Schweiz, bei der z. B. acht Mechanikerberufe zu einem, dem Polymechaniker, zusammengefasst wurden, veranschaulicht das sehr deutlich.

Da der Überprüfung des Umfangs und des Niveaus der erworbenen Fachkompetenzen in Form der beruflichen Abschlussprüfungen ein starkes Gewicht gegeben wird, konnten wir uns bei der Entwicklung des DISQ darauf beschränken, solche Verhaltensweisen zu operationalisieren, die vor allem das selbstverantwortete Lernen betonen und auf Freude und Vergnügen im Beruf und an der Arbeit hinauslaufen.

Die Leistungsbereitschaft geht über den engeren Bereich der Fachkompetenz hinaus und signalisiert eine prinzipielle Offenheit und eine starke Ergebnisorientierung in der Arbeit der Lehrlinge.

4. Die Faktoren des DISQ im Überblick

Nachdem die Faktorstruktur des DISQ damit beschrieben und in einige im Management und in der Erziehungswissenschaft, vor allem der Betriebspädagogik, diskutierte Zusammenhänge gestellt worden ist, lässt sich das bisher Gesagte noch einmal in der Abbildung auf der folgenden Seite zusammenfassen. Zuerst werden bloss die Faktoren aufgelistet und durch die Art der Darstellung wird deutlich gemacht, dass sowohl das Selbstbewusstsein wie auch die „Gemeinschaftsfähigkeit" so etwas wie Basismerkmale sind, die alle anderen durchdringen und den Erwerb der spezielleren Sozialkompetenz im Sinne von „Kooperations-" oder „Teamverhalten" und auch die „Selbstständigkeit" als wesentliches Element der Methodenkompetenz erleichtern oder erschweren. Wenn Personen nicht in eine Gemeinschaft integriert werden, sondern Aussenseiter bleiben, dann fehlt die positive emotionale Grundstimmung, die hilft, dass das Lernen besser verankert und damit später wieder aufgerufen, also erinnert und genutzt werden kann.

In der Abbildung auf der nächsten Seite werden die 5 Faktoren des DISQ mit den in den vorangegangenen Abschnitten enthaltenen Erläuterungen versehen, um den Zusammenhang mit den traditionellen Schlüsselqualifikationen zu verdeutlichen.

Der Fragebogen hat 80 Aussagen, d. h. jeder Faktor wird mit 16 Fragen erfasst. Damit lässt sich eine sehr reliable Messung der berücksichtigten Faktoren durchführen.

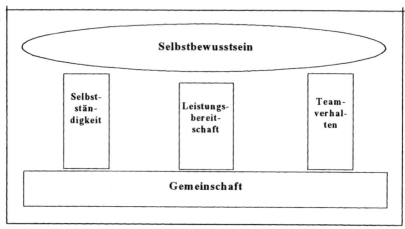

Übersicht über die Faktorstruktur des DISQCH

5. Praktische Nutzung von Befragungsergebnissen:

Das DISQ lässt sich mit allen Azubi-Gruppen bis hin zu Behinderten einsetzen. Dass die Validität des Fragebogens sehr hoch ist, geht aus dem Umstand hervor, dass die Werte bei der Soll-Variante (Welches Verhalten der Azubigruppe möchten Sie sehen bzw. wünschen Sie sich?) bei der Befragung von Ausbildungsexperten und Studierenden der Betriebspädagogik zwischen 90 und 100 % liegen, d. h. es liegt eine fast vollständige Übereinstimmung des impliziten Konzeptes des Fragebogens mit den Vorstellungen von externen Experten vor.

Neben der Soll- gibt es noch die Ist-Variante, d. h. also die Frage nach der gegenwärtigen Situation in einer Azubigruppe bezüglich wichtiger Verhaltensweisen. Je niedrigere Werte sich auf diese Fragen ergeben, desto geringer ist die Vermittlung von Schlüsselqualifikationen und desto weniger Handlungskompetenz wurde dieser Gruppe vermittelt. Aus den Antworten lässt sich also sofort der Veränderungsbedarf erkennen. Die Veränderungen zielen darauf, eine höhere Ausbildungsqualität zu realisieren.

Aus den Formulierungen der Aussagen lassen sich häufig schon Anregungen ableiten, was geändert werden soll bzw. geändert werden muss, um eine krisenhafte Situation in eine für die Klienten erfreuliche zu verwandeln. Berichte von Praktikern, die ein solches „Change Management" praktiziert haben, ermutigen die Auffassung, dass mit Hilfe eines solchen

Selbstevaluationsinstrumentes Veränderungen erfolgreich geplant und umgesetzt werden können.

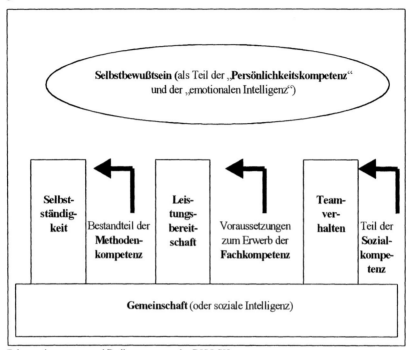

Faktorestimmungen und Bedingungungen des DISQCH

Mit dem „DiagnoseInstrument für Schlüsselqualifikationen" lässt sich also einmal die gegenwärtige Ausbildungsqualität sehr zuverlässig und valide einschätzen. Wenn sie auf einem „erwartungsgetreuen" Niveau liegt (Werte $\geq 80\%$, d. h. ungefähr 1 Sigma), sind keine Maßnahmen erforderlich, liegen die Werte darunter, werden zum anderen Aktivitäten angeregt, um befriedigendere bzw. erfreulichere Werte zu erhalten.

Obwohl das Instrument sehr gut für Forschungszwecke eingesetzt werden kann, eignet es sich auch als Werkzeug für die Hand von Praktikern, die die Ausbildungsqualität in ihrem Verantwortungsbereich steigern möchten.

Literatur

Barra, R.: Putting Quality Circles to Work. A Practical Strategy for Boosting Producitivity and Profits. New York 1983.

Bessoth, R u. a.: Das DiagnoseInstrument für SchlüsselQualifikationen (DISQ). Heusweiler 1997. (mit Auswertungsprogramm auf Diskette oder CD-ROM)

Ders.: Ausbildungsqualität in Schweizer Unternehmen. Bd. 1: Grundlagen, Konzepte, Instrumente. St. Ingbert 1998. (Siehe auch: html: // www.ausbildungsqualitaet.de)

Bösenberg, D. / Metzen, H.: Lean-Management. Vorsprung durch schlanke Konzepte. Landsberg 1992

Latta, R. / Downey, C. J.: Tools for a Achieving TQE (Total Quality Education). Thousand Oaks, CA: Corwin 1993

Kamiske, G. / Brauer, J.-P.: Qualitätsmanagement von A bis Z. Erläuterungen moderner Begriffe des Qualtätsmanagements. München 1994

Pinchot, G.: Intrapreneuring. New York 1986. (Dt.: Intrapreneuring: Mitarbeiter als Unternehmer. Wiesbaden 1988

Sprenger, R. K.: Das Prinzip Selbstverantwortung. Frankfurt am Main 1995

Töpfer, A. / Mehdorn, H.: Total Quality Management: Anforderungen und Umsetzung im Unternehmen. Kriftel 1995

Waterman, R. (jr.): Die neue Suche nach Spitzenleistungen: Erfolgsunternehmen im 21. Jahrhundert. Düsseldorf 1994

Joachim Münch

Lernen im Netz – Eine Problemskizze

1. Knappe Charakterisierung des Internet als Lernmedium

Mit seiner „Großen Didaktik" wollte Johann Amos Comenius (1592-1670) den Weg weisen, „auf dem sich alles leicht und mit Sicherheit erreichen läßt" und „bei welcher die Lehrer weniger zu lehren brauchen, die Schüler dennoch mehr lernen". Comenius hat damals an die Schule gedacht und konnte sich selbstverständlich nicht vorstellen, daß es dereinst ein Medium geben würde, das zwar ernstlich nicht das Ende der Schule bedeutet, aber ungeahnte neue Lernmöglichkeiten eröffnet. Oder sind diese neuen Möglichkeiten in Wirklichkeit gar nicht so neu? Mit einiger Phantasie und leicht unbekümmerter Interpretationsoffenheit könnte man zu dem Ergebnis kommen, daß sich prinzipiell seit Comenius nicht all zuviel geändert hat und wohl auch nicht ändern wird. Einen Aspekt nämlich, der heute bei der Diskussion um und über das Internet immer wieder betont wird, nämlich selbstgesteuertes Lernen, hat Comenius in seiner großen Didaktik zumindest angedacht.

Nach einer repräsentativen Untersuchung der Nürnberger Gesellschaft für Konsumforschung (GfK) benutzen schon 22% der Personen in der Altersgruppe zwischen 14 und 59 Jahren das Internet. Die Intel Corporation, das Unternehmen, das den Markt der Computerchips für Personalcomputer seit Jahren beherrscht, geht davon aus, daß es in fünf Jahren auf der Welt rund eine Milliarde miteinander vernetzter Computer geben wird. Das Internet befindet sich also offenbar in einem unaufhaltsamen Vormarsch. Auf eine knappe Formel gebracht ist das Internet „ein weltweit verbreitetes dezentral strukturiertes nicht hierarchisch aufgebautes Computernetzwerk, das aus einer Fülle von kleinen, territorial oder organisatorisch begrenzten Einzelnetzen besteht, die untereinander verbunden sind. Es ist weiterhin mehr als ein einzelnes Medium, nämlich ein Verbund unterschiedlicher Dienste" (Harth 1999, S. 68), auf die hier nicht im einzelnen eingegangen wird. Mit dem Internet wird der Informationshorizont fast unbegrenzt erweitert und gleichzeitig die Chance auf mediengestützte interpersonelle Interaktion erhöht. Interpersonelle Interaktion ist zwar kein zwingendes Merkmal des Internets, aber ein entscheidendes, wenn es um die Frage der Lernpotentiale von Netzen geht.

Pädagogisch gesprochen ist das Internet ein Medienverbund mit der Möglichkeit zur Implementierung gegenwärtiger Lernsettings. Aufgrund seines vielseitigen Angebots von Kommunikationsformen, mit seinen neuen Möglichkeiten der Interaktion und durch Synergieeffekte kann es

- selbstorganisierte und selbstgesteuerte Lernprozesse fördern,
- neue Wirklichkeiten des Lernen schaffen und
- zur Veränderung der Rolle der Lehrenden beitragen.

Es ist aber auch ein Instrument zur Förderung von Medienkompetenz (vgl. Steinbach 1996), weil es exemplarisch für Anforderungen mit dem Umgang mit neuen Medien steht.

2. Browsing und Navigation

Wenn von Medienkompetenz im Zusammenhang mit Internet gesprochen wird, so spielt dabei die Fähigkeit der Netzrecherche eine besondere Rolle, obwohl es übertrieben scheint, die Netzrecherche als „Kulturtechnik" zu bezeichnen, wie es hier und dort (vgl. Reglin u.a. 1999, S. 7) geschieht. Für die Einschätzung des Internets als Lernmedium ist die Beantwortung der Frage wichtig, auf welche Art und Weise der Zugriff auf Informationen in Informationsnetzen geschieht. Dabei ist zunächst in den Blick zu nehmen, daß die Wissensbestände im Internet (fast) unendlich groß sind, daß dieses Wissen eher als „wohlgeordnetes" Durcheinander existiert, und daß es für den Interessenten von Informationen nicht leicht ist, jeweils das Wissen auszumachen, welches ihm dienlich sein kann, sei es im Sinne einer Befriedigung seiner allgemeinen Neugier, oder sei es mit dem Ziel von Problemlösungen im privaten oder beruflichen Bereich. In der einschlägigen Literatur wird „Browsing" als originäre Informationszugriffsart in Informationsnetzen genannt. Gemeint ist damit ein freies Stöbern in Informationsnetzen, ohne daß feste Ziele oder konkrete Probleme, bestenfalls allgemeine Interessenrichtungen, vorgegeben sind. Browsing ist eine Informationsfindungs-Strategie, die gewissermaßen von Zufälligkeiten abhängt. In diesem Sinne hat es schon immer Browsing gegeben, etwa dann, wenn z.B. in einem Lexikon herumgeblättert wird! Einerseits wird die Möglichkeit des Browsing als Kernvoraussetzung für die produktive Nutzung von Informationsnetzen angesehen, andererseits wird aber auch darauf hingewiesen, daß Browsing leicht zu einer Aktivität werden kann, bei der der Nutzer oder Lerner den Wald nicht vor lauter Bäumen sieht! Die Überflutung mit millionenfachen Informations- und Kommunikationsangeboten im hypermedialen Raum, die Hilflosigkeit des „Lost in Hyperspace" ist in der Tat ein Problem, dem man mit Hilfe des „Navigierens" zu begegnen sucht. Dies bedeutet, daß der Benutzer von Informationsnetzen von diesen zur Verfügung gestellte Orientierungsmittel benutzt. Solche Orientierungsmittel bzw. Suchhilfen sind sogenannte „Suchmaschinen" (Kataloge, Inhaltsverzeichnisse, Register usw.). Mit der Zunahme von Navigationshilfen bzw. inhaltlich-organisatorischen Verknüpfungen in einem Informationsnetz wird die Informationsstruktur zumindest tendenziell linearer bzw. buchähnlicher. Dabei kommt es zu Einbußen des innovatorischen Potentials, das durch einen prinzipiell offenen Wissenshorizont repräsentiert wird.

3. Gegenwärtige Nutzung des Internet als Lernmedium

Sieht man sich allerdings die gegenwärtige Art und Weise der Nutzung des Internets als Lernmedium an, so zeigt sich, daß es sich dabei um das „Downloading" von mehr oder weniger geschlossenen und vorstrukturierten Lernmodulen handelt, die gemäß den technischen Möglichkeiten interaktives Lernen, unabhängig von Zeit und Raum, synchron oder asynchron, erlauben.

Sembell und Wolf (1999) diskutieren den Einsatz interaktiver Medien in komplexen Lehr- und Lernarrangements mit der Einschränkung, daß sie sich nur mit Medien beschäftigen, deren Hardware der Computer ist. Unter dieser Voraussetzung unterscheiden sie „sechs Gattungen interaktiver Medien", die hier im folgenden lediglich genannt werden:

1. Übungsprogramme
2. Tutorielle Systeme
3. Simulationen
4. Hypermedia
5. Anwendungsprogramme / Programmierumgebungen
6. Computerunterstützte Kommunikations- und Kollaborationswerkzeuge

Allen diesen Medien ist gemeinsam, daß sie im Internet bzw. Intranet (z.B. bei innerbetrieblicher Vernetzung) präsentiert, abgerufen und genutzt werden können. Das Internet selbst ist zwar ein Informationsnetz und insofern ein Medium, aber eben an sich kein Medienverbund, wie dies gelegentlich (z.B. Harth 1999, S. 65) behauptet wird. Es ermöglicht aber eine weltweite, asynchrone, interaktive sowie raum- und zeitunabhängige Nutzung. Sofern es sich nicht um ein offenes bzw. „zielloses" Lernen handelt, sondern um zielorientierte und damit inhaltlich vorstrukturierte Lernsequenzen, Lerneinheiten, Lernmodule usw., haben wir es in der Tat mit einem Downloading bisher schon bekannter Medien zu tun. Dies gilt derzeit insbesondere für den Einsatz von CBT. Der entscheidende Vorteil der zunehmenden Vernetzung von Computern in lokalen und globalen Netzen ist aber darin zu sehen, daß der Computer die Kommunikation von Lernenden, Lehrenden und Beratenden in einer bisher nicht bekannten Weise unterstützt. Die Pluralität der Lernorte (Münch 1977) und des Lernens erhält mit dem „Telelernen" eine neue Dimension.

Über eine vernetzte Infrastruktur werden Lernprogramme via Computernetz zur Verfügung gestellt, die für eine beliebige Anzahl von Lernenden gebucht werden können. Die Arbeit mit Lernprogrammen im Computernetz wird von Tele-Dozenten unterstützt, die persönlich beraten, Fragen beantworten und Aufgaben korrigieren.

Nach Erfahrungen aus Pilotanwendungen können bei Kombination von konventioneller Präsenzphase und individuellem Lernen Trainingszeiten um mindestens 20% reduziert werden. Aus der Unternehmensperspektive werden dabei folgende Vorteile genannt:

- einfache Aktualisierung der Lerninhalte
- Flexibilisierung der Lernprogramme durch Auflösung kompakter Lernprogramme in Module und / oder berufsspezifische Lernkurse
- generelle Erhöhung der Qualität des Bildungsangebotes und letztlich der Effizienz der Lernprozesse

Anbieter des interaktiven Fernunterrichtes für Betriebe, z.B. die beruflichen Fortbildungszentren der Bayrischen Arbeitgeberverbände e.V. („Cornelia-Lernprogramme"), betonen, daß damit weder Printmedien wie Fachbücher und Zeitschriften ersetzt noch seminaristische Weiterbildung verdrängt werden sollen. Die Programme verstehen sich als Ergänzung herkömmlicher Qualifizierungsangebote. Die Möglichkeit, mit einem betreuenden Dozenten Kontakt aufzunehmen, und zwar ohne Medienwechsel, wird von CORNELIA als ein besonderer Vorteil – im Vergleich zu den herkömmlichen CBT-Programmen – herausgestellt. Der Lehrende übernimmt in dieser Konstellation des Telelernens die Rolle eines ständigen Ansprechpartners, eines Beraters u.U. sogar eines Coaches.

Die Übergänge vom Telelernen zu netzbasierter Beratung sind fließend, vor allem dann, wenn es um die Lösung konkreter betrieblicher Probleme geht. Für Klein- und Mittelbetriebe mit ihrer vergleichsweise engen Personal- und Wissensbasis dürfte die Anbindung ans Internet von besonderem Vorteil sein. Geeignete Lern- und Beratungsangebote können die Ausfallzeiten von Mitarbeitern und Führungskräften minimieren. Auch kann der Transfer von neuen, für den Betrieb relevanten Kenntnissen mit Hilfe des Internets unterstützt werden (Risch / Münch 1997). Obwohl die Ortsunabhängigkeit, die zeitlich flexiblen Nutzungsmöglichkeiten und die komfortable Handhabbarkeit im Rahmen des Betriebsgeschehens insbesondere für KMU große Vorteile bieten, ist die netzgestützte Beratung in diesen Unternehmen noch wenig verbreitet. Dies mag zum Teil an der noch seltenen Anbindung an die Netze und an der fehlenden Medienkompetenz liegen.

4. Die Unternehmenskultur als wichtige Rahmenbedingung

Wichtige Merkmale einer positiven Unternehmenskultur

- Hohe Arbeitsmotivation und Arbeitszufriedenheit aller Mitarbeiter
- Partnerschaftlicher Umgang über alle Hierarchiestufen (versus Hierarchiedenken)
- Teamwork und hohe Kooperationsintensität (versus „Einzelkämpfertum")
- Vertrauensmanagement (versus Mißtrauensmanagement)
- Interne und externe Kundenorientierung (versus „Erledigungmentalität")
- Informationsoffenheit (versus Informations-"bewirtschaftung")
- Beteiligungsintensive Entscheidungsprozesse (versus „einsame" Entscheidungen)
- Lernen als zentraler Wert (versus Lernen als „Reparaturfall")
- Qualität und ständige Verbesserung der Arbeitsprozesse als allgemeine Bewußtseinslage (versus Arbeitsroutine)
- Offene, rationale und aktive Konfliktlösungen (versus Konfliktunterdrückung)

Merkmale positiver Unternehmenskultur

Die Positionierung der computerisierten Arbeitsplätze im Internet oder auch im Intranet hat zur Folge, daß bei einer großen Zahl von Arbeitsplätzen Arbeiten und Lernen ganz nah aneinanderrücken, ja, daß zwischen Arbeitsprozessen und Lernprozessen kaum noch zu unterscheiden ist. Dies hat Folgen für die Unternehmenskultur insofern, als in ihr Lernen zum zentralen Wert (versus Lernen als „Reparaturfall")wird, Informationsoffenheit an die Stelle von Informations"bewirtschaftung" tritt und das noch vorherrschende Mißtrauensmanagement einem Vertrauensmanagement weichen muß. Wie jeder weiß, der Zugang zu betrieblichen Wirklichkeiten hat, handelt es sich allerdings dabei vorerst noch um hehre Ziele!

5. Das Problem der Sozialkompetenz im Internet

Es besteht weitgehend Übereinstimmung darüber, daß der sozialen Kompetenz im Rahmen der Handlungskompetenz ein hoher Stellenwert für die Arbeitsmotivation und Arbeitszufriedenheit der Mitarbeiter und damit auch für den Unternehmenserfolg zukommt. Insbesondere die fehlende Sozialkompetenz bei Führungskräften (vgl. Münch 1999) erweist sich als „Nadelöhr" für die erfolgreiche Entwicklung von stimulierenden Unternehmenskulturen und innovativen Managementansätzen. Es stellt sich deshalb im Kontext der zunehmenden Verbreitung des Internets als Informations-, Kooperations- und Lernmedium die Frage, inwieweit dieses einen eher fördernden oder eher hemmenden Einfluß auf Ermöglichung und Erfordernis von Sozialkompetenz in den Betrieben hat. Bisher ist dieser Aspekt noch kaum Gegenstand systematischer Erkundungen oder gar wissenschaftlicher Untersuchungen gewesen. Es gibt lediglich noch nicht verifizierte Hinweise dafür, daß Internet-Akteure die Einschränkung persönlicher Kommunikation (als Voraussetzung für persönliche Kooperation) als eher negativ empfinden (vgl. Brocks / Dietze / Schmitt 1999). Mandl (1999) weist darauf hin, daß der Lernende beim Online-Lernen in virtuellen Gruppen das größte Neuland betritt. Er fragt danach, wie die Kommunikation funktioniert, „wenn ich mein Gegenüber entweder gar nicht oder nur teilweise über ein Fenster am Computerbildschirm sehen und beobachten kann?"

In der herkömmlichen Form gründen Kommunikation und Kooperation zwar nicht ausschließlich, aber doch wesentlich auf Face-to-Face-Begegnungen, aktualisiert sich Sozialkompetenz in einer jeweils interpersonellen Realität. Mandl (ebenda) stellt unter Bezug auf erste Untersuchungen zu diesem Thema fest, daß die netzbasierte Kooperation einen extrem hohen Koordinationsaufwand erfordert. (Bruhn u.a. 1998, S. 387ff.) erinnern daran, daß im Zusammenhang mit der Verwendung von Rechnernetzen „kaum ein Thema so hitzig diskutiert (wird) wie deren mögliche negative sozialen Effekte." Eine der Kernfragen ist dabei, in welcher Weise sich textbasierte Kommunikation in einem Computernetz auf eine gruppenbezogene Befindlichkeit auswirkt. Soweit diese Fragestellung bisher schon gezielt angegangen wurde, sind die Befunde durchaus unterschiedlich. Zum einen wird argumentiert, daß bei der schriftlichen Netzkommunikation im Unterschied zum Face-to-Face-Setting der Aufmerksamkeitsfokus nicht auf der Gruppe liege. Mit anderen Worten, die kommunikativen Restriktionen in Computernetzen würden die Entwicklung eines Gruppengefühls eher behindern. Andere Autoren (z.B. Lea u. Spears 1991) kommen zu dem Ergebnis, daß die Entwicklung eines Gruppengefühls durch die Netzbedingung nicht leidet.

Ein zentraler Einflußfaktor für eine positive „Gruppenkultur" und sozialkompetente Verhaltensweisen auch am Netz ist offenbar die Dauer der Gruppeninteraktion. So gibt es Erfahrungen, wonach sich in netzbasierten Gruppen in sozialer Hinsicht ein Diskurs entwickelt, der dem in direkt miteinander kommunizierenden Gruppen vergleichbar ist, wenn der netzbasierten Kommunikation keine Zeitbeschränkungen auferlegt werden. Möglicherweise wird die hier diskutierte Problematik aber auch überschätzt, weil wohl in Zukunft nicht davon ausgegangen werden kann, daß die Menschen in Zukunft nur noch im Netz arbeiten werden und direkte Kommunikation vollkommen ausgeschaltet wird. Arbeiten, Kommunizieren, Kooperieren und Lernen im Netz wird zwar in Zukunft einen hohen Stellenwert haben, aber doch, so meine Prognose (und Wunschvorstellung!) in Lebens-, Berufs- und Lernpraxis nicht dominieren!

6. Wissensmanagement mit Hilfe des Internet

Die Feststellung, daß der Wertschöpfungsprozeß in den Unternehmen heute und noch mehr in der Zukunft vor allem durch den Wissensfaktor bestimmt wird, ist (fast) trivial. Niemand bestreitet dies, und die Frage ist nur, wie hoch der Anteil des Wissensfaktors ist. Genaue Daten liegen darüber nicht vor, nach Schätzungen sind es mehr als 60%. Dieser Tatbestand bedeutet aber auch, daß der Umgang mit Wissen und die dauerhafte Suche nach neuen Wissensquellen für die Unternehmen zum entscheidenden Faktor im Wettbewerb werden. Nicht nur dies, die „Wissensbilanz" eines Unternehmens, also Wissen, Erfahrungen und Innovationskraft, werden zu einem Entscheidungskriterium für Anleger! Gleichzeitig, und dies ist nun wirklich ein Paradoxon, wird, wiederum nach Schätzungen, kaum mehr als 20% des verfügbaren Wissens genutzt. Ergebnisse von einschlägigen Befragungen (vgl. Münch 1996) lassen den Schluß zu, daß die Mehrheit der Menschen, gemessen an ihren Qualifikationen, eher unterfordert ist und daß die vorhandenen Qualifikationen eher nicht genutzt werden. Nun sind Qualifikationen nicht mit Wissen (Fachkompetenz) gleichzusetzen, weil dazu immer auch Sozialkompetenz und Methodenkompetenz gehören, aber ohne Zweifel ist der Anteil der Wissenskomponente vergleichsweise hoch. Wenn nun in Literatur und Diskussionen das Wissensmanagement im Zusammenhang mit betriebspraktischem Handeln so stark in den Vordergrund tritt, wie dies gegenwärtig geschieht, so geht es dabei offenbar nicht einfach um die Vermehrung des Wissens der Mitarbeiter. Die Kernprobleme sind folgende:

1. Wie können Unternehmen ihre wertvollste Ressource optimal nutzen (vgl. Probst / Raub / Romhardt 1997)
2. Wie kann das Potential in den Köpfen der Mitarbeiter gewinnbringend genutzt werden (vgl. Quinn / Anderson / Finkelstein 1996)?
3. Wie kann das Wissen der Mitarbeiter synergetisch und innovativ zusammengeführt werden?
4. Wie kann das nicht bekannte Wissenspotential der Mitarbeiter identifiziert, „gehoben" und genutzt werden?
5. Wie kann das im Internet weltweit verfügbare Wissen geortet und genutzt werden?
6. Wie kann neues Wissen generiert werden?
7. Wie können Online-Informationen für „Wissens-Updatings" genutzt werden?
8. Wie können die Wissensbestände von obsoletem Wissen „entsorgt" werden?

Diese Fragen werden hier lediglich aufgeworfen und können im Rahmen einer kleinen Problemskizze nicht beantwortet werden. Soviel aber ist klar, daß zunächst die Unternehmenskultur und Lernkultur gefragt sind. Ferner hat die Organisationsentwicklung für offene Informations-, Kommunikations- und Kooperationsstrukturen zu sorgen, gestützt und angetrieben durch eine Personalentwicklung, die beispielgebend für die Gestaltung und Ermöglichung offener, flexibler, informationssensibler und innovativer Lernprozesse ist. Fast überflüssig zu sagen, daß dabei den Informations- und Lernprozessen im Netz, sei es im Internet und / oder Intranet, über ein „virtuelles Kommunikations- und Wissenszentrum" (Sauter 1997) eine Schlüsselrolle zukommt.

Literatur

Arnold, R. / Milbach, W.: Didaktik des Erwachsenenlernens im Fernstudium – Ein Forschungsbericht. Pädagogische Materialien der Universität Kaiserslautern, 1999, Heft Nr. 5.

Bruhn, J. u.a.: Befunde und Perspektiven des Lernens mit Computernetzen in: Scheuermann, F. / Schwab, F. / Augenstein, H. (Hrsg.): Studieren und Weiterbilden mit Multimedia. Perspektiven der Fernlehre in der wissenschaftlichen Ausbildung- und Weiterbildung. Nürnberg 1948. S. 385-397.

Brune, C.: Evaluation eines interaktiven Lernprogrammes. Diplomarbeit im Weiterbildenden Studiengang Betriebspädagogik, Pädagogische Hochschule Erfurt 1990.

Brucks, U. / Dietze, J. / Schmidt, C.: Aus- und Weiterbildung der Ausbilder im Internet: Ergebnisse einer Befragung in Sachsen. In: BBP 4 / 1999.

Dohmen, G.: Weiterbildungsinstitutionen, Medien, Lernumwelten. Rahmenbedingungen und Entwicklungshilfen für das selbstgestaltete Lernen. Hrgg. vom Bundesministerium für Bildung und Forschung. Bonn 1999.

Erpenbeck, J.: Selbstgesteuertes, selbstorganisiertes Lernen. In: Arbeitsgemeinschaft Qualifikations-Entwicklungs-Management Berlin (Hrsg.), Münster u.a, 1997

Evering, E.: Das Management multimedialer Lernsysteme in der beruflichen Bildung. In: HMD 205 (1999), S. 34-42.

Gogolin, I. / Lenzen, D. (Hrsg.): Medien – Generationen, Beiträge zum 16. Kongreß der deutschen Gesellschaft für Erziehungswissenschaften, S. 11-16. Opladen 1999

Harth, T.: Das Internet als Herausforderung politischer Bildung. Politikwissenschaftliche und pädagogische Aspekte. Kaiserslauterer Dissertation 1999

Kerres, M.: Multimediale und telemediale Lernumgebungen. München, Wien 1989

Lea, M. / Spears, R.: Computer – mediated communication, de-individualisation and group decision making. International Journal of Man-Machine Studies 34 (1991), S. 289-301.

Loebe, H. / Severing, E. (Hrsg.): Telelernen im Betrieb. Ein Leitfaden für die Nutzung internetgestützter Weiterbildungsangebote in kleinen und mittleren Unternehmen. Bielefeld 1998

Mandel, H.: Lernen in Computernetzen. Cornelia-Abschlußtagung am 19. Juli 1999 in München, Typoskript. 1999

Münch, J.: Lernen – aber wo? Der Lernort als pädagogisches und lernorganisatorisches Problem. Trier 1997

Münch, J: Nutzung von Qualifikationspotentialen. Theoretische Ansätze und praktische Erfahrungen im Rahmen der Personalentwicklung. Gutachten im Auftrage des Instituts der Deutschen Wirtschaft Köln. Typoskript Universität Kaiserslautern 1996

Münch, J. / Risch, W.: Probleme, Ansätze und Perspektiven der Weiterbildung in Klein- und Mittelbetrieben. ZBW, 2 / 1997, S. 201-205.

Münch, J.: Zur Förderung der Sozialkompetenz an Hochschulen – eine Problemskizze. Im Druck 1999

Münch, J.: Führungskräfte als Nadelöhr! BWP 4 / 1999, S. 46-47.

Probst, G. / Raub, S. / Romhardt, K.: Wissen managen – Wie Unternehmen ihre wertvollste Ressource optimal nutzen. Wiesbaden 1997

Quinn, J. / Anderson, P. / Finkelstein, S.: Das Potential in den Köpfen gewinnbringend nutzen. In: Harvard Business Manager 3 1996, S. 95 ff.

Sauter, W.: Virtuelle Informations- und Wissenssysteme in der lernenden Organisation. Berufsakademie Heidenheim, Typoskript 1997

Schüppel, J.: Wissenmanagement. Wiesbaden 1996.

Steinbach-Nordmann, S.: Medienkompetenz – eine aktuelle Bestandsaufnahme medienpädagogischer Theorie und Praxis. In Rein von, A. (Hrsg.): Medienkompetenz als Schlüsselbegriff. Bad Heilbrunn 1996.

Wiekenberg, U.: Computerkonferenz in der wissenschaftlichen Weiterbildung – Ein integriertes Konzept. In: Scheuermann, F. / Schwab, F. / Augenstein, H. (Hrsg.): Studieren und Weiterbilden mit Multimedia. Nürnberg 1998.

Ralf Vollbrecht

Informations- und Kommunikationstechnologien in der betriebspädagogischen Praxis

In der Betriebspädagogik ebenso wie in der Schul- und Medienpädagogik gibt es seit Jahren eine breite Debatte über den Einsatz neuer Informations- und Kommunikations-Technologien als Lehr- und Lernmittel. Im ersten Teil dieses Beitrags werden die wichtigsten Einsatzmöglichkeiten von Lehr-/ Lern-Medien in der betriebspädagogischen Praxis vorgestellt. Der zweite Abschnitt befaßt sich mit Veränderungen der Informationsbeschaffung und der Kommunikationskultur in Unternehmen. Im Anschluß daran werden neue technolgische Konzepte zur Visualisierung von Wissen (dritter Abschnitt) sowie viertens Anwendungen von Virtual Reality- und Simultionstechniken vorgestellt.

IuK-Technologien zur Unterstützung von Lehr- und Lernprozessen

Euler (1999, S. 79f.) nennt vier wirtschaftspädagogische Problemkreise mit Bedeutung für ein multimediales und telekommunikatives Lernen. „Auf der Zielebene dominiert das Postulat, im Rahmen der Aus- und Weiterbildung auch überfachliche Handlungskompetenzen stärker zur Geltung zu bringen." (ebd., S. 79). Damit verbindet sich die Hoffnung, in der Berufsbildung den Bildungsgedanken zu stärken, statt ausschließlich in funktionalistischer Perspektive zu qualifizieren. Daneben geht es auch darum, die sogenannten Methoden- und Sozialkompetenzen sowie Medienkompetenz zu fördern.

Medienkompetenz darf dabei nicht funktional-technologisch verkürzt verstanden werden, da sie als Schlüsselqualifikation mehr umfaßt als inhaltlich bestimmte Qualifikationen für z. B. derzeit noch spekulativ gedachte Fähigkeiten, um in einer möglichen Informationsgesellschaft mithalten oder auf dem Arbeitsmarkt bestehen zu können. Entscheidend ist ferner, daß die Unterstützung und Ausbildung einer umfassenden Medienkompetenz nicht dirigistisch in den Alltag der Mediennutzer eingreift, sondern ihnen hilft, nach eigenen Maßstäben ihre Mediennutzung auch im Prozeß der Ich-Entwicklung einzusetzen. Freilich gilt für die Erwachsenenbildung (ebenso wie für den Schulunterricht), daß die Effektivität mit zunehmender Entfernung vom Alltag der Klientel sinkt. Dagegen koppelt Medienkompetenz „als bildungstheoretisches Konzept und Ziel an diesen Alltag an; sie bezieht sich einerseits auf alltagsrelevante Erfahrungsdimensionen und wird darüber auch sozialisatorisch entwickelt." (Dewe / Sander 1996, S. 140).

Vor allem im Bereich der neuen Medien – mit ihren Möglichkeiten größerer Interaktivität und der Individualisierung von Lernprozessen – bieten sich Konzepte selbstorganisierten Lernens an, die die Adressaten von Lernprozessen und ihre Eigenaktivitäten in den Mittelpunkt stellen. Adressatenorientierung, Selbststeuerung und didaktische Strukturierung sind im Konzept der Medienkompetenz aufgehoben. Das grundsätzliche Spannungsverhältnis von Selbststeuerung des Lernens mit Medien einerseits und didaktischer Strukturierung andererseits wird dabei nicht geleugnet. Didaktisch handeln heißt in diesem Verständnis, Lernen zu ermöglichen, was in deutlichem Gegensatz zu einer Auffassung steht, derzufolge Lernen durch Lehren gewissermaßen erzeugt wird. Gerade beim selbstorganisierten Lernen kommt jedoch der anwendungsorientierten und adressatengerechten Gestaltung von Lernmedien besondere Bedeutung zu. Dies setzt Medienkompetenz voraus – bei den Nutzern und insbesondere bei denjenigen, die Lehr- und Lernmaterialien entwickeln.

Methodenkompetenz läßt sich als Fähigkeit verstehen, Lernaufgaben und -probleme selbstorganisiert und selbständig zu strukturieren, zu bearbeiten und zu lösen, und sich dafür auch die notwendigen Informationen zu beschaffen. Sozialkompetenzen zeigen sich z. B. in einer verständigungsorientierten Dialoggestaltung, Konfliktaustragung und solidarischer Teamarbeit. Auf der Methodenebene geht es darum, das Lernen in der Berufsbildung und beruflichen Weiterbildung anschaulicher, interessanter, aktivierender und damit auch transferwirksamer zu gestalten. „Der Lernende soll sich aktiv mit problemhaltigen Handlungssituationen auseinandersetzen und in einem Wechsel von Tun und Denken, von Aktion und Reflexion, von Kasuistik und Systematik die beruflichen Handlungskompetenzen erwerben. Damit soll der Abfüllung von trägem Wissen in 'Lernkonserven', die der Lernende in der Anwendungssituation nicht öffnen könne, vorgebeugt werden. Der Lehrende erhält in diesem Arrangement weniger die Aufgabe des Informationsvermittlers, sondern sein Schwerpunkt liegt in der Organisation von Lernumgebungen und der subsidiären Unterstützung des Lernprozesses." (Euler 1999, S. 79f). Auf der Zielgruppenebene sind die individuellen Lernvoraussetzungen verstärkt zu beachten, wenn das Lehren stärker auf das aktive Handeln der Lernenden ausgerichtet wird. Dies ist gerade in der Berufsbildung von Bedeutung, da hier häufig sehr heterogenen Lernvoraussetzungen der Zielgruppen anzutreffen sind.

Unter dem Stichwort 'learning-on-demand' wird zunehmend der Organisationsrahmen des Lernens (institutionelle Ebene) – vor allem die festen 45-Minuten-Zeitblöcke – diskutiert. Neben andersgearteten Lehr-Lern-Arrangements sind gerade für die Betriebspädagogik auch neue Formen der Integration von Lernen und Arbeiten zu entwickeln, bei denen Lernprozesse dann ausgelöst werden, wenn konkrete Anlässe in der Arbeit dies erfordern.

Heute stehen verschiedenste Lernmedien zur Auswahl. Klassische Lehrsoftware sind Tutorials, Drill-and-Practice- oder auch Simulationsprogramme. Informationssoftware stellt elektronisch gespeicherte Informationen zur Verfügung, die meist nicht für Zwecke des Lebens und Lernens erstellt wurden, wohl aber in Lehr-Lernprozesse integriert werden können wie beispielsweise Hypertext-Software oder Informationsdatenbanken, aber beispielsweise auch elektronische Zeitschriften. Sowohl Lehrsoftware als auch Informationssoftware sollten den „Mindestkriterien einer multicodalen Präsentation und lernergesteuerten Interaktion" genügen (Euler 1997).

Telekommunikationsnetze ermöglichen einerseits den schnellen Zugriff auf weltweit vorhandene (und zugängliche) Informationen, andererseits die Zusammenarbeit mit räumlich entfernten Personen (Internet, Intranet). Zu unterscheiden ist zwischen mediengestütztem Einzellernen, bei dem der Lernende mit Hilfe einer Lernsoftware den Stoff individuell erarbeitet, und medienunterstütztem Lernen im unmittelbaren sozialen Kontext. „In diesem Fall werden maßgebliche Phasen des Lernprozesses über die soziale Kommunikation zwischen Lehrenden und Lernenden oder in einer Gruppe von Lernenden getragen; die Lehr- oder Informationssoftware übernimmt lediglich einzelne didaktische Funktionen, so etwa die anschauliche Präsentation einer Gruppenaufgabenstellung oder die Bereitstellung geeigneter Inhalte für die Diskussion und Entscheidungsfindung in der Gruppe. (...) Voraussetzung einer sinnvollen Informationsbeschaffung sind vorausgehende Aktivitäten der Problemfindung und -strukturierung sowie nachgehende der Informationsbewertung und -selektion." (Euler 1999, S. 82). Es ist evident, daß sich damit auch die Rolle der Lehrenden ändert und vor allem ihr Informationsmonopol fällt.

Das Konzept des Teletutoring stellt eine Weiterentwicklung des klassischen Fernunterrichts dar, bei dem im Bedarfsfall auf die Unterstützung durch einen Teletutor oder auch durch andere Lernende in der 'virtuellen

Lerngemeinschaft' über Kommunikationsmedien zurückgegriffen wird. Während beim Teletutoring der Ausgangspunkt des Lernens in der selbstgesteuerten Auseinandersetzung mit einer Lernsoftware besteht, wird beim Teleteaching der Lernprozeß sehr viel stärker durch einen Lehrenden gesteuert, der jedoch nicht lokal präsent ist.

Bei der Telekooperation oder dem Teledialog geht es darum, über größere räumliche Distanzen hinweg mittels Kommunikationsmedien (z. B. über das Intranet einer weltweit operierenden Firma) gemeinsam an einem Projekt zu arbeiten oder sich zu einem gemeinsamen Thema auszutauschen. Dagegen geht es bei der Telepräsentation um die bloße Bereitstellung von Informationen für einen größeren Interessentenkreis. Das kann von der Selbstdarstellung auf einer Internet-Site, der Freigabe von Arbeitunterlagen bis zur Einbringung von Meinungen zu kontroversen Sachverhalte vieles umfassen.

Ein generelles Problem ist darin zu sehen, daß die technischen Entwicklungen immer wieder neue Potentiale offenbaren, bevor noch die alten pädagogisch reflektiert, erprobt oder gar evaluiert werden konnten. So ist Euler zuzustimmen, daß man bei vielen Konzeptionen aus pädagogische Perspektive den Eindruck gewinnt, „daß sie – vereinfacht gesagt – zwar neu, aber nicht gut sind; andere erscheinen demgegenüber zwar gut, sind aber nicht neu." (Euler 1999, S. 93).

Die neuen Medien können jedoch anregende Lernumgebungen und Lernmöglichkeiten schaffen, deren Potentiale für Aus- und Weiterbildung genutzt werden müssen. Vor allem die Eigenaktivität der Lernenden und ihre Eigenverantwortlichkeit für ihr Lernen können gestärkt werden, und Konzepte problemorientierten Lehrens und Lernens lassen sich mit neuen Medien leichter umsetzen. Zu warnen ist allerdings vor drei 'Medienfallen', der Spaßfalle, der Schnelligkeitsfalle und der Effektivitätsfalle (vgl. Reinmann-Rothmeier / Mandl 1998, S. 111f). Auch das Lernen mit neuen Medien ist immer noch mit Anstrengung verbundenes (und weiterhin auch fremdbestimmtes) Lernen. Es ist auch keineswegs zwangsläufig schneller und effektiver, denn Lernen als Aneignung von Wissen läßt sich weder beliebig beschleunigen noch rationalisieren, sondern bleibt der unverzichtbaren Anstrengung eines jeden Lernenden überlassen.

IuK-Technologien als Informations- und Kommunikationsmedien

Die Analyse von Email-, Chatgroup- und Videokonferenz-Kommunikation liefert Anhaltspunkte dafür, daß sich Formen des (entpersonalisierten) Teledialogs angstfreier, experimentierfreudiger und zugleich enthemmter vollziehen (vgl. Döring 1995, S. 325; Hesse / Garsoffsky / Hron 1995, S. 256). Die scheinbar geringere soziale Kontrolle reduziert zum einen den Bezug auf die unmittelbare Verantwortlichkeit für das eigene Handeln, zum anderen werden Äußerungen der anderen als unverbindlicher und daher weniger fordernd empfunden. Im Unterschied zum personalen Feedback fehlt den Rückmeldungen anderer auf eigene Äußerungen auch die Sanktionskraft einer face-to-face-Situation. Telekommunikation wird zudem als statusnivellierend empfunden, wenn die sozialen Kontexthinweisreize fehlen (Hesse / Garsoffsky / Hron 1995, S. 256f). Solche Veränderungen der Kommunikationskultur müssen in der betrieblichen Praxis in ihren Chancen erkannt, aber auch als mögliche Kommunikationsrisiken reflektiert und abgefedert werden.

Übersehen wird häufig auch, daß heutzutage nicht die Beschaffung von Information das eigentliche Problem ist, sondern die sinnvolle Auswahl. Es geht gerade nicht darum, möglichst viele Informationen zu bekommen, sondern möglichst wenige gute, also im Hinblick auf die Aufgabenstellung relevante Informationen. Vor allem einfache Kommunikationsmittel wie die elektronische Post, die Probleme eigentlich lösen sollte, erzeugt in dieser Hinsicht auch neue. In einer 1997 veröffentlichten Managerbefragung von Pitney Bowes, gab die Hälfte der Befragten an, daß sie in ihrer Arbeit durchschnittlich sechsmal pro Stunde oder häufiger durch Mitteilungen (Telefon, Email, Fax) unterbrochen werden (vgl. Rosenthal 1998). Wichtig ist daher auch ein Schutz vor ungewollter Information. Denn man sollte nicht vergessen, daß Computer zwar auch größere Datenmengen problemlos verarbeiten können, aber am Ende der Informationskette immer ein Mensch steht, der diese Informationen bewältigen muß.

Ein besonders gut geeignetes betriebliches Informationsmedium ist das Business-TV, das sich ja nicht nur für Zwecke der Weiterbildung verwenden läßt, sondern vor allem auch interessant für die Steuerung des Informationsflusses in Unternehmen ist. Denn auf dem Weg von der Zentrale bis zu den oft weltweit verteilten Filialen und von Hierarchiestufe zu Hierarchiestufe gehen meist viele Informationen verloren. Über firmeneigenes Fernsehen können diese Informationen schnell, authentisch und einheitlich an diskrete Mitarbeiterkreise weitergegeben werden.

Visualisierungstechnologien

Angesichts der zunehmenden Datenflut besteht ein großer Bedarf an Orientierung in den Wissensbeständen. Das Problem wird dadurch verschärft, daß in der Multimediagesellschaft die Erfassung und Vermittlung von Wissen sich zunehmend am Bild orientiert. Auf einer Begleitausstellung zur dritten Medienbiennale 1999 in München wurden neue Konzepte der Visualisierung von Wissen (Envisioning Knowledge) vorgestellt (vgl. Cline / O'Lands 1999, S. 104ff), die komplexe Zusammenhänge schnell erfaßbar machen sollen.

Ein bekanntes Bonmot über das World Wide Web besagt, daß man dort alles findet, nur nicht das, was man sucht. Suchmaschinen und Metasuchmaschinen helfen nur begrenzt weiter, und je mehr Treffer sie anzeigen, desto schwieriger wird es, die relevanten Informationen herauszufinden. Das Kernproblem besteht dabei darin, daß die Treffer alle einzeln angezeigt werden und die semantischen Bezüge zwischen den gefundenen Dokumenten von den Suchmaschinen nicht erkannt werden. Mit Verfahren des „Envisioning Knowledge" ist es nun beispielsweise möglich, die Suchergebnisse in Gestalt einer grafischen Karte auszugeben, wobei thematisch benachbarte Dokumente nahe beieinander stehen – so wie wir es aus einer Bibliothek mit systematischer Aufstellung gewohnt sind.

Den Tatbestand der Unübersichtlichkeit erfüllen nicht nur das Internet oder andere Netze (Intranets, LANs, WANs) als Informationsquellen. Auch eine einzelne, größere Site kann bereits sehr unübersichtlich ausfallen. Einen Überblick können Sitemaps geben, die das gesamte Angebot einer Site entweder als schlichte Liste oder auch als grafische Übersicht präsentieren. Ein Beispiel für letzteres ist die auf der folgenden Seite abgebildete Sitemap der Firma Merck. Grafische Sitemaps lassen sich allerdings nicht automatisch generieren und sind daher sehr zeitaufwendig und bei großen Sites ebenfalls unübersichtlich.

Eine andere Visualisierungstechnik verwendet „Hyperbolic Trees", mit denen sich Verzeichnisbäume so darstellen lassen, als würde man durch ein extremes Weitwinkelobjektiv (Fisheye) schauen. Bei dieser Darstellung werden die Dokumente im Zentrum groß und deutlich herausgestellt, während sie zu den Rändern hin kleiner werden und sich auch teilweise überlappen können. So erhält man zunächst einen Blick auf das Wesentliche (wie bei einem Inhaltsverzeichnis), kann aber jederzeit durch einen Mausklick ein anderes Detail ins Zentrum rücken. Ein Beispiel für Visualisierung mittels Hyperbolic Trees ist das von der Firma Inxight entwickelte Programm „The Hyperbolic Tree", mit dem man in hierarchischen Ordnungen übersichtlich navigieren kann (siehe: http://www.inxight.com).

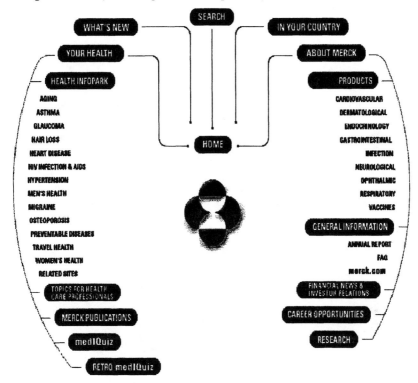

Graphische Sitemap

Visualisierungswerkzeuge sollen semantische Beziehungen darstellen, obwohl ihnen als Computerprogramme natürlich die Fähigkeit fehlt, Dokumente wirklich zu verstehen. Sie können aber auf Informationen über die eigentlichen Daten (Metadaten) zugreifen, die HTML-Autoren im META-TAG ihrer Dokumente definieren. Bislang fehlt im WWW dafür ein einheitlicher Standard, an dem jedoch seit 1997 gearbeitet wird (RDF-Resource Description Framework). Mit Meta-Daten ist die automatische Erkennung von Sitemaps ebenso möglich wie inhaltliche Bewertungssysteme – etwa hinsichtlich der Relevanz für einzelne Arbeitsgruppen eines Unternehmens, aber z. B. auch für Kinder- und Jugendschutzmaßnahmen. Auch 'Agenten' und 'Push-Channels' können bei Unterstützung durch Metadaten gezieltere Informationen liefern.

Die Wiener Firma „virtual real-estate" beispielsweise entwickelte für die österreichische Akademie der Wissenschaften das System „schafft: wissen", das in über 100 Modellen Konzepte, Versuche und Forschungsergebnisse aus zwanzig unterschiedlichen Wissensgebieten erklärt. In einem 3D-Netz werden diese Wissenswelten miteinander verbunden und ihre Beziehungen untereinander erläutert.

Ein weiteres Konzept, das sogenannte „Data Mining", ermöglicht das Extrahieren von Informationsbeziehungen, die in Datenbanken zwar vorhanden, normalerweise jedoch für die Benutzer nicht erkennbar sind. Data-Mining-Programme können Daten analysieren und so anordnen, daß in der visuellen Darstellung der Resultate wichtige Zusammenhänge intuitiv erfaßbar werden. Ein solches Programm ist das am Kölner Max-Planck-Institut für Gesellschaftsforschung entwickelte „NetVis", das speziell zur Darstellung von komplexen sozialen Strukturen dienen soll (siehe: http://www.mpi-fg-koeln. mpg.de~lk/). Mit dem von der Offenburger Firma ASOC vorgelegten Programm „Sphinx-Vision" lassen sich interaktiv sämtliche Variablen auf Einflußfaktoren und alle möglichen Rückkopplungen hin untersuchen und sogar dreidimensional darstellen (siehe: http://www.asoc.de).

Virtual Reality- und Simulationstechnologien

Ein generelles Problem der neuen IuK-Technologien ist noch immer die Mensch-Maschine-Schnittstelle. In der Alltagskommunikation verständigen wir uns ja nicht nur über die Zeichen der Sprache, sondern auch über Gesichtsausdruck, Körperbewegung oder die Körperhaltung. Besonders bedeutsam ist dabei die Mimik, aus der wir auch die Gefühlslage des Gegenübers ablesen können. Für den Entertainmentbereich wie z. B. für interaktives Kino, aber auch für Simulationen jeder Art (auch in Lernprogrammen einsetzbar) werden derzeit Programme entwickelt, die Gesichtsausdrücke erkennen und reproduzieren können (vgl. Post 1998, S. 108f).

Mit der Analyse von Körpersprache befaßt sich beispielsweise Grammer am Andechser Max-Planck-Institut für Humanethologie gemeinsam mit Wiener Kollegen des Ludwig-Boltzmann-Instituts für Stadtethologie. Die

Grundlagen eines neuen Verfahrens zur Bewegungsanalyse – bereits um die Jahrhundertwende von deutschen Psychologen entwickelt –, wurden von ihnen mit der elektronischen Bildverarbeitung kombiniert und – inspiriert von computergesteuerten Geschoß-Verfolgungssystemen – zum Verhaltensanalyse-System „E-Motion" weiterentwickelt. Mit diesem System konnten beispielsweise Zusammenhänge zwischen Bewegungabläufen und Depressionen nachgewiesen werden, deren Stärke unabhängig mit standardisierten psychologischen Tests ermittelt wurden (vgl. Wagner 1998, S. 78f). Ein weiterentwickeltes Verfahren könnte möglicherweise auch zur Diagnostik von Lernstörungen eingesetzt werden.

Anwendungen der Virtuellen Realität (VR), die bislang vor allem in der Rüstung- und Raumfahrtindustrie zum Einsatz kamen, werden heute auch in anderen Industriebereichen eingesetzt. In erster Linie geht es um die grafische Darstellung von Produktdaten, also die Entwicklung von virtuellen Prototypen. Gegenüber herkömmlichen CAD-Verfahren bietet Virtuelle Realität den Vorteil, Produkte nicht nur von allen Seiten betrachten, sondern sich auch hindurchbewegen zu können. Beispielsweise kann man sich in den virtuellen Prototyp eines Autos 'hineinsetzen'. Für Wartungsarbeiten interessant ist der Einsatz von halbdurchlässigen Datenhelmen (Head-Mounted-Displays), die ein Betrachten der realen Welt und der gleichzeitigen Ausgabe von Informationen (z.B. Konstruktionsdaten des Produkts) auf dem Display zulassen.

An Simulationstechniken wird bereits seit den achtziger Jahren gearbeitet. Je realistischer sie wurden, desto mehr machte sich das Fehlen einer physischen Rückkopplung bemerkbar. Für ein chirurgisches Training am virtuellen Körper beispielsweise ist Körpergefühl unabdingbar. Auch bei Fahr- und Flugsimulationen wird ein realistischer Eindruck durch fehlenden physischen Widerstand verhindert. Force-Feedback-Techniken können hier Abhilfe schaffen.

Beim Force-Feedback werden den 3D-Modellen Informationen über die Materialeigenschaften der virtuellen Objekte hinzugefügt, aus denen sich ihr Verhalten in bestimmten Situationen berechnen läßt. Das Verfahren ist sehr rechenaufwendig, da unser Tastsinn – vor allem an den Fingerspitzen – sehr empfindlich ist. Bei Benutzer-Zugriffen muß das System daher etwa tausend mal pro Sekunde reagieren, um einen realistischen Eindruck zu vermitteln. Dagegen genügen unseren Augen für eine Bewegungsillusion bereits 25 bis 30 Einzelbilder pro Sekunde.

Die digitale Simulation realer Verhältnisse wird durch Force-Feedback buchstäblich greifbarer und damit realistischer. Zusammen mit akustischem und visuellem 3D-Realismus sowie der Interaktivität, die Computer und Internet gegenüber analogen Medien bieten, werden – jenseits von industriellen Anwendungen – auch neue Formen von Unterhaltungs- und Lernsoftware möglich, etwa Mitspielfiktionen, virtuelle Reisen oder auch Zeitreisen. Beispielsweise wurde für das Getty-Museum in Los Angeles das römische Trajan-Forum archäologisch exakt rekonstruiert, das durch ein Erdbeben im Jahr 850 zerstört wurde. Ein anderes Beispiel ist im Innovation Center von Disney's Epcot-Park zu besichtigen, wo neben der heutigen Version auch die im 15. Jahrhundert zerstörte St. Peter-Basilika gezeigt wird.

Die real existierende Interaktivität und die meist bescheidenen, auf dem Markt befindlichen Force-Feedback-Techniken können mit den multisensuellen Erfahrungen der Realität noch nicht ernsthaft mithalten. Hier bestehen derzeit noch konzeptionelle Mängel der Hard- und Software – vor allem eine fehlende Systemintegration. Freyermuth (1999, S. 236) vergleicht die Situation hier mit dem Automobilbau vor gut hundert Jahren, als einzelne Erfinder anfingen, Benzinmotoren an Dreirad- oder Kutschwagen zu schrauben – entwicklungsgeschichtlich ein großer Durchbruch, aber im Ergebnis noch weit entfernt von unserer Vorstellung eines Autos. Auf Seite der Software diagnostiziert er einen intellektuellen und ästhetischen Mangel, wie er auch die Anfänge des Kinos oder des Telefons prägte. Es fehlt noch die rechte Vorstellung, was mit der neuen Technik überhaupt (und speziell in pädagogischer Perspektive) sinnvoll anzufangen ist.

Einen realistischeren Eindruck sollen auch neue 'immersive' Techniken (in die man quasi eintaucht) vermitteln. Mit 'Immersive Projection Technology' werden virtuelle Räume begehbar. Wir treten in diese Erlebniswelten wie in ein Zimmer ein und können mit den dort vorhandenen künstlichen Objekten und Konstruktionen – fast wie im realen Leben – interagieren. Neben preiswerteren Lösungen wie 'Virtual Tables' und 'Workbenches', bei denen die Objekte lediglich stereoskopisch auf einen 'Tisch' projiziert werden und sich so von allen Seiten betrachten lassen, wird vor allem die 'CAVE' (Cave automatic virtual environment) favorisiert. Eine CAVE kann man sich vorstellen als einen begehbaren Raum, auf dessen Wände – in komplexeren Varianten auch auf Boden und Decke – 3D-Grafiken projiziert werden. Je nach Anzahl der Projektionswände unterscheidet man C3- bis C6-Varianten von CAVEs, wobei mit der Zahl der Projektionswände bei den Benutzern auch das Gefühl des Eintauchens in die virtuelle Realität zunimmt, da man sich um so freier und natürlicher bewegen kann (vgl. Post 1999, S. 99). Mit den C6-Versionen ist beispielsweise eine komplette Hausbesichtigung von innen möglich. In Deutschland gibt es derzeit etwa ein knappes Dutzend CAVEs (C3 bis C5). CAVE-Projektionen (der ersten CAVE in Europa überhaupt) können im Ars Electronica Center in Linz besichtigt werden. Führend in der Anwendung der Technik ist derzeit die Automobilindustrie, die ihre Produkte bereits nahezu vollständig digital definiert bzw. dieses Ziel in den nächsten Monaten erreichen wird. Denkbar ist der Einsatz von CAVEs sowohl für die Konstruktion als auch zur Präsentation. Die hohen Kosten begrenzen allerdings noch den Einsatz dieser innovativen Technologie. Derzeit muß man mit Kosten zwischen einer halben und zwei Millionen Dollar rechnen.

Beispielsweise hat der österreichische Anlagenbauer Voest-Alpine in Zusammenarbeit mit der Universität Linz mit einer solchen Simulationstechnik die beim Walzen von Blech auftretenden Verformungsprozesse vollständig simuliert. Davon verspricht sich das Unternehmen einerseits weniger Gefahrensituationen wie sie bei der Optimierung von Walzvorgängen auftreten können. Andererseits werden auch Testläufe wesentlich kostengünstiger als bei realen Tests, bei denen die mögliche Zerstörung einer Blechrolle immerhin mit etwa drei Millionen Mark zu Buche schlägt. Zudem erhoffen sich die Anlagenbauer auch Zeiteinsparungen bei der Schulung ihrer Mitarbeiter.

Die Nutzer einer CAVE werden ausgestattet mit Shutter-Brillen und können zu Navigations- und Interaktionszwecken Software zur natürlichen Spracherkennung verwenden. Moderne Datenbrillen wie sie beispielsweise Sony auf der CeBIT 99 mit der LDI-D100 vorgestellt hat, wiegen nur noch 120 Gramm und vermitteln bei nur 1,8 cm Bilddiagonalen den Seheindruck eines 30-Zoll-Bildschirms. Und damit man beim Spazieren im virtuellen Raum nicht ganz real stolpert, besitzt die Brille auch einen See-Through-Modus.

Nutzerstudien sind bislang allerdings noch kaum durchgeführt worden. Loftin, der Director des Virtual Environments Institute (VERI) der University of Houston, kam nach Tests mit fünfhundert Personen zu dem Ergebnis, daß man in einer CAVE problemlos 15 Minuten arbeiten kann, jedoch nach 45 Minuten bereits Desorientierungseffekte auftreten (vgl. Post 1999, S. 102). Hier wäre zu klären, ob solche Orientierungsschwierigkeiten auf ein konzeptionelles Problem dieser Form virtueller Realität zurückzuführen sind oder sich durch längeres Training und Eingewöhnen minimieren lassen.

Der Einsatz von Verfahren der Virtuellen Realität in Unternehmen führt meist zu umfangreichen organisatorischen Veränderungen. Virtuelle Realität wird daher häufig im Zusammenhang mit produktionsorganisatorischen Ansätzen wie Simultaneous Engineering, Concurrent Engineering und Rapid Prototyping diskutiert. Dabei geht es in allen Fällen um die Verringerung von Kosten und Produktentwicklungszeiten bei gleichzeitiger Realisierung von Qualitätssteigerungen (vgl. Altmann 1998, S. 94ff).

Das Simultaneous Engineering etwa zielt eine integrierte und zeitgleiche Abwicklung der Produkt- und Prozeßgestaltung an. Gegenüber der traditionellen, zeitlich aufeinanderfolgenden Anordnung von Produktentwicklung und Produktionsprozeß durch verschiedene und meist auch räumlich getrennte Abteilungen lassen sich mit Simultaneous Engineering Fehler vermeiden, die daraus resultieren, daß Bedürfnisse nachfolgender Arbeitsschritte in den vorangehenden Abteilungen nicht ausreichend erkannt werden, und deren Beseitigung hohe Kosten verursacht. Durch den Einsatz Virtueller Realität kann der Informationsaustausch zwischen allen Beteiligten über die gesamte Wertschöpfungskette hinweg (unter Einbeziehung von Zulieferern und Kunden) unterstützt werden. So können Produktentwürfe schon frühzeitig als virtuelle Modelle für Reviews zur Verfügung gestellt werden, wodurch Verständnis- und Verständigungsprobleme gemindert werden.

Neben dem Produktionsprozeß kommt Virtuelle Realität auch als Management-Informationssystem, im Sicherheitsmanagement, im Produktmarketing und der Produktpräsentation zum Einsatz. Bekannt ist das kommerziell äußerst erfolgreiche Beispiel eines japanischen Projekts, bei dem nach den individuellen Vorstellungen der Kunden virtuell begehbare Komplettküchen modelliert werden.

Auch in der betrieblichen Aus- und Weiterbildung kommen VR-Systeme zum Einsatz, vor allem in Arbeitsumgebungen, in denen – wie z. B. auf Ölförderplattformen – ein konventionelles Training aus Gefahrengründen ein großes Risiko beinhaltet. Aber auch im Training für industrielle Herstellungsverfahren wird virtuelle Realität eingesetzt, wobei ein großer Vorteil darin zu sehen ist, daß die normalen Betriebsabläufe nicht durch Trainingsmaßnahmen gestört werden. Ferner sind VR-Systeme so flexibel, daß mehrere Lerner gleichzeitig und ortsunabhängig an unterschiedlichen Modellen üben können, wodurch auch Reisekosten zu Trainingseinrichtungen eingespart werden können. Letztendlich sind mit VR-Systemen auch Lernerfolgskontrollen einfacher durchzuführen (vgl. Altmann 1998, S. 97).

Lernen mit digitalen Medien ist keineswegs zwangsläufig billiger als Präsenzunterricht. Dies legt vor allem daran, daß der Vorbereitungsaufwand für das digitale Lehr- und Lernmaterial zumeist sehr hoch ist. Daher wird heute favorisiert, Kurse zu spezifischen Themen aus einzelnen Modulen zusammenzustellen. Wissen zu modularisieren, dürfte in anwendungsnahen Wissensgebieten einfacher sein als bei allgemeinbildenden Inhalten. Für

Weiterbildungszwecke ist der Ansatz daher geeigneter als beispielsweise im allgemeinbildenden Schulunterricht, wobei auch hier vor allem in den naturwissenschaftlichen Fächern zahlreiche Anwendungsmöglichkeiten denkbar sind. Ein Vorteil der Module liegt darin, daß sie in verschiedenen Kursen eingesetzt werden können, so daß Einspareffekte erzielt werden. Wegen der kurzen Halbwertszeit des Wissens veralten Wissensmodule allerdings relativ schnell. Für welche Anwendungsgebiete solche Module erstellt werden, muß angesichts der Kosten für die ständige Aktualisierung und damit auch für die Akzeptanz der Module klug gewählt werden.

Trotz aller Rückkopplungsmöglichkeiten, mit denen gute Lernprogramme heute ausgestattet sind, um die Lernenden über den Fortgang ihrer Wissensaneignung zu informieren, werden diese Programme noch immer für Lernende – also in der Tradition von Lehrmaterialien – erstellt. Meines Erachtens wird damit das Potential der neuen Medien nicht ausgeschöpft. Es käme vielmehr darauf an, solche Programme für und von Lernenden zu erstellen – also die didaktische Top-down-Strategie durch eine Bottom-up-Strategie ergänzen. Damit ist gemeint, daß die Lernenden ein einmal konzipiertes Programm verändern und erweitern können. Angezielt werden muß die ständige Verbesserung, Aktualisierung und Weiterentwicklung des Lernmaterials durch die Nutzer selbst. So kann eine ständig wachsende, reflexive Wissensbasis entstehen, die die Erfahrungen der Lernenden mit dem Lernprogramm einbezieht.

Noch vor wenigen Jahren wären dafür spezifische HTML-Kenntnisse der Anwender notwendig gewesen. Heutige Autorenprogramme verwenden dagegen so starke und leicht erlernbare Tools, die in Lernprogramme aufgenommen werden könnten, so daß ein solches Konzept heute umsetzbar ist. Ein Problem dieses Konzepts liegt in der unterschiedlichen Qualität der vorgenommenen Ergänzungen und Veränderungen. Daher ist es sinnvoll, ein Bewertungssystem in das Lernprogramm aufzunehmen. Beispielsweise könnte jeder Anwender analog zur Bewertung von Restaurants und Hotels als Qualitätsmerkmal einen oder mehrere Sterne vergeben, so daß spätere Anwender von den Erfahrungen profitieren können.

Die hier vorgestellten neuen Anwendungen von Informations- und Kommunikationsmedien sind ganz überwiegend nicht entwickelt worden, um pädagogische Probleme zu lösen, sondern zur Erreichung von ökonomischen Zielen. Dennoch bieten sie viele Ansatzpunkte für einen Einsatz in der (nicht nur betrieblichen) Bildungsarbeit. Dabei sollte man sich allerdings nicht vorrangig an den (mich durchaus faszinierenden) Möglichkeiten der neuen Technologien orientieren. Entscheidend bleibt die Frage der relevanten pädagogischen Ziele und welchen Beitrag die neuen Medien zu ihrer Lösung – auch im Hinblick auf Aufwand und Kosten – leisten können.

Literatur

Altmann, A. 1998: Cyberfabriken. Virtuelle Realität im industriellen Einsatz. In: c't - magazin für computer technik, H. 15 (1998), S. 94-97

Cline, H.B. / O'Lands, W.: Visuelle Visionen. Visualisierung in der Wissensgesellschaft. In: c't - magazin für computer technik, H. 5 (1999), S. 104-105

Dewe, B. / Sander, U.: Medienkompetenz und Erwachsenenbildung. In: Rein, A. von (Hrsg.): Medienkompetenz als Schlüsselbegriff. Bad Heilbrunn 1996, S. 115-142

Döring, N.: Bildungsreise auf der Infobahn. In: Issing, L.J. / Klimsa, P.: Information und Lernen mit Multimedia. Weinheim 1995, S. 305-336

Euler, D.: Pädagogische Konzepte des multimedialen Lernens. In: Wirtschaft und Erziehung, H. 1 (1997), S. 3-10

Euler, D.: Multimediale und telekommunikative Lernumgebungen zwischen Potentialität und Aktualität: eine Analyse aus wirtschaftspädagogischer Sicht. In: Gogolin, I. / Lenzen, D. (Hrsg.): Medien-Generation. Beiträge zum 16. Kongreß der Deutschen Gesellschaft für Erziehungswissenschaft. Opladen 1999, S. 77-97

Freyermuth, G.S.: Freizeitpark im Fernsehsessel. Die Zukunft der Heimunterhaltung hat begonnen. In: c't - magazin für computer technik, H. 19 (1999), S. 236-241

Hesse, F.W. / Garsoffsky, B. / Hron, A.: Interface-Design für computerunterstütztes kooperatives Lernen. In: Issing, L.J. / Klimsa, P.: Information und Lernen mit Multimedia. Weinheim 1995, S. 253-267

Post, H.-J: Kino gefühlsecht. Premiere in eine interaktive Filmwelt. In: c't - magazin für computer technik, H. 19 (1998), S. 108-109

Post, H.J.: Neue Realitäten. Virtual Reality als kostbares Werkzeug. In: c't - magazin für computer technik, H. 19 (1999), S. 98-103

Reinmann-Rothmeier, G. / Mandl, H.: Lernen mit Multimedia in der Schule. In: Kubicek, H. / Braczyk, H.-J. / Klumpp, D. / Müller, G. / Neu, W. / Raubold, E. / Roßnagel, A. (Hrsg.): Lernort Multimedia. Jahrbuch Telekommunikation und Gesellschaft 1998. Heidelberg 1998, S. 109-119

Rosenthal, D.: Manche werden süchtig. Die Datenflut überfordert mittlerweile viele Manager. In: Die Zeit Nr. 17 vom 16. April 1998

Wagner, B.: Flirt mit PC. Software analysiert Körpersprache. In: c't - magazin für computer technik, H. 20 (1998), S. 78-79

Erich Renner

Der asiatische Lerntyp
Ein Plädoyer für die Bedeutung biographischer Wissensbestände.

Problembeschreibung

Ähnlich wie einst der Sputnik-Schock die USA hat die internationale, 45 Länder erfassende Vergleichsstudie TIMSS neuerdings vor allem die Deutschen aufgeschreckt. Mit großer Beunruhigung hat man das schlechte Abschneiden unserer Schüler in Mathematik und Naturwissenschaften registriert und insbesondere die Spitzenstellung der Schüler aus südost- bzw. ostasiatischen Ländern. Ost-West- Leistungsvergleiche mit ähnlichen Ergebnissen sind indessen nicht ganz neu. Außerdem gibt es eine Reihe von Untersuchungen über das Lern- und Studierverhalten in China. Dort hat man bereits ein „Paradox des chinesischen Lerners" ausgemacht, weil Einprägen und häufiges Memorieren nach westlicher Auffassung eigentlich nicht zu erfolgreichem Lernen führen dürfte. Einprägen und Wiederholen sind nach unserer Vorstellung Feinde des Verstehens.

Die KMK hat auf die niederschmetternden Ergebnisse mit der Initiierung regelmäßiger landesweiter Evaluation der Leistungen reagiert. Geblieben ist jedoch eine allgemeine Beunruhigung über mögliche Ursachen dieser offensichtlichen Unterlegenheit. In einer gerade veröffentlichten Studie fragen die Autoren denn auch, ob man in Asien anders lerne (Helmke / Schrader 1999). Mit einem Sampel von 451 deutschen und 457 vietnamesischen Studierenden aus Hanoi versuchen sie sich an der Lösung des Rätsels. Die Annahme, Vietnamesen könnten als Modell für Asiaten gelten, begründet man mit dem nicht weiter detaillierten Hinweis auf die gemeinsame konfuzianische Tradition. Der in einem Fragebogen präzisierte Untersuchungsansatz umfaßt die Aspekte „aufgewendete Zeit", „Lernstrategien", „Studieninteresse", „Selbsteinschätzung der Leistung", „Handlungskontrolle und – planung". Die Autoren sind nicht nur erstaunt über das höhere Studieninteresse der vietnamesischen Studenten, sondern vor allem über die Tatsache, daß diese das Memorieren offensichtlich als Mittel für besseres Verstehen einsetzen und, daß Memorieren kulturell einen anderen Stellenwert hat. Am Ende bleibt den Untersuchern die ungelöste, als größte Herausforderung zukünftiger kulturvergleichender Lernforschung apostrophierte Frage, ob die „unterschiedliche Qualität des Lernverhaltens" (S. 99 / 100) denn kulturelle Wurzeln habe. In diesem Zusammenhang wiederholen sie ihr eigenes kulturell geprägtes Urteil, ihr Vorurteil, über Merkmale qualitätvollen Lernens: Memorieren bzw. Wiederholen kann den Verstehensprozeß nur behindern, aber nicht befördern.

Erstaunlich bei dieser und anderen Untersuchungen, die sich mit der Problematik befassen, ist die Tatsache, daß niemand auf den Gedanken kommt, die Sicht der Betroffenen außerhalb von Forschungsdesigns und Fragebogen in Betracht zu ziehen, obwohl eine Fülle von autobiographischem Material vorliegt, in dem Lernen eine zentrale Rolle spielt. Es herrscht offensichtlich eine gewisse Ignoranz gegenüber der Bedeutung autobiographischer Quellen

Nachfolgend sollen einige Einblicke in Innenansichten asiatischen Lernens anhand von Ausschnitten aus persönlichen Dokumenten versucht werden.

Innenansichten

a) Struktur und Bedeutung asiatischen Lernens
In ihrer 1936 in Deutschland erschienenen Autobiographie erinnert sich die Japanerin Etsu (Etsubo) Inagaki Sugimoto an Lernsituationen ihrer Kindheit und Jugend, denen, kennt man den gesamten Text, biographische Schlüsselfunktionen zukommen. Eine solche Lernszenerie, ein Szenario, dient hier, in inhaltliche Segmente zerlegt, als Reflexionsebene (1).

„Ich hatte Lehrbücher, die eigentlich nur für Knaben bestimmt waren; denn es war immerhin ungewöhnlich, daß ein Mädchen chinesische Klassiker studierte. Meine ersten Unterrichtsstunden befaßten sich mit den »Vier Büchern des Konfuzius«. – Diese hießen: Dafigaku – »Die große Erfahrung«, welche lehrt, daß der weise Gebrauch des Wissens zur Tugend führt. Chuyo – »Der unveränderliche Mittelpunkt«, welcher von der Unveränderlichkeit des Weltgesetzes handelt; Rongo und Moshi, welche aus der Selbstbiographie, den Anekdoten und Aussprüchen des Konfuzius bestehen, die seine Schüler gesammelt haben.

Ich war erst sechs Jahre alt und hatte natürlich nicht das geringste Verständnis für diese schwere Lektüre. Mein Kopf war von vielen Worten

erfüllt, in denen große Gedanken verborgen waren. Aber mir sagten sie damals nichts. Manchmal sprang wohl in mir etwas Neugier auf, wenn ich einen Gedanken halb begriffen hatte; dann bat ich den Lehrer um Aufklärung. Seine ewig gleichbleibende Antwort lautete: »Nachdenken wird den Sinn aus den Worten schälen«, oder »Hundertmal lesen enthüllt den Sinn«. Einmal sagte er zu mir: »Du bist zu jung, um die tiefsinnigen Bücher des Konfuzius zu verstehen«.
Das letztere war unzweifelhaft richtig, aber dennoch liebte ich meine Aufgaben. In diesen für mich noch inhaltslosen Worten lag ein rhythmischer Tonfall, der wie Musik klang, und ich lernte schnell Seite auf Seite, bis ich alle wichtigen Stellen der vier Bücher vollkommen innehatte und sie hersagen konnte, wie ein Kind das sinnlose Geklingel eines Auszählspiels. Dennoch war der Fleiß dieser Stunden nicht vergeudet. In den Jahren, die seitdem verflossen sind, erkannte ich nach und nach die goldenen Wahrheiten dieses großartigen alten Philosophen; und oft, wenn mir eine Stelle, deren ich mich gut erinnerte, durch den Kopf ging, blitzte ihr Sinn wie ein überraschender Sonnenstrahl vor mir auf." (Renner / Seidenfaden, Bd. 1 1997, S. 311 / 312)
Mit Überraschung stellt man fest, daß hier ein sechsjähriges Mädchen die philosophischen Bücher des gelehrten Konfuzius auswendig lernen muß, die es in weiten Passagen aufgrund seines Alters noch nicht verstehen kann. Obwohl die Erwachsenen (Großmutter, Mutter, Vater), die das veranlassen und der Lehrer, der die Aufgabe übernimmt, das natürlich auch wissen, wird der Unterricht mit großem Ernst und großer Gewissenhaftigkeit organisiert und durchgeführt. Wie muß man eine solche Zumutung verstehen? Wollen hier übermotivierte Erwachsene ihren Sprößling möglichst früh in Hochform trimmen lassen? Oder wirkt dahinter die über Jahrhunderte gewachsene kulturelle Erfahrung, die intensives Lernen in Gestalt von Einprägen und häufigem Memorieren in früher Kindheit und Jugend für unerläßlich hält?
Andere autobiographische Quellen aus dem ostasiatischen Kulturraum enthalten ähnliche Erinnerungen wie die Etsubos. Zwei koreanische Beispiele: im ersten vermitteln der sog. Dichteronkel und die Großmutter im Privatunterricht klassische Literatur und konfuzianische Lehren, so daß der Neunjährige in der Schule bereits einen Vorsprung hat; im zweiten erhält der Sohn zunächst vom Vater kalligraphisch pointierten schriftsprachlichen Unterricht und lernt später in einer privat organisierten Schule die klassische Literatur, wodurch er als Elfjähriger die Klassiker gleich bändeweis auswendig kann (vgl. Renner / Seidenfaden, Bd. 1,

1997, S. 343 / S. 344, S. 351 / S. 352; S. 366 / S. 367). Erinnerungen chinesischer Autoren enthalten ebenfalls viele Einzelheiten über das Einprägen und Memorieren von Texten, ohne daß es dabei um die Sinnfrage geht, „ich verstand nicht, was ich las, ..." (Renner / Seidenfaden 1997, S. 255 / Lie 1976, S. 48, 80). Und nicht zuletzt, die tibetische Erziehung steht in der gleichen Tradition. Man verlangt von Jungen und Mädchen intensive Schreib- und Leseübungen, ohne daß der Sinn im Vordergrund steht (vgl. Renner / Seidenfaden 1997, S. 232; S. 243). Folgt man diesen Selbstzeugnissen, dann gehört zum systematischen Lernen im gesamten ostasiatischen Kulturraum ganz selbstverständlich das Einprägen, das ständige Memorieren und lautes öffentliches Repetieren klassischer Texte. In der Schule geschieht das vor allen und mit allen Schülern. Die Autoren der Selbstzeugnisse werden deshalb schon in Kinderjahren zu Rezeptionsexperten philosophischer, historischer und schöngeistiger Literatur. Zweifellos ist damit ein außerordentliches Training des Gedächtnisses verbunden. Das Lernen der Schriftzeichen, eng mit dem Erinnern und Wiederholen von Texten verbunden, ist ein weiteres Übungsfeld, innerhalb dessen an der Festigung des Gelernten gearbeitet wird. Und, der Bild-Wort-Charakter der verschiedenen ostasiatischen Alphabete fordert in besonderer Weise die Erinnerungsfähigkeit der Lernenden. Eine Untersuchung über Kindheit während der Zeit der Kulturrevolution durch eine Delegation der Yale-Universität (Kessen 1976), also eine Fremdperspektive, dokumentiert, wie die traditionelle chinesische Unterrichtsmethode des Vorsprechens und des eindringlichen Wiederholens, des Drills, wie es heißt, auch unter veränderten politischen Bedingungen ungebrochen erhalten geblieben ist (vgl., S. 212-218). Die Kulturrevolution hat wohl die Inhalte verändert, aber nicht die Jahrhunderte alte Lerntradition. Nicht die Frage nach dem Sinn des Lernstoffs steht an erster Stelle, sondern das Problem des intensiven Einprägens, des Auswendiglernens, wie am Beispiel des Sprachunterrichts und der Schriftzeichen erläutert wird (Kessen S. 104 / 217).
Etsubos „priesterlicher" Lehrer gibt in seiner Reaktion auf ungeduldige Fragen seiner Schülerin gleichzeitig Hinweise, mit denen sich die Zweifel der Europäer an asiatischen Lernmethoden beschäftigen sollten: „Nachdenken wird den Sinn aus den Worten schälen" oder „Hundertmal lesen enthüllt den Sinn". Das Priestertum des Lehrers hat, wie der Kontext erläutert, seine grundlegende Ausrichtung in der konfuzianischen Sittenlehre. Zwei Elemente daraus verbinden sich mit wichtigen Aspekten dieses Teils der Lernszenerie und der Argumentation des Lehrers.

Mit dem Lehrsatz „Bei der Erziehung eines Kindes hängt alles vom Anfang ab" (Schulte 1916, S. 4) läßt sich das Ansinnen frühen Lernens schwieriger Texte begründen. Die Aufforderung „Versichere dich der Richtigkeit deiner Urteile durch reifliches und langes Nachdenken" (Schulte 1916, S. 1) kommentiert durchaus auch die Ausrichtung des Lernens auf intensives Beschäftigen mit dem Wissen. Die Antworten des Lehrers im Detail implizieren „klassische" Einsichten über Verlauf und Verknüpfung von Lernprozeß und Wissenserwerb, nämlich Nachdenken und Wiederholen. Ist die erste Aktivität, ist das Nachdenken zunächst nicht erfolgreich, bleibt das „zuverlässige" Instrument des Memorierens und Wiederholens, weil es mit „hundertmal" ein sicher ernst gemeintes, relativ „unendliches" Konzept darstellt. Vermutlich verbirgt sich dahinter auch die für uns sicher nicht abwegige Erfahrung, intensives gedächtnismäßiges Hinwenden, Verweilen, Versenken in eine Sache, könne grundlegende Einstellungen mit sich bringen. Bedenkenswert ist wohl auch die Überlegung, daß Memorieren als eine Form des Erprobens und Anwendens angesehen werden muß, von dem aus gespeichertes Wissen eigendynamische Kräfte entwickeln kann. Zu fragen wäre auch, ob sich hinter der ostasiatischen Version des Lernens nicht die anthropologische Erfahrung verbirgt, daß zu frühe, zu schnelle verständnisorientierte Strukturierung des Wissens, etwa seine Fragmentierung unter schlüsselqualifikatorischen Aspekten, notwendige kontextuelle Verankerungen vernichtet. Die kulturvergleichende Betrachtung des Problems jedenfalls befördert den Eindruck einer, außerhalb europäisch-psychologisierender Sichtweise, universell anderen Erfahrung. Das Memorieren ist nicht nur ein Kennzeichen islamischer Lerntradition, wenn es die Religion und klassische Literatur angeht (Renner / Seidenfaden, Bd. 1 1997, S. 42-45; S. 63 / 64; Abu Zaid 1999), Zuhören, Einprägen, intensives Repetieren ist das traditionelle, weltweit praktizierte Lernverfahren, mit dem das kulturelle Wissen seit Jahrtausenden weitergegeben wird und das zu spezifischen, auf Oralität basierenden Qualifikationen führt (vgl. Radin 1955). Aus der schwarzafrikanischen Tradition stammt ein Gedanke, der auf immanente Bedeutungen und Wirkungen der traditionellen Art des Wissenserwerbes und des damit erreichen Wissensstandes hinweist. Der Fulbe-Gelehrte Tierno Bokar vergleicht das Wissen, Oralität und Schriftlichkeit als gleichrangige Strategien des Wissenserwerbs ansehend, mit dem Samenkorn des Affenbrotbaumes, weil es als Keim seine gesamte Mächtigkeit enthalte (vgl. Bâ 1993, S. 212). Nach dieser Konzeption enthält memorierend erworbenes Wissen selbstverständlich eigendynamische Kräfte, die im Prinzip alle Verstehens- und Deutungsmöglichkeiten beinhalten. Aufschlußreich in dem zitierten Erinnerungsstück ist die Passage, ihr Kopf sei durch das Lernen von vielen Worten mit verborgenen Bedeutungen erfüllt gewesen. Diese positive Sichtweise auf den Lernprozeß korrespondiert durchaus mit der Vorstellung vom Samenkorn und stellt Beziehungen z.B. zum Sprechenlernen und Sprachentwicklungsprozeß bei Kindern her. Dort ist akzeptiert, daß der Spracherwerbsprozeß nur im Kontext einer komplexen sprachlichen Zuwendung, einer sprachlichen Fülle, optimale Bedingungen hat. Das Verstehen ereignet sich mit fortschreitendem Aufbau der Sprach- und Sprechkomptenz. Eröffnet dieser Blickwinkel nicht auch eine andere Bewertung für das Memorieren? Schafft Memorieren nicht auch inhaltliche Fülle als breite Verankerung für das Verstehen?

Gegen „fünf Irrtümer der Schulreformer" wendet sich ein Artikel von Weinert (1999). Als Irrtum 3 diskutiert er die Erwartung, man könne anstelle „des mühsamen Wissenserwerbs (...) Schlüsselqualifikationen, Medienkompetenzen und Lernstrategien" vermitteln. „Entscheidend (seien) vielmehr die Kenntnisse, die ein Schüler in dem betreffenden Wissensgebiet angesammelt und geistig »verfügbar« (halte)" (vgl., S. 30 / 31). Vor diesem Hintergrund, unter besonderer Berücksichtigung des Attributs »mühsam«, stellt sich die Frage, ob das intensive Lernen und Memorieren notwendiger Wissensbestände bei asiatischen Lernern vielleicht doch eine nicht ganz unangemessene Voraussetzung des Verstehens sein könnte?

b) Kontextuelle Aspekte asiatischen Lernens

Die Erinnerungen Etsubos enthalten aber auch selbst Hinweise auf die Eigendynamik ihres mehr oder weniger mechanisch eingeprägten Wissens. Die dem Text immanente Rhythmik und der damit verknüpfte Tonfall seien für sie attraktive Elemente gewesen, die das Lernen erleichtert hätten, sagt die Erzählerin. Aber auch die Ästhetik der äußeren Umstände spielt eine einprägsame Rolle, wie eine weitere Passage belegt. „Dann beeindruckte auch die Umgebung mein kindliches Gemüt außerordentlich. Am Unterrichtstage wurde das Zimmer mit besonderer Sorgfalt fertiggemacht, stets wenn ich eintrat begrüßte mich unabänderlich derselbe Anblick. Ich könnte jetzt die Augen schließen, und alles stünde vor mir, als ob ich es erst vor einer Stunde gesehen hätte. Das Zimmer war groß und von der Gartenveranda durch eine Anzahl Schiebetüren aus Papier getrennt, über die schmale Holzleisten liefen. Die schwarzgeränderten Strohmatten hatten mit der Zeit eine Cremefarbe an-

genommen, aber sie waren makellos sauber. Bücher und Pult befanden sich dort, und in der geweihten Nische hing ein Rollbild des Konfuzius. Von einem kleinen Gestell aus Teakholz kräuselte sich Weihrauch in die Höhe."
(Vgl. a.a.O., S. 311)
Der immense Aufwand bei der Organisation des Lernens frappiert den Leser. Nichts bei der Einrichtung der Lernstube, eigentlich des Studierzimmers, bleibt dem Zufall überlassen. Alles ist mit großer Liebe und Sorgfalt vorbereitet, ausgerichtet an der buddhistisch-konfuzianischen Tradition, von der aus sich auch die Lerninhalte legitimieren. Details und Arrangement der Lernumgebung hinterlassen bei der Schülerin einen bildhaften, offenbar unauslöschlichen Eindruck.

Die Auswahl des Hauslehrers aufgrund seiner Qualifikation wird vom Vater sehr verantwortungsvoll betrieben. Aber auch der Lehrer selbst verhält sich entsprechend. Für die zeitliche Organisation seines Unterrichts beachtet er astronomisch-philosophische Konstellationen. Und, seine äußere Aufmachung, seine Kleidung und seine Haltung entsprechen seinem Auftrag, die Lehren des weisen Konfuzius einer sechsjährigen Schülerin zu vermitteln. Die äußeren Bedingungen können dafür nicht optimal genug sein. Insgesamt erhält dadurch das Lernen eine feierlich-rituelle Note. Die ehrfürchtige Einstellung der Schülerin zu ihrem Lehrer korrespondiert mit diesen Bedingungen und prägt Lernhaltung, Arbeitsweise und Resultate.

„Mein Lehrer kam stets an den Tagen des Monats, deren Datum eine Drei oder eine Sieben aufwies. Das geschah in Übereinstimmung mit unserer Mondkalender-Rechnung, nach der die Tage in Gruppen zu zehn eingeteilt werden, anstatt, wie nach dem Sonnenkalender, in Gruppen von sieben Tagen. Meine Unterrichtsstunden machten mir große Freude. Die stattliche Erscheinung meines Lehrers, sein feierliches Auftreten, der strenge Gehorsam, der von mir gefordert wurde, appellierten an meinen dramatischen Instinkt.

Auf einer Seite saß mein Lehrer; seine fließenden, grauen Gewänder lagen in geraden, würdevollen Linien um seine gekreuzten Knie, er trug ein Band von Goldbrokat über der Schulter und einen Rosenkranz aus geschliffenen Kristallen an der linken Hand. Sein Gesicht war stets bleich, und die tiefen, ernsten Augen sahen unter seiner Priestermütze wie Brunnen aus weichem Samt aus. Er war der sanfteste und heiligste Mann, den ich jemals gesehen habe. (...)

Mein priesterlicher Lehrer unterrichtete nach diesen Büchern mit derselben Ehrfurcht, mit der er seine Religion lehrte. Während meiner Unterrichtsstunden war er, seinem bescheidenen Wunsche entgegen, genötigt, auf dem dicken, seidenen Kissen zu sitzen, das der Diener ihm brachte, denn Kissen ersetzen bei uns die Stühle; andererseits war ihm die Stellung eines Lehrers zu verehrungswürdig, als daß er sich gestattet hätte, auf gleicher Höhe mit seiner Schülerin zu sitzen. Während der ganzen zwei Unterrichtsstunden rührte er sich nicht um den kleinsten Bruchteil eines Zolles, nur seine Hände und seine Lippen bewegten sich. In der gleichen korrekten und bewegungslosen Haltung saß ich vor ihm.
Einmal bewegte ich mich mitten im Thema. Aus irgendeinem Grunde war ich unruhig, mein Oberkörper schwankte leicht, und meine gekreuzten Knie glitten eine Kleinigkeit aus der gehörigen Winkelstellung heraus. Ein leiser Schimmer der Überraschung überflog das Gesicht meines Lehrers. Dann schloß er sehr ruhig sein Buch und sagte sanft, aber mit strenger Miene: »Kleines Fräulein, es ist augenscheinlich, daß deine geistige Verfassung heute für das Studium nichts taugt. Du solltest dich auf dein Zimmer zurückziehen, und dich innerlich sammeln.« Mein kleines Herz stand vor Scham fast still. Ich konnte nichts tun, so fassungslos war ich. Demütig neigte ich mich vor dem Bilde des Konfuzius, dann vor meinem Lehrer und schritt ehrfurchtsvoll rückwärts aus dem Zimmer. Langsam ging ich zu meinem Vater, um diesem, wie immer am Schluß der Unterrichtsstunden, zu berichten.
Vater war überrascht, da die Zeit noch nicht um war, und seine absichtslose Bemerkung: »Wie schnell du deine Arbeit gemacht hast«, klang mir wie ein Armsünderglöckchen. Die Erinnerung an jenen Augenblick brennt mir noch heute in der Seele.
Der Verzicht der Priester und Lehrer auf jede Bequemlichkeit beim Studium ließ bei den einfachen Leuten den Glauben entstehen, daß leibliche Entbehrungen die unerläßlichen Vorbedingungen für geistige Erkenntnisse seien. Aus diesem Grunde wurde mein Unterricht so gelegt, daß die schwierigsten Aufgaben und die längsten Unterrichtsstunden während der dreißig Tage der Wintermitte gegeben wurden, die nach dem Kalender die kältesten des ganzen Jahres waren. Der neunte Tag wurde als der allerkälteste angesehen, und deshalb wurde von uns erwartet, daß wir an diesem Tage besonders ernst an unser Studium gingen." (Renner / Seidenfaden, Bd. 1 1997, S. 311 / 312)
Insgesamt ist dieses Textstück ein eindrucksvolles Dokument für die Wertschätzung des Lernens im ostasiatischen Kulturraum. Sie beruht auf

übereinstimmenden Vorstellungen von Familie und Lehrer über Ziele, Inhalte, Methoden und notwendige Lernumgebungen. Im Vordergrund steht auf Seiten der Erzählerin nicht in erster Linie die Erinnerung an die Mühsal des Auswendiglernens, des Stillsitzens bei fast asketischen Anforderungen, sondern an die bis zum aktuellen Heute immer wieder aufblitzenden Wahrheiten aus dem damals ohne grundlegendes Verständnis verinnerlichten Lernstoff. Die Schülerin betrachtet Lernen nicht als Bestrafung, sondern als etwas Selbstverständliches, dem eine zeremonielle Würde auch dann innewohnt, wenn die inhaltliche Seite zunächst zurücktritt. Die asketisch-meditative Grundhaltung verstärkt den rituell-zeremoniellen Charakter des Einprägens und Memorierens. Die Schülerin scheint wie gebannt von der Bedeutung der Aktivitäten, so daß die inhaltlich-verständnisorientierte Seite zurücktreten kann.

Kontextuelle Aspekte des Lernens lassen sich auch im Sinne einer allgemeinen Gestimmtheit, als atmosphärische Dimension verstehen. Es scheint, als sei Einprägen und Memorieren im ostasiatischen Kulturkreis eher mit solch atmosphärischen Kontexten assoziiert als mit trockenem, qualvollem Pauken, wie es in der westlichen Hemisphäre üblich ist.

Einige Thesen, abgeleitet aus Erfahrungen mit Innenansichten

- Die asiatische Version des Lernens durch intensives Einprägen und Memorieren scheint mit Qualitäten verknüpft zu sein, die man im westlichen Kulturkreis bisher falsch eingeschätzt, ja diskriminiert hat. Derartiges Lernen wurde bisher als geistloses Pauken abqualifiziert, das Verstehen verhindert, aber auf keinen Fall befördert.
- Selbstzeugnisse aus dem ostasiatischen Kulturraum dokumentieren eine allgemein positive Einstellung zum Lernen, die man als Quelle einer allgemeinen Lernmotivation verstehen kann.
- Selbstzeugnisse aus dem ostasiatischen Kulturraum dokumentieren vielfältige Kontexte asiatischen Lernens wie Ritualisierung des Lernvorgangs, eine meditative Einstellung und habituelle Sorgfalt der Ausführung.
- Den Qualitäten des asiatischen Lernens kann man offensichtlich mit einem quantitativ orientierten Forschungsintrumentarium nicht beikommen. Hier scheinen eher experimentelle Ansätze und biographische Methoden angebracht zu sein.

Literatur

Abu Z. / Nasr H.: Ein Leben mit dem Islam. Freiburg 1999
Bâ, A. u. H.: Jäger des Wortes. Eine Kindheit in Westafrika. Wuppertal 1993
Helmke, A. / Krapp, A.: Lernt man in Asien anders? Empirische Untersuchungen zum studentischen Lernverhalten in Deutschland und Vietnam. In Zeitschrift für Pädagogik, Jg. 45, Heft 1 (1999), S. 81-102.
Kessen, W. (Hrsg.): Kindheit in China. München 1976
Lie, Ch.: Die Sänfte der Tränen. Berlin 1976
Radin, P.: Gott und Mensch in der primitiven Welt. Zürich 1953
Renner, E. / Seidenfaden, F.: Kindsein in fremden Kulturen. Selbstzeugnisse. Band 1: Afrikanische Welt, asiatische Welt. Band 2: Nordamerikanische Welt, lateinamerikanische Welt, pazifische Welt, Welt europäischer Minderheiten. Weinheim 1997 u. 1998
Schulte, W.: Die Gedankenwelt des Orients. Lebenweisheit und Weltanschauung der Dichter und Denker des Nahen und Fernen Ostens. Berlin 1916
Weinert, F. E.: Die fünf Irrtümer der Schulreformer. In Psychologie heute. Juli 1999, 28-33.

Anhang

(1) Textauszug im originalen Zusammenhang

„Mein Lehrer kam stets an den Tagen des Monats, deren Datum eine Drei oder eine Sieben aufwies. Das geschah in Übereinstimmung mit unserer Mondkalender-Rechnung, nach der die Tage in Gruppen zu zehn eingeteilt werden, anstatt, wie nach dem Sonnenkalender, in Gruppen von sieben Tagen. Meine Unterrichtsstunden machten mir große Freude. Die stattliche Erscheinung meines Lehrers, sein feierliches Auftreten, der strenge Gehorsam, der von mir gefordert wurde, appellierten an meinen dramatischen Instinkt. Dann beeindruckte auch die Umgebung mein kindliches Gemüt außerordentlich. Am Unterrichtstage wurde das Zimmer mit besonderer Sorgfalt fertiggemacht, stets wenn ich eintrat begrüßte mich unabänderlich derselbe Anblick. Ich könnte jetzt die Augen schließen, und alles stünde vor mir, als ob ich es erst vor einer Stunde gesehen hätte.

Das Zimmer war groß und von der Gartenveranda durch eine Anzahl Schiebetüren aus Papier getrennt, über die schmale Holzleisten liefen. Die schwarzgeränderten Strohmatten hatten mit der Zeit eine Cremefarbe angenommen, aber sie waren makellos sauber. Bücher und Pult befanden sich dort, und in der geweihten Nische hing ein Rollbild des Konfuzius. Von einem kleinen Gestell aus Teakholz kräuselte sich Weihrauch in die Höhe. Auf einer Seite saß mein Lehrer; seine fließenden, grauen Gewänder lagen in geraden, würdevollen Linien um seine gekreuzten Knie, er trug ein Band von Goldbrokat über der Schulter und einen Rosenkranz aus geschliffenen Kristallen an der linken Hand. Sein Gesicht war stets bleich, und die tiefen, ernsten Augen sahen unter seiner Priestermütze wie Brunnen aus weichem Samt aus. Er war der sanfteste und heiligste Mann, den ich jemals gesehen habe. Jahre später bewies er, daß ein frommes Herz und ein fortschrittlicher Geist sehr wohl zusammengehen können, denn er wurde aus der strenggläubigen Tempelgemeinde ausgestoßen, weil er eine Reformlehre befürwortete, die Christentum und Buddhismus vereinigte. Ob aus Zufall oder absichtlich, jedenfalls wurde dieser freidenkende Priester von meinem freidenkenden obwohl konservativen Vater zu meinem Lehrer gewählt.

Ich hatte Lehrbücher, die eigentlich nur für Knaben bestimmt waren; denn es war immerhin ungewöhnlich, daß ein Mädchen chinesische Klassiker studierte. Meine ersten Unterrichtsstunden befaßten sich mit den »Vier Büchern des Konfuzius«. – Diese hießen: Dafigaku – »Die große Erfahrung«, welche lehrt, daß der weise Gebrauch des Wissens zur Tugend führt. Chuyo – »Der unveränderliche Mittelpunkt«, welcher von der Unveränderlichkeit des Weltgesetzes handelt; Rongo und Moshi, welche aus der Selbstbiographie, den Anekdoten und Aussprüchen des Konfuzius bestehen, die seine Schüler gesammelt haben.

Ich war erst sechs Jahre alt und hatte natürlich nicht das geringste Verständnis für diese schwere Lektüre. Mein Kopf war von vielen Worten erfüllt, in denen große Gedanken verborgen waren. Aber mir sagten sie damals nichts. Manchmal sprang wohl in mir etwas Neugier auf, wenn ich einen Gedanken halb begriffen hatte; dann bat ich den Lehrer um Aufklärung. Seine ewig gleichbleibende Antwort lautete: »Nachdenken wird den Sinn aus den Worten schälen«, oder »Hundertmal lesen enthüllt den Sinn«. Einmal sagte er zu mir: »Du bist zu jung, um die tiefsinnigen Bücher des Konfuzius zu verstehen.«

Das letztere war unzweifelhaft richtig, aber dennoch liebte ich meine Aufgaben. In diesen für mich noch inhaltslosen Worten lag ein rhythmischer Tonfall, der wie Musik klang, und ich lernte schnell Seite auf Seite, bis ich alle wichtigen Stellen der vier Bücher vollkommen innehatte und sie hersagen konnte, wie ein Kind das sinnlose Geklingel eines Auszählspiels. Dennoch war der Fleiß dieser Stunden nicht vergeudet. In den Jahren, die seitdem verflossen sind, erkannte ich nach und nach die goldenen Wahrheiten dieses großartigen alten Philosophen; und oft, wenn mir eine Stelle, deren ich mich gut erinnerte, durch den Kopf ging, blitzte ihr Sinn wie ein überraschender Sonnenstrahl vor mir auf.

Mein priesterlicher Lehrer unterrichtete nach diesen Büchern mit derselben Ehrfurcht, mit der er seine Religion lehrte. Während meiner Unterrichtsstunden war er, seinem bescheidenen Wunsche entgegen, genötigt, auf dem dicken, seidenen Kissen zu sitzen, das der Diener ihm brachte, denn Kissen ersetzen bei uns die Stühle; andererseits war ihm die Stellung eines Lehrers zu verehrungswürdig, als daß er sich gestattet hätte, auf gleicher Höhe mit seiner Schülerin zu sitzen. Während der ganzen zwei Unterrichtsstunden rührte er sich nicht um den kleinsten Bruchteil eines Zolles, nur seine Hände und seine Lippen bewegten sich. In der gleichen korrekten und bewegungslosen Haltung saß ich vor ihm.

Einmal bewegte ich mich mitten im Thema. Aus irgendeinem Grunde war ich unruhig, mein Oberkörper schwankte leicht, und meine gekreuzten Knie glitten eine Kleinigkeit aus der gehörigen Winkelstellung heraus. Ein leiser Schimmer der Überraschung überflog das Gesicht meines Lehrers. Dann schloß er sehr ruhig sein Buch und sagte sanft, aber mit strenger Miene: »Kleines Fräulein, es ist augenscheinlich, daß deine geistige Verfassung heute für das Studium nichts taugt. Du solltest dich auf dein Zimmer zurückziehen, und dich innerlich sammeln.« Mein kleines Herz stand vor Scham fast still. Ich konnte nichts tun, so fassungslos war ich. Demütig neigte ich mich vor dem Bilde des Konfuzius, dann vor meinem Lehrer und schritt ehrfurchtsvoll rückwärts aus dem Zimmer. Langsam ging ich zu meinem Vater, um diesem, wie immer am Schluß der Unterrichtsstunden, zu berichten.

Vater war überrascht, da die Zeit noch nicht um war, und seine absichtslose Bemerkung: »Wie schnell du deine Arbeit gemacht hast«, klang mir wie ein Armsünderglöckchen. Die Erinnerung an jenen Augenblick brennt mir noch heute in der Seele.

Der Verzicht der Priester und Lehrer auf jede Bequemlichkeit beim Studium ließ bei den einfachen Leuten den Glauben entstehen, daß leibliche Entbehrungen die unerläßlichen Vorbedingungen für geistige Erkenntnisse seien. Aus diesem Grunde wurde mein Unterricht so gelegt, daß die schwierigsten Aufgaben und die längsten Unterrichtsstunden während der dreißig Tage der Wintermitte gegeben wurden, die nach dem Kalender die kältesten des ganzen Jahres waren. Der neunte Tag wurde als der allerkälteste angesehen, und deshalb wurde von uns erwartet, daß wir an diesem Tage besonders ernst an unser Studium gingen." (Renner / Seidenfaden, Bd. 1 1997, S. 311-312)

Andre Lehnhoff / Jendrik Petersen

Dialogisches Management als erwachsenenpädagogische Herausforderung

1. Vorbemerkungen

Aufgrund wechselnder Rahmenbedingungen scheint es immer notwendiger zu werden, daß sich Organisationen in Richtung sich *selbst entwickelnder* Netzwerke und Teams mit hohem *Selbststeuerungsanteil* verändern (vgl. u.a. Petersen 1998). Selbstorganisation wird somit zu einer Forderung, um der Komplexität und Dynamik von sozialen Systemen und ihren Umwelten gerecht zu werden.

Vor diesem Hintergrund wird die Wirksamkeit traditioneller Managementprinzipien[1], wie die Annahme einseitiger, rein hierarchisch organisierter Gestaltung, Lenkung und Entwicklung von Organisationen, die u.a. eine Beherrschbarkeit sozialer Systeme, eine Prognosefähigkeit ihrer Einflußfaktoren sowie eine damit verbundene exakte Planung und Ableitung geeigneter Reaktionsmuster und klar definierter Verfahren voraussetzt, zunehmend fragwürdiger. Hieraus erwächst die Notwendigkeit neuer Vorgehensweisen für den Aufbau und die Erschließung strategischer Erfolgspotentiale sowie für deren operative Nutzung. Darüber hinaus gewinnt vor dem Hintergrund eines deutlichen Verlustes an der Sinnhaftigkeit und Glaubwürdigkeit bestehender Ordnungsmechanismen und den Rahmenbedingungen einer Risikogesellschaft (siehe Beck 1986) das normative Management eine immer größere Bedeutung (vgl. hierzu z.B. Bleicher 1992).

Aus diesen Gründen wird hier die These gewagt, daß modernes Management nicht mehr überwiegend sozialtechnologisch bewerkstelligt werden

---

[1] Die hier angedeuteten Prinzipien sind an anderer Stelle zur Vorannahme der monologischen Machbarkeit managementspezifischer Entscheidungen und Vorstellungen im Rahmen eines bestimmten Sinnmodells des Managements verdichtet worden (vgl. Geißler 1996, Lehnhoff 1998a). Diese monologische Machbarkeit erfüllt jedoch u.a. aufgrund der zunehmenden Komplexität und Dynamik der Umwelten die an sie gestellten Erwartungen immer häufiger nicht mehr.

kann, sondern zunehmend über den Aufbau intersubjektiver Verständigungspotentiale. Ein so interpretiertes *dialogisches Management* entfaltet die traditionelle ökonomische Rationalität weiter und stellt bisherige Orientierungsgrundlagen für das Denken, Fühlen und Handeln in Unternehmen in Frage. Somit wird hier die These vertreten, daß vor allem die Fähigkeit und Bereitschaft zum Dialog die *Management-Kernkompetenz* darstellt, um zukunftsorientiert Problemlösungen gemeinsam zu erarbeiten, anzubieten und (mit Hilfe anderer) zu überprüfen.

Während das Mitverantwortungsmodell (siehe Geißler 1996 / 1997; Lehnhoff 1997, S. 288ff u. Lehnhoff 1998a, 117ff) bereits unter ethisch-philosophischen Aspekten auf die zunehmende Bedeutung des Dialoges im Rahmen einer *Entfaltung menschlicher und implizit auch ökonomischer Vernunft im Zeitalter sich zu Risikogesellschaften transformierenden Industriegesellschaften* verwiesen hat (vgl. Petersen 1997), soll diese Thematik nunmehr im konkreten organisationalen Kontext erneut aufgegriffen werden. Dementsprechend geht es darum, Wege zu suchen und zu diskutieren, wie denn angesichts der Herausforderung, mit *knappen Ressourcen* eine möglichst hohe organisationale Leistungserstellung, Problemlösekompetenz und Kundenzufriedenheit zu gewährleisten, Dialog und Management im organisationalen Alltag verbunden werden kann.

Daher stellt sich zuallererst die Frage, warum denn ein – der Weiterentwicklung von Organisationsmitgliedern und Organisationen unter den heutige Rahmenbedingungen vermutlich immer mehr im Wege stehendes – *monologisches Führungsverständnis* immer noch verlockend erscheint und durch welche Charakteristika es sich auszeichnet.

2. Charakteristika und Verlockungen einer monologischen Führung

Die monologische Führung geht letztlich von der Annahme aus, daß es trotz der angedeuteten tiefgreifenden Wandlungsprozesse *sichere und letzte Wahrheiten* gibt, die auch als „one-best-way" bezeichnet werden können. Die Faszination aber auch die kritischen Merkmale eines monologischen Führungsverständnisses sind dabei *dreifach* zu betrachten, nämlich

a) *psychisch* (bezogen auf die Interessen und Ängste der Führenden),
b) *sozial* (bezogen auf das Verhältnis zwischen Führer- und Geführten) sowie

c) funktional (in bezug auf eine erwartete Leistungserstellung der gesamten Organisation)

zu a) **Psychische Faszination und Merkmale einer monologischen Führung**

Ein monologisches Führungsverständnis scheint zunächst für die Führenden sehr attraktiv zu sein, da es impliziert, daß Vorgesetzte aufgrund ihrer Funktion, aber auch ihrer Biographie und Persönlichkeit (z.B. Alter, Organisationszugehörigkeit, Bildungsniveau, Durchsetzungsvermögen) sowie ihrer (Lebens-)Erfahrung – zumindest gegenüber dem unterstellten Bereich – berechtigt, befähigt und auch verpflichtet sind, im alleinigen *Besitz* einer *endgültigen Wahrheit zu sein* (siehe hierzu u.a. Gebert / Boerner 1995). Selbst wenn sich die monologische Führung auch an einer Ausrichtung am allgemeinen (Organisations-) Wohle orientieren sollte, geht sie davon aus, daß vor allem die Hierarchen aufgrund erworbener Verdienste für das organisationale Wohl über das jeweils relevante Wissen in bezug auf die organisationale Leistungserstellung und Problemlösung verfügen.

Folglich steht nicht zur Diskussion, *wie denn die Wahrheit gefunden werden kann*, sondern es geht lediglich darum, die jeweils (scheinbar) vorhandene *Bestlösung* dem unterstellten Bereich zu *vermitteln* und deren Umsetzung akribisch genau zu *kontrollieren*. Dementsprechend existiert im monologischen Managementverständnis nur *eine Wahrheitsquelle*, nämlich die der Führenden, was zur Folge hat, daß sich die Beziehung zu den Mitarbeitern als einseitiger *Wahrheitstransfer vom Sender zum Empfänger* darstellt (vgl. Petersen 1999).

Vor diesem Hintergrund scheint es für die (monologisch) Führenden beispielsweise aufgrund eines Bedürfnisses nach Selbsterhöhung, Selbstbestätigung oder Selbstbehauptung vorteilhaft zu sein, wenn sich die unterstellten Mitarbeiter hinsichtlich ihres Zuganges zu

- (für die Organisation und sie selber) wichtigen Informationen,
- Einflußmöglichkeiten,
- höherdotierten und einflußreicheren Positionen sowie
- sonstigen organisationalen Ressourcen

in einem Abhängigkeitsverhältnis sehen. Sie müssen nämlich bei fehlerhafter oder unvollständiger Ausführung mit Sanktionen rechnen. Derartige Sanktionen könnten beispielsweise darin liegen, daß angestrebte Ressourcen durch die Führungskraft verweigert werden können (vgl. Küpper / Ortmann 1992; Petersen 1995).

Mögen diese Aspekte noch in erster Linie das „psychische Wohlbefinden der Führenden" dahingehend ansprechen, daß nämlich ohne ihr Einverständnis „nichts läuft" und nur sie die eigentlichen Garanten organisationalen Erfolges sind, können im gleichen Atemzug auch Ängste der Führenden für die Beibehaltung und Pflege eines monologischen Führungsverständnis genannt werden:

Befürchtungen nämlich,

- daß eine Steigerung des Mitarbeitereinflusses ein *Nullsummenspiel* ist, wonach ein höher zugestandener Mitarbeitereinfluß *im gleichen Maße* eine Einflußminderung der Führungskräfte im organisationalen Miteinander herbeiführt (vgl. dazu auch Petersen 1999) und weiterhin
- daß die Führungskräfte im organisationalen Kontext seitens ihrer Vorgesetzten wiederum für Fehler verantwortlich gemacht werden, die der unterstellte, dialogisch-eingebundene und mit mehr Vollmachten ausgestattete Bereich verursacht hat.

Aus diesem Grunde empfinden es Führungskräfte zwecks *Fehler- und „Nullsummenspiel"-Vermeidung* oftmals als Notwendigkeit, neben einer strikten Planung, Entscheidung und Kontrolle eine emotionale Bindung zu den Geführten herzustellen (vgl. Gebert / Boerner 1995).

Die monologische Wahrheitsvermittlung der Führungskräfte spiegelt dabei das Bild des allwissenden, *allein mündigen* Vaters oder Lehrers wider, der den „noch Unmündigen" lediglich das Resultat seiner Überlegungen in Form von Anordnungen mitteilt und versucht, eine Akzeptanz seiner Entscheidung zu erzielen.[2] Das Management pflegt diese Qualität der monologisch ausgestalteten Beziehung häufig durch Strategien geschickter Manipulation sowie durch Favorisierung bestimmter Mitarbeiter im Sinne von „Kronprinzen" oder „Lieblingskindern / -schülern", um die geistige und emotionale Abhängigkeit des Untergebenen zu bewahren.

---

[2] Hierbei ist es sicherlich nicht ausgeschlossen und durchaus als wünschenswert zu bezeichnen, den Mitarbeitern zu gestatten, Rückfragen zu den Entscheidungen des Vorgesetzten zu stellen (vgl. Gebert / Boerner 1995).

Der Vorteil einer derartig definierten emotionalen Bindung – bspw. in Form von Verehrung oder Hingabe an den Führenden liegt u.a. für den Vorgesetzten darin, daß zum einen die Akzeptanz und das Vertrauen in die Anordnungen erhöht, zum anderen die Bereitwilligkeit gefördert wird, den Anweisungen unbedingt zu folgen. Desweiteren bringt eine emotionale Bindung die Wahrscheinlichkeit mit sich, daß unklare oder unvollständige Anweisungen seitens der Untergebenen notfalls durch die Mitarbeiter selbst – allerdings bei erheblich geringerem Entscheidungsspielraum – im Sinne des Vorgesetzten ergänzt werden.

zu b) ***Soziale Faszination und Merkmale einer monologischen Führung***

Die damit (zumindest implizit) einhergehende *Machtthematik* kann in Anlehnung an Max Weber dahingehend angesprochen werden, daß sich der Führende aufgrund seiner Verpflichtung qua Amt gegenüber dem organisationalen Wohl berechtigt sieht, jede Chance innerhalb einer sozialen Beziehung zu ergreifen, „den eigenen Willen auch gegen Widerstreben (der hier als eher unwissend angesehenen Mitarbeiter, A.L. / J.P.) durchzusetzen, gleichviel worauf diese Chance beruht" (Weber 1985, S.28).

In *sozialer Hinsicht*, sprich: dem Verhältnis von Führenden und Geführten, lassen sich die Vorteile eines monologischen Führens dahingehend deuten, daß für beide Seiten *ein eindeutiger Orientierungsrahmen* gesetzt wird, innerhalb dessen *bestimmte Kooperationsmodi* klar festgelegt, überschaubar, aber auch in gewisser Weise bilateral „einklagbar" sind. So mag es auch für die Geführten von Vorteil sein, wenn in Konfliktsituationen zwischen den Mitarbeitern die Führung eine Art „Schiedsrichter-" und Entscheidungsinstanz wahrnimmt und letztendlich in Problemsituationen wiederum auch eine *beschützende Haltung* nach außen (zu anderen Organisationsbereichen) einnimmt (vgl. dazu die kritischen Anmerkungen von Chris Argyris 1993 hinsichtlich *organisationaler defensive routines*). Aus diesem Grunde überrascht es dann auch nicht, daß monologische Führung konzeptionell von der Annahme ausgeht, daß der Geführte sich in undefinierbarer Weise mit dem Führenden verbunden fühlt, sich mit ihm zu identifizieren sucht und sich – auch das o.a. *Machtpotential* des Führenden anerkennend – i.d.R. uneingeschränkt loyal verhält, da er sich zumindest eine *Nachteilminimierung* verspricht.

Pragmatisch wird im Verständnis einer monologischen Führung zwar *prinzipiell erkannt*, daß eine (nach wie vor einseitig definierte) gute und vertrauensvolle Zusammenarbeit als zukunftsweisende Basis anzusehen ist, um Problemlösungen zu erarbeiten und umzusetzen. Auch die von den Mitarbeitern zur Verfügung gestellten Meinungen werden als hilfreich betrachtet; um die Komplexitätsspektren des organisationalen Kontextes besser erfassen zu können. Gleichzeitig wird aber bei „Unannehmlichkeiten" in Form sich anbahnender Konflikte und Widerstände *mehr oder weniger dezent* seitens der Führenden auf die eigene Amtsautorität bzw. das Machtpotential am Beispiel der Möglichkeit, zugewiesene Ressourcen zu verteilen, hingewiesen, um einen Konsens „herbeizuführen".

Hierbei wird dann „a la carte" je nach Problemsituation und Tagesform seitens der (traditionell) Führenden die eine oder andere Option präferiert. Der freie Wille aller Beteiligten spielt zwar – schon allein aus (immer naheliegenden) strategischen Gründen – offiziell eine immer wichtigere Rolle, aber im Zweifelsfalle erscheinen doch nur die eigenen Wahrnehmungen, Interessen und Problemlösungsvorschläge des „aufgeklärten Autokraten", der sich in Wirklichkeit dann doch wiederum als *solipsistisch-monologisches Supersubjekt* präsentiert, relevant zu sein..

zu c) Funktionale Faszination und Merkmale einer monologischen Führung

Unter *funktionalen Gesichtspunkten*, d.h. hinsichtlich der Gewährleistung organisationaler Leistungserstellungs- und -optimierungsprozesse können die Vorzüge eines monologischen Führungsverständnisses darin gesehen werden, daß es in *jedem* organisationalen Kontext bestimmte Situationen gibt, in denen beispielsweise *schnell* und *entschlossen* gehandelt werden muß. Hierbei scheint eine bewährte und erfahrene Führungskraft, die „mit allen Wassern gewaschen ist und ihr Geschäft beherrscht" auf den ersten Blick durchaus am ehesten in der Lage zu sein, die Ziele der Organisation zu erfüllen. Es ist zwar zumindest mittelfristig im Interesse der Organisation, daß auch der unterstellte Bereich – bspw. im Urlaubs- ‚Krankheits- oder Kündigungsfall – die Führung vertreten kann (vgl. z.B. das Führungsmodell Management by Exception, siehe Wunderer / Grunwald 1980), aber es erscheint hinsichtlich knapper Ressourcen nicht notwendig zu sein, allzu viel Aufwand zu betreiben, die Geführten diesbezüglich zu qualifizieren und zu motivieren.

Monologische Führung hat sicherlich unter den Rahmenbedingungen stabiler Umwelten bzw. überschaubarer und prognostizierbarer Umweltentwicklungen eine hohe Berechtigung, da hier eine monologische Wahrheitsdefinition eine schnelle klare Delegation und Umsetzung nach sich zieht, da auf langwierige Abstimmungsprozesse verzichtet werden kann. Die Komplexität und Dynamik unternehmerischer Herausforderungen lassen eine monologische Problemlösung jedoch zunehmend fragwürdiger werden und erfordern eine Perspektivenvielfalt der Problemlösung, die durch ein monologisches Führungsverständnis allerdings verhindert wird.

Hinsichtlich des häufig angesprochenen Problems der Bewältigung des organisatorischen Wandels wird im monologischen Verständnis erkannt, daß externe Ansprüche Wandlungsprozesse notwenig erscheinen lassen. Der organisationale Wandel bzw. eine möglicherweise notwendige Reorganisation wird allerdings als eine originäre Planungsaufgabe aufgefaßt, in deren Mittelpunkt allein die Erreichung derjenigen *monologisch gefundenen und umgesetzten optimalen organisatorischen Lösung* steht, die der veränderten Situation oder neuen Rationalisierungsanforderungen zu entsprechen vermag. Hierbei wird die Frage nach einer konsequenten Umsetzung des Wandels in erster Linie als *Problem der richtigen Anweisung* in Form einer möglichst exakten Beschreibung der neuen Aufgaben und Kompetenzen sowie eines möglichst alle Eventualitäten berücksichtigendes Umstellungsprogrammes thematisiert, um auf diese Weise einen reibungslosen organisationalen Wandel sicherzustellen (vgl. Schreyögg / Noss 1995, S. 169).

Ein derartiges Vorgehen, organisationalen Wandel als *bloßes Planungsproblem* „monologischer Bescheidwisser" aufzufassen und dem Rest der Organisation das Planungsergebnis einfach überzustülpen, scheint wie oben angesprochen immer weniger erfolgversprechend zu sein. Daher überrascht es auch nicht, daß sich aufgrund eines (offenen oder versteckten Widerstandes) der Organisationsmitglieder oftmals der Wandelprozeß im Schneckentempo bewegt und auf diese Weise die Umstellungspläne zur Makulatur geraten (vgl. Schreyögg / Noss 1995, S. 169f.).

Diese Argumente sollen aufzeigen, daß nicht zuletzt aufgrund der Komplexität und Dynamik und des damit verbundenen Druckes in den verschiedenen Märkten, eine monologische Führung zumindest auf mittel- und langfristige Sicht Gefahr läuft, umfassende Lernprozesse und die damit verbundene Suche nach neuen Wegen zur Optimierung der orga-

nisationalen Leistungserstellung und Steigerung der Kundenzufriedenheit zu verhindern und dementsprechend als *ökonomisch unvernünftig* einzuschätzen ist.
Denn:

- in einem letztendlich allzu sehr auf Schutz und Bewahrung des Bestehenden ausgerichteten organisationalen Miteinander (vgl. Küpper 1994; Petersen 1998) bleibt eine (häufig nicht mehr existente) heile Welt künstlich aufrecht erhalten und wird nicht einmal intern hinterfragt.
- Die Mitarbeiter als (zunehmende Wahrnehmer von Managementfunktionen, siehe hierzu Malik 1992) können nicht genügend lernen, mit hochkomplexen Problem am konkreten Beispiel von Kundenwünschen umzugehen,
- Die Übernahme von Verantwortung für eigene Probleme und die der Organisation wird verhindert, wodurch wiederum die ursprüngliche Institution Management als „Macher" (vgl. Mann 1988) gefordert wird.
- Eine Problemdiagnose bleibt oberflächlich, da der Mut und die Konfliktbereitschaft fehlt, Fehler einzelner anzusprechen, um sie über Lernprozesse zukünftig zu vermeiden.
- Eine kritische Selbstreflektion auf allen Ebenen wird verhindert und
- die „klassische" Führungskraft sieht sich veranlaßt, „von außen zu motivieren", statt sich als Teil des Systems zu verstehen und zum inneren Wachsen des Systems beizutragen.
- Ansätze, die Mitarbeiter als *Entrepreneur* oder *Subunternehmer* und somit als „wichtigste Ressource" der Organisation zu betrachten, werden vor dem Hintergrund sich ständig ändernder Märkte und Herausforderung sowie der oben aufgeführten Legitimationsproblematik organisationaler Entscheidungen zwar immer notwendiger; bleiben in einem monologischen Verständnis aber eher ein „Lippenbekenntnis", zumal die Umsetzung in einem solchen Führungsverständnis kaum machbar erscheint.

Nachdem die Verlockungen und Grenzen eines monologischen Verständnisses andiskutiert worden sind, liegt es nunmehr nahe, auf Charakteristika und Erwartungen eines dialogischen Managementverständnisses zu verweisen.

3. Dialogisches Management: Charakteristika und Erwartungen

Während sich ein monologisches Führungs- und auch Organisationsverständnis als „einseitige Festlegung von Wahrheit" seitens der Führungskraft und dem organisationalen Kontext charakterisieren lassen kann, zeichnet sich der Dialog als *gemeinsame Wahrheitssuche im Austausch zwischen Führungskräften und Mitarbeitern* aus. (vgl. Gebert / Boerner 1995, S. 286f.).

Ein dialogisches Verständnis des organisationalen *Miteinanders* und einer *gemeinsamen* Leistungserstellung basiert auf der Vorannahme, daß menschliche Erkenntnis *imperfekt* (siehe hierzu Benner 1991), *irrtumsbehaftet* und folglich so *unsicher* ist, daß es nicht „die" von vornherein (monologisch) festgelegte und apriori allgemeingültige Wahrheit im Sinne eines „one-best-ways" geben kann.

Dementsprechend liegt einem dialogischen Management unter den Kontextbedingungen des Marktes die Vorstellung zugrunde, daß sich die Vernunft von Organisationen letztlich auf die Vernunft der je einzelnen Dialogpartner begründet, deren Entfaltung wiederum durch die Kommunikationsbedingungen bestimmt wird, die in der Organisation vorherrschen (vgl. Geißler 1997; Klimecki 1997; Küpper 1997; Lehnhoff 1997).

Bezogen auf das Management bedeutet dies konkret, das Wagnis einzugehen, zunächst einmal im organisationalen Kontext Dialoge als *animierender Partner* und *Katalysator* zu führen. Auf diese Weise können auf Mitarbeiter- und Teamebene Selbstbewußtsein, Urteilsfähigkeit, Leistungs- und Innovationsbereitschaft sowie die „Entfaltung schöpferischer Kräfte auf allen Ebenen" (Jantsch 1980, S. 57) ermöglicht und dementsprechend Raum dafür gegeben werden, sich im gesamten Kontext stärker Tugenden wie Kreativität, Querdenken, Spontanität und Risikofreudigkeit zuzuwenden.

Hieraus ergibt sich eine Verabschiedung der Vorstellung, daß etwa das Management (im klassisch-institutionellen Sinne) – ironisch ausgedrückt lediglich aufgrund höher bezahlter Einsicht – im Besitz solcher endgültigen Wahrheiten ist und diese nach unten nur noch zu vermitteln braucht. Vielmehr gelten Manager und Mitarbeiter als (zumindest prinzipiell) *gleichberechtigte Wahrheitsquellen*, wobei unter den Bedingungen der *Vorläufigkeitsannahme* davon auszugehen ist, daß Wahrheit oder Erkenntnis ständig gesucht werden und zwar dahingehend, daß der aktuelle Wissensstand ständig *hinterfragt* und *verändert* wird.

Wahrheitssuche stellt sich nunmehr als ein *gemeinsamer* Versuchs- und Irrtumsprozeß dar, in dem Mitarbeiter und Vorgesetzter *gemeinsam* nach der erfolgversprechenden Problemlösung *für alle Beteiligten* suchen und somit eine (wahrscheinlich) vorhandene Fragmentierung im Denken und die fehlende Orientierung an der Ganzheit überwinden helfen.

Als Voraussetzung hierfür lassen sich nennen:

1. Die Mitarbeiter werden über das jeweilige Problem und diesbezügliche Lösungsalternativen aufgeklärt, um sich an der Lösungsfindung zu beteiligen.
2. Ein Austausch der beiderseitigen Perspektiven ist möglich.

Dementsprechend basiert ein Dialog zwischen zwei im gleichen Maße informierten Partnern mit Bezug auf die Vorschläge der Transzendentalpragmatik K.O. Apels (1988), darauf, daß beide rational argumentieren und sich so verhalten, daß sie in ihren Argumentationsfiguren tendenziell voneinander unabhängig sind (vgl. Gebert / Boerner ebd.) und sich authentisch geben.

Hierbei gilt es zu bedenken, daß eine derartige Qualität des Dialoges *eben nicht* möglich wäre, wenn die Mitarbeiter befürchten müßten, daß Einwände gegenüber den Vorstellungen der Führungskräfte mit Mißbilligungen, Abmahnungen, Nichtbeförderungen oder gar Entlassungen sanktioniert werden, weil diese sich möglicherweise in ihrer Autorität und Kompetenz bedroht fühlen. Folglich darf sich dann auch nicht die Abhängigkeit der Mitarbeiter dermaßen darstellen, daß sie nicht mehr dazu in der Lage sind, eigene Vorschläge zu entwickeln und zu vertreten, weil sie sich mehr oder weniger als „Sprachrohre" ihrer Führungskräfte verstehen und dementsprechend denken und handeln.

Es ist daher im eigenen Interesse von *Leistungs- bzw. Wertschöpfungsgemeinschaften*, wenn sie soweit wie nur möglich aus einem Klima *gegenseitigem Vertrauen* und gegenseitiger *Verläßlichkeit* getragen werden.

Jede Öffnung zu einem Dialog ist sowohl seitens der Führungskräfte als auch der Mitarbeiter immer mit einem *Risiko* verbunden, nämlich das Wagnis bezüglich der *Verläßlichkeit* des Partners eingehen zu müssen. Diese *Verläßlichkeit* läßt sich oftmals gar nicht anders als durch *Vertrauen* auf die *Ehrenhaftigkeit* und den *guten Willen* zur Sicherstellung des *gemeinsamen Wohles* absichern. Es handelt sich folglich um eine „Sicherheit", die nur auf Hoffnung, Zuversicht, also auf *Vertrauen* gegründet ist, die sich auf Glauben stützt. Wird dieser Glaube und damit auch das Vertrauen erschüttert oder zunichte gemacht, dann ist eine weitere partnerschaftliche Beziehung nicht mehr möglich.

Dialog und dessen Voraussetzungen Vertrauen und Verläßlichkeit basieren auf einem *Konsens*, sprich: aus einer allgemeinen Überzeugung von der *gegenseitigen Abhängigkeit*, in der sich die Dialogpartner befinden. Hierbei wird sowohl auf der Seite der Mitarbeiter ein gewisses Maß an *Zivilcourage*, als wichtige Eigenschaft, *reflexiv-eigensinnig denken und handeln* und dementsprechend klar seine Ansichten zur Problemlösung äußern zu können, verlangt, als auch auf der Seite des Managements ebenfalls die reflexiv-eigensinnige Kompetenz, mit Argumenten von unten *konstruktiv-kritisch* umzugehen. Genauso wie die Mitarbeiter mit der Zeit lernen müssen, daß sie ihre Verbesserungsvorschläge wagen können, obliegt es dem Management, akzeptieren zu lernen, daß die Mitarbeiter als *Quelle guter Ideen* für eine *gemeinsame Weiterentwicklung* anzusehen sind, und daß daraus nicht eine irgendwie geartete *Bedrohung* entsteht.[3]

Doch was bedeutet konkret ein konstruktiv-kritischer Dialog im organisationalen Kontext. Um hierauf eine zumindest vorläufige Antwort geben zu können, sollen folgende Ansprüche in Gestalt eines „Dialog-Dekalogs" formuliert werden:

1. Der Dialog wird nicht als *beliebige* Diskussion oder Meinungsaustausch angesehen, sondern hat die Steigerung der Problemlösungsfähigkeit und die Zukunftssicherung von Organisationen zum Ziel.
2. Durch einen sanktionsfreien-offenen Dialog gilt es, das bisherige organisationale Miteinander und den Umgang der Organisation mit der Außenwelt zu hinterfragen und zu verbessern.
3. Der Dialog von (tendenziell gleichberechtigten) Partnern ist geprägt von der beiderseits empfundenen Vielschichtigkeit, Fragmentierung, Zerstrittenheit *einerseits* und dem Bemühen um Vertrauen und Verläßlichkeit *andererseits*.
4. Hierbei kann der Dialog dazu führen, daß im interaktiven Miteinander durch den freien Fluß von Gedanken und Gefühlen der (möglichen) Wahrheit schrittweise entgegengekommen wird.
5. Hierbei läßt sich die Wahrheit(sfindung) aber nicht als *Endziel des Dialoges* ansehen, sondern die Wahrheit als Ergebnis eines Dialoges weist einen *bewußt temporären* und *prozeßhaften Charakter* auf.
6. Dialoge im Zeichen tiefgreifender Wandlungsprozesse können nur durch aktives Zuhören und die gegenseitige Anerkennung ausgelöst werden,

---

[3] Vor diesem Hintergrund sind beispielsweise Zielvorgaben für die Organisation „sinnvoll" aus dem allgemeinen Wandlungsprozeß heraus zu formulieren. Hierbei ist eine sinnvolle Zielvorgabe jene, die die Zustimmung eines Großteils der Mitarbeiter erhält.

werden, wobei erst ein gemeinsames Handeln und Reflektieren eine beidseitig empfundene Wahrhaftigkeit.

7. Dialog bedeutet nicht, über die Probleme in der Welt „da draußen" zu lamentieren, sondern zu erkennen, daß die Welt ständiger Bestandteil des Dialoges ist (vgl. Lenssen 1995, S. 349).
8. Am einem Dialog mitzuwirken, bedeutet zu erkennen, daß Wahrhaftigkeit und Vertrauen nur im gemeinsamen Handeln, Reflektieren und Bemühen entstehen kann.
9. Dialog bedeutet auch, die Imperfektheit von sich selbst und dem Partner akzeptieren zu lernen und als ständige Lernaufgabe anzusehen. Die „Fehler von einst" ständig vorzuhalten, dürften die Bereitschaft zum Dialog zum erliegen bringen.
10. Die Teilnahme am Dialog erfordert von jedem Partner Authentizität und Selbstakzeptanz bzw. Selbstliebe und „kritische Bescheidenheit" (siehe Geißler 1996 / 1997). Nur auf diese Weise kann auch dem Partner begegnet werden.

Anhand ausgewählter typischer organisationaler Problemstellungen läßt sich in Anlehnung an Lenssen (1995, S. 351) der Unterschied zwischen einem traditionellen Vorgehen und einer dialogischen Behandlung dieser Problematiken schlagwortartig andeuten, wie in der Tabelle auf der folgenden Seite dargestellt.

Sicherlich sind die Problemstellungen noch beliebig erweiterbar. Es sollte aber deutlich gemacht werden, daß der oben formulierte „Dialog-Dekalog" durchaus Anregungen für die Umsetzung im organisationalen Kontext beinhaltet.

Organisationales Problem	Traditionelle Fragestellungen	Dialogische Fragestellungen
Verschlechterung der Kundenbindung	Welche Vertriebstechniken sollen verbessert werden?	Inwieweit bin ich oder sind wir ein Teil des Problems?
Absatzrücklauf	Welche Werbemittel sollen eingesetzt werden?	Wo verlieren wir Anziehungskraft?
Unser Personal wird als unfreundlich wahrgenommen	Welche Incentive-Programme können helfen, von wem müssen wir uns trennen?	Was strahlen wir (oder ich) als Management aus?
Geschäftsabläufe sind unkoordiniert	Welche Richtlinien sind zu aktualisieren?	Wie hängt das mit uns zusammen?
Die Kosten sind unverhältnismäßig stark gestiegen	Wo können wir einsparen?	Folgen wir wirklich dem kürzesten Weg zu Mehrwert im Team?
Rendite auf Anlagekapital ist rückläufig	Diverse investitionspolitische Maßnahmen	Was können wir selbst tun, damit eine bewußtere Beziehung zwischen der materiellen Struktur und den Menschen entsteht?

Dialog im organisationalen Kontext

4. Vorschläge zur Gestaltung eines dialogischen organisationalen Miteinanders

An Dialoge wird die Erwartung gerichtet, im konkreten Organisationsalltag zum Abbau von Ängsten und Vorurteilen, sprich: Hinderungsbarrieren des organisationalen Erfolges, beizutragen. Dieser – qua Dialog zu fördernde und auch zu institutionalisierende – Barrierenabbau spricht sowohl jedes Organisationsmitglied im Sinne einer individuellen Ausprägung von Wahrhaftigkeit und Authentizität als auch das organisationale Miteinander (vieler Individuen) dahingehend an, andere Interessen (zunächst einmal einfach nur) zur Kenntnis zu nehmen, zu berücksichtigen und zu verarbeiten.

Im Sinne eines derartigen Barrierenabbaus liegt es beispielsweise nahe, herauszufinden wie bestimmte Handlungsvoraussetzungen geschaffen werden können, um

- *zweckrationales Handeln* in Form von einer Optimierung interner und externer Kommunikationskanäle, Strukturen und Strategien (vgl. hierzu Lehnhoff 1998b, S. 271ff) sowie
- *normativ-orientiertes Handeln* (am Beispiel unternehmensethischer und -kultureller Fragestellungen, vgl. u.a. Schreyögg 1989, S.94)

im Sinne einer *höchstmöglichen Qualität der organisationalen Leistungserstellung* zu verbinden. Weiterhin geht es darum, qua Dialog *individuelle* Erwartungen, Wünsche und Ängste *einerseits* und *gemeinsame* Erfolgserwartungen *andererseits* herauszuarbeiten und zu berücksichtigen.

Ein dialogisches Vorgehen scheint schon aus dem Grunde weiterführend und als *zukunftsweisender Erfolgsfaktor* einzuschätzen zu sein, als davon auszugehen ist, daß die bislang möglicherweise bewährten und durchaus auch funktional sinnvoll und nachvollziehbar erschienenen *institutionalisierten Trennungen*[4] in der Organisation Abhängigkeiten gefördert und ausgeprägt haben, die seitens der Organisationsmitglieder – *eben nicht* immer zum Vorteil der *gemeinsamen Zielerreichung* – für individuelle Einfluß- und Machtspiele genutzt wurden (und wahrscheinlich immer noch werden)

---

[4] Beispielsweise könnte im Rahmen dieser Thematik im Kontext von Unternehmen eine Untersuchung der institutionalisierten Trennung zwischen Planung und Umsetzung verdeutlichen, was als Folge von Planungsprozessen konkret in unternehmerischen Handlungsprozessen übrigbleibt und wo sich Entscheidungen und Festlegungen eines Planungsbereiches mehr oder weniger eindeutig widerspiegeln.

(vgl. Krüger 1976; Küpper / Ortmann 1992; auch Petersen 1995 u. Lehnhoff 1997).

Daher liegt es nahe, konkrete Beispiele zu nennen, wie sich dialogisches Management denn darstellen könnte und implementiert werden kann. Hierzu bieten die Fähigkeit und Bereitschaft zum „Querdenkertum", der Ansatz einer „Führung von unten" sowie das Konzept der Internen Kunden-Lieferanten-Beziehung erste Anknüpfungspunkte.

4.1 Charakteristika des Querdenkertums

Vor allem unter der Perspektive des Barrierenabbaus qua dialogischem Management ist die von Gaitanides (1992) und Gebert / Boerner (1995) zur Diskussion gestellte Förderung und Forderung eines „Querdenkertums" von Interesse.

Hierbei läßt sich Querdenken als ein Prozeß auffassen, der bestimmte Prämissen und Verhaltensmuster, die dem organisationalen Denken und Handeln zugrundeliegen[5] (im Sinne eines *das haben wir doch schon immer oder eben noch nie so gemacht)*, hinterfragt und möglicherweise zunächst ungewöhnliche Veränderungsvorschläge unterbreitet.

Dementsprechend besteht die Leistung des Querdenkens bzw. des Querdenkers darin, die in einer Gruppe, Abteilung oder gesamten Organisation geltenden Prämissen, aber auch Barrieren und Trennungen *konstruktivkritisch zu hinterfragen* und auf diese Weise die bestehenden Denk- und Handlungsroutinen *zu durchbrechen* (vgl. dazu auch Argyris 1993).

Organisationsmitglieder, die als Querdenker gegen die in ihrem Kontext geltenden Denkprämissen agieren, stellen zunächst einmal besondere Herausforderungen an die Führungskräfte dar. Die Führenden sehen sich, um das Gehen ungewöhnlich erscheinender neuer Wege zu fördern, veranlaßt, eine *Balance* zwischen *dem Zulassen solcher Ideen* und „der zu befürchtenden Anarchie einer Ablehnung oder völligen Umdeutung sämtlicher Grundlagen" (Gebert / Boerner 1995) zu finden.

Toleranz und Aufgeschlossenheit gegenüber zunächst (möglicherweise völlig) abwegig scheinenden Meinungen, Mißerfolgen und Fehlern erschei-

---

[5] Gebert / Boerner (1995) verweisen darauf, daß sich beispielsweise in Unternehmen bestimmte Konstellationen von Prämissen herausbilden, und daß die jeweilige Auswahl und Stabilisierung von Prämissen z.B. durch Unternehmens-, Gruppen- oder Führungskulturen geleistet wird. Dabei beziehen sich diese Prämissen nicht nur auf die Daten, sondern auch z.B. auf die Art, in der die Schlußfolgerungen gezogen werden: Zu nennen sind beispielsweise Vorurteil, Stereotyp, Dogmen oder herrschende Meinungen.

nen dabei dringend notwendig, um im Sinne eines zukünftigen (noch erfolgreicheren) organisationalen Miteinanders querdenkerisches Potential zu erschließen.

Für einen hierarchisch noch eher niedrig eingestuften Mitarbeiter, der als Querdenker fungiert, stellt sich dabei allerdings die Problematik, einerseits neue und unkonventionelle Ideen zu produzieren und auf diese Weise Konflikte (auch zum eigenen Nachteil) heraufzubeschwören, andererseits aber auch sich aufgefordert zu sehen, im Zuge von Sozialisationsprozessen die Weltanschauungen der Organisation nicht mehr zu hinterfragen.

Ein Ausweg aus diesem drohenden Dilemma könnte eine *gelebte kritische Loyalität* sein, Konflikte auszutragen und nicht zugunsten harmonischer Abläufe auf eigene Ideen zu verzichten.

Da die Vorschläge und Umdeutungen bisheriger Daten und Sachverhalte seitens der Querdenker häufig auch (Macht-, Image- und / oder Ressourcen-) Verluste anderer Personen und Bereiche beinhalten können sowie oftmals mit einer gewissen Überheblichkeit den (noch) Unwissenden vermittelt werden, (vgl. Gaitanides 1992, S. 267) scheint es notwendig zu sein, daß sich „Sponsoren" zu Verfügung stellen, die dem Querdenkertum „den Rücken freihalten" und sie vor Feinden beschützen.

Aus diesem Grunde erscheint der Vergleich von *Querdenkern* und *Hofnarren des Mittelalters* (siehe Gaitanides 1992, S. 267) gar nicht so abwegig zu sein.

Qua Dialog können somit *Führung*[6] und *Querdenken* miteinander vereinbart werden (vgl. Gaitanides 1992, S. 270), indem nämlich das organisationale Miteinander und die organisationale Leistungserstellung dauerhaft konsequent hinterfragt werden. Hierbei ist allerdings darauf zu achten, daß diese Störungen nicht „ausufern", da ansonsten die Handlungsfähigkeit der gesamten Organisation in Frage gestellt wäre.

Dies ließe sich dahingehend ermöglichen, daß im Miteinander zwischen Führendem und Geführten (Querdenker) die Prämissen des „Querdenkungsprozesses" *gemeinsam* von Führendem und Querdenker entwickelt und konstruiert werden. In diesem Prozeß der Wahrheitssuche muß es sich – wie oben generell angedeutet – um (zumindest prinzipiell) gleichberechtigte

---

[6] Es soll allerdings auch auf die Möglichkeit verwiesen werden, daß Führungskräfte selber aktiv eine Rolle als Querdenker übernehmen, obwohl Führung als „Homogenisierung von Denk- und Handlungsprämissen" (Gaitanides ebd.) traditionell in erster Linie das Ziel verfolgt, im Sinne betrieblicher Effizienz die Verhaltensvarianz zu reduzieren (vgl. Gebert / Boerner 1995).

Partner handeln, die sich über die geltenden Prämissen und Denkmuster verständigen.

Der Dialog dient dazu, bisherige (vielleicht momentan auch sinnvoll und erfolgversprechend erscheinende) Denk- und Verhaltensmuster zu hinterfragen, Neues oder eben das Festhalten am Alten zu begründen und zu verantworten. Führung von und durch Querdenker hätte somit zur Folge, daß beiderseits individuelle Einstellungen und Verhaltensmuster ausgetauscht und in Übereinkünften festgelegt werden.

Diese Gegenüberstellung soll unterstreichen, daß *Führung* auch im Zeitalter sich selbststeuernder Teams und einer zunehmenden Wahrnehmung von Managementfunktionen durch alle Organisationsmitglieder nicht etwa überflüssig wird.

Deutlich werden soll allerdings auch, daß ein dialogisches Führungsverständnis immer weniger auf die Rolle eines „Chefs" ursprünglicher Prägung verweist, sondern vielmehr Führung im Sinne einer Mittler-, Vermittler- und Ermöglichungsfunktion auffaßt. Der zunehmende Trend hin zu flachen Hierarchien, läßt in immer stärkerem Maße die Fähigkeit und Bereitschaft notwendig erscheinen, Querdenkertum und spontane Interaktion *permanent* zu fördern. Hierbei haben Führende immer stärker die Funktion eines Dialogpartners und kritischen bis „lästigen" Fragestellers, Prozeßermöglichers und -begleiters wahrzunehmen.

Daß diese Vorannahmen im Sinne einer „partnerschaftlichen Führungsbeziehung" auch durchaus umsetzbar sind, zeigt das von Wunderer (1992) angeregte Konzept „Führung von unten".

4.2 Der Ansatz „Führung von unten"

Im von Wunderer (1992) vorgestellten Konzept „Führung von unten" werden Vorschläge unterbreitet, wie die Geführten Einfluß ausüben können und gleichzeitig auf die *Strategien* hingewiesen, welche die Geführten hierzu bevorzugt einsetzen.

Dabei liegt dem Ansatz der „Führung von unten" die Vorstellung zugrunde, daß Führung nicht per se als *Top-Down-Einflußnahme* des Führenden auf den Geführten aufzufassen ist, sondern vielmehr einen *Interaktionsprozeß darstellt*, bei dem sich die Beteiligten wechselseitig mit unterschiedlicher Intensität und Ausprägung beeinflussen (vgl. dazu auch Gebert / Boerner 1995).

Hierbei steht neben der Frage der *Entscheidungsstile* – wobei sich insbesondere ein partizipativer Führungsstil am Beispiel eines „dialogisch geweiteten" MbO anbietet – insbesondere die *Beziehungsebene* im Zentrum des Interesses, zumal es den Mitarbeiter hauptsächlich über die Beziehungsebene (gezeigte und gelebte Freundlichkeit) und ein damit verbundenes „gutes Klima" gelingen kann, ihre Vorgesetzten zu beeinflussen.

Als Strategien einer Führung von unten scheint es seitens der Mitarbeiter besonders erfolgversprechend zu sein, auf

- rationale Argumentation
- logische Präsentation von Ideen und Vorschlägen,
- freundliches und unterstützendes Verhalten,
- Bestimmtheit und Konsequenz und
- Koalitionsbildung mit anderen Mitarbeitern

zu setzen (vgl. u.a. Gebert / Boerner 1995).

Das Beispiel „Führung von unten" zeigt dabei deutlich, daß ein *dialogisches Miteinander* auf ein hohes Maß an hinreichender Probleminformation angewiesen ist. Erst bei hinreichender Information über das Problem sehen sich die Mitarbeiter in der Lage, hochwertige und weiterführende Vorschläge zu unterbreiten.

Da die Bereitschaft, andere – und insbesondere den unterstellten Bereich – an eigenen Informationen teilhaben zu lassen, insbesondere den Beziehungsbereich anspricht, überrascht es auch nicht, daß die wesentlichen Barrieren, aber eben auch die Ermöglicher eines dialogischen Managements *eher* auf der Beziehungsseite (am Beispiel Mut und Geschicklichkeit zur Einflußnahme auf der Seite des Geführten bzw. soziale Kompetenz und Toleranz, sich beeinflussen zu lassen, auf der Seite des Führenden) liegen als auf der rein inhaltlichen Ebene (vgl. Gebert / Boerner 1995).

Einen Ansatz, „Führung von unten" erfolgreich in der organisationalen Praxis anwenden zu können, stellen prinzipiell *Qualitätszirkel* dar.

Qualitätszirkel[7] können bei konsequenter Anwendung als ein nahezu ideales „Instrument" angesehen werden, Organisationen und deren Führung zu flexibilisieren (vgl. Antoni 1996). Hierbei ist es allerdings notwendig, daß die Rahmenbedingungen so organisiert sind, daß die Kräfte der

---

[7] So verweist Conny Antoni darauf, daß in Deutschland gegen Ende der siebziger Jahre erste Beachtung fanden. Obwohl es mit der „Lernstatt"-Konzeption bereits Anfang der siebziger Jahre eigenständige Entwicklungen ähnlicher Konzepte gegeben (Antoni 1986; BMW 1985; Samson / Settula 1980) hatte, bewirkte erst die Auseinandersetzung mit japanischen Management- und Erfolgskonzepten eine rasche Ausbreitung von Qualitätszirkeln in deutschen Unternehmen. Inzwischen finden sich Qualitätszirkel in der Mehrzahl der großen deutschen Industrieunternehmen (vgl. Antoni 1996).

Selbstorganisation in den Beteiligten und in der Diskussionsgruppe so weitgehend zur Entfaltung gebracht werden, daß sie die ganze Organisation erfassen (können). Vor diesem Hintergrund muß darauf geachtet werden, daß die Teilnahme an den Qualitätszirkeln freiwillig ist, die Themenwahl selbstbestimmt erfolgt, die Führungskräfte der Diskussionsteilnehmer integriert sind und die Arbeitsergebnisse vom mittleren und vor allem oberen Management nicht nur zur Kenntnis, sondern *wirklich ernst genommen* werden (vgl. Geißler 1996).

Es soll dabei nicht unterschlagen werden, daß auch Qualitätszirkel in einer monologischen Führungskultur betrieben werden können. Entscheidend für erfolgreiche Arbeit in, mit und durch Qualitätszirkel ist aber im immer stärkerem Maße die Entfaltung des Motivationspotentials aller Beteiligten, welches erst durch eine konsequente Dialogkultur wahrscheinlich(er) wird.

4.3 Das Konzept Interner Kunden-Lieferanten-Beziehung

Ein dialogisches Management- bzw. Führungsverständnis darf nicht als eine willkürliche Erhöhung betrieblicher Kommunikation und des Miteinandersprechens mißverstanden werden, sondern muß innerhalb von Organisationen vor allem auch deren ökonomische Handlungsfähigkeit gewährleisten. Neuere Managementkonzepte wie Total Quality Management, Lean Management u.v.m. (vgl. z.B. Pfeiffer / Weiss 1992; Frehr 1994) haben den nicht mehr ganz neuen Gedanken, Organisationshierarchien abzubauen und zu flexibilisieren, durch ein Modell der internen Kunden-Lieferanten-Beziehungen konkretisiert, welches hier aufgenommen wird, da wesentliche Aspekte dieses Modells anschlußfähig für eine konkrete Annäherung an die Konzeption der dialogischen Führung sind und diese zielgerichtet an die ökonomische Überlebensfähigkeit der Organisation bindet.

Der Grundgedanke dieses Modells besteht darin, auch die inneren Abläufe der Unternehmen als Marktgeschehen zu verstehen und zu organisieren, so daß Organisationen als Märkte begriffen werden. Damit wird der interne Wertschöpfungsprozeß als Kunden-Lieferanten-Beziehung interpretiert. Kundenzufriedenheit als Gradmesser der Qualität der Arbeit wird somit auf die internen Betriebsabläufe übertragen. Diesem Modell liegen dabei folgende Grundannahmen zugrunde (vgl. u.a. Frehr 1994, S. 86ff):

- Jede Tätigkeit muß als ein Prozeß verstanden werden, der ein „Produkt" hervorbringt.

- Der Empfänger dieses Produktes ist der Kunde, der über die Qualität des Produkts entscheiden kann und muß.
- Zur Erstellung eines Produktes sind Zulieferungen nötig, die von einem Lieferanten erbracht werden.
- Jeder Mitarbeiter ist somit zugleich Kunde und Lieferant in einem Wertschöpfungsprozeß, wobei häufig auch einzelne Kunden-Lieferanten-Beziehungen in beide Richtungen verlaufen.
- Somit müssen sich auch die Führungskräfte konsequent als Kunden und Lieferanten organisationsinterner Leistungen bzw. Produkte definieren.
- Die Kunden und Lieferanten müssen über die produktspezifischen Anforderungen und Ergebnisse kommunizieren, so daß der Begriff des „Co-Makerships", der ursprünglich im Rahmen des Total Quality Managements eine neue Form der Zusammenarbeit zwischen *externen* Lieferanten und dem Unternehmen meint, auf die interne Zusammenarbeit im Wertschöpfungsprozeß übertragen werden kann.

Auf diese Weise ließe sich ein Grundstein dafür legen, Organisationen und Management konsequent nach dem Prinzip einer *Wertschöpfungskette* bzw. dem *Kunden-Lieferanten-Schema*. zu deuten und aufzubauen. Dementsprechend dient die *dialogische Logik des Marktes* – nämlich im Sinne des Dialoges zwischen Anbieter und Abnehmer – als Orientierungsmuster und verdrängt das Leitbild einer monologischen, primär auf *Machtsicherung* ausgerichteten Organisation (vgl. u.a. Beck / Brater / Daheim 1980, S. 28ff, Gomez / Timmermann 1993, S. 86ff; Petersen 1998, S. 233).[8]

Aus der Sicht der zunächst kurzfristigen Effizienz erbringt dieses Modell einige leicht nachzuvollziehende Vorteile. Zunächst müssen sich die Mitarbeiter mit der Frage auseinandersetzen, was eigentlich ihr Produkt ist. Sie müssen sich untereinander darüber austauschen, wie ihre Produkte zu gestalten sind, um ihre Kunden zufriedenzustellen. Dies soll u.a. zu einer großen Transparenz der verschiedenen Abläufe, dem Erkennen von Doppelarbeit und zu effizienteren Arbeitsabläufen führen.

---

[8] Hierbei muß allerdings bedacht werden, daß der angesprochenen Dialog natürlich nicht in einem rein marktmäßig organisierten Umfeld stattfindet, sondern daß nach wie vor im organisationalen Kontext durchaus Entscheidungen getroffen werden müssen, die dem hier angesprochenen Marktprinzip widersprechen, da sie einen hoheitlichen Charakter aufweisen. Zu denken ist hier beispielsweise an Vorgaben des Gesetzgebers, ökologisch bedingte Auflagen oder tarifrechtliche Vereinbarungen, die aus Gründen der Gemeinwohlsicherung eine ausschließliche Ausrichtung an den Gesetzen des Marktes ausschließen.

Interessant ist dieses Modell darüber hinaus auch für eine Umsetzung dialogischen Führens, da die Gestaltung und Verbesserung der Organisation nicht zentral durch hierarchisch hochstehende Gruppen oder hierfür als kompetent betrachtete Stabsstellen erfolgt, sondern dezentral an die jeweiligen Mitarbeiter delegiert wird. Nicht mehr monologisch vorgegebene Richtlinien sind der Ausgangspunkt einer Organisationsentwicklung, sondern dialogisch vereinbarte, gemeinsame Ziele der Zusammenarbeit. Das Konzept der Interneren Kunden-Lieferanten-Beziehungen, erfordert von allen Beteiligten nämlich ein hohes Maß an Eigeninitiative hinsichtlich der Organisation der eigenen Arbeit sowie der Gestaltung der Kooperation mit den unmittelbaren organisationsinternen Kunden und Lieferanten, so daß es kaum mehr möglich erscheint, jedem Organisationsmitglied monologisch genau vorzuschreiben, welche Arbeitsergebnisse zu erzielen sind und mit Hilfe welcher Arbeitshandlungen dieses Ziel zu erreichen ist.

Ein dialogisches Management ist demgegenüber eher in der Lage, die Notwendigkeit zu erkennen, daß sich *alle* am Wertschöpfungsprozeß beteiligten Organisationsmitglieder selbstorganisiert abstimmen (müssen) und diesbezügliche Gestaltungsmöglichkeiten einzuräumen sind. Desweiteren fördert – wie gezeigt – ein dialogisches Management das Betreiben einer umfassenden Informationspolitik sowie mit Hilfe einer kritischen „Frage-Antwort-Kultur" die Analyse der vorliegenden für den Wertschöpfungsprozeß wichtigen organisationsinternen und -externen Bedingungen. Somit kann eine Basis geschaffen werden, auf der Grundlage gemeinsam geplant und entscheiden werden kann, welche Aufgaben sich daraus für jeden Beteiligten ergeben.

Um sich jedoch wirklich einem dialogischen Führungsverständnis anzunähern, muß das Modell der internen Kunden-Lieferanten-Beziehungen um einige Aspekte erweitert werden. Denn es kann mehr als die Hervorbringung reiner Effizienz beinhalten, wenn es als formales Prinzip zur Mitgestaltung der Organisation verstanden wird. Es muß ökonomisch wegen der Komplexität und Dynamik des Umfelds und pädagogisch aufgrund der Forderung nach einer Entfaltung der humanen Möglichkeiten der lernenden Subjekts um mehr gehen, als um eine bloße wechselseitige Anpassung, nämlich um Veränderung, Neugestaltung und Innovation.

Somit stellt dieses Denkmodell nicht nur die Ergebnisse der Arbeit in den Mittelpunkt, sondern vielmehr den Arbeits*prozeß*, in dem der Qualitätsanspruch der Arbeit mitbedacht wird. Die Kunden-Lieferanten-Beziehungen als formales Organisationsprinzip machen nur dann Sinn, wenn sie Arbeiten und Lernen integrieren. Der Dialog zwischen Lieferant und Kunde fokussiert demnach nicht nur auf das „Objekt" der Arbeit, sondern auch auf das „Objekt" des gemeinsamen Lernens zur Verbesserung jener.

Die dazu erforderliche Kommunikation wird somit zur dritten Schlüsselkategorie dieses Modells. Die Integration von Arbeiten, Lernen und Kommunikation ermöglicht die ablauforganisatorisch in der horizontalen Dimension verlaufenden Aushandlungs- und Austauschprozesse zwischen organisationsinternen Kunden und Lieferanten. Die interne Kundenorientierung durch diese besondere Form der Herstellung und gemeinsamen Aushandlung von Produkten und Dienstleistungen bezeichnen Kotler / Bliemel als „interaktives Marketing" (1992, S. 669), welches Organisationen als interne Märkte konsequent in alle Marketingüberlegungen einbezieht. Der dabei intendierte Abbau bisheriger Privilegien und hierarchischer Machtpositionen verlangt vor allem von den bisherigen Führungskräften ein Umdenken und zwar in zweierlei Hinsicht. Sie müssen sich zum einen mit dem Gedanken auseinandersetzen, Abschied zu nehmen von personalen Machtzuweisungen. Zum anderen müssen sie liebgewordene Führungsstile, hierarchisch bedingte Routinen und „Philosophien" aufgeben, wenn das Modell der internen Kunden-Lieferanten-Beziehungen Erfolg haben soll. Denn das Phänomen der Führung, das im traditionellen Organisationsverständnis als ein konstitutiver Kernbereich verstanden wurde und zwar als organisationsstrukturelle Machtzuweisung an hierarchisch hochstehende Einzelpersonen, muß sich nach dem dargestellten Modell eine fundamentale Uminterpretation gefallen lassen, so daß den bisherigen Führungskräften eine neue Rolle und Aufgabe zukommt.

Dialogische Führung wird nämlich zu einer Servicefunktion im Dienst der unmittelbaren Wertschöpfung, damit die Organisation schnell in sich ständig verändernden, hochkomplexen Kontexten operieren kann. Hierzu muß die Führung engste Tuchfühlung mit der organisationsinternen und -externen Kunden-Lieferanten-Kette halten sowie die im unmittelbaren Wertschöpfungsprozeß Tätigen soweit wie nötig unterstützen und sie bezüglich derjenigen Aufgaben, die sie überfordern, entlasten (vgl. Geißler 1998 ebd., Cooperider / Srivastva 1987, S.141).

Führungskräfte haben Verhandlungen zu organisieren und zu führen und mit den Organisationsmitgliedern in den Dialog zu treten, um gemeinsam Informationen zu erarbeiten „über die relevanten Zusammenhänge ihres Wertschöpfungsprozesses und Sinnorientierungen, so daß ein Gesamtwille der betreffenden sozialen Einheit entsteht und sich entfaltet und die verschiedenen Partikularinteressen der je einzelnen harmonisch integriert" (Geißler 1996, S. 210). Somit werden sie zu den Spezialisten, die die Qualität des Arbeits- und Wertschöpfungsprozesses sichern, indem sie die Abstimmung und Kooperation der verschiedenen Kunden-Lieferanten-Beziehungen unterstützen, wobei sie in dem dabei stattfindenden Informationsaustausch selbst sowohl die Rolle des Lieferanten als auch des Kunden wahrnehmen.

Von besonderer Bedeutung erscheint uns dabei die Aufgabe des Managements zu sein, eine gemeinsame Sinnorientierung mitzugestalten. Denn: „Die Identität eines sozialen Systems ist nur solange gewährleistet, wie der Sinnzusammenhang aller Handlungen im System nachvollziehbar ist. Diesen Sinnzusammenhang herzustellen und damit eine Systemidentität zu konstituieren, die das >Wir-Gefühl< der Systemmitglieder stützt, ist die zentrale Leistung einer Systemkultur (vgl. Ulrich, P. 1984, S. 312). Kultur ermöglicht, Sinn für den einzelnen transparent und im Alltag erfahrbar zu machen und gewährt somit Bezugsgrößen für das Handeln der Systemmitglieder (...)" (Klimecki / Probst / Eberl 1994, S. 79f.). Das Modell der internen Kunden-Lieferanten-Beziehungen ermöglicht u.E. eine diskursive, konsensorientierte Auseinandersetzung mit der Systemidentität bzw. eine gemeinsame Gestaltung und Vermittlung von Sinn, da die neuen Führungskräfte nicht die Aufgabe haben, a priori definierten Sinn zu vermitteln, sondern die Aushandlungen zu organisieren, in denen sich partizipativ mit Sinnfragen auseinandergesetzt wird. Sinn wird somit nicht zu einem Objekt irgendeines Sinnstifters in Form hierarchisch hochstehender Manager, sondern der Managementprozeß wird zu einem gemeinsamen, kulturellen Lern- und Entwicklungsprozeß, an dem *jeder* interne Kunde bzw. Lieferant beteiligt ist. Das formale Prinzip des Kunden-Lieferanten-Modell, nämlich die ständige diskursive Auseinandersetzung zwischen internen Kunden und Lieferanten über die arbeitsspezifischen Rahmenbedingungen ihrer Beziehung führt zu einer ständigen Hinterfragung bestehender Strukturen und evtl. auch zu einer Neugestaltung. Damit impliziert dieses formale Prinzip die Möglichkeit, traditionelle Rahmenbedingungen aufzulösen und durch neue zu ersetzen, wobei diese Aushandlungen immer wieder neue Deutungsmuster für eine Gestaltung der Organisation hervorbringen.

Somit führen die Dialoge zwischen Kunden und Lieferanten zu einer Flexibilisierung der Organisationsstrukturen, da bestehende Problemlösungen und die mit ihnen zusammenhängenden organisationalen Beschaffenheiten jederzeit als veränderbar wahrgenommen werden. Organisationsentwicklung wird damit über die verschiedenen Kunden-Lieferanten-Netzwerke über das gesamte soziale System des Unternehmens verteilt und nicht als Privileg vereinzelter Topmanager begriffen. Damit wird das Prinzip einer starren Hierarchie durch das Prinzip „fluktuierender Hierarchien" ersetzt, denn die verschiedenen Aushandlungen bewirken, daß Machtressourcen anlaßgebunden immer wieder neu verteilt werden können, wodurch ein höheres Maß an Interaktionsspielräumen erreicht wird. „Fluktuierende Hierarchien" werden häufig mit dem Begriff der Heterarchie belegt: „Heterarchien sind aus mehreren, voneinander relativ unabhängigen »Akteuren«, »Entscheidungsträgern« oder »Potentialen« zusammengesetzte Handlungs- oder Verhaltenssysteme, in denen es keine zentrale Kontrolle gibt, sondern die Führung des Systems in Konkurrenz und Konflikt, in Kooperation und Dominanz, in Sukzession und Substitution sozusagen immer wieder neu ausgehandelt wird oder von Subsystem zu Subsystem bzw. von Potential zu Potential wandert" (Bühl 1987, S. 242).

Das formale Prinzip interner Kunden-Lieferanten-Aushandlungen qua Dialog ist hier in Anlehnung an Klimecki / Probst / Eberl (1994) als ein Ermöglicher

- einer gemeinsamen Entwicklung von Systemidentität,
- einer Flexibilisierung von Organisationen sowie
- einer Verringerung starrer Hierarchien zugunsten von Heterarchie

entfaltet worden, da wir die Gestaltungsperspektiven für ein entwicklungsorientiertes Management (vgl. ebda., S. 78ff.) für anschließbar an das Konzept der dialogischen Führung halten. Das Modell der internen Kunden-Lieferanten-Beziehungen eröffnet nämlich einen Dialog zwischen den Beteiligten der sowohl zweckrationale Aspekte als auch wertrationale beinhaltet. Denn über die reine Effizienzsteigerung hinaus ist – wie bereits dargestellt – in den verschiedenen Aushandlungen auch der Sinnbezug des individuellen und kollektiven Handelns zu berücksichtigen, um auf diese Weise eine dialogische Organisationsentwicklung anzustreben.

5. Zusammenfassung: Unterschiede zwischen einem monologischen und einem dialogischen Führungsverständnis

Angesichts der im Zusammenhang mit dem Querdenkertum, dem Ansatz „Führung von unten" sowie des Konzepts der Internen Kunden-Lieferanten-Beziehung geäußerten Ansprüche an eine dialogische Führung stellt sich die Frage, *woran in der Führungspraxis denn überhaupt erkannt werden kann,* ob eine *gemeinsame Wahrheitssuche* oder eine *einseitige Wahrheitsvermittlung* stattfindet?

Um auf diese Frage eine zumindest vorläufige Antwort zu geben, werden die Unterschiede zwischen einem monologischen und einem dialogischen Führungsverständnis wie folgt pointiert.

	Monologisch- ausgelegtes Führungsverhalten – **Führung** als *einseitige Wahrheitsvermittlung*	Dialogisch-aufklärerisches Führungsverhalten – **Führung** als *gemeinsame Wahrheitssuche*
Charakteristika	Führung als einseitige top-down ausgelegte Anordnung und Kontrolle; es gibt nur eine Wahrheitsquelle („Wahrnehmer" und „Falschnehmer"). Monologische Führung zeichnet sich häufig durch emotionale Abhängigkeit des Geführten von der „Vaterfigur" ab.	Führung als gemeinsamer Versuch- und Irrtumsprozeß; Führer und Geführte sind gleichberechtigte Wahrheitsquellen. Dialogisch aufklärende Führung läßt sich durch ein rationales und unabhängiges Miteinander-Suchen kennzeichnen. Es wird die gegenseitige Abhängigkeit erkannt und als Anlaß genommen, bilaterale Verläßlichkeit zu ermöglichen.
Indikatoren	Verhältnis „Vater"-„Sohn" oder „Lehrer"-„Schüler"; Vorgabe und „patriarchalisch-liebevoll" ausgelegte strenge Kontrolle von Zielen, einseitige Kommunikation, nicht hinterfragbares Wahrheitsmonopol der Führenden, oftmals begünstigt durch Verehrung der „Vater-Figur" und unbedingte Loyalität sowie „vorauseilenden Gehorsam".	Verhältnis von *Partnern* auf dem Wege zu einer erfolgreichen Problemlösung des Ganzen, gemeinsames Ausprobieren von Möglichkeiten. Es herrscht ein „dialogisches Grundverständnis" vor, das sich durch eine Bereitschaft zur offenen Argumentation und eines Miteinander-Lernens auszeichnet. Der Führende läßt sich hinterfragen, fördert auch aus eigenem Interesse (Abgleich Selbstbild-Fremdbild) Feedback, Kritik sowie Beurteilung und Führung von unten nach oben. Es besteht kritische Loyalität zum Führenden und Souveränität. Querdenkertum wird als Chance zur Verbesserung der Problemlösekompetenz der Organisation aufgefaßt und gefördert.
Absichten / Zielvorstellungen	Bewahren des Bestehenden. Vermeidung von Komplexität. Verweis auf die permanente monologische Gestaltbarkeit momentaner und zukünftiger Herausforderungen.	Einerseits kritisches Hinterfragen des Bestehenden und andererseits neugieriges Bejaen der Komplexität des Organisationsalltages. Beiderseitiges Vertrauen in die *dialogische* Gestaltungskompetenz am Beispiel von Querdenkertum, „Führung von unten" sowie die Betrachtung des Partners als Internen Kunden. Es besteht ein *moralischer Vertrag* als Grundlage einer Vertrauensbeziehung.
Bestrafungsmodi	In der Regel führen Verstöße gegen formale Regeln zu Bestrafung von „oben" in Form konkreter Strafen oder einfach durch „Liebesentzug" in Form einer Ignorierung etc..	Vor allem Verstöße gegen Prinzipien des Vertrauens, der Solidarität, der Loyalität, des Gemeinsinns und der Gemeinschaftsdienlichkeit, kurz: gegenüber dem *moralischen Vertrag*, sind Anlaß für Sanktionen bspw. in Form von Vertrauensverlust

Abbildung in Anlehnung an Gebert / Boerner 1995, S. 294 und Petersen 1998, S. 242f).

Als Voraussetzung einer Bewußtseinsentwicklung in sozialen Systemen hin zu einem dialogischen Miteinander wird demnach u.a. folgendes angesehen:

- eine hierarchieübergreifende Informations- und Kommunikationspolitik, die
- Lernkapazitäten in Form von Feedbackprozessen aktiviert und
- mit konkreten Problemlösungsprozessen unter Einbeziehung unterschiedlichster Informationen verbunden ist (vgl. Argyris 1993).

Diese Bewußtseinsentwicklung läßt sich auch wie folgt schlagwortartig umschreiben:

- Problemlöse- statt Larmoyanzkultur
- Lern- und Handlungskultur statt Bewahrungskultur
- Kreative und schöpferische Chaoskultur
- Konstruktive Fehlerkultur
- Positive Streitkultur
- Partizipationskultur
- Kultur des unternehmerischen Denkens und Handelns

Die hier angeregte, als notwendig eingeschätzte Entwicklung hin zu einem dialogischen Management erfolgte eben nicht nur unter philosophisch-ethisch-pädagogischen Aspekten. Vielmehr sollte angedeutet werden, daß darüber hinaus auch konkrete ökonomische Vorteile mit einem dialogischen Management verbunden sind.

Literatur

Apel, K.-O.: Transformation der Philosophie. Bd. 2: Das Apriori der Kommunikationsgemeinschaft. Frankfurt a. Main 1988
Antoni, C.: Qualitätszirkel als Medium der betrieblichen Personal- und Organisationsentwicklung. In: Geißler, H. (Hrsg.): Arbeit, Lernen und Organisation. Weinheim 1996
Argyris, C.: Knowledge for Action. San Francisco 1993
Beck, U.: Risikogesellschaft – Auf dem Weg zu einer anderen Moderne. Frankfurt a. Main 1986
Beck, U. / Brater, M. / Daheim, H.: Soziologie der Arbeit und der Berufe. Reinbek 1980
Benner, D.: Allgemeine Pädagogik. München 1991
Bleicher, K.: Das Konzept Integriertes Management. Frankfurt a. Main, New York 1992
BMW AG: BMW Lernstatt: Organisationsentwicklung im Unternehmen. München 1985
Bühl, W.L.: Grenzen der Autopoiesis. In: Kölner Zeitschrift für Soziologie und Sozialpsychologie 1987
Cooperrider, D. L. / Srivastva, S.: Appreciative Inquiry in Organizational Life. Thesenpapier 1987
Frehr, H.-U.: Total Quality Management. München, Wien 1994
Friedman, J.: Cultural Identity and Global Proces, London 1994
Gaitanides, M.: Führung und Querdenken. In: Zeitschrift für Personalforschung, 6 (3), 1992
Gebert, D. / Boerner, S.: Manager im Dilemma. Frankfurt 1995

Geißler, H.: Sinnmodelle des Managements: Vom Handwerker- über des Gärtner- zum Mitverantwortungsmodell. In: Geißler, H. / Krahmann-Baumann, B. / Lehnhoff, A. (Hrsg.): Umdenken im Management-Management des Umdenkens. Frankfurt 1996

Geißler, H.: (Hrsg.): Unternehmensethik, Managementverantwortung und Weiterbildung. Neuwied 1997

Giddens, A.: Modernity and Self-Identity, Self and Society in the Late Modern Age. Cambridge 1991

Gomez, P. / Timmermann, T.: Unternehmensorganisation. 2. Auflage. Frankfurt a. Main, New York 1993

Jantsch, E.: Die Grenzen westlicher Rationalität, Frankfurt 1980

Klimecki, R.G.: Führung in der Lernenden Organisation. In: Geißler, H.: (Hrsg.): Unternehmensethik, Managementverantwortung und Weiterbildung. Neuwied 1997

Klimecki, R. / Probst, G. / Eberl, P.: Entwicklungsorientiertes Management. Stuttgart 1994

Kotler, Ph. / Bliemel, F.: Marketing-Management. Stuttgart 1992

Krüger, W.: Macht in der Unternehmung. Stuttgart 1976

Küpper, W.: Organisationsrationalität: Sind Organisationen vernunftfähiger als Individuen. In: Geißler, H. (Hrsg.): Unternehmensethik, Managementverantwortung und Weiterbildung. Neuwied 1997

Küpper, W. / Ortmann, G.: Mikropolitik. Opladen 1992

Lehnhoff, A.: Vom Management Development zur Managementbildung. Frankfurt a. Main 1997

Lehnhoff, A.: Strategien des Personalmanagements in einer Lernenden Organisation – oder: Die strategischen Herausforderungen der Personalpolitik im Rahmen eines dialogischen Managementverständnisses. In: Geißler, H. / Behrmann, D. / Krahmann-Baumann, B. (Hrsg.): Organisationslernen konkret. Frankfurt 1998a

Lehnhoff, A.: Managementbildung als Ermöglichung organisationaler Lernprozesse. In: Geißler, H. / Lehnhoff, A. / Petersen, J. (Hrsg.): Organisationslernen im interdisziplinären Dialog. Weinheim 1998b

Lenssen, G.: Besinnung in der Wirtschaft in: Matheis, R. (Hrsg.): Leadership Revolution. Frankfurt 1995

Malik, F.: Strategie des Managements komplexer Systeme. Bern, Stuttgart, Wien 1992

Mann, R.: Das ganzheitliche Unternehmen. Bern 1988

Petersen, J.: Organisationslernen als politisches Lernen in der Organisation und der Organisation. In: Geißler, H. (Hrsg.): Organisationslernen und Weiterbildung. Neuwied 1995

Petersen, J.: Die gebildete Unternehmung. Frankfurt 1997

Petersen, J.: Organisationslernen und Föderalismus. In: Geißler, H. / Lehnhoff, A. / Petersen, J. (Hrsg.): Organisationslernen im interdisziplinären Dialog. Weinheim 1998

Petersen, J.: Von den Managementtechniken zum Dialogischen Management. Habilitationsschrift. Hamburg 1999.

Pfeiffer, W. / Weiss, E.: Lean Management. Berlin 1992

Samson, H. / Setulla, R.: Lernstatt Hoechst – Ein Weg zur Organisationsentwicklung im Betrieb. In Trebesch, K (Hrsg.): Organisationsentwicklung in Europa – Organisation Development in Europe (S.730-747). Bern, Stuttgart 1980

Schreyögg, G.: Zu den Problematischen Konsequenzen starker Unternehmenskulturen. In: Zeitschrift für betriebswirtschaftliche Forschung 41 (2 / 1989), S.94-113

Schreyögg, G / Noss, Chr.: Organisatorischer Wandel: Von der Organisationsentwicklung zur lernenden Organisation. In: DBW 55 (1995) 2, S. 169-185

Wunderer, R.: Managing the boss – „Führung von unten". In: Zeitschrift für Personalforschung 1992, 6 (3)

Wunderer, R. / Grunwald, W.: Führungslehre. Bd. 1. Grundlagen der Führung. Berlin, New York 1980

Sibylle Peters

Perspektiven der Weiterbildungspraxis zwischen Netzwerkkooperationen und betrieblicher Personalentwicklung

Trends (inner-) betrieblicher Weiterbildung

Durch die Dominanz der berufsbezogenen Qualifizierung waren Bildungs- und insbesondere Qualifizierungsfragen innerhalb der Weiterbildung in den letzten 20 Jahren an den sich wandelnden Anforderungen der Industrie orientiert. Dieser Wandel in den Unternehmen hat die Bildungspraxis der beruflichen Erst- und Weiterbildung grundlegend verändert, gleichermaßen ist in der institutionellen Weiterbildung der Diskussion der beruflichen Qualifizierung Aufmerksamkeit entgegengebracht worden. Im Kontext von Modernisierungsstrategien in Unternehmen der Industrie sowie im Dienstleistungsbereich verlaufen jedoch vielfältige und heterogene Entwicklungs- und Wandlungsprozesse in nicht eindeutigen und einheitlichen Trends, wobei berufliche Weiterbildung immer weniger unter dem Primat einer berufsbezogenen Qualifizierung im Sinne nachschulischer und außerberuflicher Weiterbildung nach der Berufsausbildung zu verstehen ist. Die Herausforderungen von Globalisierung und industriellem Wandel führen die Unternehmen in den europäischen Ländern zu branchenübergreifenden und transnationalen Modernisierungsprozessen und weisen bei aller Pluralität und Diversifizierung auf, dass neue Bündelungen und Kooperationen zur Bewältigung des Wandels erforderlich sind. Zu diesen zählen insbesondere Bildung und Förderung sowie Personal- und Organisationsentwicklung und integrierte Managementsysteme. Als eine zentrale Aufgabe für das nächste Jahrtausend kann die Steuerung von Innovationen in Organisationseinheiten, innerhalb von Branchen sowie in lokalen, regionalen und transnationalen Netzwerken verstanden werden. Im Mittelpunkt solcher Entwicklungen stehen die Flexibilisierung von Strukturen in Organisationen sowie der flexible Einsatz aller Mitarbeiter, so dass Innovationsfähigkeit gesteigert werden kann. Um den Auf- und Ausbau von Netzwerken, in denen unterschiedliche Akteure Innovationspotentiale bündeln, zu fördern geht es z.B. darum, neue Ideen zum Nutzen der Organisation oder der Region zu entwickeln oder die Intensität beschäftigungswirksamer Innovationen nachhaltig zu erhöhen sowie die Effektivität, Qualität und Effizienz der Kommunikations-, Kooperations- und Koordinationsprozesse als relevante Erfolgsfaktoren zu nutzen, etc. Die Nutzung bisher nicht wahrgenommener betriebsinterner Ressourcen soll nunmehr für die Gestaltung sozialer Prozesse in Kommunikation und Kooperation verfolgt werden. In ihnen bündeln neue Vorgehensweisen und Abläufe innerhalb von Netzwerkstrukturen Informationen, Erkenntnisse und Erfahrungen, von denen erhofft wird, daß sie auf die Dynamik von Innovationen Einfluß haben.

Die Weiterbildung selbst ist in diese Wandlungs-, Flexibilisierungs- sowie Netzwerkprozesse eingebunden bzw. ist selbst Flexibilisierungen ausgesetzt und kann als berufsbezogene Qualifizierung nur noch als eine Option neben den neu entwickelten pluralen Formen innerbetrieblicher Weiterbildung verstanden werden. Die Flexibilisierung von Weiterbildung vollzog sich in den 90er Jahren in Prozessen einer zunehmenden Deinstitutionalisierung. Es fand eine Deregulierung statt, so dass Weiterbildung zunehmend von Unternehmen direkt in Bildungsbedarfsstrategien nachgefragt und in unternehmensspezifische Kontexte eingebunden wurde. Diese Prozesse des „Auszugs" beruflicher Weiterbildung aus öffentlichen Institutionen wurden zunächst als eine „Verbetrieblichung" der beruflichen Weiterbildung bezeichnet. Dieser Sachverhalt wird unter erwachsenenpädagogischer Perspektive als Dekontextualisierung und Entgrenzung (der zu vermittelnden Inhalte) des Pädagogischen geführt, da berufliche Weiterbildung in Unternehmen nicht unbedingt in der Verantwortung pädagogisch Professioneller steht, wie es für die öffentlich verwaltete Weiterbildung zutrifft (Klein / Reutter 1999). Innerhalb von Unternehmen haben sich andere Formen und Thematiken als Deregulierungserscheinungen, als betriebliche Weiterbildung herausdifferenziert (Harney 1998; Baitsch 1998, 269ff), bzw. Form und Inhalt von Weiterbildung sind dort unentwegt neuen Flexibilisierungsprozessen ausgesetzt. Eine Differenz zwischen beruflicher und betrieblicher Weiterbildung ist in der Weise gegeben, dass berufliche Weiterbildung als berufsbezogene Qualifizierung individuelle Ansprüche an die Herausbildung und Sicherung von Berufsprofilen innerhalb öffentlich verwalteter Weiterbildung (Münch, S. 11ff.) aufgreift und dem Einzelnen den (Wieder-) Zugang zum berufsspezifischen Arbeitsmarkt ermöglicht. Betriebliche Weiterbildung hingegen ist eine strategische Größe in Unternehmen und wendet sich anderen Thematiken und Kontexten als den pädagogischen zu. Die betriebliche Weiterbildung konzentriert sich vorwiegend auf Anpassungsqualifizierungen spezifischer Thematiken mit unterschiedlichen Formen arbeitsintegrierten Lernens, die an selektierten Arbeitsplätzen mit speziellen Anforderungsprofilen und diversen Arbeitnehmerzielgruppen auftreten, um vordringlich technische Innovationen durchzusetzen. Die sich in der Praxis von Unternehmen ausdifferenzierenden Angebotsformen und Lernkonzepte werden nicht mehr nur auf der Basis pädagogischer Konzepte und Methoden entwickelt und erprobt. Anders gesagt: die Resultate der pädagogischen Veranstaltungen innerbetrieblicher Weiterbildung werden zunehmend weniger durch die Intentionen einer pädagogischen Profession bestimmt, sie bedürfen z. B. keiner öffentlich zertifizierten Anerkennung. Betriebliche Weiterbildung wird einerseits durch die Interessen, Erfahrungen, Lebenslagen und Biographien der Teilnehmer bestimmt, andererseits wird sie durch die betrieblichen Anforderungen und potentiellen Optionen, die Unternehmen verschiedenen Akteuren und Akteursgruppen an Gestaltungsinteressen in Personal- und Organisationsentwicklungsstrukturen einräumen, bestimmt (Peters 1999). Durch diese Trends findet eine Polarisierung der beruflichen und betrieblichen Weiterbildung statt. Die berufliche Weiterbildung wird in Berufssysteme eingeordnet, während die betriebliche Weiterbildung als neue Form von menschlicher Ressourcenorientierung innerhalb (interpretativer) betrieblicher Personal- und Organisationsentwicklung anzusiedeln ist. Gleichermaßen zeichnet sich eine strukturelle Überforderung von Einrichtungen der Weiterbildung ab, da sie in eine Zerreißprobe zwischen beiden Strukturentwicklungen geraten bzw. betriebliche Weiterbildung infolge der Deregulierung eigenen ökonomischen Handlungslogiken folgt. Die Weiterbildungs-Einrichtungen sehen sich gezwungen, ihren Bildungsauftrag in dieser widersprüchlichen Spannungslage produktiv neu zu definieren, um zukunftsfähige Entwicklungen einzuleiten (Schäffter,u.a.1999, 205).

Trends betrieblicher Weiterbildung in transdisziplinären Praxiskontexten

Betriebliche Weiterbildung nimmt Thematiken auf, die den pädagogischen Gegenstand von berufsbezogener Qualifizierung in Planung und Durchführung für die Lehrer und unterrichtsbezogener Evaluierung für spezielle Adressatengruppen bei weitem überschreiten. Hier können nur einige Thematiken genannt werden. So wird z. B. der Gegenstand der Qualifizierung von Erwachsenen zunehmend unter Aspekten von Bildungscontrolling gesehen oder Assessment-Auswahlverfahren testen Einstellungsvoraussetzungen innerhalb von betrieblicher Personalentwicklung, da erworbene Qualifikationen und Berufsprofile infolge ihres Generalisierungsgrades als Personalauswahlverfahren nicht hinreichend erscheinen, soziale Kommunikation erhält in Fragen der Qualitätssicherung technischer Produktlinien Gewichtung oder die Optimierung von Integrationsformen von Personal- und Organisationsentwicklung als Einbindung der Mitarbeiter wird nunmehr auch unter Beteiligungs- und Partizipationsaspekten thematisiert, etc. Die Differenz zwischen beruflicher und betrieblicher Weiterbildung wird größer und läßt sich m. E. zunehmend weniger unter der Prämisse von Form und Inhalt berufsrelevanter Qualifizierungsfragen als Dichotomie zwischen betrieblichen Anforderungen und individuellen Ansprüchen (Heid 1998, 33ff.) thematisieren. Neueren Entwicklungen zufolge nimmt zudem die Differenz innerhalb betrieblicher Weiterbildung zwischen betrieblichen und arbeitsorganisatorischen Interessen und einer Optimierung von Integrationsformen von Personal- und Organisationsentwicklung als Ressourcenorientierung zu (Ringshausen 1999), ebenso gewinnt die strategische Nutzung von Ressourcen in Netzwerkstrukturen an Bedeutung. Diese Entwicklungen zeigen sich gegenwärtig in der Praxis von Modellversuchen, die in regionalen und europäischen Netzwerkinitiativen ihren Ausdruck finden. Neue Anforderungen und Aufgaben in Netzwerken konzentrieren sich innerhalb dieser Modellversuche auf Wechselwirkungen veränderter Kooperationsformen zwischen verschiedenen Akteuren, so dass nachhaltige Innovationen initiiert werden können. Innerhalb dieser Strukturen sind berufliche und betriebliche Weiterbildung nicht mehr nur Gegenstand der systemischen Differenzbetrachtung in ihren jeweiligen Leistungen und ihrer historisch gewachsenen Systemzugehörigkeit (Harney 1997, S. 94ff.; Harney 1998; Peters 1999); die jeweiligen Leistungen der differenten Formen von Weiterbildung gewinnen unter Akteurs- sowie ökonomischen Interessen in ihrer Kooperations- und Integrationsform untereinander eine neue Bedeutung.

Es erscheint evident, dass die Weiterbildungspraxis sich immer stärker differenziert und der eigentliche Gegenstand von Weiterbildung, nämlich Fragen von Qualifizierung und Entwicklung von beruflicher Handlungskompetenz von Erwachsenen, die pädagogisch didaktisch zu vermitteln sind, sich angesichts komplexer werdender Anforderungen außerhalb des institutionalisierten Weiterbildungsbereichs marginalisiert (Klein / Reutter 1998). Auch die Säule der Bildungsbedarfsermittlung, die der eigentlichen Qualifizierungsphase vorgeschaltet ist, ist nicht mehr nur mit pädagogischen Methoden und Konzepten zu bearbeiten (Abicht / Borkenhagen 1998).

Die Anforderungen der Weiterbildungspraxis werden nicht nur differenzierter sondern betriebliche Weiterbildung in Netzwerkstrukturen wird unter transnationalen Aspekten der EU- Entwicklung interessant. Die Einbindung in andere Thematiken als die der pädagogischen erfordert zunehmend die Thematisierung in transdisziplinären Kontexten wie der Betriebswirtschaftslehre, den Organisationstheorien der Soziologie sowie der Ingenieurwissenschaften. Bildungspraxis im Kontext von Personal- und Organisationsentwicklung sowie im Kontext von integrierten Managementsystemen technischer Produktlinien folgt anderen Sinnkontexten. Solche sind z. B. Fragen der Evaluierung durch benchmarking- Verfahren. Darin spiegeln sich m. E. Dekontextualisierungen erwachsenenpädagogischen Wissens in Praxisformen transdiziplinärer Kontextualisierungen wieder, die die Kooperation zwischen verschiedenen Disziplinen geboten erscheinen lassen. Ich möchte an Beispielen aufzeigen, dass der transdisziplinäre Diskurs für die Praxis- und Theorieentwicklung der Erwachsenenbildung / Weiterbildung sowie der Betriebspädagogik unabweisbar ist und Überlagerungen gegenläufiger Entwicklungsverläufe in der beruflichen und betrieblichen Weiterbildung allein nicht Innovationsfähigkeit bewirken. Gegenwärtig zeigt die Weiterbildung und damit ihr öffentlich institutionalisierter Part der berufsbezogenen Qualifizierung als berufliche Weiterbildung in den sich seit dem letzten Jahrzehnt zeigenden gesellschaftlichen und unternehmensspezifischen Modernisierungs- und Transformationsprozessen eine „pädagogische Reaktionsbildung" auf, die Schäffter als Ausdruck unbegriffener Schwierigkeiten und weniger als bildungspolitisch reflektierte Gegensteuerung benennt (Schäffter, u.a.1999, S. 205). Für die Weiterbildung und deren Institutionalisierungsform werden die Modernisierungs- und Deregulierungsprozesse aus der Perspektive des Opfers gesellschaftlicher Modernisierung gesehen. Die Einflussnahme ökonomischer Handlungslogiken auf das betriebsinterne Weiterbildungswesen wird bildungstheoretisch abgelehnt (ebenda). Die Pluralisierung innerhalb der betrieblichen Weiterbildung nimmt zu und wird in transdisziplinäre Fragestellungen und Probleme eingewoben, diese allein aus einem erwachsenenpädagogischen Tätigkeitsprofil lösen zu wollen kann m. E. den Praxisanforderungen kaum gerecht werden. Folgende Trends, die ich an zwei Beispielen aufzeigen möchte, zeichnen sich ab.

Zunächst zu neueren ökonomischen Trends: Unter dem Einfluß der wachsenden Globalisierung setzt sich zunehmend eine strikte ökonomische Orientierung auf Abnehmermärkte durch, von der auch nachhaltig Auswirkungen auf die Organisation betrieblicher Arbeit ausgehen. Kurzfristigkeit, Flexibilität und Elastizität des Wirtschaftens scheinen zunehmend Eckpfeiler des „neuen Kapitalismus" darzustellen. In dem Maße, wie sich Wettbewerbsvorteile – insbesondere im Dienstleistungsbereich – nicht länger einseitig über technologisch hochentwickelte Produktions- und Prozeßverfahren generieren lassen, da die allgemeine Nutzung von Informations- und Kommunikationstechnologien vielfach bereits zur Mindestvoraussetzung für eine Marktpositionierung von Dienstleistungsunternehmen geworden ist, haben vor allem privatwirtschaftliche Organisationen begonnen, sich über verbesserte Qualitätskriterien bzw. über die Diversifikation ihrer Produktpaletten gegenüber dem Kunden zu profilieren.

- Dazu gehört Weiterbildung als strategischer Wettbewerbsfaktor. Weiterbildungsangebote sind, sollen sie erfolgreich und wirkungsvoll sein, immer weniger fern von betrieblichen Bildungsbedarfen sowie Umsetzungs- und Anwendungsbedingungen zu konzipieren. Um ihre Leistung für Kunden / Abnehmer intern und extern und zunehmend in regionalen oder transnationalen Netzwerken transparent zu machen, gewinnen Fragen von Evaluierung und Qualitätsaspekten an Bedeutung. Diese beziehen sich infolge der Flexibilisierung von Lernort, -zeit und Lerninhalten berufsbezogener Weiterbildung nicht mehr nur auf Rahmenbedingungen der Vermittlung berufsbezogener Qualifizierungen. Evaluierung und Qualitätsdiskussion in Netzwerken betreffen Nutzungsaspekte aus verschiedenen perspektivischen Winkeln, die bisher nicht in praxisbezogenen Anwendungskontexten relevant wurden, jedoch eine Ressource für Regeln und Legitimation sozialen Handelns von Akteuren sowie von Organisationsstrukturen für Innovationsprozesse sind. Diese Erscheinungen in ihren Wechselwirkungen als auch Rückwirkungen zu erfassen, überschreitet Wissensformen in seinen institutionalisierten Bildungs- und Qualifizierungsbezügen sowie Praxisanwendungen als bloß kurzfristige Bildungsbedarfe in Unternehmen. Eine prospektiv gesehene Bildungsbedarfsplanung kann das Umfeld von Modernisierungs- und Organisationsentwicklungen nicht thematisieren bzw. es bleibt unklar, solange sie nicht in ihrer Qualität in kommunikativen Regel- und Legitimationsformen von Netzwerken in ihrer Leistung reflektiert werden. Klassische Bildungs- und Evaluierungsverfahren genügen diesen interaktiven Validierungen nicht mehr, neue Formen wie best- practice- und benchmarking- Verfahren hingegen versprechen durch Beobachtung, Messung und Vergleichen, dass die Kernprozesse in Netzwerken und die Leistungen und Erfolge durch die wechselseitige interaktive Perspektive aller Beteiligten transparent gemacht werden. Interaktive Formen von Mode-

ration und Mediation, in die Bildung und Lernen eingebunden sind, strukturieren Netzwerkprozesse und stehen als Garant für die Entwicklungsfähigkeit von Netzwerken und Wertschöpfungsketten. Bildung und Lernen werden wesentliche Elemente von Netzwerkprozessen, die zu einer Erhöhung und Steigerung von neuen Formen von Interaktionskontinuen beitragen sowie neue Möglichkeiten der Rhythmen von Öffnung und Schließung von Handlungs- und Entscheidungsspielräumen offerieren, die lineare Steigerungsprogrammatiken von Bildungs- und Erwerbstätigkeiten zunehmend verdrängen. Ich weiß nicht, ob hier von einer strukturellen Überforderung der Anforderungen an Weiterbildung zu sprechen ist, deutlich wird jedoch, dass systematische Problemlösungen in Netzwerken angestrebt werden und Qualifizierungsfragen eher isolierte Faktoren sind, die in ihrer Wechselwirkung und Förderung von Personal- und Organisationsentwicklung ihren innovativen Beitrag entfalten;
- Durch eine tendenzielle Abnahme standardisierter Handlungssituationen des Wirtschaftens und die Zunahme von Standardisierungen des Arbeitshandelns in unteren Arbeitsmarktsegmenten des industriellen Bereichs entstehen in den typischen Dienstleistungsbereichen Handel, Banken und Versicherungen gestiegene Beratungsanforderungen und situative Flexibilität. Dabei wird die Qualität und Professionalität der subjektiven Einschätzung bzw. Bewertung des Kunden als Produktions- und Dienstleistungskäufer sowie die Berücksichtigung der Kundenperspektive in den Prozessen der Produktentwicklung und -gestaltung zu einer Wettbewerbsgröße. Vor dieser Perspektive zeichnen sich zwei zentrale Entwicklungsbereiche, die einen erweiterten Zugang als Formen arbeitsintegrierten Lernens aufzeigen können, ab, wobei der erste primär arbeitsorganisatorisch und der andere ressourcenorientiert ausgerichtet ist.

a) Arbeitsorganisatorische Veränderungsprozesse werden zumeist durch die Umsetzung von Zielstrategien zur Steigerung der unternehmerischen Produktivität ausgelöst. In der organisationalen Umsetzung soll mit dem Anspruch optimierter Wertschöpfungsprozesse eine deutliche Flexibilisierung auf der Basis der Verbreitung von Informations- und Kommunikationstechnologien durch eine zunehmende Entkoppelung von zeitlichen und räumlichen Zwängen stattfinden, so dass neue arbeitsorganisatorische Gestaltungsspielräume erarbeitet werden können, die im steigenden Maße eine Integration planerisch-dispositiver, durchführender und kontrollierender Tätigkeiten erlauben. Zweierlei Tendenzen zeigen sich innerhalb dieser Perspektive ab: zum einen werden durch den Einsatz von Informations- und Kommunikationstechnologien auf der Ebene des Kompetenzeinsatzes auf „niederer organisatorischer Intelligenz" neue Rationalisierungsprozesse insbesondere im Bereich der industriellen Produktion erschlossen. Zum anderen resultieren auf der Steuerungs- und Regelungsebene aufgrund einer technologisch unterstützten Kommunikationsvernetzung und steigender Abstimmungs- und Kooperationsanforderungen, wie sie im Dienstleistungssektor typisch sind, neue Kompetenzbedarfe der Unternehmen: Kooperations- und Kommunikationskompetenz gewinnen mit flexibilisierteren Organisationsstrukturen und einer erweiterten Produktdiversifikation strategische Bedeutung (Ringshausen 1999, S. 17), die arbeitsintegriertes Lernen als berufsbezogene Qualifizierung weit überschreitet.

b) In neueren Trends gewinnen ressourcenorientierte Entwicklungsbereiche Beachtung, die sich auf die Förderung, Entwicklung und Sicherstellung der organisationalen Lern- und Entwicklungspotentiale und -kompetenzen konzentrieren. Es geht um die Thematisierung sozialer Steigerungsformen der Wahrnehmung und um die Thematisierung informaler Regeln und Bereiche, die gegenüber einem arbeitsorganisatorischen Verständnis der Strukturierung formaler Organisationsprozesse nunmehr ein neues Verständnis von organisationalen Humanressourcen thematisieren. Dieses betrifft Fragen einer Flexibilisierung der Belegschaften, die Kappung der Organisationshierarchien, die Bildung von Netzwerken und damit verbunden Kooperation und die in allen Umstrukturierungsprozessen inbegriffenen Transformationsregeln von Macht, Sprache, etc. Diese Überlegungen führen zu einem Bedeutungsanstieg der individuellen Humanressource und deren Verhalten in informalen Organisationskontexten, da mit der Auflösung standardisierter Arbeitsabläufe bzw. -bedingungen die Gestaltungskompetenz des individuellen Arbeitnehmers wichtiger wird, wobei gleichermaßen Grenzen konventioneller Personalentwicklung überschritten werden. Grundlegend handelt es sich um eine permanent zu erbringende kognitive Anpassungsleistung des Individuums an sich verändernde Arbeitsbedingungen und an sich verändernde technische und arbeitsorganisatorische Steuerungen, die informell auf die Qualität der Abläufe von Prozessen und Informationen Einfluß haben bzw. informelle Prozesse durch interpretative Personalentwikklungsmethoden thematisieren. Downsizing bzw. Flexibilisierung der Belegschaften, Kappung der Organisationshierarchien, virtuelle Organisationen und Netzwerke der Kooperation sowie eine Extensivierung flexibler Teilzeit- Belegschaften an den Unternehmensperipherien („just-in-time-employment") führen zu einem grundsätzlichen Bedeutungsanstieg der individuellen Humanressource, da mit der Auflösung standardisierter Arbeitsabläufe bzw. -bedingungen die Gestaltungskompetenz (role-making) des individuellen Arbeitnehmers zunehmend wichtiger wird. Dieses gilt zumindest und insbesondere für die Kernbelegschaften von Unternehmen, die das Core-Business sicherstellen (Ringshausen 1999, S. 18). Dieses geht zu Lasten der Identifikation des Menschen mit einer bestimmten Rolle innerhalb konventioneller Berufsprofile. Insbesondere Prozesse der individuellen Identitäts- und Persönlichkeitsbildung sind davon nachhaltig betroffen, da hier biographische Brüche und Diskontinuitäten individuell bewältigt werden und Lebens- und Karriereplanungen als Portfolio-Work und Laufbahnplanungen im Sinne eines „Career and Life managing" individuell geleistet werden müssen, da vorstrukturierte, lineare Berufs- und Karriereverläufe innerhalb standardisierter Berufsprofile der Vergangenheit angehören. Derartige Trends verstärken sich angesichts des Rückgangs der öffentlich geförderten Weiterbildung (Peters 1999).

Netzwerkkooperationen und Weiterbildungsprofile

Die gegenwärtig zu beobachtende Tendenz des Bedeutungszuwachses von arbeitsorientierten zu ressourcenorientierten Veränderungsprozessen weist auf einen Perspektivenwechsel hin, der die Diskussion um formelles und informelles Wissen und Lernen betrifft bzw. die Aktualität informellen Lernens im Gegensatz zum internationalen, organisierten Lernen berufsbezogener Qualifizierung wiederspiegelt. Betriebliche Weiterbildung in Verknüpfung mit ressourcenorientierten Veränderungen steht im Kontext interpretativer Personal- und Organisationsentwicklung. Modernisierungsprozesse haben zu einem Strukturwandel von Weiterbildung geführt und die Erwartungsmuster, alle Strukturveränderungen durch pädagogisch professionelles Wissen entwickelnd begleiten zu können (Schäffter, u.a. 1999, 204ff) sind m. E. kritisch zu reflektieren. Zu hinterfragen ist auch, ob hier nur strukturelle Überforderungen gegeben sind, die der disziplinär, durch Arnold geprägte, Begriff der erforderlichen „Weiterungen" des Pädagogischen (Arnold 1996) die innovativen Netzstrukturen hinreichend auffangen kann. Diese Fragen lassen sich nicht theoretisch entscheiden; m. E. hilft eine differenzierte Praxis- und Forschungspolitik in transdisziplinärer Perspektive, Weiterbildung in ihrer strategischen Ausrichtung und Wechselwirkung unter unterschiedlichen Fragestellungen zu analysieren, um die Praxisanforderungen neu zu generieren. Fragen der Ermittlung und Vermittlung berufsbezogener Qualifizierungen in Bildungsbedarfsanalysen, wie sie zurückliegend von Th. Hülshoff als zentrales Instrument pädagogischer Profession gesehen wurden, sind inzwischen großen Wandlungsprozessen ausgesetzt.

Literatur:

Abicht, L. / Borkenhagen, P.: Betriebliche Weiterbildung – Schwerpunkte, Bedingungen, Probleme, Trends, Otto-von-Guericke-Universität Magdeburg, Arbeitsbereichte H 18, 1998 des Instituts für Berufs- und Betriebspädagogik

Arnold, R.: Weiterbildung, München 1996

Delphi- Befragung 1996 / 1998, hrsg. vom BMBF, Bonn

Harney, K.: Handlungslogik betrieblicher Weiterbildung. Stuttgart, 1998

Harney, K.: Sinn der Weiterbildung. In: Lenzen, D. / Luhmann, N. (Hrsg.): Bildung und Weiterbildung im Erziehungssystem. Frankfurt 1997, S. 94-114

Heid H.: Berufliche Bildung im Spannungsfeld zwischen betrieblichen Anforderungen und individuellen Ansprüchen. In: Euler, D. (Hrsg.): Berufliches Lernen im Wandel – Konsequenzen für die Lernorte? 3. Forum des Berufsbildungsforschungsnetzes. Nürnberg 1998, S. 33-54

Hülshoff, Th. / Arnold, R.: Modellversuch Betriebspädagogik in Landau. In: AUE- Informationen, 1981, S. 1-3

Hülshoff, Th.: Selbstgesteuertes Lernen und Persönlichkeitsentwicklung. In: Pädagogische Führung. H 2, 1991, S. 64-69

Isenhardt, I. / Hinning, K. / Lorscheider, B. (Hrsg.): Dienstleistung lernen. Kompetenzen und Lernprozesse in der Dienstleistungsgesellschaft. Aachen 1999

Klein, R. / Reutter, G. (Hrsg.): Lehren ohne Zukunft? Wandel der Anforderungen an das pädagogische Personal in der Erwachsenenbildung Hohengehren 1998

Münch, J.: Berufliche Weiterbildung in der Europäischen Union – ausgewählte Aspekte und Problemfelder. In: Timmermann, D. (Hrsg.): Berufliche Weiterbildung in europäischer Perspektive. Berlin 1999,11-30

Peters, S. (Hrsg.): Professionalität und betriebliche Handlungslogik. Pädagogische Professionalisierung in der betrieblichen Weiterbildung als Motor der Organisationsentwicklung. Bielefeld 1998

Peters, S.: Differenz und Kooperation von beruflicher und betrieblicher Weiterbildung. In: Jahrbuch Arbeit, Bildung, Kultur, 17 / 1999, Recklinghausen

Peters, S.: Grenzgänge der Weiterbildung – Die Lernstatt zur Förderung von Schlüsselqualifikationen. In: Arnold, R. / Müller, H. J.(Hrsg.): S. 171-182

Ringshausen, H.: Die Bedeutung der Organisationstheorien für die betriebliche Weiterbildung – eine theoriekritische Diskussion unter besonderer Berücksichtigung transdisziplinärer Ansätze. Dissertation an der Otto-von Guericke-Universität, Magdeburg

Schäffter, O. / Weber, Ch. / Becher, M.: Entwicklungsbegleitung beim Strukturwandel von Weiterbildung. In: Klein, R. / Reutter, G.(Hrsg.): Lehren ohne Zukunft? Hohengehren 1999, S. 204-218

Schäffter, O.: Weiterbildung in der Transformationsgesellschaft. Berlin 1998

Strahl, Th.: Innerbetriebliche Weiterbildung: Trends in europäischen Unternehmen. In: Berufsbildung. Europäische Zeitschrift, H 15, S. 31-33

IV. Das Weiterbildende Studium der Betriebspädagogik – Studienerfahrungen, biographische Wandlungsprozesse und Forschungsperspektiven

Alexander L. Heil

Vom Studienbaustein zur weltweiten Vernetzung modularer Weiterbildung

Ein Feuilleton über Theo Hülshoff und den Landauer Studiengang Betriebspädagogik

Die neue Betriebspädagogik Landauer Prägung, 1980 als Beta-Projekt (Modellversuch) von Theo Hülshoff vorgestellt, 1982 aus der Taufe gehoben, wurde anfangs mit wenigen mutigen Mitstreitern als in vieler Hinsicht neuartiger Studiengang an der Erziehungswissenschaftlichen Hochschule Rheinland-Pfalz in Landau (heute Universität Landau-Koblenz) etabliert.

Neuartig war dieser Weiterbildungsweg nicht allein verschiedener wissenschaftlicher Pionierfelder in der Betriebs- und Arbeitspädagogik halber, nein, auch ungewöhnlich in der didaktisch-methodischen Ausformung der Studieninhalte, Präsentationsformen von Studienbausteinen, -briefen und Readern. Unbekannt war auch die Gestaltung der Kompaktseminare über mehrere Tage in sämtlichen Studienschwerpunkten mit ihren formellen und vor allem auch informellen Phasen an wechselnden Lernorten. Diese Studienphasen im Kompaktseminar waren als Schwerpunktbausteine der Lernfelder zu Beginn so ausgelegt, dass die Studierenden in zwei bis zweieinhalb Jahren vierzehn Pflichtbausteine (später auch Lernpartituren und Lernmodule) zu absolvieren hatten, um zur Prüfung für das Hochschulzertifikat Betriebspädagogik zugelassen zu werden. Darüber hinaus konnten Bausteine mit teils neu entwickelten Studieninhalten belegt werden, entsprechend persönlichen Neigungen oder beruflichen Anforderungen. Der Studiengang Betriebspädagogik war somit von vorneherein von keiner curricularen Corsage oder methodisch-formalen Kette umgeben. Er ist von Anbeginn ein sich selbst weiterentwickelndes Perpetuum für Wissenschaft und Praxis, dem in späteren Jahren ein Diplomstudiengang angefügt wurde. Aber auch die Klientel, die Studenten, Berufspraktiker nämlich, brachten eine einzigartige bundesweit zusammengewürfelte Studiengruppe mit bereits hohen fachlichen Vorkenntnissen sowie elaborierter Sozialkompetenz zusammen. Es waren hochmotivierte, neugierige junge Erwachsene, die den weiterbildenden Studiengang Betriebspädagogik für ihre persönliche und fachliche Weiterentwicklung wählten. Betriebe ermöglichten es zahlreichen jungen Führungskräften, den Studiengang zu belegen. Die Kosten trugen Studierende, Unternehmen und Hochschule gemeinsam. So war Hülshoffs neue Studienrichtung auch ein Vorbild vieler später entwickelten Studienmodelle öffentlicher und privater Hochschulen und Bildungseinrichtungen.

Dieser neue Studiengang wurde in eine Verkettung von Entwicklungen hinein geboren, die politisch, sozialökonomisch und kulturell von enormer Spannung, von bedeutenden Veränderungen in Kultur und Natur, vor allem aber von Veränderungen der Völker und Menschen – vornehmlich in der Arbeitswelt – begleitet und gekennzeichnet waren. Kommunikationswissenschaft und -technologie standen Anfang der achtziger Jahre in den Startlöchern, Grenzen zu überschreiten, um gigantische Veränderungen auch der Wirtschaftslandschaften der Betriebe im Weltdorf auf den Weg zu bringen. Personalcomputer begaben sich auf einen damals noch unvorstellbaren Siegeszug in die verstecktesten Winkel der Erde. Satelliten und Netze umschlossen in atemberaubendem Zeitraffertempo unseren Globus. Wissen und Forschung begannen in bis dahin unbekannter Weise, aus dem Elfenbeinturm der Hochschulen und Fachinstitute hervorzutreten, schnell jedermann verfügbar zu werden. Die Zeitzeichen standen auf Veränderung. In diesem Szenario sah und spürte Theo Hülshoff, der den embryonalen Entwicklungsstand der beruflichen Weiterbildung und Pädagogik kannte, die Notwendigkeit, seine Vision von neuen Betriebspädagogen zu verwirklichen. Er sah voraus, angeregt durch seine Studien- und Lehrtätigkeit an Hochschulen und Bildungseinrichtungen in den USA und Europa, dass die menschliche Arbeitswelt mondial neue Impulse und Wege der Weiterbildung in den Bereichen Organisationsentwicklung und Personalentwicklung bitter nötig haben würde. Dies vor allem unter veränderten andragogischen Ansätzen, um den in aller Hinsicht selbstbewußten Menschen als würdigen Mitgestalter in der Gesellschaft und am Ganzen seines beruflichen Umfeldes für seine Zukunft und deren Bewältigung vorzubereiten.

Wie kann nun der Mensch Theo Hülshoff, seine Wirkweise als Hochschullehrer, Analytiker, Pädagoge, Philosoph, Musiker, als in ganzheitlichem Sinne Wegbegleiter für Menschen und oft auch Wegbereiter für ihre Veränderung im beruflichen und privaten Umfeld porträtiert werden? Ist er als Ordinarius und Spiritus Rector neuer Betriebspädagogik und deren Organe zumindest holzschnittartig darstellbar? Darstellbar auch für Außenstehende, die den Nestor des Nachdenkens, des Vordenkens und vor allem des

Umdenkens in der betriebspädagogischen Landschaft nicht aus einer sehr frühen Nische heraus kennen? Mein Versuch, Theo Hülshoff als einen der großen Vordenker des zeitgemäßen betrieblichen Bildungswesens darzustellen, muss an dem Punkt beginnen, wo Studierende, Angestellte und sogar Unternehmer in gegenseitigem Vertrauen gemeinsam mit ihm Aus- und Weiterbildungskonzepte streitbar und einvernehmlich auf Inhalt und Gehalt abklopften. Ich blättere zurück in die Zeit des sogenannten WSB 0, dem Modellversuch und des darauf folgenden, noch mit ihm verzahnten WSB 1, dem Beginn des wissenschaftlichen Studiengangs Betriebspädagogik an der Universität Landau Anfang der achtziger Jahre. Damals setzte die neue Betriebspädagogik bei Theo Hülshoff dort an, wo der alte Humanismusgedanke über seine wissenschaftlich weiterentwickelten Verfechter jüngerer Generationen den Homo sapiens ganzheitlich als ein unverwechselbares Individuum berücksichtigt sehen möchte und es als solches deklariert.[1] Hier dient der Einzelne nicht nur seiner sozialen Umgebung, der Familie, Gesellschaft und im Arbeitsleben als notwendige Kraft. Jeder versteht sich diesen gesellschaftlichen Netzwerken und dem Einzelnen mit höchstmöglich positiven ganzheitlichen Zielen, Haltungen und Zuwendungen verpflichtet. Er erfüllt aber gleichermaßen seine individuellen, differenzierten Anforderungen und Ansprüche auf Selbstverwirklichung. Er erfüllt sie, um mit gutem Gewissen sich selbst entwickelnd auch der Gesamtheit optimal hilfreich zu sein. Eine komplizierte Idee also vom Verständnis des Menschen und der Einstellung der Menschen zueinander auch im Arbeitsleben. Hülshoff spricht von verantwortlichen Betriebspädagogen, die auf der natürlichen Basis stabiler, sich in hohem Maße selbst erkennender Individuen stehen, die darüber hinaus ausgeprägte dialektische Fähigkeiten besitzen und diese nicht eingeschränkt auf die Arbeitswelt anwenden.[2] Die Rede ist von neuen Betriebspädagogen, die begriffen haben, dass Verantwortung zunächst in vollem Umfang für sich selbst entwickelt und übernommen werden muss, um dann erst verantwortlich sein zu können für andere. Diese Betriebspädagogen haben Ziele und Wege vorzudenken und aufzubereiten, mittels derer pragmatische, intellektuelle, rituelle, psychische und physische Abläufe im Arbeitsleben zwischen Menschen aller Ebenen und Hierarchien optimiert werden können. Ziele, Wege, Kompetenzen und Qualifikationen für arbeitende Menschen aufzubereiten, die sich anfangs auf unterschiedlichem Erfahrungs- oder

---

[1] Klaus Hüfner in: Bildungswesen mangelhaft, BRD-Bildungspolitik im OECD-Länderexamen S.45f, Verlag Diesterweg Frankfurt / Berlin / München 1973

[2] Rupert Lay in: Dialektik für Manager, S.92 / 95, Rowohlt Taschenbuchverlag Hamburg 1976

Wissensniveau befinden und die schließlich mit unterschiedlichem Glücks- und Frustrationspotential ausgestattet sind, ist ebenfalls Kern Hülshoff'scher Theorie.[3]

Solchermaßen geartete, unterstützte und gewollte Vielfalt menschlichen Potentials im Arbeitsleben muss daher, das hat sich allen Landauer Betriebspädagogen tief eingeprägt, in der individuellen Einschätzung der jeweils einzelnen Motivationspotentiale in jeder arbeitspädagogischen Situation aufs Neue dort abgeholt werden, wo die einzelnen Menschen in ihrer Entwicklung gerade stehen. Dies impliziert für den Abholenden und den Abgeholten zwingend die Forderung von lebenslangem Lernen, das sich aus dem Qualifikationswandel selbst, den Veränderungen auf den Arbeitsmärkten, aus philosophischen und politischen Gründen heraus – siehe Platons Lehre vom Staat – herleitet.[4] Der Betriebspädagoge hat sich in der Einschätzung dieser Abholsituationen und der folgenden Prozesse höchsten berufsethischen Ansprüchen zu unterwerfen, weil er als Organisator von Lernprozessen und Coach bei Verhaltensänderungen weiß, welchen Einfluss seine Arbeit auf Menschen hat.

Die Basisbringschuld zur Verwirklichung neuer betriebspädagogischer Ansätze sowie die dazugehörigen Übungen und Methoden für auf Berufserfahrung, Wissenschaftserfahrung, Hermeneutik und vor allem auf Lebenserfahrung ruhender Betriebspädagogik hat Theo Hülshoff durch die erfolgreiche Entwicklung der Studiengänge Wissenschaftlicher Studiengang Betriebspädagogik und Wissenschaftlicher Studiengang Führungspädagogik (WSB und WSF) mit allen ihren Weiterentwicklungen (Diplom und Promotion) innerhalb der zwei Jahrzehnte bis zum Übergang in das neue Jahrtausend erfolgreich geleistet.

Er hat Menschen in den Betrieben, der Gesellschaft und auch der Wirtschaft, insbesondere den etwa 800 Multiplikatoren – das sind die Studienabsolventen aus fast 20 Jahren – geholfen, ihre Pflichten für Mensch und Gemeinwesen neu zu überdenken und der betriebspädagogischen Arbeit eine andere Gestalt verliehen, eine Ganzheitlichkeit menschlicher Anforderungen und Leistungen im Kontext humanen Verhaltens und Handelns.

---

[3] vgl. Theo Hülshoff: Handbuch der Betriebspädagogik, Didaktik für Betriebspädagogen, Hochschulmodellversuch Betriebspädagogik, Erziehungswissenschaftliche Hochschule Rheinland-Pfalz, Landau 1983, S.3 ff

[4] Antonius Lipsmeier, Lebenslanges Lernen, in: Betriebspädagogische Publikationen WSB, Erziehungswissenschaftliche Hochschule Rheinland-Pfalz, Landau 1984, S.32-37

Eine zeitgemäße Gestalt neuer betrieblicher Pädagogik und Andragogik also, die durch jeden Studiengang von Dozenten und Studierenden kritisch überprüft und fortgeschrieben wird. Eine pragmatische Wissenschaftsdisziplin, die ständig zu immer höherer Qualität im beruflichen Alltag führt, durch und für immer mehr Menschen.

Wirken für ein besseres Verständnis der Menschen untereinander, vor allem am Arbeitsplatz, gemeinsam mit den Beteiligten, Potentialermittlung und anschließend Potentialentwicklung für Mensch, Betrieb und Gesellschaft anzubieten und durchzuführen sind Ansätze, ohne die Theo Hülshoffs Betriebspädagogik nicht auskommt. Solcherlei Kriterien zeichnen sein Konzept einer neuen Wahrnehmungs-, Umgangs-, Verhaltens- und Unternehmenskultur qualitätvoll aus. Sie weisen in den achtziger Jahren Wege in der Übergangsphase vom Spättaylorismus in die Arbeitswelt einer vernetzten, medienorientierten Produktions- und Dienstleistungsgesellschaft von heute und morgen. Die selben Kriterien haben in den neunziger Jahren Bedeutung und Ansehen bei Menschen, Unternehmen und beruflichen Bildungseinrichtungen bundesweit, auch über Deutschland hinaus behalten. Dieses gedankliche Gerüst, das auch den philosophischen Ansätzen der Akademie Führungspädagogik (AFP) und deren Sektion Gesellschaft für Betriebspädagogik (GfB) zu Grunde liegt, tragen die Absolventen der Studiengänge, Dozenten und Nachahmer in sich; nicht wie ein Credo auf kostbarem Papier, sondern als Bewußtsein, als gelebte Überzeugung von einem kooperativen, entgegenkommendem Zusammenleben in der Arbeitswelt. Veränderungen, Anpassungen und Postulate, aber auch Brüche in den Sozial- und Erziehungswissenschaften der zweiten Hälfte unseres Jahrhunderts entstanden zunächst prozesshaft und in Zyklen im Zuge der wirtschaftlichen und politischen Ereignisse immer schneller.

Dieser Prozesshaftigkeit unterlag auch die Berufs-, Arbeits- und Betriebspädagogik, die ab den siebziger Jahren stetig an Bedeutung gewann. Seit den achtziger Jahren spricht die etwas flachstirnig denkende Fraktion der Betriebswirtschaft vom „Humankapital" als drittem Wirtschaftsfaktor. Diese verbale Diskriminierung des individuell denkenden und handelnden Menschen ist überdies schon immer in der Hierarchie der Wirtschaftsfaktoren falsch platziert gewesen. „Ohne Moos nix los" ist seit jeher eine Platitüde. Betriebspädagogen wissen, Realität ist: Ohne Mensch kein Wirtschaften. Ohne wachen Geist und beherzte Unternehmung, ohne Visionen kein Erfolg. Theo Hülshoff kannte auch diese Entwicklungen früh und solchen Erkenntnissen folgend wurden Methoden und Inhalte der Betriebspädagogik in Landau stets weiterentwickelt.

Auf dem 8. Kongress der Deutschen Gesellschaft für Personalführung (DGFP) 1999 in Wiesbaden konstatierte der Ordinarius Prof. Dr. Alfred Krieger, Universität Mannheim, kritisch an die Adresse der Unternehmen und deren Personalverantwortlichen gerichtet: „Viele klassisch ausgebildete Personalmanager sind nicht in der Lage, die notwendigen Visionen und Leitbilder zu konzipieren und diese so zu kommunizieren, dass dezentrale Einheiten motiviert werden, ihre bisherige Struktur und ihr Verhalten radikal in Frage zu stellen. Hier besteht für viele Personalentwickler ein Personalentwicklungsbedarf. Wenn die Entwicklungsexperten für Organisation und Qualifikation ihre früheren und derzeitigen Botschaften ernst nehmen, müssen sie die Mitarbeiter weitgehend zu Selbstorganisation und Selbsttraining befähigen. Die Experten sollen nicht mehr selbst organisatorisch gestalten, sondern den dezentralen Einheiten die Ziele und Grundprinzipien effektiv kommunizieren. Sie müsssen sich als Dienstleister begreifen, deren Dienste nur so lange in Anspruch genommen werden, wie sie notwendig und attraktiv erscheinen."[5] Diese Feststellungen sind seit Anbeginn Herzstück in Theorie und Praxis der Landauer Betriebspädagogen. Es geht in Zukunft also nicht allein um Modulare, sondern auch um dezentrale, individuelle Vermittlung von Wissen, Leitbildern, Visionen. Modular ist das Schlagwort unseres ausgehenden Jahrzehnts in das dritte Jahrtausend, geprägt von der Datenverarbeitung und übertragen auf die unterschiedlichsten Lebensbereiche. Alles, so scheint es, lässt sich in Module zerlegen, in begreifbare Baukastenelemente, in strukturierte Portionen, in Häppchen für alles und jedes.

Warum dieser Vorspann? Unabhängig von parallel zu den Inhalten einer in Entwicklung stehenden Gegenwartspädagogik und -andragogik für die betrieblich-wirtschaftlichen Lebensverhältnisse entstanden stets neue formale Strukturen für alle wissenschaftlichen Fortschritte, die die Inhalte nachhaltig und oft bahnbrechend mitbestimmten. So auch die Modularität des Arbeitens, des Lernens, des Erfindens, des Spielens, des Feierns und der Auseinandersetzung im Gespräch.

Angelehnt an die neuesten mikroskopischen Entdeckungen der Naturbausteine gelang der Transfer auf die Zusammenhänge in den Geisteswissenschaften in modulare Aufbauschemata aller Ebenen des Miteinanders, der Sichtweisen und der Vermittlungsstrategien. Theo Hülshoff hat seine Vision einer neuen modularen und vernetzten Lernkultur und Wissensver-

---

[5] vgl. Sabine Sunter in: Personalmagazin 1 / 99 (August), S.34 f, Max Schimmel Verlag Würzburg

mittlung in Modularketten schon 1984 mit entsprechenden Bausteinen (z.B. Mikroelektronik für Betriebspädagogen oder Medienkunde) im Studiengang Betriebspädagogik verankert und die Angebote stets weiterentwickelt, zu einer Zeit, als PCs der 286er Bauserie auf dem Markt noch längst nicht erhältlich waren.

Heute noch fordern Wissenschaftler, so zum Beispiel Heinz Mandl, Professor für Psychologie und Empirische Pädagogik an der Universität München, die Auswirkungen der neuen Medien auf das Lernverhalten von Menschen nicht als schicksalsbedingt, sondern als Ergebnis aktiver Gestaltung von Seiten aller Betroffenen anzusehen und anzugehen, als Chance, eine neue Lernkultur in die Bildungsinstitutionen zu bringen.

„Eine zentrale Rolle spielen dabei problemorientierte Lernumgebungen. Dazu gehört, dass authentische Problemsituationen als Ausgangspunkt für Lernprozesse herangezogen werden, dass neue Inhalte mit mehreren Situationen verknüpft und aus mehreren Blickwinkeln betrachtet werden und dass Lernen als sozialer Prozess in Gruppen stattfindet. Die Multimedialität und die globale Vernetzung ermöglichen, wenn sie gut aufbereitet sind, einerseits große Anschaulichkeit, andererseits vielfältige Kooperation und Kommunikation. Bildungsinstitutionen, die hier produktiv weiterkommen wollen, können fast nicht anders, als lernende Organisationen zu werden, an deren Entwicklungsprozess sich alle Betroffenen aktiv beteiligen. Entsprechend sind natürlich auch die Lehrenden mit einem neuen Berufsbild konfrontiert. Sie sind nicht mehr Dozenten, sondern Tutoren, Lernbegleiter oder Net-Coaches. Die Anforderungen reichen von der Rolle als Beschaffer von Informationen (Info-Broker), Anpasser von Lern-Inhalten (Content-Adapter), Begleiter im Tele-Lernprozess (Tele-Lernbegleiter) bis hin zum Begleiter beim Transfer des Gelernten (Transfer-Begleiter) und Qualitätskontroller während des gesamten Prozesses. Dies erfordert eine eigene Ausbildung."[6]

Auch diese erst neuerdings auf allgemeine Anerkennung gerichteten Forderungen sind bei Landauer Betriebspädagogen seit vielen Jahren Bestandteil des Denkens und Handelns. Wenn heute Visionen vom Lernen und Lehren im nächsten Jahrtausend (Multimedia-Campus, Lernen im Cyberspace, mondial vernetztes Telelearning, Open Space Technology u.a.) neue Formen des Wissensmanagements und veränderte Lern / Lehrkultur entstehen lassen, wird es sehr bald augenfällig, wie nötig das Individuum auf den neuen Bildungsfeldern gesucht wird. Die nicht zu leugnenden individuellen und

---

[6] Isidor Trompedeller in: Grundlagen der Weiterbildung 3 / 99, S. 119 f, Luchterhand Verlag Neuwied

gesellschaftlichen Probleme multimedialer Campus-Bildung lassen heute schon aufschrecken. Vereinsamung, Mangel an persönlichem Feedback, an persönlichen Ratschlägen rufen erneut Betriebspädagogen mit neuen Lernpartituren auf den Plan. Ebenso wird es nötig werden, der aufkommenden absoluten Technikgläubigkeit eine natürliche Demut, einen weiterentwickelten Humanismus gegenüber zu stellen. Menschen, Markt, Kultur- und Naturverständnis müssen einander dann in der Welt der Arbeit überprüft zugeordnet werden. Erfolgsfaktor für wirklichen Fortschritt der Gesellschaft ist der arbeitende Mensch, der seine Lebensräume über Sozialisierungsinstanzen lebendig und liebenswert erhalten kann. Die Arbeitswelt als eine solche Instanz wächst immer näher mit der privaten Welt zusammen. Somit ist Personalbildungsmanagement und hierin der Betriebspädagoge in Zukunft noch weniger entbehrlich als bisher.

Die Wirtschaft, vor allem die Menschen in den Betrieben, haben die betriebspädagogischen Botschaften aus Landau vielfältig erfahren und die vorteilhaften Angebote zur Veränderung erkannt. Eine ungeahnte Evolution der betriebspädagogischen Sichtweisen überzieht derzeit die Arbeitswelt. Unterschiedlichste Hochschulen, Universitäten, Konzerne, private oder halbstaatliche Institute, viele schielen auf die Landauer Betriebspädagogik und berufen sich offen oder insgeheim auf das Landauer Modell, das anfänglich manchmal totgesagt und oft bewundert, sich schließlich durchsetzen musste, weil die Hülshoffsche Mischung von Vision, Idee, Konzept, Theorie und Praxis stimmte. Es gab auch immer wieder kluge Köpfe, die dem Studiengang und seinem Begründer bei Rückschlägen, tückischen Verwaltungsfallen und unzähligen Umwegen weiter halfen, überzeugt von der Richtigkeit und Wichtigkeit des Konzepts.

Dass Theo Hülshoff über den Studienbereich hinaus zur Vaterfigur im Sinne fürsorglicher Vertrauenswürdigkeit für Hochschulen, Studierende, deren Lehrer wie auch für Betriebe wurde, beweist die jetzt vorliegende Schrift zu seinem 65. Geburtstag.

Jendrik Petersen

Der Weiterbildende Studiengang Betriebspädagogik als Reflexionsforum für Führungs(nachwuchs)kräfte – Eine autobiographische Rückschau

1. Vorbemerkungen

Als ich von Bernd Dewe gebeten worden bin, einen autobiographischen Beitrag für den Sammelband anläßlich des Geburtstages von Theo Hülshoff zu schreiben, habe ich mich aus *dreierlei* Gründen sehr darüber gefreut:

1. Ich möchte mich gerne an der Ehrung eines von mir sehr geschätzten Kollegen beteiligen.
2. Ich erachte den von Theo Hülshoff nicht nur angeregten, sondern auch umgesetzten *W*eiterbildenden *S*tudiengang *B*etriebspädagogik als einen wichtigen Beitrag für die Öffnung der Pädagogik gegenüber Praxisfeldern, die nicht als genuin pädagogisch zu bezeichnen sind. Demzufolge dient nach meinem Empfinden der WSB auch der Akzeptanzerhöhung der Erziehungswissenschaften und ihrer Absolventen in der sogenannten „nicht-pädagogischen Praxis".
3. Der WSB hat meinen beruflichen Werdegang maßgeblich beeinflußt, worüber ich sehr zufrieden und dankbar bin.

Bevor allerdings mit autobiographischen Anmerkungen fortgesetzt wird, ist es mir wichtig, zunächst der These nachzugehen, daß die Führungs- und Managementpraxis einer zunehmenden pädagogischen Begleitung bedarf.

2. Die Erwachsenen- und Betriebspädagogik als kritische Begleitung von Führungskräften

Galten Führungskräfte in früheren Zeiten als allwissende Planer, Entscheider, und Kontrollierer, verschieben sich, unter anderem bedingt durch umfassende Wandlungsprozesse sowie die jene verarbeitenden Erkenntnisse moderner, oftmals systemtheoretisch-argumentierender, Organisationstheorien, die Präferenzen hin zu Verständnis, Führungskräfte als *Partner, Ermöglicher und Unterstützer von Lernprozessen sowie als Dienstleister ihrer Mitarbeiter* anzusehen.

Davon ausgehend, daß die Mitarbeiterqualität immer mehr zu einem „imitatationsgeschützen Wettbewerbsfaktor" (Stiefel 1989 zit. von Waschkowski 1994, S.41) wird, reicht es folglich nicht länger aus, das Hauptaugenmerk lediglich auf die Fachkompetenz der Mitarbeiter zu richten, sondern es muß vielmehr auch auf die Verhaltenskomponenten, die Verbesserung von Führungsleistung und Sozialkompetenz geachtet werden.

Vor diesem Hintergrund kristallisiert es sich zunehmend als entscheidende Aufgabenstellung des Managements heraus, Überzeugungskraft, Toleranz und Teamfähigkeit vorzuleben.

Dementsprechend kommt es für Führungs(nachwuchs)kräfte bereits jetzt auf die Fähigkeit und Bereitschaft an, eine reflexive Auseinandersetzung mit sich und dem eigenen Managemententscheiden und -handeln vorzunehmen (s. Petersen / Lehnhoff in diesem Band). Eine derartige Reflexion von Managementprozessen ist dabei als eine wichtige Voraussetzung für eine umfassende Transformationsfähigkeit von Organisationen und ihren Mitgliedern unter Berücksichtigung der potentiell Betroffenen des organisationalen Entscheidens und Handelns anzusehen.

Diese als *genuin pädagogisch* zu bezeichnenden Kompetenzen werden mittlerweile auch seitens der Wirtschaftswissenschaften im allgemeinen und der Betriebswirtschaftslehre im besonderen als notwendig für eine erfolgreiche organisationale Leistungserstellung und Mitarbeitermotivation erachtet.

Es wird nämlich inzwischen anerkannt, daß neben der Sicherstellung einer effizienten Leistungserstellung sich der Managementalltag in der Industrie, aber auch sonstigen Kontexten dahingehend charakterisieren lassen kann, daß

- er eine *soziale Dimension* aufweist, zumal in Wirtschaft und Gesellschaft Menschen tätig sind, deren Kreativität im Denken und Handeln für die Sicherung von Gegenwart und Zukunft benötigt werden. Weiterhin finden täglich eine Vielzahl sozialer Prozesse und Konflikte statt, welcher einerseits schädlich für Harmonie und Effizienz sein können, aber auch die Chance in sich bergen, neue Wege des Denkens vorzuschlagen;
- weiterhin Management als *werteschaffender kultureller Prozeß* zu verstehen ist, bei dem einerseits kulturelle Rahmenbedingungen ihre Auswirkungen auf das Denken und Handeln von Managern haben und ande-

rerseits insbesondere in multinational operierenden Unternehmen Manager aus anderen Regionen, Ländern und Kulturen durchaus zur Belebung und Erweiterung des Blickwinkels beitragen können. Hieraus ergibt sich, Organisationen als Elemente der menschlichen Gesellschaft verstehen und zu erkennen, daß sie in ein überaus kompliziertes und dynamisches Netz von Normen und Funktionsbeziehungen eingespannt sind, welches sie ihrerseits wiederum durch ihre Aktivitäten mitbilden und verändern (vgl. Ulrich / Probst, 1990, S. 238).

Um diesem Problem begegnen und dementsprechend das Wagnis, neue Wege einzuschlagen, auch eingehen zu können, bedarf es der Bereitschaft und Fähigkeit zu einer engen Zusammenarbeit zwischen Managementforschung einerseits und Erwachsenenbildung / Weiterbildung andererseits.

Angesichts dieser Fragestellung darf allerdings nicht vernachlässigt werden, daß Fragen des Managements – insbesondere im ökonomischen Kontext – für lange Zeit nicht als genuin erwachsenenpädagogisches Aufgabenfeld identifiziert worden sind bzw. sich die Erwachsenenpädagogik *immer noch* schwertut, die Managementforschung als *Dialogpartner* für die eigene Weiterentwicklung anzusehen (und umgekehrt).

Folglich überrascht es dann auch nicht, daß *bislang kaum von einer systematischen Kooperation von Managementforschung und Erwachsenenbildung gesprochen werden konnte* (s. hierzu erste Ansätze bei Arnold 1994 / 1996; Geißler 1994 / 1997), während dagegen psychologische und soziologische Erkenntnisse eine wesentlich stärkere Berücksichtigung in den verhaltensorientierten Ansätzen der Management- und Organisationswissenschaften erfahren haben (s. z.B. Staehle 1994). Trotz der – sowohl von der Pädagogik als auch seitens der Managementforschung – zunehmend erkannten Bedeutung der Weiterbildung sowohl für den ökonomischen Erfolg von Unternehmen als auch für die Selbstbestimmung und den „Marktwert" einzelner Individuen, werden insbesondere in der pädagogischen Diskussion nach wie vor sehr häufig Organisationen und deren Management – überspitzt formuliert – als „Vereinnahmungsinstanzen" des Individuums durch außerhalb der Person stehende (i.d.R. wirtschaftliche) Zwecksetzungen gedeutet und ihnen dementsprechend mit großem Mißtrauen begegnet (s. u. insbesondere Kade 1983; Strunk 1988; Meueler 1993; K. H. Geißler / Orthey 1997). So haben pädagogisch relevante Ansätze wie beispielsweise der der „Humanisierung und Demokratisierung der Arbeitswelt", der „(Schlüssel-) Qualifizierung" und entsprechende „Weiterbildungsoffensiven" insofern (auch vermutlich nicht unberechtigten) pädagogischen Widerspruch erfahren, als in ihnen bislang nie eindeutig (genug) geklärt werden konnte, ob in ihnen primär eine „Befreiung" des Menschen von Fremdbestimmtheit im Arbeitsleben intendiert worden ist, oder ob letztlich nicht doch in erster Linie eine Erhöhung des Leistungspotentials des Mitarbeiters ausschließlich zu Wohle der Organisation und ihres Managements verfolgt wurde.

Diese eindeutig formulierten Bedenken mögen mit die wesentlichen Gründe dafür sein, daß in der erwachsenen- und auch betriebspädagogischen Diskussion nach wie vor zwischen ökonomischen- und pädagogischen Prinzipien und damit zwischen dem „Reich" der Notwendigkeit bzw. dem der *Realien* (Petersen 1997b) *einerseits* und dem der (pädagogischen) „Freiheit" *andererseits* unterschieden wird (vgl. Arnold 1991, S. 34).

Insbesondere die damit einhergehende Annahme, daß Organisationen und ihr Management auf das im Mittelpunkt pädagogischer Betrachtungen stehende Individuum einen vorwiegend *monologisch-dominiert-fremdbestimmten* Einfluß ausüben, scheint eine Notwendigkeit in sich zu bergen,

- sich gegen die Indienstnahme der Erwachsenenbildung für ausschließlich ökonomische Zwecke und
- gegen die Überbetonung beruflich-betrieblicher Weiterbildung zu wehren sowie
- mit Hilfe einer erwachsenenpädagogischen Begleitung eine Alternative anzubieten, welche auf Emanzipation und Selbstreflexion in modernen Industriegesellschaften abzielt.

Um die damit verbundene „Abschottung" schrittweise zu wenden, bedarf es seitens der Erwachsenenbildung sowie der Managementforschung einer gegenseitigen Öffnung in Form einer

- *interdisziplinären Bildung* im Rahmen einer Integration soziologischer, psychologischer, und pädagogischer Fragestellungen im ökonomischen Denken und Handeln, da geistes- und sozialwissenschaftliche Erkenntnisse dem Manager von heute und morgen behilflich sein können, die „seelisch-soziale Wirklichkeit, die auch die Organisation außen umgibt und die sich im Unternehmen auf besondere Weise ausbildet" (Glasl 1995, S.60) zu erkennen und im Denken und Handeln zu verarbeiten sowie einer
- *kulturellen Bildung*, wobei Kultur nicht länger als das Schöne, vom Alltag abgehobene bezeichnet werden kann, welche im Gegensatz zu Gesellschaft, Politik und Ökonomie steht. Vielmehr kann durch kulturelle Bildung der zukünftige Manager dahingehend sensibilisiert werden, daß

die Kultur im Sinne kollektiver Sinnkonstruktionen mit dem Alltag und der Gesellschaft dahingehend eng verflochten ist, daß sie die Grundlagen und Normen schafft, welche das Entscheiden und Handeln in der Gesellschaft und den einzelnen Subsystemen entscheidend mitprägen. Auf diese Weise wird die

- *gesellschaftspolitische Bildung* unmittelbar angesprochen, geht es doch darum, über die Übernahme von Verantwortung die „Synthese zwischen dem Ziele der individuellen Freiheit und jenem der sozialen Bindung" (Hennig 1989, S.19) zu ermöglichen. Eine Organisation, das nicht nur nach innen, sondern auch nach außen, sprich: zur Gesellschaft hin, attraktiv sein will, kann gesellschaftliche Einflüsse und Bedürfnisse nicht ignorieren oder gar negieren. Organisationen und ihr Management scheinen zunehmend vor der Notwendigkeit zu stehen, gesamtgesellschaftliche Trends und Anspruchshaltungen zu erkennen und dementsprechend zu handeln. Aktuelle Problemstellungen am Beispiel von Umweltproblematik, Nachhaltigkeit und Massenarbeitslosigkeit in den westlichen Industrieländern und die Artikulierung durch gesellschaftliche Anspruchsgruppen unterstreichen die Herausforderung für Unternehmen und Management, nicht länger Gewinnmaximierung als Hauptziel, sondern die Lösung von Problemen als Orientierungs- und Handlungsgrundlage zu sehen. Hieraus ergibt sich der Querverweis zur
- *handlungsorientierten und kreativitätsfördernden Bildung*. Dies scheint schon aus dem Grunde immer wichtiger zu sein, als ein ständiges Lernen sowie eine Bereitschaft und Fähigkeit, *sich selbst und das eigene Handeln* in Frage zu stellen als Weichenstellungen anzusehen sind, ein humaneres Wirtschafts- und Gesellschaftsverständnis auszuprägen. Hierzu können für solche Prozesse offene und fähige Manager einen entscheidenden Beitrag leisten. Die besondere Leistung des *W*eiterbildenden *S*tudienganges *B*etriebspädagogik und ihrer Initiatoren wird angesichts dieser notwendigen Tendenzen darin gesehen, bereits in den 1980er Jahren ein Reflexionsforum geschaffen zu haben, welches einerseits die berufliche Praxis pädagogisch zu begleiten vermag und andererseits die Teilnehmererfahrungen im Erwerbsleben als Impulse für die Weiterentwicklung der erwachsenen- bzw. betriebspädagogischen Praxis ansieht.

3. Autobiographische Konsequenzen – Der WSB als persönliche „Berufsbeeinflussungsinstanz"

Nach Abschluß meines dreijährigen erwachsenenpädagogischen Diplom-Studiums an der Hochschule der Bundeswehr Hamburg im Jahre 1984 (ab 1985 hieß sie Universität der Bundeswehr Hamburg) stand ich als junger Offizier vor der Fragestellung, entweder die seitens des Arbeitgebers mir garantierte Laufbahn eines Berufssoldaten einzuschlagen und somit zumindest für meine (mittlerweile entstandene) Familie und mich materielle Sicherheit zu erreichen, oder eben meinen Zeitvertrag zu erfüllen und danach neue berufliche Wege einzuschlagen.

Ich entschied mich, die Bundeswehr zu verlassen und eine Tätigkeit im Personalmanagement auszuüben. Um diesen Schritt gründlich vorzubereiten, bot es sich an, bereits sehr früh mit Weiterbildungsaktivitäten zu beginnen. Hierbei sei bemerkt, daß es sicherlich als eine besondere fürsorgliche Leistung der Bundeswehr anzusehen ist, ihren Angehörigen (vom Grundwehrdienstleistenden bis zum Offizier) eine relativ großzügige Finanzierung von Weiterbildungsaktivitäten zu ermöglichen.

Vor diesem Hintergrund habe ich gerne zusammen mit einem sehr engen Freund und Studienkollegen auf das Angebot des noch jungen Studienganges Betriebspädagogik reagiert und mich für eine Mitwirkung im Durchgang WSB 7 beworben.

Dieser Studiengang, dessen erfolgreicher Abschluß mit einem Hochschulzertifikat der Erziehungswissenschaftlichen Hochschule Rheinland-Pfalz, Abteilung Landau (mittlerweile Universität Koblenz-Landau), bescheinigt worden ist, begann für mich im Januar 1988 und endete im Dezember 1989. Hierbei war es für meine i.d.R. ebenfalls berufstätigen Kommilitonen und mich von besonderem Vorteil, daß seitens der Studienordnung des WSB zwar Präsenzphasen gefordert worden sind, diese aber *einmal* monatlich im Zeitraum von Donnerstag 10.30 Uhr bis Samstag 13.00 erfolgten und somit planbar waren. Der WSB vereinigte *auf gekonnte Weise* Phasen des Selbststudiums und Phasen der gemeinschaftlichen Reflexion unter Anleitung kompetenter Dozenten.

„Mein" WSB-Durchgang Nr. 7 hatte sich im Studium mit folgenden *zwanzig* Bereichen bzw. Bausteinen zu befassen:

1. Die Philosophie berufsbegleitenden Studierens. Einführung in Methoden wissenschaftlichen Arbeitens. (Professor Dr. Theo Hülshoff).

2. Einführung in die Betriebspädagogik. (Professor Dr. Antonius Lipsmeier).
3. Interaktion in Lerngruppen. (Professor Dr. Konrad Daumenlang).
4. Grundlegende Didaktik für Betriebspädagogen. (Professor Dr. Theo Hülshoff).
5. Lehr- und Lernmethoden in der betrieblichen Aus- und Weiterbildung. (Professor Dr. Theo Hülshoff).
6. Lernen und Motivation. (Dr. Helmut Dreesmann).
7. Die Bedeutung und Entwicklung von Arbeit und Beruf. (Dr. Burckhardt Kaddatz).
8. Theorien der Erkenntnis und der Wissenschaft. (Professor Dr. Eckhard König).
9. Rhetorische Kommunikation. (Professor Dr. Helmut Geißner).
10. Management des betrieblichen Bildungswesens. (Professor Dr. Theo Hülshoff).
11. Das Lernen Erwachsener . (PD Dr. Bernd Dewe).
12. Video im Betrieb. (Diplom-Päd. Gerwin Dahm).
13. Evaluation. (Professor Dr. Theo Hülshoff).
14. Organisation und Rechtsgrundlagen der betrieblichen Berufsausbildung. (Professor Dr. Antonius Lipsmeier).
15. Psycholgie der Lebensspanne. (Professor Dr. Konrad Daumenlang).
16. Berufliche Aus- und Weiterbildung im internationalen Vergleich. (Professor Dr. Joachim Münch).
17. Selbstverständnis des Betriebspädagogen. (Professor Dr. Eckhard König).
18. Organisationspsychologie.(Dr. Helmut Dreesmann).
19. Sozialpsychologie für Betriebspädagogen. (Professor Dr. Konrad Daumenlang).
20. Betriebswirtschaftliche Aspekte der Aus- und Weiterbildung. (Dr. Richard Bessoth).

Besonders beeindruckt an der Philosophie des WSB hat mich der alle Veranstaltungen wie ein „roter Faden" durchziehende Anspruch, jedem einzelnen der Notwendigkeit und der Nutzen von Lernen und damit der Fähigkeit, dauerhaftes Lernen als Chance zur beruflichen und persönlichen Entwicklung zu begreifen, bewußt zu machen.

Mit anderen Worten: Im WSB wurde die enge Verknüpfung von Berufspraxis und betriebspädagogischer Reflexion *wirklich gelebt*.

Die Anregungen, die uns in diesen knapp zwei Jahren seitens der verschieden Dozenten gegeben worden sind, haben mein Interesse an einer wissenschaftlichen Weiterqualifizierung geweckt und mündeten in den Wunsch, mich im Rahmen einer Promotion mit der Thematik zu befassen, den WSB als „Keimzelle" einer modernen Personal- und Organisationsentwicklung zu definieren und diesbezüglich didaktische Gestaltungvorschläge zu unterbreiten.

Vor diesem Hintergrund erschien es mir naheliegend zu sein, meine Prüfung in den Gebieten

1. Grundlegende Didaktik für Betriebspädagogen
2. Evaluation
3. Berufliche Aus- und Weiterbildung im internationalen Vergleich

zu absolvieren.

Ich hätte gerne meine Dissertation an der Erziehungswissenschaftlichen Hochschule Rheinland-Pfalz unter der Betreuung von Theo Hülshoff eingereicht. Aufgrund der großen Entfernung zwischen meinem damaligen Wohnort Flensburg und Landau gestaltete sich allerdings eine kontinuierliche Betreuung als zu aufwendig.

Dennoch wollte ich mein Ziel Promotion nicht aufgeben, da sich im WSB-Studium vielfältige Fragestellung auftaten, die einer umfassenden wissenschaftlichen Reflexion würdig erschienen. Aus diesem Grunde war es für mich ein besonderer Glücksfall, daß Theo Hülshoff meinen Studienfreund und mich bat, an den von Harald Geißler an der Universität der Bundeswehr Hamburg initiierten Betriebspädagogischen Theorie-Praxis-Tagen teilzunehmen. Hieraus entstand der Kontakt zu Harald Geißler, der letztlich zur Promotion im Jahre 1994 zum Thema „Bildungstheoretische Aspekte des Organisationslernens" führte.

Im Anschluß habe ich mich in meinen Forschungsaktivitäten im Bereich der Erwachsenenbildung und Betriebspädagogik sehr eng an der WSB-Philosophie orientiert und mich gleichsam in der betrieblichen Praxis betätigt. Diese Erfahrung konnte ich in meiner kürzlich fertiggestellten Habilitationsschrift „Von den Managementtechniken zum Dialogischen Management" verarbeiten.

Vor diesem Hintergrund ist es nicht übertrieben, retrospektiv zu sagen, daß der Weiterbildende Studiengang Betriebspädagogik mein berufliches Leben auf den Kopf gestellt und mit dazu beigetragen hat, daß ich nunmehr den Beruf ausübe, der für mich eine tatsächliche *Berufung* darstellt.

Aus diesem Gefühl heraus sind meine abschließenden Gedanken entstanden, den WSB als *Kern* einer zukunftsorientierten Managementausbildung aufzufassen.

4. Der Weiterbildende Studiengang Betriebspädagogik – Nukleus einer zukünftigen Managementausbildung

Die hier dargelegten Anregungen sollten verdeutlichen, daß Führungsaufgaben zur Jahrtausendwende immer weniger mit Hilfe monokausaler, rein ökonomisch-orientierter Umgangsstrategien bewältigt werden können. Es geht somit darum, sich als Führungskraft „mit anderen Wirklichkeiten auseinanderzusetzen, zu problematisieren und Kontexte zu schaffen, die den Mitarbeitern selbst Flexibilität und Problematisierungsfähigkeiten erlauben und eine lernfreudige Situation fördern und erleichtern" (Probst 1991, S.340).

Dementsprechend erweist es sich zunehmend als kontraproduktiv, wenn sich Führungskräfte als Mittelpunkt des Ganzen verstehen. Die heutigen Herausforderungen an moderne Führungskräfte erfordern es vielmehr, die Führungsaufgabe dahingehend zu definieren, sich

- erstens als ein Teil des Gesamtsystems Unternehmen bzw. Gesellschaft zu verstehen, wobei die Illusion des Machers, des Dynamikers, der alles gestaltet, lenkt und steuert, eher überholt ist und
- zweitens, daß der Manager zuallererst *nur für sich selbst* Verantwortung übernehmen kann. Nur eine Führungskraft, die sich bezüglich ihrer Werte, Motive, Wertvorstellungen und Erkenntnisprozesse, der verflochtenen Rationalität und Emotionalität selbst in Frage stellt, kann Fortschrittsfähigkeit und Mitverantwortung fördern.

Auf diese Weise ermöglicht der Manager das Lernen und fördert die Motivation zum Lernen und innovativen Handeln seitens seiner Mitarbeiter:

„Management as an institution has so far derived its identity and legitimacy from strategic, organisational and financial competencies and from tactical skills of implementation and problem solving.

It has become fashionable to add some, vaguely called 'social competencies' to these predominantly technical knowledge and skills. Despite growing attached importance, these so called human resource management competencies have remained in the shadow of the overriding technical priorities of management.

At the same time, the paradoxes of management in the late modern ages are dramatically increasing. Growing perceived complexities, the so called information revolution, globalisation of the world economy and severe shifts in socio-political and cultural contexts require a fundamental reflection on the nature and challenges of management.

For some, this conceptual shift is expressed in a shift from emphasis on management competencies to a *reinvention of a leadership ethos*" (Lenssen 1995a, S.1).

Vor diesem Hintergrund lassen sich dann auch folgende Entwicklungen beobachten:

- Die Neubetonung von „charismatischer Ausstrahlung" der Managerpersönlichkeit („Leadership" statt „Management")
- Prozeßorientierung, die oft als konsensbildende Prozesse unter völliger Abdikation der Entscheidungskompetenz der Manager definiert werden.
- Der Gebrauch neuer Moden-Metaphern wie bspw. „Designer", „Coach", „Stewart" oder „Artist", „Priest" (vgl. Senge 1990a / 1990b).
- Die Betonung der integrativen Aufgabe des Managementhandelns im paradoxalen Feld der Anforderungen unterschiedlichster „Stakeholder" am Beispiel von Aktionären, Kunden, Lieferanten, Mitarbeitern, lokalen Gemeinschaften etc. (vgl. Petersen 1997a).

Diese Tendenzen und die damit verbundene Notwendigkeit, ganzheitlich-synergetisch zu denken und zu handeln erfordert dementsprechende Konsequenzen für die Personal- und Karriereplanung i.S. einer Management(aus)-bildung. Dies beginnt bereits bei der Rekrutierung von Führungsnachwuchskräften:

„Die Bedeutung eines gut organisierten Wissens für die Fähigkeit eines Managers, die ihm gestellten Probleme zu bewältigen, zwingt geradezu, nicht den Spezialisten, sondern den Generalisten mit gut fundierter fachlicher Spezialausbildung und hohem allgemeinen Wissensstand im Hinblick auf die Karriereförderung stärker zu berücksichtigen, um dem mit steigender Hierarchie ebenfalls steigenden Informationsfluß gerecht zu werden und ihn synergistisch bearbeiten zu können. Daß die hierfür ebenfalls geforderte Kreativität und schöpferischer Ideenreichtum nicht aus Spontanität und fröhlicher Unwissenheit entspringt, sondern aus einem Schatz umfangreichen, gut organisierten Wissens, das aus dem Gedächtnis abgerufen werden kann, sollte man voraussetzen. Die Fähigkeit der Mitarbeiter, zielorientiert und ganzheitlich zu denken, sollte hierzu für ein Unternehmen das bedeutendste Selektionskriterium für seine Führungskräfte sein. Neben der reinen

Denkfähigkeit kommt aber auch nichtkognitiven Fähigkeiten bei der erfolgreichen Lösung von Managementproblemen größte Bedeutung zu: Man darf sich nicht durch Fehlschläge entmutigen lassen, man muß Kollegen oder Untergebene zu fruchtbarer, konstruktiver Zusammenarbeit motivieren können, man muß Initiative entfalten, seine Ideen mit Energie und Überzeugungskraft vertreten" (Lenssen 1995b, S. 25f).

Angesichts dieser Anforderungen soll hier nämlich die provozierende These gewagt werden, daß es nicht länger ausreichen kann, für Managementfunktionen nahezu ausschließlich die Rekrutierung von Betriebs-, Volkswirten, Juristen oder Ingenieuren zu favorisieren, sondern Geisteswissenschaftler für ein derartig komplexes Aufgabenfeld vorzusehen.

Neben einer breiter angelegten Ausrichtung der Management(aus)bildung, um zur Flexilisierung und Überprüfung des Denkens beizutragen, liegt ein weiteres Feld für Ermöglichung einer zukunftsgewandten Führung darin,

- Symposia und Austauschprozesse zwischen Unternehmen und Universitätsfakultäten (jeglicher Couleur) sowie
- Managementsabbatical, um das bisherige Tun zu hinterfragen und den Blickwinkel zu erweitern

zu fördern, um eine permanente Bildung und die grundlegende Reflexion während des Arbeitsprozesses zu gewährleisten.

Dies scheint schon aus dem Grunde immer wichtiger zu sein, als ein ständiges Lernen sowie eine Bereitschaft und Fähigkeit, *sich selbst und das eigene Handeln* in Frage zu stellen als Weichenstellungen anzusehen sind, ein humaneres Wirtschafts- und Gesellschaftsverständnis auszuprägen.

Hierfür kann der WSB als Beispiel dienen.

Literatur

Arnold, R.: Betriebliche Weiterbildung. Bad Heilbrunn 1991
Arnold, R.: Berufsbildung. Hohengehren 1994
Arnold, R.: Systemlernen und Berufsbildung. In: Geißler, H. (Hrsg.): Arbeit, Lernen und Organisation. Weinheim 1996
Geißler, H.: Management als Ausgangs- und Bezugspunkt für Bildungsmanagement. In: Geißler, H. / Bruch, T. vom / Petersen, J. (Hrsg.): Bildungsmanagement. Frankfurt a. Main 1994
Geißler, H.: (Hrsg.): Unternehmensethik, Managementverantwortung und Weiterbildung. Neuwied 1997
Geißler, K.H. / Orthey, F.M.: Lernende Organisation – schwindlige Etiketten. In: Grundlagen der Weiterbildung 2 / 1997, S. 74-77

Glasl, F.: Das Menschenbild des schlanken lernenden Unternehmens. In: Geißler, H. / Behrmann, D. / Petersen, J. (Hrsg.): Lean Management und Personalentwicklung. Frankfurt a. Main 1995

Kade, J.: Bildung oder Qualifikation. Zur Gesellschaftlichkeit beruflichen Lernens. In: ZfPäd 29, 1983, S. 859ff.

Lenssen, G.: Managment Cultures in Europe. The College of Europe 1995a

Lenssen, G.: Besinnung in der Wirtschaft in: Matheis, R. (Hrsg.): Leadership Revolution. Frankfurt 1995b

Meueler, E.: Die Türen des Käfigs. Stuttgart 1993

Petersen, J.: Managementbildung – „Education permanente" zur Ermöglichung eines reflexiven Umganges mit neuen Herausforderungen oder Modeerscheinung. In: Geißler, H. (Hrsg.): Unternehmensethik, Managementverantwortung und Weiterbildung. Neuwied 1997a

Petersen, J.: Die gebildete Unternehmung. Frankfurt 1997b

Probst, G.: Was also macht eine systemorientierte Führungskraft als Vertreter des „vernetzten Denkens"? In: Probst, G.J.B. / Gomez, P. (Hrsg.): Vernetztes Denken. Wiesbaden 1991

Senge, P.: The Fith Discipline – The Art and Practice of the Learning Organization. New York 1990a

Senge, P.: The Leaders New Work: Building Learning Organizations. In: Sloan Management Review 1990b, Vol. 32

Staehle, W.H.: Management (7. Auflage, herausgegeben von P. Conrad und J. Sydow). Müchen 1994

Strunk, G.: Bildung zwischen Qualifizierung und Aufklärung. Bad Heilbrunn 1988

Bernd Dewe / Thomas Kurtz

Studium zwischen Betrieb und Hochschule

Der Fall des berufsbegleitenden weiterbildenden Studiums der Betriebspädagogik – ein Forschungsprogramm

1

Das Absolvieren eines Studiums ist im Regelfall gleichbedeutend mit der Einsozialisation des Studierenden in die jeweilige Hochschulkultur, die grundlegend die Entwicklung eines spezifischen, wissenschaftlichen Strukturtypus der Wissensqualität nach sich zieht. Zu Tage tritt dieses Resultat typischer wissenschaftlicher Enkulturationsprozesse insbesondere in den Formen, wie regulär Studierende (Novizen) mit dem an der Universität offerierten Wissen umgehen (vgl. Bommes / Dewe / Radtke 1996).

Unter den Formen der allgemein expandierenden wissenschaftlichen Weiterbildung finden sich nun zunehmend solche, in denen wissenschaftliches Wissen *nicht* im Rahmen der üblichen zeitlichen und institutionellen Einbettung in eine wissenschaftliche Hochschulkultur vermittelt wird, sondern in einem auf regelmäßige Episoden bezogenen Vorgang neben der Berufstätigkeit, insbesondere der betrieblichen Bildungspraxis. Solche Studiengänge, die mit einem akademischen Abschluß enden (können), beanspruchen wegen ihrer Parallelität zur beruflichen Tätigkeit der Studierenden von der propädeutischen, curricularen, didaktischen und organisatorischen Anlage her, die vorgängigen beruflichen Erfahrungen und Wissensformen – anders als in der herkömmlichen universitären Novizenausbildung – *explizit* zu berücksichtigen.

In unserem Forschungsvorhaben geht es um die Frage, *wie* die Kandidaten solcher Studiengänge, die in der Regel statt dem Abitur und einer universitären Erstausbildung über mittlere Bildungsabschlüsse, Berufsausbildung und langjährige Berufserfahrung verfügen, in Texten, die unter Handlungs- und Leistungsdruck produziert wurden (Klausuren, Haus- und Diplomarbeiten), didaktisch spezifisch aufbereitete wissenschaftliche *Wis-*

sensangebote reproduzieren bzw. *transformieren*. Im Gegensatz zu regulär Studierenden begegnen die Teilnehmer eines berufsbegleitenden, weiterbildenden Studiums der Betriebspädagogik als „Berufspraktiker" dem System der Wissenschaft auf besondere Art und Weise, bei der ihre betriebspraktischen und lebensgeschichtlichen Erfahrungen eine *bestimmte Selektionspraxis* gegenüber den dargebotenen Lehrangeboten bedingen.

Unsere forschungsleitende Hypothese ist, daß Berufspraktiker gegenüber Novizen einen spezifischen Aneignungsmodus entwickeln, mit dem sie situativ und okkasionell das angebotene wissenschaftliche Wissen in ihr berufs- und betriebspraktisches Wissen integrieren. Die Spezifität des Umgangs mit wissenschaftlichem Wissen in unserem Fall besteht darin, daß in dem berufsbegleitenden, weiterbildenden Studium der Betriebspädagogik *Wissenschaft* – als spezifische Rationalität und spezifischer Wissenstypus – gleichsam *praxisreflektierend* eingeübt wird, aber in Prüfungssituationen gemäß wissenschaftlichen Standards reproduziert werden soll. Davon abzugrenzen ist der Normalfall der (beruflichen, kulturellen oder politischen) Weiterbildung, der, als Transformationsprozeß wissenschaftlicher Informationen in praktisches Handlungswissen aufgefaßt, die Reproduktion des wissenschaftlichen Wissens aus der Perspektive des Wissenschaftssystems (z.B. in Prüfungssituationen) *nicht* einschließt.

Es kann davon ausgegangen werden, daß die auf Beruf und Betrieb focussierte Lebenspraxis der Kandidaten – *anders* als die in der biographisch *homogenen* Phase eines Präsenzstudiums stattfindende Einsozialisierung in die Hochschulkultur – die konventionelle Ausprägung spezifisch akademischer Habitusformen und die eines der Wissenschaft eigentümlichen Typus der Wissensqualität 'konterkariert' und *neuartige, bisher unbekannte Formen* des Umgangs mit wissenschaftlichen Lernangeboten erzeugt: Die Kandidaten verfügen primär über berufs- und lebenspraktische Deutungen und müssen dementsprechend wissenschaftliches Wissen in unterschiedlich ausgeprägter Art und Weise mit ihrer vorgängigen Berufs- und Lebenspraxis in Relation setzen, um es kognitiv sinnhaft verarbeiten zu können. Die besonderen Formen der Reproduktion wissenschaftlicher Lernangebote in Prüfungssituationen stehen im Zentrum unseres Interesses, weil sich an ihnen der Prozeß der durch berufliche und betriebliche Relevanzen und Motive gesteuerten, problemiduzierten Adaption und Reproduktion wissenschaftlichen Wissens empirisch nachvollziehen läßt.

Das an der AFP in Kooperation mit der Universität Koblenz-Landau organisierte berufsbegleitende weiterbildende Diplom-Studium der Betriebspädagogik, welches den Gegenstand unserer geplanten Untersuchung darstellt,

beinhaltet die hier thematisierten Lern- und Aneignungsprozesse von Berufspraktikern aus den unterschiedlichsten Bereichen der betrieblichen Aus- und Weiterbildung, Personalplanung und -entwicklung sowie des betrieblichen Managements.
    Auf der Grundlage von wissenssoziologischen, argumentationstheoretischen und systemtheoretischen Überlegungen wird in der geplanten Untersuchung das oben näher skizzierte Differenzproblem analysiert.

2

Das zentrale Anliegen unseres in Vorbereitung befindlichen Forschungsprogramms steht in Verbindung zu Forschungsfragen aus den Bereichen der Organisationsforschung, der Hochschulsozialisationsforschung, der Weiterbildungforschung und der Wissensverwendungforschung. Die hier relevanten Aspekte lassen sich wie folgt skizzieren:

2.1

Die Ausgangslage basiert auf Einsichten aus der neueren Organisationsforschung, die knapp formuliert darin bestehen, daß sich seit einigen Jahren Modernisierungsstrategien und betriebliche Umstrukturierungsprozesse nicht mehr ausschließlich entlang einer Vision technischer Rationalisierung vollziehen – hierzu liegen materialreiche Untersuchungen vor – , sondern sich stärker als früher auf das betriebliche Arbeitshandeln in der Organisation Betrieb richten. Die Beseitigung dieses Defizit wird als immer dringlicher angesehen, da in der Vergangenheit Innovationsstrategien in Wirtschaft und Verwaltung einseitig auf die Optionen *technischer* Innovationen gesetzt und bei der Konzipierung technischer und arbeitsorganisatorischer Lösungen die Bedeutsamkeit der *Qualifizierung* ebenfalls weitgehend nur unter tayloristischen, d.h. quantitativen Gesichtspunkten berücksichtigt haben. Größere Unternehmen mit eigenen Personalentwicklungsabteilungen versuchen seit einiger Zeit mit differenzierten Strategien neue Wege mit dem Ziel effizienter Informationsbeschaffung und -verarbeitung sowie kontinuierlicher Lern- und rascher Entscheidungsprozesse zu suchen, wobei die betriebliche Weiterbildung in unterschiedlichen Formen ein wichtiges Element darstellt. Entgegen der heute in Mode gekommenen Auffassung, daß betriebliche Qualitätssicherung durch schematische Rasterung in der Variante einer Abarbeitung von DIN-Normen erreicht werden kann (vgl. Stephan 1994), gehen wir davon aus, daß für Qualitätssicherung und Qualitätsmanagement in betrieblichen Organisationen eine pädagogische Professionalisierung der betrieblichen Weiterbildner eine signifikante Bedeutung erlangt (Dewe 1994; Giesecke 1995; Kurtz 1999a).

Moderne Organisationstheorien sind für die beabsichtigte Studie insofern wichtig, als die Studierenden während ihres wissenschaftlichen Studiums, das in der Form des weiterbildenden Studiums Betriebspädagogik angelegt ist, bereits – und das zumeist auf einer mittleren Hierarchieebene – in betrieblichen Organisationen tätig sind. Wir fassen die betriebliche Organisation in systemtheoretischer Perspektive als einen Kommunikationszusammenhang, der sich über Kommunikation reproduzieren kann. Von der Referenzebene der beteiligten Personensysteme aus betrachtet, sind Organisationen über Mitgliedschaft definiert, die an bestimmte Bedingungen geknüpft ist. Dabei sind betriebliche Kommunikationen überwiegend durch die Differenz von Zahlungsfähigkeit und Zahlungsunfähigkeit beeinflußt (vgl. Harney 1990 und grundlegend zu dieser Differenz als binärem Code des Wirtschaftssystems Luhmann 1988, S. 134 ff.), sie orientieren sich an der durch das Medium Geld symbolisierten Struktur der monetären Rationalität, die quasi als kommunikations- und handlungsleitende Metastruktur fungiert und dabei auch die betrieblichen Aus- und Weiterbildungstätigkeiten unter den binären Code des Wirtschaftssystems subsumiert. Das heißt dann konkret, daß sich alles Verhalten in der Organisation Betrieb im Rahmen des ökonomisch vertretbaren halten muß. Mitglieder und Nicht-Mitglieder müssen sich auf die kontingenzreduzierende Funktion der Organisation verlassen können; hier finden spezielle Handlungsabläufe statt, die in der Umwelt der Organisation so nicht zu erwarten sind.

In diesem Sinne operiert die betrieblichen Weiterbildung typischerweise in einer nicht-pädagogischen Organisation und muß sich deren wirtschaftlicher Codierung unterordnen (vgl. Kurtz 1999a), so daß der Prozeß des 'people processing' in diesem Falle Rentabilitätsprämissen unterliegt, womit im Überschneidungsbereich der betrieblichen Weiterbildung (vgl. Luhmann / Schorr 1988; Schriewer 1987; Kurtz 1997) die pädagogische Funktionslogik in die ökonomische des Betriebes involviert bzw. unter diese subsumiert wird. Dies bedeutet aber *nicht*, daß in Interaktionskontexten betrieblicher Weiterbildung gewirtschaftet und nicht unterrichtet wird; natürlich wird hier Wissen vermittelt und – wenn es gut geht – auch gelernt, *aber* die betriebliche Organisation stellt den Rahmen der Interaktion: Ob überhaupt innerbetrieblich weitergebildet werden soll, ist mehr ein ökonomisches als ein pädagogisches Problem, und auch die Ziele der Weiterbildung werden von der Organisation selbst vorgegeben; das Ergebnis der Weiterbildung muß positiv in den Organisationskontext des Betriebes involviert werden können. Die Frage aber, *wie* vermittelt und gelernt werden soll, ist ein Problem der pädagogischen Interaktion, die Antworten auf die Fragen aber, *was* und *wofür* gelernt werden soll, sind in weiten Teilen von der Organisation abhängig.

Das personale Wissen der Mitarbeiter wird selbstverständlich nicht einfach in ökonomische Zahlungsfähigkeit transformiert, sondern es korreliert mit dem kollektiven Wissen der Organisation: Dieses „steckt in den personenunabhängigen, anonymisierten Regelsystemen, welche die Operationsweise eines Sozialsystems definieren. Vor allem sind dies Standardverfahren ('standing operating procedures'), Leitlinien, Kodifizierungen, Arbeitsprozeß-Beschreibungen, etabliertes Rezeptwissen für bestimmte Situationen, Routinen, Traditionen und die Merkmale der spezifischen Kultur einer Organisation." (Willke 1995, S. 10) Bisher liegen allerdings noch keine empirischen Ergebnisse über das Verhältnis von personalem Wissen und Organisationswissen vor. Die beabsichtigte Untersuchung verfolgt hier das Ziel, zu überprüfen, wie die Studierenden in ihren Texten den Machbarkeitsdiskurs von pädagogischem Wissen und Handeln im Rahmen betrieblicher Organisationen interpretieren bzw. antizipieren.

In spieltheoretisch inspirierten Organisationstheorien (vgl. Weick 1976; 1985; March / Olsen 1975 / 1976) wird beschrieben, wie sich die Reproduktion von Organisationen im Prozeß des Organisierens vollzieht. Gegenüber solchen Organisationstheorien, die ein statisches Bürokratiemodell nahelegen, in welchem die handelnden Mitglieder in vorab festgelegte starre Strukturen, Rollen, Handlungsnormen und Organisationsziele eingebunden sind, werden hier Organisationen als „loosely coupled systems" rekonstruiert, mit der Folge, daß sie nicht mehr von ihren *Zielen*, sondern von ihren *Mitteln* her zu fassen sind. Diese Organisationstheorien tragen damit dem Umstand Rechnung, daß zwischen Organisationen und ihrer Umwelt kein fest gefügtes eindeutiges Verhältnis besteht, sondern daß dieses im Prozeß des Organisierens immer wieder neu herzustellen ist, wobei unter Umwelt sowohl die organisationsexterne Umwelt (andere Organisationen etc.) sowie auch die interne Struktur der Organisation (z.B. die jeweilige personale Zusammensetzung ihrer Mitglieder) verstanden werden muß. Das personale Wissen der Organisationsmitglieder gehört also zu den lose verknüpften Mitteln des Organisationssystems Betrieb, ein Mittel, dem in letzter Zeit von Unternehmerseite immer mehr Bedeutung beigemessen wird.

Solche modernen Organisationen erfordern auch von ihren Mitgliedern individuelle Qualifikationen in Form von situativen Reflexions- und Transformationsfähigkeiten, die Willke mit dem Begriff der „*kontextuierten Identität*" umschreibt. „Damit ist gemeint, daß eine Person im Rahmen ihrer Tätigkeit für eine komplexe Organisation je nach relevantem Kontext in unterschiedliche Identitäten 'morphiert' und trotz dieser wiederholten Metamorphosen für sich identisch bleibt." (Willke 1995, S. 9) Diesen in aktuellen Organisationstheorien bisher nur kategorial beschriebenen Zusammenhang, gilt es durch empirische Analysen der „Reflexions- und Transformationsfähigkeiten" im Sinne eines Abgleichens unterschiedlicher Perspektiven (Relationierung) zu erhellen. Dazu will die beantragte Untersuchung einen Beitrag erbringen.

2.2

Bei der als 'Normalfall' aufgefaßten studentischen Hochschulsozialisation ist zwischen Sozialisation *durch die Hochschule* und Sozialisation *während* des Studiums zu unterscheiden, letztere ist vor allem Gegenstand der Studentenforschung (vgl. Huber / Vogel 1984; Huber 1991).

Parson / Platt (1973 / 1976) haben in der Anwendung der Strukturfunktionalistischen Theorie auf das soziale Subsystem 'amerikanische Universität' Sozialisation als eine von vier Funktionen der Universität beschrieben, die durch ihren gemeinsamen Bezug auf die systemkonstitutive Wertorientierung „kognitive Rationalität" integriert werden. Die wissenschaftliche Dimension universitärer Sozialisation ist bei Parsons / Platt (1973) primär die Internalisierung von Standards kollektiver Rationalität, die sich nicht nur auf den Bereich der Ausbildung wissenschaftlichen Nachwuchses beschränkt. Weitere Aspekte wissenschaftlicher Sozialisation in Parsons struktur-funktionalistischer Perspektive sind die treuhänderische Verwaltung kognitiver Rationalität durch die „academic community" sowie die klassische professionelle Sozialisation, also das „training for membership in the academic profession" (Parsons / Platt 1973, S. 141).[1]

Wurde innerhalb des Forschungsgebietes Hochschulsozialisation im deutschsprachigen Raum bis in die achtziger Jahre hinein überwiegend ver-

---

[1] Die unter quantitativem Aspekt vergleichsweise ansehnliche amerikanische College-Forschung ist hier insofern nicht relevant, als daß sich die Colleges von europäischen, speziell deutschen Universitäten bezüglich Funktion, Struktur und Studierenden erheblich unterscheiden (vgl. Huber 1991, S. 429).

änderten Einstellungen der Studierenden nachgegangen, setzte zu diesem Zeitpunkt durch die Rezeption kultursoziologischer Theorieansätze eine Entwicklung ein, die die traditionelle Trennung „zwischen der Aneignung der kognitiven Inhalte und der Ausprägung sozialer Dispositionen" (Huber 1991, S. 420) überwand, und sich der *Fachsozialisation* und *Fachkulturforschung* zuwandte (vgl. Portele / Huber 1981). Zur Erforschung der Hochschulsozialisation als Fachsozialisation haben Portele / Huber (ebd. 1983) das Habitus-Konzept Bourdieus vorgeschlagen. Ausgehend von der Annahme, das die „Fachumwelt", in der die Studierenden durch Einübung und Ausbildung verschiedener Kompetenzen einen fachspezifischen Habitus ausbilden, lediglich eine „Teilkultur" darstellt, muß die Fachsozialisation und mithin der fachspezifische Habitus in Beziehung zu anderen Bezugskulturen gesetzt werden, zu denen Huber (1983) die Herkunftskultur, die studentische Kultur und die antizipierte Berufskultur zählt (ebd., S. 160).

Dieses Verständnis lenkt den Blick auf die „... Wahrnehmungs-, Denk-, Bewertungs- und Handlungsmuster der Angehörigen einer Gruppe, hier einer Disziplin" (Huber 1991, S. 422).

Die ethnographische Erhebung studentischer Fachkulturen im Rahmen des Siegener Projekts „Studium und Biographie" bestätigt die spezifische Prägung der o.g. Muster durch die jeweiligen studentischen Fachkulturen und betrachtet diese, neben dem Geschlecht, als zentralen Mechanismus sozialer Reproduktion im Sozialisationsfeld Hochschule (vgl. Engler 1992).

Im komparatistisch angelegten FORM-Projekt (vgl. Dippelhofer-Stiem / Lind 1987) ist die Weitergabe der Wertorientierung kognitive Rationalität von der akademischen Disziplin an die Studierenden als wesentlicher Aspekt studentischen Lernens charakterisiert, der Rekonstruktion des Wissenschaftsbegriffs sind allerdings in der Studie lediglich zwei Indikatoren gewidmet worden: absolute Wahrheit vs. falsifikationistisches Wissenschaftsverständnis bzw. 'reine Wissenschaft' vs. unmittelbarer Praxisbezug (vgl. Langer / Sandberg 1987, S. 88 ff.). Die Studie konstatiert eine länder- und fachübergreifende Tendenz zu einem falsifikationistischen Wissenschaftsbegriff; die Entscheidung zwischen praxisorientiert und 'reiner' Wissenschaft fällt dagegen weniger eindeutig aus (vgl. ebd.).

Die bisherigen empirischen Befunde zeigen also einen deutlichen Zusammenhang zwischen einem regulären Präsenzstudium und der Veränderung kultureller und intellektueller Werthaltungen bzw. Wahrnehmungs- und Denkmustern der Studierenden, die nach Fachkultur, sozialer Herkunft und Geschlecht differieren können. Die Zusammenhänge zwischen einem berufsbegleitendem Studium und dem Erwerb und der Veränderung hier typischer Wahrnehmungs- und Denkmuster der daran Beteiligten, sind bisher noch nicht Gegenstand systematischer Untersuchungen gewesen. Hier setzt das geplante Forschungsprojekt an.

2.3

Entgegen der sowohl im Alltagsgebrauch wie auch im Wissenschaftsbetrieb beobachtbaren Synonymie von beruflicher und betrieblicher Weiterbildung differenzieren wir zwischen diesen beiden Formen der Weiterbildung systematisch (vgl. Kurtz 1999a; Harney 1997). Während die berufliche Form der Weiterbildung dabei in erster Linie der Karriere von Personen dient, versteht sich die betriebliche Weiterbildung primär „als positiver Beitrag zur organisatorischen Reproduktion von Betrieben" (Harney 1997, S. 17). Das von uns zu untersuchende Exempel der wissenschaftlichen Weiterbildung von Berufspraktikern schließt nun *beide Formen* der Weiterbildung auf eine spezifische Art und Weise ein: Für die weiterzubildenden Berufspraktiker ist das Studium an der AFP eine Form der beruflichen Weiterbildung, ein Diplomabschluß mit dem sie sich auch außerhalb ihres bisherigen Betriebes auf dem Arbeitsmarkt präsentieren können. Für die in den wissenschaftlichen Weiterbildungsprozeß involvierten Wirtschaftsbetriebe – bis zu 60 Prozent der Betriebe übernehmen die Studienkosten für ihre Mitarbeiter – ist dies eine besondere Form der aus dem Betrieb ausgelagerten betrieblichen Weiterbildung. Die Betriebe erwarten für ihre Zahlungen als „Gegenleistung" verwertbares personales Wissen ihrer in der Personal- und Organisationsentwicklung tätigen Mitarbeiter.

Allerdings steckt in dieser Logik ein Problem: Zwar werden zum einen mit den besser ausgebildeten Berufspraktikern die Ressourcen der Einzelbetriebe größer, zum anderen aber, und das ist das strukturelle Problem, wird damit auch ein zusätzlicher Faktor von Unsicherheit 'eingekauft'. Denn gegenüber technischem Regelwissen hat es sozialwissenschaftliches Wissen in seiner Verwendung generell mit einer Form des „Umgangs mit Unsicherheit" (Evers / Nowotny 1989) zu tun, es kann z.B. im Interaktionskontext nicht kausaltechnologisch in der Art von Rezeptologien verwendet werden, sondern kann Probleme nur sinnadäquat bearbeiten und deuten. Das generelle Dilemma der betrieblichen Weiterbildung läßt sich dann in der Differenz von Unsicherheit / Sicherheit fassen, indem die betriebliche Weiterbildung in der Form ihres Umgangs mit Unsicherheit einen Beitrag zur Sicherung der Zahlungsfähigkeit des Betriebes leisten soll. Unsicherheit muß hier in einer auf Sicherheit bzw. Kalkulierbarkeit setzenden Organisation verwaltet werden, so daß die Anwendungsprobleme von Wissen unter den Prämissen monetärer Rationalität gegenüber denen in pädagogisch organisierten Kontexten weitere Brisanz erhalten.

Die Motivationen der Betriebe, ihren sich weiterbildenden Mitarbeitern dieses Studium zu bezahlen, sowie der Nutzen von akademischen Weiterbildnern für die Betriebe selbst, wird in unserer Untersuchung nicht weiter thematisiert, es sei denn, es findet sich in den Texten der Kandidaten als Argumentationszusammenhang wieder. Auf der Grundlage der Unterscheidung zwischen beruflicher und betrieblicher Weiterbildung könnte man das weiterbildende Studium an der Landauer Akademie als eine Form der *beruflichen Weiterbildung* für die Kandidaten interpretieren.

In den bekannten Untersuchungen zur betrieblichen Weiterbildung selbst wird die Qualifikationsstruktur der weiterbildenden Leistungsrollen nicht explizit thematisiert. Ein Grund dafür ist sicherlich darin zu sehen, daß im Gegensatz zum Ausbildungspersonal an die Qualifikationen der betrieblichen Weiterbildner von staatlicher Seite keine normierenden Anforderungen gestellt werden. Die jeweiligen Anforderungen werden von den Einzelbetrieben selbst definiert. Aus diesem Grund hat z.B. Wittwer (1995) die unterschiedlichen Qualifikationsanforderungen an die betrieblichen Weiterbildner auf der Grundlage von ausgewerteten Stellenanzeigen aufgelistet. Neben den unterschiedlichsten Einzelanforderungen (bestimmte Fachrichtungen und deren Kombination, überberufliche Qualifikationen, Berufserfahrung) wird in den neunziger Jahren eine wissenschaftliche (Vor-)Bildung im Rahmen eines Hochschulstudiums als nahezu unabdingbar vorausgesetzt. Auf die Landauer Situation übertragen wird dann auch verständlich, daß die Betriebe dazu tendieren, ihren Weiterbildnern eine wissenschaftliche Ausbildung zu finanzieren. Denn die in Landau studierenden Kandidaten sind oftmals schon mehrere Jahre in ihren Betrieben tätig und haben in der Regel noch keine akademische Ausbildung durchlaufen.

Allerdings unterscheidet sich die Studiensituation der Berufspraktiker in unserem Fall deutlich von der der Novizen (siehe oben), aber – und das ist das interessante – nur wenig von der ihrer betrieblichen Herkunft. Harney (1996) hat in einer Untersuchung der pädagogischen Unternehmensberatung unterschiedliche Systemkulturen zwischen der Hochschule und den Wirtschaftsbetrieben festgestellt, die sich in der Differenz von Anwesenheit / Abwesenheit manifestiert. Während in der Universität nur die Verwaltung anwesend ist, aber die wissenschaftliche Leistungsrolle gerade in der Form der Abwesenheit gegenüber Verwaltung und / oder Studierenden (Klienten) auftritt, ist die Beteiligung in Wirtschaftsbetrieben generell in der Form der

Anwesenheit geregelt. Die an der wissenschaftlichen Weiterbildung in der Form des berufsbegleitenden Studiums der Betriebspädagogik beteiligten Studierenden lernen aber diese funktionslogische Differenz zwischen Anwesenheit und Abwesenheit nicht kennen. Für sie ist auch die Universität ein Regime der Anwesenheit. Sie kommen an fest vereinbarten Terminen zu Blockseminaren und finden ihre Dozenten für mehrere Tage anwesend und ansprechbar vor. Sie kennen beispielsweise die Situation des abwesenden – sich auf Tagungen befindenden oder in der Abgeschiedenheit forschenden – Dozenten im Rahmen ihrer jeweiligen Anwesenheitsphasen nicht. Darüber hinaus stellt sich hier die grundlegende Frage, ob diese – bereits räumlich von den Novizen und ihrer Situation getrennten – Studierenden überhaupt an der konventionellen universitären Sozialisation beteiligt sind (vgl. dazu Burkart 1982) und dementspechend den hierfür typischen *Habitus* ausbilden (vgl. Frank 1990), der als eine spezifische Interpretationsfolie von Denken, Handeln und Wahrnehmung fungiert (vgl. Bourdieu 1980). Bei Bourdieu geht der Habitus immer eine Symbiose mit – für die horizontale Differenzierung der sozialen Welt in spezifizierte soziale Räume stehenden – sozialen Feldern ein, wobei z.B. das universitäre von dem wissenschaftlichen Feld unterschieden wird (vgl. Bourdieu 1980a). Auf unseren zu untersuchenden Fall übertragen bedeutet die Symbiose Habitus / Feld nun keinen expliziten Einbezug der Organisation Hochschule und der Hochschulkultur, sondern nur den des an der Universität vermittelten wissenschaftlichen Wissens. Der von uns zu untersuchende Fall ist vom *Inhalt* her wissenschaftlicher Natur und ähnelt insofern einem grundständigen wissenschaftlichen Studium, das aber in der *Form* einer beruflichen Weiterbildung absolviert wird. Die Prüfungssituationen konterkarieren allerdings radikal diese Form, weil in ihnen die Reproduktion wissenschaftlichen Wissen als wissenschaftliches Wissen verlangt wird. Dieses Faktum macht es wissenssoziologisch und verwendungstheoretisch interessant, hier die Strukturen der Adaption und Reproduktion des wissenschaftlichen Wissens in den zugrunde liegenden Textsorten (z.B. Klausuren) zu analysieren, wobei wir vermuten, dort eine Verwechselung von Form und Inhalt aufzufinden, d.h., daß hier von der Form der beruflichen Weiterbildung auf den Inhalt geschlossen wird.

2.4

Bei dieser Analyse der Relevanz (sozial-)wissenschaftlichen Wissens in den Prüfungstexten von Berufspraktikern sind wir auf eine Auseinandersetzung mit einem der seit der realistischen Wende in der Erziehungswissenschaft in den sechziger Jahren meistbehandelten pädagogischen Themen verwiesen. In den bis heute geführten Debatten zum „Theorie-Praxis-Syndrom" (Becker 1976) wird aus den unterschiedlichsten Theorieperspektiven aufgezeigt, daß die noch zu Beginn der Bildungsreform die Debatte beherrschenden „naive[n] Vermittlungsvorstellungen" (Oelkers 1984) der realen Komplexität des Umsetzungsprozesses sozialwissenschaftlichen Wissens in Deutungs- und Handlungskompetenzen von Praktikern *nicht* adäquat zu sein scheinen. Aufbauend auf wissenschaftstheoretischen, pädagogischen und kognitionspsychologischen Untersuchungen des Wirkungszusammenhanges zwischen theoretischem Wissen und berufspraktischem Handeln ist man heute zum, sowohl von Kritikern wie Befürwortern der Verwissenschaftlichung geteilten, Konsens gekommen, daß Wissensverwendung nicht dem Modell der kausallogischen Applikation theoretischer Erkenntnisse in der Praxis folgt (vgl. K. Beck 1982; Neumann / Oelkers 1985).

Heute geht man in der Wissensverwendungsforschung nicht mehr von einfachen *Transfer*modellen aus, die der Wissenschaft eine höhere Rationalität als der Praxis zugeschrieben haben, sondern von differenzierteren *Transformations*modellen, bei denen es generell um die These geht, daß das an der Hochschule forschungsmäßig generierte wissenschaftliche Wissen auf dem Wege in die Berufspraxis von den mit diesem Wissen ausgebildeten Praktiker selbst aktiv umgeformt werden muß.

Die Transformationsvorstellungen reagieren auf die von der Phänomenologie konstatierte Strukturdifferenz von wissenschaftlichem und handlungspraktischem Wissen. Inspiriert durch das Alltagskonzept in der verstehenden Soziologie von Schütz (vgl. Schütz 1974; Schütz / Luckmann 1979; Dewe / Ferchhoff 1984; Zabeck 1986), ist in der Pädagogik und später auch in der Berufs- und Betriebspädagogik, die sogenannte Alltagswende vollzogen worden (vgl. Lautmann / Meuser 1986), mit der Folge, daß das Theorie-Praxis-Problem als *Theorie-Theorie-Problem* reformuliert worden ist. Die Vorstellung eines Rationalitätsgefälles zwischen Wissenschaft und Praxis wird hier ebenso aufgegeben wie die Intention, mit wissenschaftlichen Theorien die Praxis kausaltechnologisch zu steuern, denn nun wird die Praxis selbst als theoriehaltig interpretiert, was schon Erich Weniger mit seiner Unterscheidung von Theorien ersten und zweiten Grades und der damit korrespondierenden Ausformulierung einer Theorie des Praktikers bereits Ende der zwanziger Jahre angeregt hatte (vgl. Weniger 1929). Mit der Wendung zum epistemologischen Subjekt wird entgegen der in den Transferkonzepten propagierten generellen Verwissenschaftlichung der Praxis nun eine wissenschaftliche Unterlegung subjektiver Theorien bzw. eine Verwissenschaftlichung der Praxistheorien der Praktiker angestrebt bzw. unterstellt (vgl. Drerup 1987).

In späteren Modellen (vgl. Dewe 1988) wird der die Wissenstransformation zu vollziehende Handelnde von der Wissenschafts- bzw. Hochschulseite auf die Seite der – mit diesem Wissen umgehenden – Praxis verschoben. „Neben der fortbestehenden Vorstellung eines Diffusionsprozesses, der in den Transferkonzepten und in dem alltagstheoretisch grundierten Verwendungsmodell im Zentrum stand, soll jetzt *zusätzlich*, aus der Perspektive des Verwenders, mit einem gleichsam *parallel laufenden* Umsetzungsprozeß gerechnet werden. Allein schon diese Vermutung deutet an, daß der Transformationsprozeß nicht uno actu zu erledigen ist, sondern differenzierter konzipiert werden muß. In der Umsetzung werden 'brauchbare' sozialwissenschaftliche Wissenselemente unter der Dominanz berufspraktischer Motive in Handlungsstrategien verwandelt (Dewe / Ferchhoff / Radtke 1992, S. 75)." Die These lautet nunmehr, daß sozialwissenschaftliches Wissen nicht mehr in kausaltechnologischer Regel an die Praxis übertragen werden kann, sondern daß es in der Autonomie des Handelnden selbst steht, das neugewonnene Deutungswissen aus der Wissenschaft in der Praxis zu verwenden oder eben nicht, und wenn ja, dann entscheidet wiederum der Praktiker selektiv über die Art und Weise der Anwendung, wobei v. Engelhardt für den Bereich der Lehrerbildung vier Formen des Umgangs mit sozialwissenschaftlichen Wissens unterscheidet: Als erste Form benennt er die der *Abschirmung*, bei der nur dann auf wissenschaftliches Wissen rekurriert wird, wenn dieses routinisierte Praktiken bestätigt; die zweite Form ist die der *Anpassung oder Umfunktionierung*, in der das Wissen zwar aufgenommen wird, die Handlungsmuster aber nur unmerklich modifiziert werden, so daß dieses Wissen mit der etablierten Praxis kompatibel bleiben kann; und schließlich als dritte Form die der *Abspaltung*, bei der das wissenschaftliche Wissen inkorporiert wird, ohne aber die alltagsweltlichen und berufspraktischen Deutungsmuster der Praktiker zu beeinflussen. Erst in der vierten Form, der *produktiven Auseinandersetzung*, wird das wissenschaftliche Wissen in die alltagsweltlichen Deutungsmuster der Praktiker aufgenommen, was aber nicht bedeutet, daß Alltagstheorien durch wissenschaftliche Theorien ersetzt werden, sondern es kommt zu einer „spannungsreichen Dynamik" zwischen beiden Seiten, womit die Erwartung ausgesprochen wird, „daß auf diese Weise pädagogische Probleme neu und angemessener wahrgenommen und erklärt werden können und daß sich so notwendige Veränderungen pädagogischer Zielsetzungen und Handlungsweisen einleiten lassen (v. Engelhardt 1979, S. 91)."

Während die hier knapp skizzierten Argumente zwar nicht mehr von einer einfachen Transferlogik, aber immerhin noch von einer prinzipiell möglichen Übersetzbarkeit theoretischen Wissens in berufspraktisches Handeln ausgehen, legen aktuelle systemtheoretische Analysen eine *Radikalisierung der Differenz* zwischen erziehungswissenschaftlicher bzw. berufspädagogischer Theorie und dem Handeln der Praktiker nahe (vgl. dazu ausführlicher Kurtz 1999 / 1999b). Demnach beruht die Diskussion des Verhältnisses von Sozialwissenschaft und Organisationshandeln als einer besonderen Ausformung des Theorie-Praxis-Problems auf der in systemtheoretischer Perspektive falsch erscheinenden Annahme, eine funktional bestimmbare Relation zweier Systeme herstellen zu können. Dieses muß scheitern, weil selbstbezügliche Systeme sich wechselseitig nur nach der Logik ihrer je eigenen internen Unterscheidungen, Realitätsauffassungen und dem differenten Prozessieren von systemspezifischer Rationalität aufeinander beziehen können. Die Differenz des gesellschaftlichen Sozialsystems Wissenschaft und des in ihm hervorgebrachten Wissens zur betriebspädagogischer Praxis und ihren handlungsleitenden Orientierungen und Reflexionen gilt dann genauso als unaufhebbar wie auf einer anderen Ebene die Differenz zwischen der auf dieses wissenschaftliche Wissen externalisierenden Reflexionstheorie und dem Handeln des betrieblichen Weiterbildners im Systemkontext des Betriebes.

Ein in der Hochschulausbildung initiiertes Verstehen von wissenschaftlicher Theorie durch die diese Theorie anwendende Praxis meint dann in diesem Sinne nicht ein Verstehen der Theorie als Wissenschaft, sondern als Relevanzkriterium für Praxis, und das heißt, um es kraß auszudrücken, es kommt gar nicht so sehr darauf an, ob der Sinn von Wissenschaft in der Praxis zutrifft, sondern nur, ob deren Leistung sich für die Praxis bewährt. Eine „richtige" Beschreibung der Weiterbildungspraxis in Wirtschaftsbetrieben durch die Wissenschaft hat für diese Praxis nur Bedeutung, als sie diese Erkenntnisse in eigene systemspezifische Rationalität transformieren kann, ansonsten bleibt deren Anschlußfähigkeit auf das Wissenschaftssystem, z.B. als Thema im wissenschaftlichen Diskurs, beschränkt. Deutlich geworden sein sollte im bisher Gesagten, daß zwischen wissenschaftlichem Wissen und berufspraktischem Handeln weder in sachlicher noch in zeitlicher Hinsicht „eindeutige Punkt-für-Punkt-Korrelationen" vorhanden sind, so daß Wissensverwendung im Kontext der Organisation als eine *nicht-identische Reproduktion* beschrieben werden kann (vgl. Luhmann 1977), die, soll sie Praxisrelevanz ausüben, immer von einer systemspezifischen Umkontextuierung begleitet werden muß.

Es geht bei der Frage nach der Verwendung von im Studium erworbenem Wissen folglich um die Frage, welche organisationsspezifischen Möglichkeiten der „nicht-identischen Reproduktion" von Selektionsformen vor dem Hintergrund der jeweiligen Organisationsgeschichte bestehen. In der beabsichtigten Untersuchung wird zu zeigen sein, in welcher *Form* die Umkontextuierung von sozialwissenschaftlichem Wissen in den Horizont der Organisation Betrieb bei den zu untersuchenden Studierenden realisiert wird.

3

Bei einer ersten Voruntersuchung zeigte sich, daß sich die studierenden Berufspraktiker die „Freiheit" herausnehmen, weder ausschließlich wissenschaftlich noch organisationsspezifisch zu argumentieren, sondern in ihrer Argumentation Distanz zu beiden Seiten dieser Unterscheidung einzunehmen. Mit anderen Worten: Zum einen wird das angebotene wissenschaftliche Wissen aus der persönlichen Organisationserfahrung heraus relativiert und auf der anderen Seite das bisherige Organisationshandeln mit der Freiheit der wissenschaftlichen systemexternen Beobachterperspektive hinterfragt. Der Nachvollzug der Formen des Umgangs mit sozialwissenschaftlichem Wissen soll offensichtlich dazu beitragen, die *Eigenlogik des personalen Wissens* – im Unterschied zur Rationalität wissenschaftlichen und organisationsspezifischen Wissens – zu erhellen.

Weiterhin lassen die Texte erkennen, daß die Kandidaten in ihren Ausführungen nicht nur in der o.g. Weise mit dem Inputwissen umgehen, sondern dieses im Sinne des Engelhardt'schen Mehrebenenmodells bereits in eine für ihren Handlungskontext in der betrieblichen Organisation relevante Form verwandeln, indem sie *in* Prüfungsarbeiten retrospektiv und prospektiv über ihre betriebliche Tätigkeit reflektieren. Das *Warum* und das *Wie* dieser *Wissenverwandlung*, sind die zentralen Fragestellungen unserer Untersuchung. Auf dieser Grundlage werden sich Aussagen machen lassen über die Relevanz, die in den analysierten Texten dem erziehungs- und sozialwissenschaftlichen Wissen für die Berufs- und Betriebspraxis zugesprochen wird.

Die Klausuren, Haus- und Diplomarbeiten werden in Bezug auf die grundlegende Differenz zwischen dem in Seminaren und Blockveranstaltungen dargebotenen wissenschaftlichen Wissen und dem personalem bzw. organisationsspezifischen Wissen der Studierenden in der Form einer qualitativen Inhaltanalyse bzw. Argumentationsanalyse untersucht. Dem vorausgegangen sind vorbereitend zu diesem Zweck die Zusammenstellung strukturgleicher Fälle und die Entwicklung einer Heuristik. Die Texte, die im Kontext der Hochschule in Prüfungssituationen angefertigt wurden, sollen zeigen, *wie* sich die Kandidaten in ihren Äußerungen zum 'vermittelten' Wissen verhalten.

Bei oberflächlicher Betrachtung würde es sich methodisch auch anbieten, die beteiligten Berufspraktiker zu befragen oder Interaktionsprozesse zwischen den an der wissenschaftlichen Weiterbildung beteiligten Hochschullehrern und den Berufspraktikern zu beobachten. Damit würde jedoch die in den Transfer- und den frühen Transformationskonzepten konstatierte Disseminations- bzw. Anbieterperspektive aufgegriffen, welche der Wissenschaft noch eine Steuerungsfunktion zugebilligt hat. Die Formen der Adaption und der Annäherung an das sozialwissenschaftliche Wissen auf der „Abnehmerseite" gerieten dagegen *nicht* in den Blick, da die bloße Antizipation von Praxisnotwendigkeiten für die Weiterbildungssituation im Mittelpunkt stünde. In Hochschullehrer-Berufspraktiker-Interaktionen wird der Prozeß der Verwendung selbst *nicht thematisch*, so daß das methodisch heikle Problem entstünde, Wissensverwendung im Sinne der oben beschriebenen Verwandlung per Rückschluß aufdecken zu müssen. Die Methode der Befragung muß bezogen auf die Ziele des Forschungsvorhabens als inadäquat betrachtet werden, da es nicht um die Erhebung von subjektiven Einstellungen bzw. Einstellungsänderungen, Intentionen etc. der beteiligten Akteure (Hochschullehrer als Wissensvermittler; Berufspraktiker als Wissensabnehmer) geht, sondern vielmehr um die Rekonstruktion des Prozesses der „Einverleibung / Habitualisierung" von Mustern und Strukturen (Bourdieu 1979) auf Seiten der Abnehmer, d.h. der studierenden Berufspraktiker. Genauer ausgedrückt: *Es geht nicht um „Performanz", in der die Relevanz wissenschaftlichen Wissens in den analysierten Texten aufscheint, sondern um die subjektive Verarbeitung des 'wissenschaftlichen Blicks'.*

4

In unserer differenztheoretisch angelegten Untersuchung geht es folglich um eine Rekonstruktion der *zwei wesentlichen Differenzen* im Kontext des berufsbegleitenden Studiums der Betriebspädaogik und die *Form* der Relationierung dieser unterschiedlichen Perspektiven durch die Kandidaten:

1. Die Differenz zwischen dem an der Landauer Akademie vermitteltem Wissen und dem von den Studierenden verarbeiteten Wissen.

2. Die Differenz zwischen dem verarbeiteten Wissen und dem organisationsadäquat realisierbarem Wissen in den Betrieben.

Eine weitere Differenz muß in unserer Untersuchung vorausgesetzt werden, und zwar die zwischen forschungsmäßig generiertem Wissen im Kontext des Wissenschaftssystems und dem in universitären Ausbildungssituationen im Kontext des Erziehungssystems vermittelten, gewissermaßen externalisierten Wissen. In diesem Sinne wird also das wissenschaftliche Wissen bereits in Ausbildungssituationen umkontextuiert (vgl. ausführlicher Kurtz 1997d). Die geläufige Form des Studienmaterials ist der nicht für den *wissenschaftlichen Diskurs*, sondern für den *Ausbildungsdiskurs* ausformulierte bzw. präparierte Studienbrief. Darüber hinaus verfolgt das Studium explizit das Ziel, die Handlungskompetenz von WSB-Studierenden zukunftsorientiert weiter zu entwickeln.

Ad 1: In Bezug auf die Differenz zwischen dem in den Seminaren vermittelten und von den Studierenden subjektiv verarbeiteten Wissen werden die Klausuren (zwecks Leistungsscheinerwerbs) und Hausarbeiten, welche die Studierenden in den und für die unterschiedlichsten Seminare(n) angefertigt haben, in der Form einer qualitativen Inhaltanalyse bzw. Argumentationsanalyse untersucht. Diese Texte wurden in Prüfungssituationen angefertigt und sollen uns zeigen, wie sich die Kandidaten in ihren Äußerungen zum zuvor in Unterichtsbausteinen vermittelten Wissen in Beziehung setzen. Bei einer ersten systematischen Durchsicht der Klausuren ist z.B. aufgefallen, daß, obwohl hier von den Kandidaten die mehr oder weniger vollständige Reproduktion von Inputwissen verlangt wurde, fast alle Studierende einen Part in ihren Texten verfaßten, der der Form eines „Besinnungsaufsatzes" relativ nahekommt und starke reflexiv angelegte bis selbstreflexive Passagen umfaßt. Das Inputwissen wurde hier von den Kandidaten als Reflexionswissen gebraucht, um eigene Lebens- und Berufserfahrungen zu beschreiben bzw. zu verarbeiten. Aus diesem Grunde kann man die vorliegenden Texte argumentationsanalytisch aufschlüsseln, um retrospektiv und prospektiv unterstellte Handlungsprämissen zu identifizieren.

Den methodischen Bezugspunkt dieser Analysen stellt die Arbeit von Steven Toulmin dar. Toulmin (1975) hat unter Rückgriff auf die klassische Rhetorik den fundamentalen Stellenwert der Topoi für den Aufbau einer Argumentation hervorgehoben. Er hat für die Analyse von alltäglichen, nicht formalisierten Argumentationen ein Schema entwickelt, das als Heuristik dienen (vgl. Wunderlich 1980) und die Analyse der vorliegenden Texte unterstützen kann. Wenn man weiß, wie ein praktisches Argument gebaut ist, kann man zu einer Zerlegung der Texte in Argumentationen bzw. Argumente kommen. Toulmin faßt „Topoi" als „Schlußregeln", die einen Schluß eben von einem Datum auf eine (Schluß-)Folgerung (Konklusion) erlauben. Schlußregeln sind „universelle Prämissen", die als kultur-, aber vor allem teil- oder subkulturspezifische, professions- bzw. organisationstypische Argumentationsstandards zu betrachten sind. Sie können in einer Argumentation vollständig oder teilweise implizit bleiben, wenn der Argumentierende reichhaltige Kenntnisse über die Adressaten seiner Argumentation hat und deshalb Zustimmungsbereitschaft voraussetzen und deshalb Argumentationen abkürzen kann. Die Schlußregeln enthalten inhaltliche Hypothesen über die Wirklichkeit, die zugleich die Qualität haben, eine durch bisherige Erfahrungen tragfähige Deutung der Wirklichkeit zu ermöglichen.

Wir haben diese Analysemethode bereits in einem Vorläuferprojekt (vgl. Bommes / Dewe / Radtke 1996) eingesetzt. Dort wurde die Relevanz der Sozialwissenschaften in der Lehrerausbildung untersucht. Deutlich wurde in dieser Studie, daß die Lehramtskandidaten je nach Referenzkontext anders argumentiert und in ihren Schlußregeln mit einem anderen Publikum bzw. Leser Übereinstimmung suchten. Während bei den im Studium anzufertigenden Praktikumsberichten die implizite und explizite Argumentation auf den Hochschulkontext zentriert war, war dies bei den im Referendariat anzufertigenden Unterrichtsvorbereitungsberichten das Lehrerausbildungsseminar. In diesem Sinne hätte man jetzt erwarten können, daß sich die Studierenden des weiterbildenden Studiums der Betriebspädagogik in ihren Klausuren in erster Linie positiv zum vermittelten Wissen im Kontext der Hochschule verhalten. Mit Überraschung konnten wir in der Voruntersuchung jedoch sehen, daß die Kandidaten in ihren Texten eher nur in Ausnahmefällen eine eins-zu-eins-Reproduktion des wissenschaftlichen Wissensangebots anstrengen, sondern dieses in der Mehrzahl der Fälle bereits in einer für ihren jeweiligen Handlungskontext im Betrieb relevanten Form der Umkontextuierung und praktischen Tranformation präsentieren, indem sie retrospektiv oder prospektiv über ihre betriebliche Tätigkeit reflektieren. *Warum* und *wie* dies geschieht, ist eine wichtige Fragestellung bei unserem weiteren Vorgehen.

Ad 2: Die zweite Differenz ist die zwischen dem subjektiv verarbeiteten Wissen und dem organisationsadäquat realisierbaren Wissen. In dieser Untersuchung kann allerdings die Realität der betrieblichen Organisationen nur in der Form eingeholt werden, in der sich die Kandidaten dazu in ihren produzierten Texten selbst argumentierend verhalten. Spezifiziert werden sollen die impliziten Schlußregeln der Klausuren und Hausarbeiten durch eine Untersuchung der Themenwahl der Diplomarbeiten sowie einer Inhaltsanalyse einiger ausgewählter Arbeiten. Diese soll verglichen werden mit den Themen und inhaltlichen Ausformungen von Diplomarbeiten, welche nichtberufstätige Studierende (Novizen) im konventionellen Studiengang Diplom-Pädagogik in Landau zu gleichen oder ähnlichen Themen angefertigt haben. Auch hier ist bei einem Pretest bereits aufgefallen, daß die Themen*stellungen* und Inhalte der angefertigten Diplomarbeiten des weiterbildenden Studiengangs Betriebspädagogik sich in vielerlei Hinsicht gravierend von den im erst genannten Kontext unterscheiden.

Das weitere Ziel besteht an dieser Stelle darin, wissenssoziologischkategorial zwischen alltags- bzw. berufspraktischen, wissenschaftlich-systematischen sowie organisationsspezifischen Anteilen des *personalen Wissens* der Kandidaten zu differenzieren, um zu einer Bedeutungshierarchisierung zu gelangen.

5

In der betrieblichen / beruflichen Weiterbildungsforschung sind die hier aufgeworfenen Aspekte der Organisations- und Wissensverwendungsforschung bisher nicht explizit thematisiert worden (vgl. z.B. die Beiträge in Beck / Bonß 1989), so daß wir die berechtigte Hoffnung hegen, hier eine Forschungslücke zu schließen. Wir werden in der Analyse der von den Kandidaten in Prüfungssituationen verfaßten Texte auch Aufschluß darüber erhalten, *welcher spezifische Stellenwert der wissenschaftlichen Ausbildung an der Akademie in Landau beigemessen wird.* Vorausgesetzt wird, daß das erlangte Diplom-Zertifikat und die damit erreichte formale Höherqualifikation die Kandidaten im Prinzip in die Lage versetzt, sich innerhalb ihres Betriebes und auf dem Arbeitsmarkt besser zu präsentieren. So ist schlußendlich die Frage nicht uninteressant, welcher *Wert* den wissenschaftlichen Wissensangeboten von den Kandidaten in den von ihnen produzierten Texten beigemessen wird, und das heißt vor allen Dingen, ob die Teilnahme am berufsbegleitenden wissenschaftlichen Studium entweder im Sinne *einer Optimierung handlungssteuernden Wissens* oder aber als *Reflexivitätssteigerung von Wissen und Können* aufgefaßt wird (vgl. Wahl 1991; Wahl u.a. 1992; Bromme 1992; Dewe 1988 / 1991; Dewe / Radtke 1991; Kurtz 1997 / 1999c / 1997b; Radtke 1996, und zusammenfassend Kolbe 1997). Wir vermuten, daß bei den Berufspraktikern der sprichwörtliche, im Übergang vom Studium in die Berufstätigkeit beobachtbare sogenannte „Praxisschock" nicht stattfindet (nicht stattfinden kann), sondern die offenbare *Divergenz* zwischen wissenschaftlicher und berufspraktischer bzw. organisationsspezifischer Perspektive durch den alternierenden Wechsel von Studium und Berufstätigkeit sukzessive erfahren – und in der Folge *'vergewöhnlicht'* (Künzli 1987) – wird. Denn die unsere Kandidaten immer wieder einholende berufliche Praxis ermöglicht es, das erlernte Wissen ständig auf 'Praxisrelevanz' zu hinterfragen, und läßt auf diese Art bei den Teilnehmern den dauerhaften *Aufbau* einer *Differenzerfahrung* zwischen den unterschiedlichen Handlungslogiken von Wissenschaft und Berufs- bzw. Organisationspraxis während des Studiums möglicherweise nicht zu. Die Relationierung der unterschiedlichen Bereiche und Logiken führt aber zu etwas „drittem", einem neuartigen interessanten Perspektivenabgleich.

Literatur

Beck, K.: Die Struktur didaktischer Argumentationen und das Problem der Wissenschaftsorientierung des Unterrichts. Über die curricularen Konsequenzen der Einheit von Gesellschaftsphilosophie und Erkenntnistheorie. In: Zeitschrift für Pädagogik 28 (1982), S. 139-154

Beck, U. / Bonß, W. (Hrsg.): Weder Sozialtechnologie noch Aufklärung? Analysen zur Verwendung sozialwissenschaftlichen Wissens. Frankfurt a. M 1989

Becker, H.: Zum Theorie-Praxis-Syndrom in der Lehrerausbildung. In: Ders., Sozialwissenschaften: Studiensituation, Vermittlungsprobleme, Praxisbezug. Frankfurt, New York 1976, S. 37-66

Bommes, M. / Dewe, B. / Radtke, F.-O.: Sozialwissenschaften und Lehramt. Opladen 1996

Bourdieu, P.: Entwurf einer Theorie der Praxis. Frankfurt a. M 1979

Bourdieu, P.: Le sens pratique. Paris 1980

Bourdieu, P.: Quelques propriétes des champs. In: Ders.: Questions de sociologie. Paris 1980a, S. 113-121.

Bromme, R.: Der Lehrer als Experte. Zur Psychologie des professionellen Wissens. Bern, Göttingen, Toronto 1992

Burkart, G.: Strukturtheoretische Vorüberlegungen zu Analyse universitärer Sozialisationsprozesse. Eine Auseinandersetzung mit Parsons' Theorie der amerikanischen Universität. In: Kölner Zeitschrift für Soziologie und Sozialpsychologie, Jg. 34 (1982), S. 444-468

Dewe, B.: Wissensverwendung in der Fort- und Weiterbildung. Baden-Baden 1988

Dewe, B.: Beratende Wissenschaft. Unmittelbare Kommunikation zwischen Sozialwissenschaftlern und Praktikern. Göttingen 1991

Dewe. B.: Grundlagen nachschulischer Pädagogik. Bad Heilbrunn / Obb 1994

Dewe, B. / Ferchhoff, W.: Alltag. In: H. Kerber / A. Schmieder (Hg.), Handbuch der Soziologie. Reinbeck 1984, S. 16-24

Dewe, B. / Ferchhoff, W. / Radtke, F.-O.: Das „Professionswissen" von Pädagogen. Ein wissenstheoretischer Rekonstruktionsversuch. In: Dies. (Hrsg.), Erziehen als Profession. Zur Logik professionellen Handelns in pädagogischen Feldern. Opladen 1992, S. 70-91.

Dewe, B. / Radtke, F.-O.: Was wissen Pädagogen über ihr Können? Professionstheoretische Überlegungen zum Theorie-Praxis-Problem in der Pädagogik. In: Zeitschrift für Pädagogik. 27. Beiheft, Weinheim 1991, S. 143-163.

Dippelhofer-Stiem, B. / Lind, G. (Hrsg.): Studentisches Lernen im Kulturvergleich. Ergebnisse einer international vergleichenden Längsschnittstudie zur Hochschulsozialisation. Weinheim 1987

Drerup, H.: Wissenschaftliche Erkenntnis und gesellschaftliche Praxis. Anwendungsprobleme der Erziehungswissenschaft in unterschiedlichen Praxisfeldern. Weinheim 1987

Engelhardt, M. v.: Das gebrochene Verhältnis zwischen wissenschaftlichem Wissen und pädagogischer Praxis. In: G. Böhme / M. V. Engelhardt (Hg.), Entfremdete Wissenschaft. Frankfurt a. M. 1979, S. 87-113.

Evers, A. / Nowotny, H.: Über den Umgang mit Unsicherheit. Anmerkungen zur Verwendung sozialwissenschaftlichen Wissens; in: U. Beck / W. Bonß (Hg.), Weder Sozialtechnologie noch Aufklärung? Analysen zur Verwendung sozialwissenschaftlichen Wissens, Frankfurt a. M. 1989

Frank, A.: Hochschulsozialisation und akademischer Habitus. Eine Untersuchung am Beispiel der Disziplinen Biologie und Psychologie. Weinheim 1990

Giesecke, W.: Qualität in der Weiterbildung – eine pädagogische Aufgabe? In: DIE-Materialien für Erwachsenenbildung 3: Qualität in der Weiterbildung (1995), S. 20-27.

Harney, K.: Berufliche Weiterbildung als Medium sozialer Differenzierung und sozialen Wandels. Theorie-Analyse-Fälle. Frankfurt a. M 1990

Harney, K.: Skandalisierung / Entskandalisierung, Abwesenheit / Anwesenheit. In- und externe Tauschbeziehungen zwischen Hochschul- und Wirtschaftssystem am Beispiel der pädagogischen Unternehmensberatung. In: A. Combe / W. Helsper (Hrsg.): Pädagogische Professionalität. Untersuchungen zum Typus pädagogischen Handelns. Frankfurt a. M 1996, S. 758-779.

Harney, K.: Handlungslogik betrieblicher Weiterbildung. MS. Trier 1997

Huber, L.: Sozialisation in der Hochschule. In: K. Hurrelmann / D. Ulich (Hrsg.): Handbuch der Sozialisationsforschung. Weinheim 1991, S. 417-441.

Huber, J. / Vogel, U.: Studentenforschung und Hochschulsozialisation. In: D. Goldschmidt / U. Teichler / W.-D. Webler (Hrsg.): Forschungsgegenstand Hochschule. Frankfurt a. M. 1984, S. 107-153.

Kolbe, F.-U.: Fortbildung als Optimierung handlungssteuernden Wissens oder als Reflexivitätssteigerung. Ein Vergleich zweier Konzepte. In: Ders. / D. Kiesel (Hrsg.): Professionalisierung durch Fortbildung in der Jugendarbeit. Reflexivität professionellen Könnens und Wissens. Konturen eines neuen Fortbildungskonzepts. Frankfurt a. M. 1997, S. 41-60.

Künzli, R.: Die Vergewöhnlichung des Neuen. Ein Beitrag zur Relationierung pädagogischer Wissensformen und zur Rehabilitierung von Common sense und Rhetorik im pädagogischen Diskurs. Typoskript. Bayreuth 1987

Kurtz, Th: Professionalisierung im Kontext sozialer Systeme. Der Beruf des deutschen Gewerbelehrers. Opladen 1997

Kurtz, Th.: Vom Wissen zum Können in Handlungsfeldern der beruflichen Aus- und Weiterbildung. In: A. Schelten u.a. (Hrsg.): Berufs- und Wirtschaftspädagogik im Spiegelbild der Forschung. Forschungsberichte des DGfE-Kongresses 1998. Opladen 1999, S. 27-44.

Kurtz, Th.: Weiterbildung zwischen Beruf und Betrieb. Zum Verhältnis von Person, Organisation und Wissen. MS Bielefeld 1999a

Kurtz, Th.: Professionelles Handeln in Interaktionssystemen. Die Rolle der Sozialwissenschaften im Berufsschulunterricht. In: B. Dewe / Th. Kurtz (Hrsg.): Reflexionsbedarf und Forschungsperspektiven moderner Pädagogik. Fallstudien zur Relation zwischen Disziplin und Profession. Opladen 1999b (im Erscheinen)

Kurtz, Th.: Wissen und Handeln. Zur außerdisziplinären Relevanz soziologischer Erkenntnis. MS Bielefeld 1999c

Kurtz, Th.: Pädagogische Forschung zwischen Wissenschaftsanspruch und Reflexionsbewußtsein. Systemtheoretische Überlegungen zur pädagogischen Disziplin in der Moderne. In: B. Dewe / Th. Kurtz (Hrsg.): Reflexionsbedarf und Forschungsperspektiven moderner Pädagogik. Fallstudien zur Relation zwischen Disziplin und Profession. Opladen 1999d (im Erscheinen).

Langer, J. / Sandberger, J.-U.: Zum Wissenschaftsverständnis von Studierenden: Theoretische Überlegungen und empirische Befunde. In: Dippelhofer-Stiem, B. / Lind, G. (Hrsg.): Studentisches Lernen im Kulturvergleich. Weinheim 1987, S. 88-106

Lautmann, R. / Meuser, M.: Verwendungen der Soziologie in Handlungswissenschaften am Beispiel von Pädagogik und Jurisprudenz. In: Kölner Zeitschrift für Soziologie und Sozialpsychologie 38 (1986), S. 685-708

Luhmann, N.: Theoretische und praktische Probleme der anwendungsbezogenen Sozialwissenschaften: Zur Einführung. In: Wissenschaftszentrum Berlin (Hrsg.), Interaktion von Wissenschaft und Politik. Theoretische und praktische Probleme der anwendungsorientierten Sozialwissenschaften. Frankfurt 1977, S. 16-39

Luhmann, N.: Die Wirtschaft der Gesellschaft. Frankfurt a. M 1988

March, J.G. / Olsen, J.P.: The Uncertainty of the Past: Organizational Learning under Ambiguity; in: European Journal of Political Research 3 (1975), S. 147-171.

March, J.G. / Olsen, J.P.: Ambiguity and Choice in Organizations, Bergen 1976

Neumann, D. / Oelkers, J.: Ausbildungskonzepte für Primarstufenlehrer. In: D. Lenzen (Hrsg.): Enzyklopädie Erziehungswissenschaft Bd. 7. Stuttgart 1985, S. 126-137

Oelkers, J.: Theorie und Praxis? Eine Analyse grundlegender Modellvorstellungen pädagogischer Wirklichkeit. In: Neue Sammlung 24 (1984), S. 19-39

Parsons, T. / Platt, G.M.: The American University. Cambridge / Mass 1973

Parsons, T. / Platt, G.M.: Sozialstruktur und Sozialisation in der Studienphase, in: Hurrelmann, K. (Hrsg.): Sozialisation und Lebenslauf. Reinbek 1976, S. 186-202

Portele, G. / Huber, L: Entwicklung des akademischen Habitus. Zum Problem der Konzeptbildung in der Hochschulsozialisationsforschung. In: I. N. Sommerkorn (Hrsg.): Identität und Hochschule. Hamburg 1981, S. 185-197

Portele, G. / Huber, L.: Persönlichkeitsentwicklung in der Hochschule. In: L. Huber (Hrsg.): Ausbildung und Sozialisation in der Hochschule. Stuttgart 1983, S. 92-113

Radtke, F.-O.: Wissen und Können. Die Rolle der Erziehungswissenschaft in der Erziehung. Opladen 1996

Schriewer, J.: Funktionssymbiosen von Überschneidungsbereichen: Systemtheoretische Konstrukte in vergleichender Erziehungsforschung. In: Oelkers, J. / Tenorth, H. E. (Hrsg.): Pädagogik, Erziehungswissenschaft und Systemtheorie, Weinheim und Basel 1987

Schütz, A.: Der sinnhafte Aufbau der sozialen Welt. Eine Einleitung in die verstehende Soziologie. Frankfurt a. M 1974

Schütz, A. / Luckmann, Th.: Strukturen der Lebenswelt. Bd. 1. Frankfurt a. M 1979

Stephan, P.: Positionen zum Qualitätsmanagement in Weiterbildungseinrichtungen auf der Basis der DIN ISO 9000 ff. QUEM-report: Schriften zur beruflichen Weiterbildung, Heft 28. Berlin 1994

Toulmin, St.: Der Gebrauch von Argumenten. Kronberg / Ts 1975

Wahl, D.: Handeln unter Druck. Der weite Weg vom Wissen zum Handeln bei Lehrern, Hochschullehrern und Erwachsenenbildnern. Weinheim 1991

Wahl, D. / Wölfing, W. / Rapp, G. / Heger, D. (Hrsg.): Erwachsenenbildung konkret. Mehrphasiges Dozententraining. Eine neue Form erwachsenendidaktischer Ausbildung von Referenten und Dozenten. Weinheim 1992

Weick, K. E.: Educational Organizations as Loosely Coupled Systems; in: Administrative Science Quarterly 21 (1976), S. 1-19.

Weick, K. E.: Der Prozeß des Organisierens, Frankfurt am Main 1985

Weniger, E.: Theorie und Praxis in der Erziehung. In: Die Erziehung 4 (1929), S. 577-591

Willke, H.: Wissensbasierung und Wissensmanagement als Elemente reflektierter Modernität sozialer Systeme, Vortrag auf dem Deutschen Soziologentag in Halle 1995

Wittwer, W.: Die Aus- und Weiterbildner in außerschulischen Lernprozessen. In: Arnold, R. / Lipsmeier, A. (Hrsg.): Handbuch der Berufsbildung. Opladen 1995, S. 334-342

Wunderlich, D.: Arbeitsbuch Semantik. Fankfurt a. M 1980

Zabeck, J.: „Alltagswirklichkeit" als berufspädagogische Gegebenheit und Aufgegebenheit. In: Zeitschrift für Berufs- und Wirtschaftspädagogik 82 (1986), S. 3-17.